스마트폰을 활용한
SNS 마케팅
쉽게 배우기

부록
SNS 마케팅 지도사
자격 시험문제 수록

대한민국 국가대표 브랜드 에듀크라운
www.educrown.co.kr

크라운출판사
http://www.crownbook.com

이 책을 펴내며...

그동안 모으고 강의해 오던 자료를 모아 원고를 쓰면서 쉬운 언어로 바꾸고 고치는 작업을 치열하게 하였습니다. 시니어들이 이해하기 쉬운 책을 만드는 것이 이 책의 목적이었으니까요. 시중에는 SNS 마케팅이란 제목의 책이 넘치지만 용어 자체도 어렵고 글씨도 작아 시니어들이 보기에는 어려움이 없지 않았기에 이 책은 쉽게 쓰려고 무던히도 노력하였습니다. 일단 스마트폰으로 가능한 것은 모두 스마트폰 화면을 캡쳐해서 설명하였고 스마트폰에서 지원하지 않는 것만 PC로 설명하였습니다. 현재는 '모바일 FIRST 시대를 지나 모바일 ONLY 시대' 라고 합니다.

어렵게 느껴지는 SNS 마케팅을 쉽게 접근할 수 있고 누구든 따라할 수 있도록 상세한 설명과 그림 위주로 집필하였습니다. 우리는 사람들 속에서 관심사가 비슷한 사람들끼리 어울리며 살아가는데 행복감을 느낍니다. 그 인맥을 도와주는 플랫폼들을 SNS 소셜미디어라고 하며, 그 특성과 활용법을 알면 훨씬 더 바람직한 인맥을 형성하실 수 있습니다. 그 인맥과 네트워크를 바탕으로 퍼스널 브랜딩을 키우고 내가 원하는 마케팅을 할 수 있습니다.

우리가 SNS를 하는 근본적인 이유는 브랜드든 상품이든 홍보에 있습니다. 나 자신의 소식을 끊임없이 전하는 것도 홍보이고 다른 사람들의 활동에 댓글을 다는 것도 마케팅의 일환이지요. 넓은 의미로 보면 마케팅이 아닌 것이 없습니다.

이 책은 마케팅의 세계로 새로 입문하는 시니어들과 창업 예정자들이 더 넓은 세상을 SNS라는 창으로 바라보고 나에게 맞는 플랫폼과 툴을 찾아 떠나는 여정을 엮은 것입니다. 분량이 많아 원래 계획했던 홍보 콘텐츠 제작하기는 다음 기회로 미루어야 할 것 같습니다.

스마트폰 쉽게 배우기 입문편에서부터 이번 책이 나오기까지 한국스마트교육원 장인기 대표이사님의 도움을 많이 받아 감사함을 전합니다.

2018년 한 해를 마무리하며...

저자 오경순

저자 소개

오경순

- ㈜ 한국스마트교육원장
- 스마트폰, SNS마케팅, ICT강사
- 영등포 50플러스센터 ICT전문가양성과정 강사
- 여의도어르신복지센터 스마트폰 강사
- (사)한국능력평가협회 출제 위원
- 스마트폰활용지도사 1급/2급 출제위원
- SNS마케팅지도사 1급/2급 출제위원
- 50플러스재단 남부캠퍼스 SNS마케팅과정 강사
- 용산구청 스마트폰 자격증과정 운영
- 공동체 IT 사회적 협동조합 교육 이사
- ICT협력지원단 대표

TEL 010-8929-8801
E-MAIL ksoh1114@gmail.com

CONTENTS

제1장

스마트워크 업무 스킬 익히기

- **Step1** 에버노트 8
- **Step2** 구글 드라이브 28
- **Step3** 단축 주소 만들기 34
- **Step4** 구글 설문지 만들기 36
- **Step5** 오케이 마인드맵 40
- **Step6** 스마트폰 미러링 45

제2장

모바일 SNS와 소셜미디어

- **Step1** 소셜미디어 52
- **Step2** 인스타그램 70
- **Step3** 유튜브 102
- **Step4** 블로그 132
- **Step5** 페이스북 157

제3장

포털 검색과 홍보 전략

Step1	모두 홈페이지 만들기	192
Step2	네이버 톡톡	224
Step3	네이버 쇼핑 윈도	234
Step4	오픈마켓	239
Step5	네이버 스마트 스토어	242
Step6	카카오 스토어	254
Step7	카카오 플러스 친구	262

제4장

삶이 즐거운 앱 활용하기

Step1	문서 관리앱	272
Step2	해시 태그 관리앱	276
Step3	쇼핑 / 여행 앱	280
Step4	마케팅을 도와주는 앱	284
Step5	분실 및 보안	288
Step6	TV, 영화	292
Step7	민원 신청 / 일자리	295

스마트폰을 활용한 SNS 마케팅 쉽게 배우기

스마트폰을 활용한
SNS 마케팅 쉽게 배우기

제1장

스마트워크 업무 스킬 익히기

Step 1 에버노트

Step 2 구글 드라이브

Step 3 단축 주소 만들기

Step 4 구글 설문지 만들기

Step 5 오케이 마인드맵

Step 6 스마트폰 미러링

Step 1 에버노트

1 에버노트의 이해

에버노트는 '모든 사람에게 두 번째 뇌를 선사합니다' 라는 슬로건으로 출범한 자료 저장 서비스이다. 아인슈타인은 메모하는 '이유를 기억하지 않기 위해서 메모한다.'라고 하였다. 우리는 수많은 정보의 홍수와 변화된 사회 속에서 기억해야 될 것들이 너무나 많다. 많은 것을 기억하려고 해도 다 기억을 못 할 뿐만 아니라 다 기억할 필요도 없다. 대신 기억할 장치를 마련해 두고 우리는 더 창의적이고 가치 있는 일에 몰두해야 한다. 저장할 디지털 장치는 무척 많지만 여러 군데 나눠서 저장하면 불편하다. 그래서 필요한 툴이 에버노트인 것이다.

그러면 왜 에버노트여야 하는가?

에버노트는 스마트워크를 위해 아주 유용하다. 무료 버전으로도 내 자료를 언제까지나 업로드할 수 있고 저장된 수많은 자료를 검색해서 바로 찾을 수도 있다. 저장할 파일은 어떤 것이든 상관이 없다. 즉 텍스트는 기본으로 음성 입력이 가능하고 편집까지 할 수 있다. 음성 녹음 파일, 이미지, 영상, PDF, HWP, 워드문서, PPT 등 무엇이든 가능하다. 놀라운 것은 사진 속에 있는 글씨도 검색이 되고 PDF 안에 있는 글씨도 검색되는 OCR 기능이 있어 자료를 찾을 때 아주 유용하다. 영어나 일어는 손으로 쓴 손글씨도 인식하여 검색이 가능하다. PDF로 저장하면 용량도 적어 변환해서 저장하기도 한다. 태그를 통해 자료마다 이름표를 붙이면 제목뿐만 아니라 내용 속에 있는 검색어를 찾을 수 있다.

명함을 사진으로 저장하거나 유료 버전의 명함 관리를 사용해도 되고, 사진 편집 기능인 skitch를 활용해서 에버노트 내에서 사진에 글씨를 넣거나 화살표 표시를 하고 자를 수도 있다. 에버노트는 메뉴 구성이 단순 명료하다. 스택 – 노트북 – 노트 3단 구성으로 내용을 노트에 저장하기만 하면 된다.

저장할 자료가 많으면 한 달에 5달러 정도의 적은 비용으로 자료 관리를 할 수도 있다. 에버노트 자체가 클라우드 서비스이기 때문에 인터넷만 연결되어 있으면 어떤 기기로 접속해도 내 자료를 업로드 및 관리 할 수 있다. 또한, 작성된 노트마다 URL이 생성되어 공유가 가능하고, 폴더째 공유하면 그 아래의 모든 노트를 공유할 수 있다. 예를들어 워크숍 장소, 일정, 준비사항, 인원 및 일정을 기록한 노트를 URL을 복사해 회사 공지 게시판에 올리면 모든 사람에게 공지되어 번거로움을 피할 수 있다.

공유 대상도 각각 설정이 가능하여 점점 다양 복잡화되고 있는 업무를 분담 및 협업할 수 있다. 폴더 개념인 노트북은 250개까지 만들 수 있고 그 아래 노트는 10만 개까지 가능하다. 에버노트를 크롬의 PC에 설치하면 웹클리퍼를 활용할 수 있으며, 이는 크롬 브라우저의 확장 프로그램을 추가하면 된다. 웹클리퍼는 웹상의 모든 정보를 광고 없이 클리핑할 수 있고 필요한 부분만 캡쳐할 수도 있으며 주석 넣어 편집할 수 있는 도구이다

웹상의 정보뿐만 아니라 회의록, 할 일 목록, 강의노트, 고객관리, 사진첩, 도서 스캔, 영수증 관리, 음악 파일, 학생관리, 팀 프로젝트, 오답노트, 글쓰기 노트, 메모장, 명함집, 일기장 등의 이용 가치는 무척 다양하다. 에버노트는 사용자마다 정리법이 다르다. 정리나 구조화하려고 시간을 쓰는 것은 아깝다. 생각이 떠올랐을 때 바로 기록하고 태그를 붙여 놓으면 언제든지 찾아낼 수 있는 것이다. 노트 안의 내용에 따라 태그를 붙이는 습관을 들이는 것이 무엇보다 중요하다. 예를들어 업무를 진행하는 상황에서 진행 중이라면 '진행'이라는 태그를 붙이고 그 업무를 마치게 되면 '완료'나 '마감'이라는 태그로 새로 입력한다. 나중에 완료나 마감된 업무를 한 번에 쉽게 검색할 수 있게 된다. 만약 학생이라면 오답노트, 총정리, 시험종료, 완료, 참고자료, 선생님 이름 등의 태그를 달고 한 공간이라도 무조건 저장해야 한다. 검색할 때 제목과 태그만 잘 기록되어 있으면 쉽게 검색이 된다. 각기 다른 스마트 기기에 에버노트를 설치하고 각각의 기기에서 업로드 해도 모든 자료는 자동 동기화되어 효율적이다. 모든 문서의 디지털화는 이런 에버노트가 있기에 가능한 것이다.

스마트폰을 활용한 SNS마케팅 쉽게 배우기

2 에버노트 설치

1 가입하기

스마트폰 Play Store에서 에버노트를 검색 후 설치한다. 이메일과 비밀번호를 넣고 가입한다.

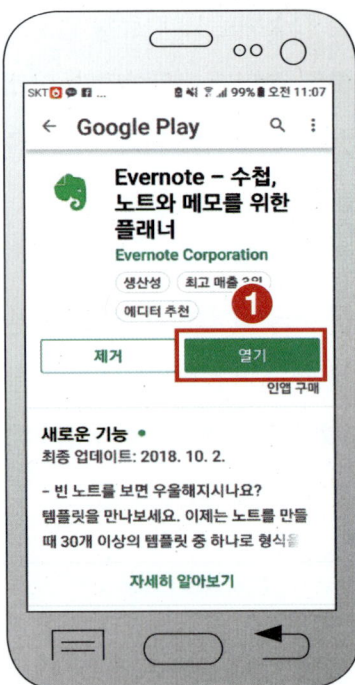

2 암호 설정하기

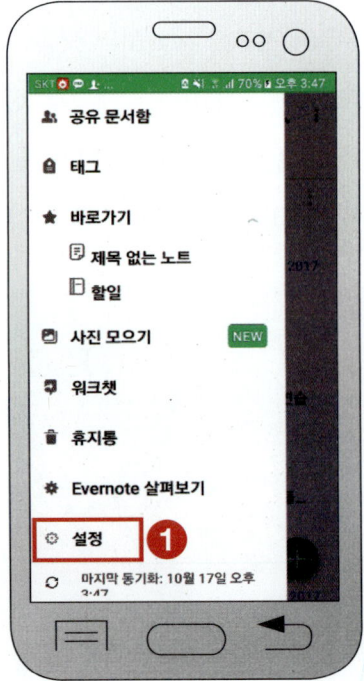
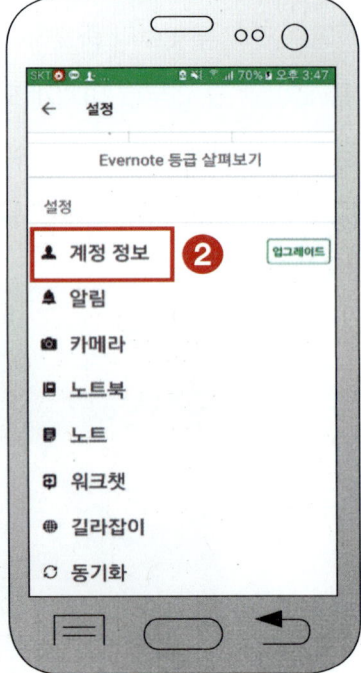

스마트폰을 활용한 SNS마케팅 쉽게 배우기

❸ 에버노트 앱 다운로드와 요금제

에버노트는 홈페이지 www. evernote. com에서 가입해도 되고 모바일에서 앱 설치 후 가입해도 된다. 그런데 사용하는 모든 PC나 모바일, 테블릿 등의 기기에서도 에버노트 앱을 다운로드 받아 설치한 후 사용하는 것이 편리하다. 모든 기기에서 수집한 자료들은 에버노트 웹 클라우드로 자동 저장 및 자동 업로드되기 때문이다. 에버노트는 무료로 사용하는 베이직 버전은 매월 업로드량이 60MB이고 사용량이 늘거나 많은 사람과 협업이 필요할 때는 유료 버전을 사용할 수 있다. 에버노트 프리미엄 요금제는 월 6천 원이고, 업로드량이 매월 10GB이며 검색 기능 등 다양한 기능이 있다.

3 에버노트 기본 기능

1 노트북 만들기

처음부터 있는 노트북은 첫 번째 노트북이라 하여 이메일의 받은 편지함의 개념이다. 노트를 생성하지 않고 노트를 만들거나 웹 클리핑으로 저장할 때 노트북을 지정하지 않으면 기본적으로 이곳에 모두 저장된다. 필요한 업무에 맞게 새 노트북을 만들고 두 자리 수로 넘버링을 하는 것이 좋다. 두 자리 수는 새로운 노트북을 끼워 넣을 때 유용하다.

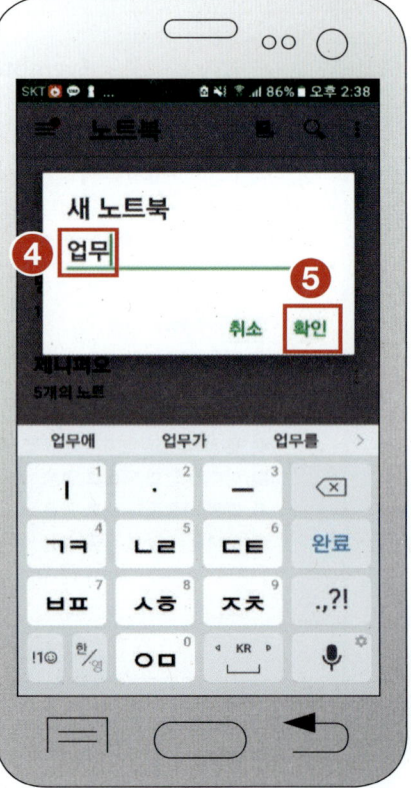

❷ 스택 만들기

같은 종류의 노트북을 여러 개 만들었으면 하나로 묶을 수 있는데 이를 스택이라 한다. 노트북을 길게 눌러 새 스택으로 이동을 누른다. 이미 만들어진 스택에 추가하려면 스택으로 이동을 누른다. 스택은 접었다 폈다 할 수 있어 깔끔하게 정리할 수 있다.

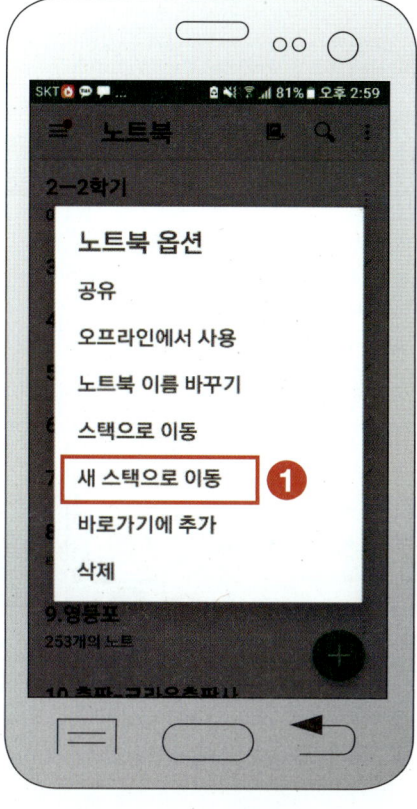

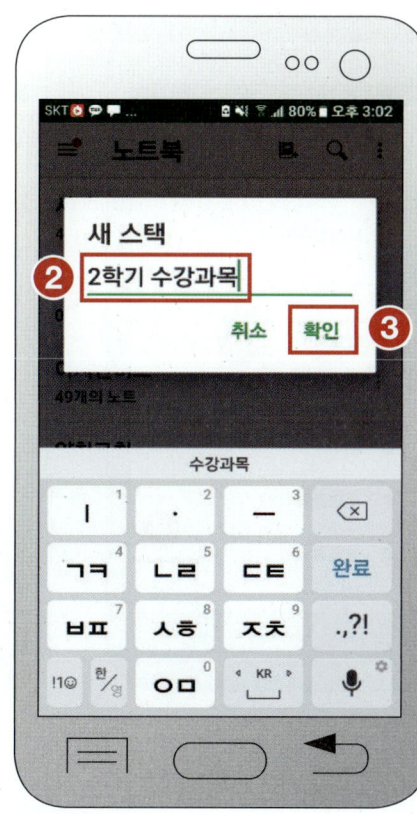

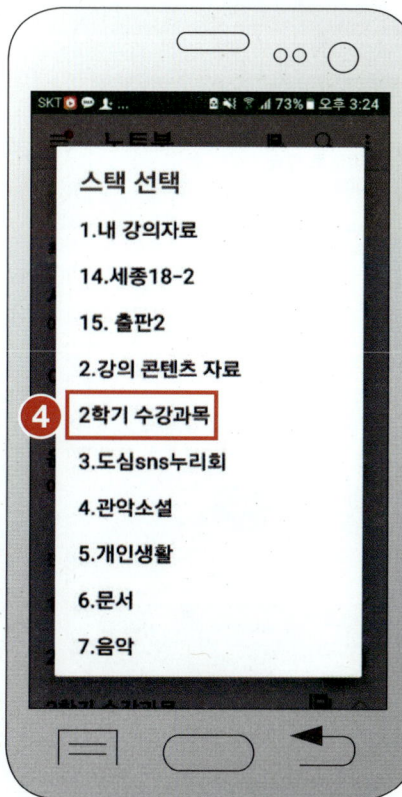

스마트폰을 활용한 SNS마케팅 쉽게 배우기

③ 메모하기

에버노트에 텍스트를 입력하는 방법은 스마트폰 키보드의 마이크를 이용하는 것이 편리하다. 책을 보다가 간직하고 싶은 문구나 저장하고 싶은 내용이 있을 때 활용한다.

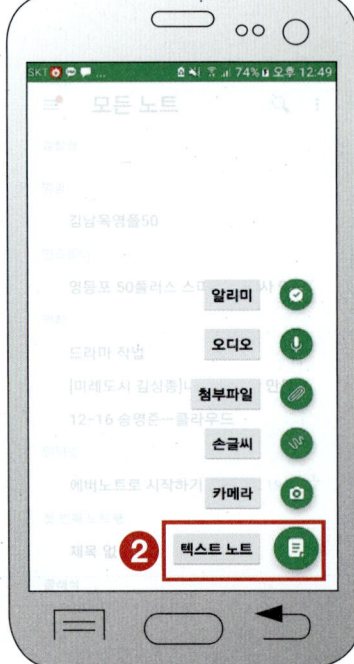

4 할일 목록 만들기

5 텍스트 붙여넣기

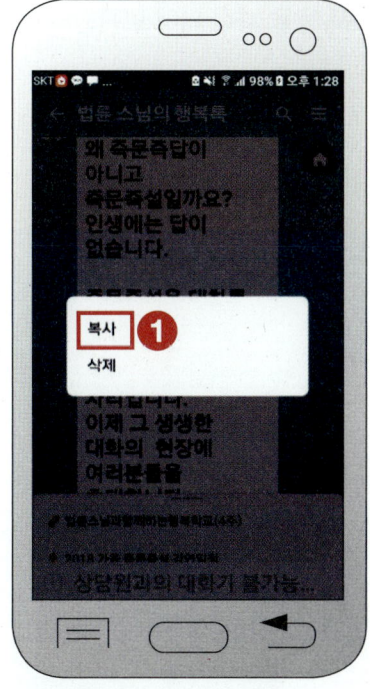 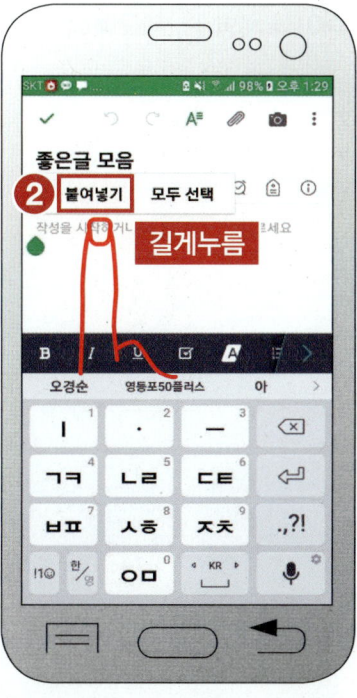 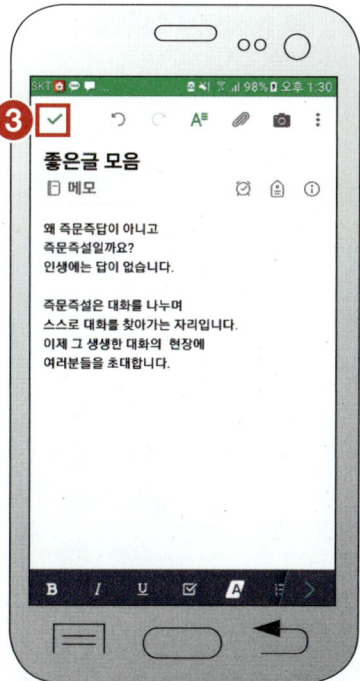

스마트폰을 활용한 SNS마케팅 쉽게 배우기

❻ 인터넷 기사 스크랩하기

❼ 카메라 기능

에버노트에 내장되어 있는 카메라는 사물을 인식하여 자동 캡쳐할 수 있다. 문서의 종류에 따라 다른 형식으로 저장할 수 있다. 영수증이나 처방 전, 재구매해야 할 생활용품 등을 사진 찍어 보관한다.

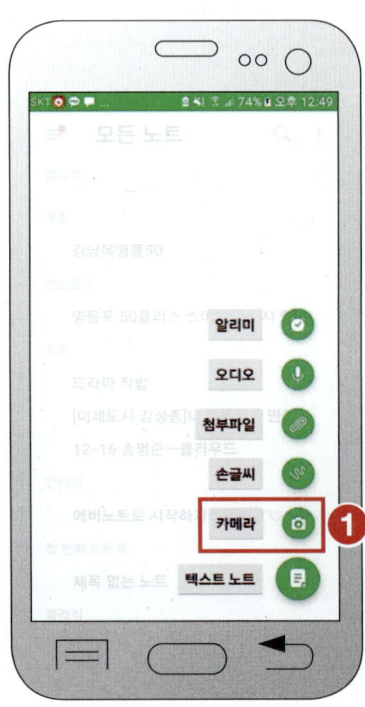  

8 녹음기 기능

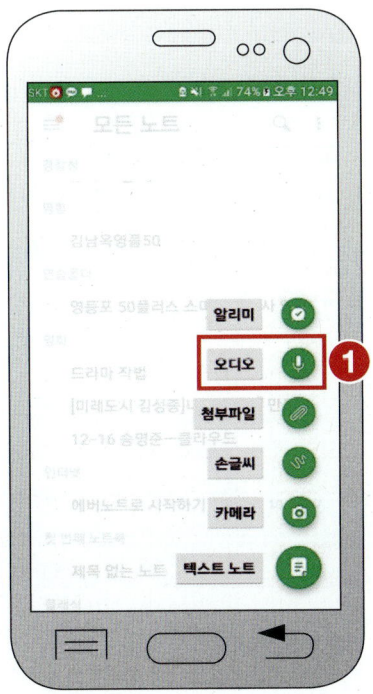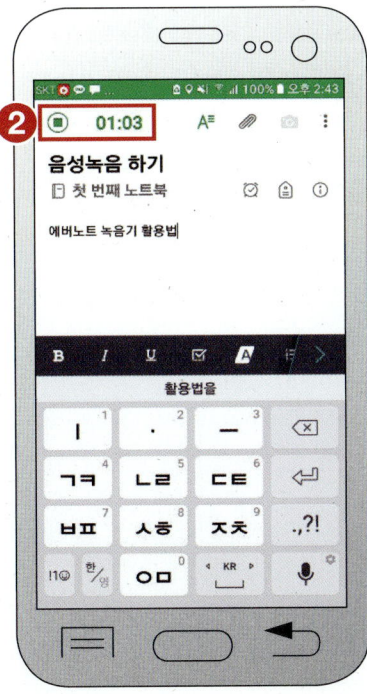

⑨ 파일 첨부하기

에버노트에는 모든 종류의 파일(HWP, PPT, PDF, JPG, MP3, MP4)을 업로드 할 수 있다. HWP파일을 제외하고 거의 모든 파일은 에버노트 안에서 파일을 재생시키는 것이 가능하다.

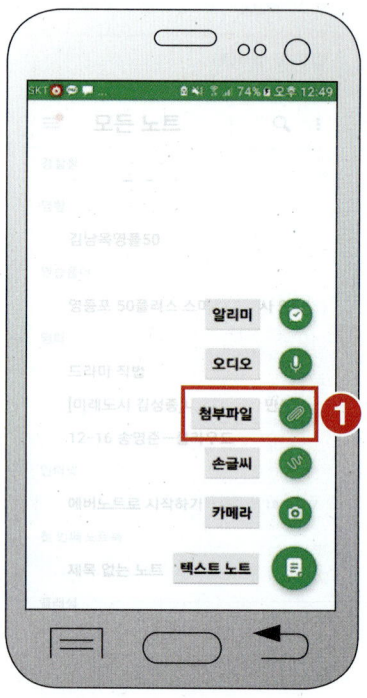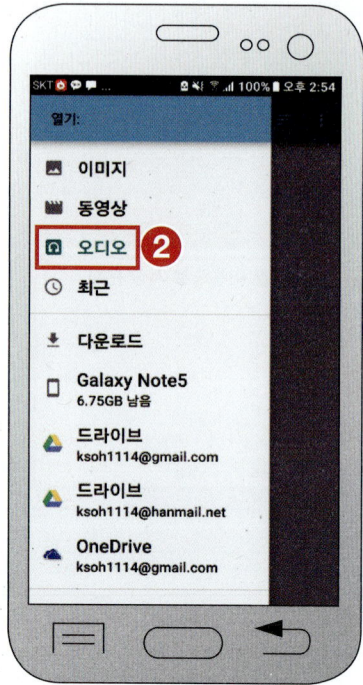

⑩ 표 만들기

노트의 텍스트를 편집하는 기능은 모바일 에서도 거의 가능하나 표만들기는 PC 버전에서 가능하다.

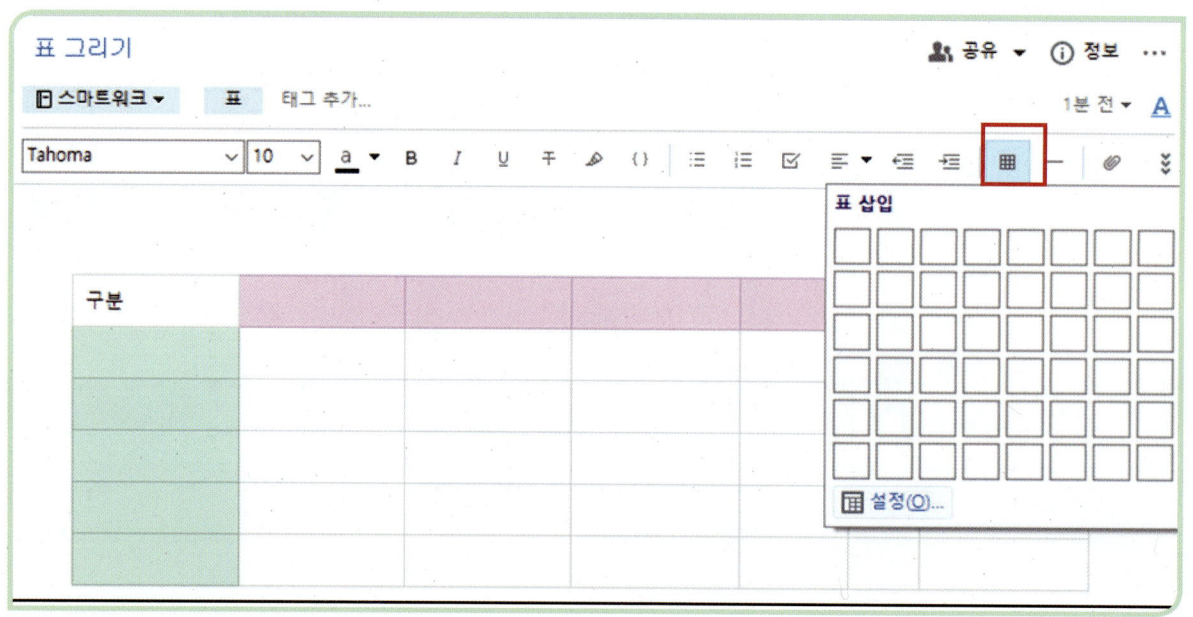

4 에버노트 활용

1 연결된 장치 관리

에버노트 계정에 동시에 로그인이 가능한 장치는 무료 버전에서는 2대이고 유료 버전에서는 제한이 없다.

2 노트 삭제

  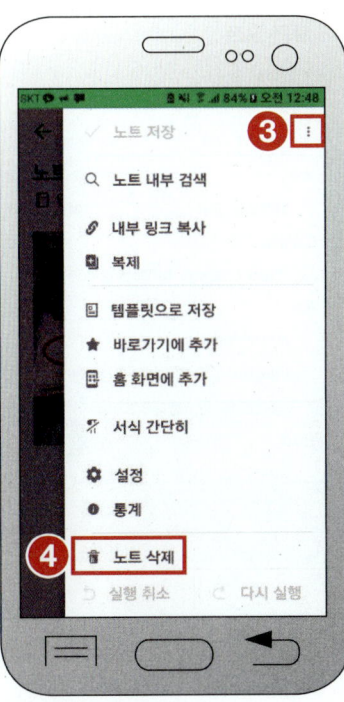

스마트폰을 활용한 SNS마케팅 쉽게 배우기

③ 태그 입력과 태그 검색

노트를 검색할 때는 노트북 이름과 노트 제목 그리고 태그로 검색한다. 태그는 노트를 작성할때 꼬리표를 다는 기능으로 검색시 쉽게 찾기 위해 나만의 태그를 붙이는 습관을 갖는 것이 좋다.

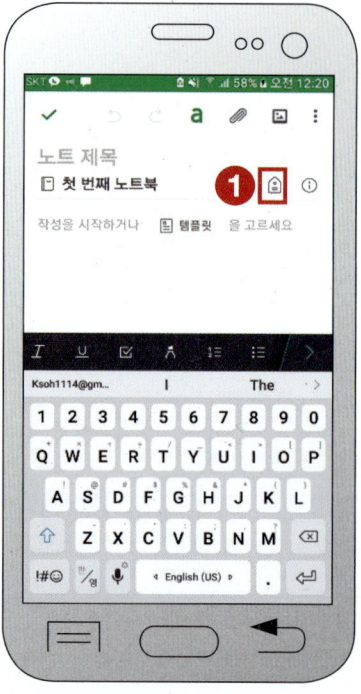
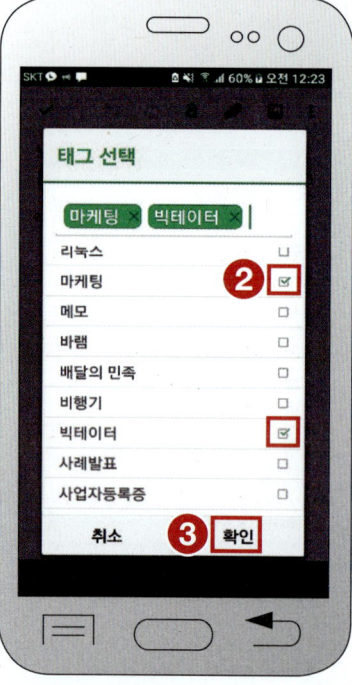

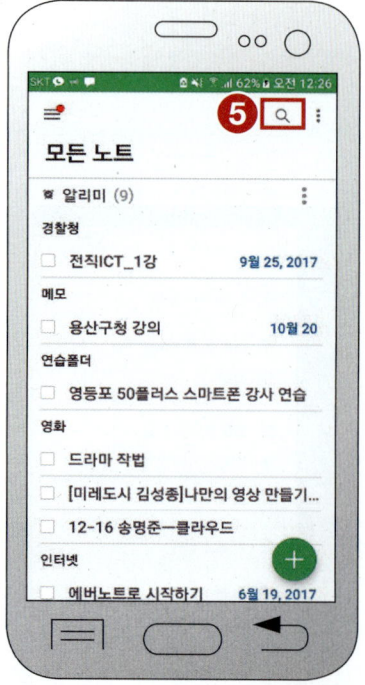

4 이미지 안의 글자, 손글씨도 인식하는 검색 기능

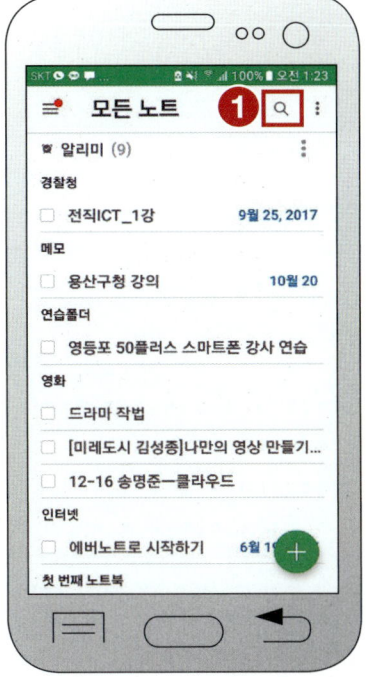  

5 PC에서 검색하기

⑥ 노트북 공유

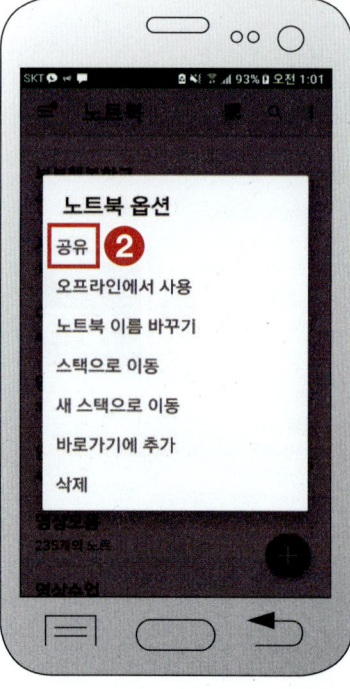
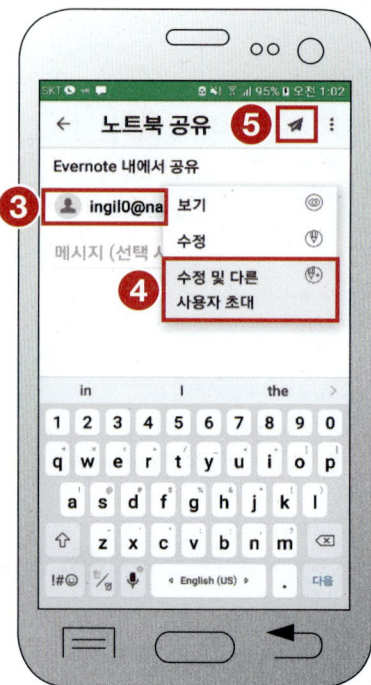

⑦ 워크쳇

공유받은 노트북은 워크쳇에 알림이 오고 확인후 내 에버노트에 저장할 수 있다.

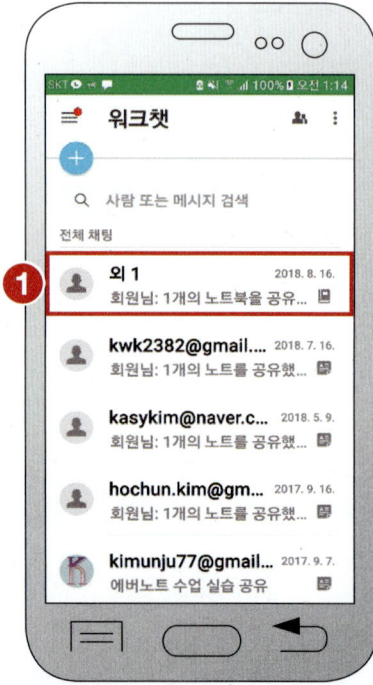
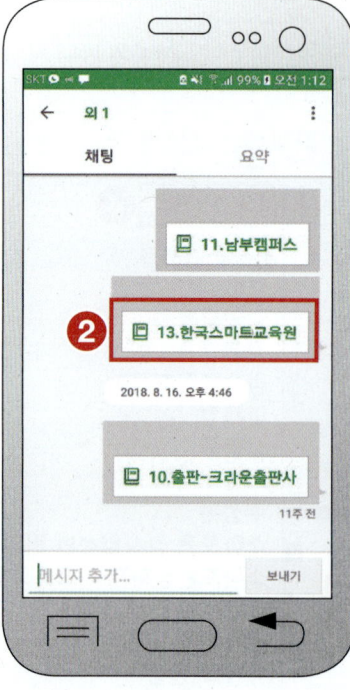

8 노트 공유

생성한 모든 노트는 고유의 링크 주소를 가지고 있어 에버노트 내의 다른 노트 생성이나 웹상의 어디든 붙여넣어 공유할 수 있다.

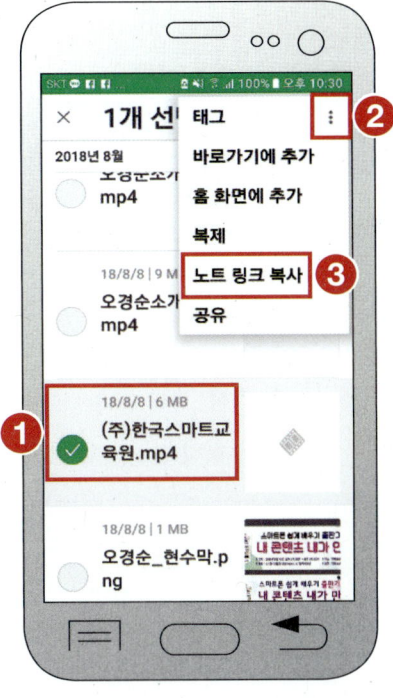

9 자동 동기화 설정

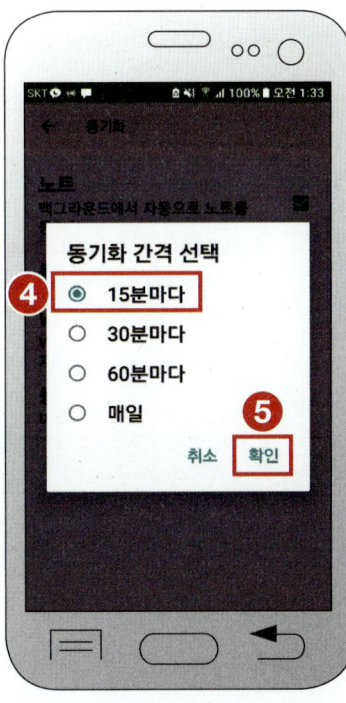

🔟 노트 합치기와 목차 만들기

이 기능은 PC 버전에서 가능하다. 노트를 여러 개 선택하면 메뉴가 나온다.

또한, 노트를 우클릭하여 내부 링크 복사 기능으로 여러 노트 들을 링크로 한 곳에 모아 정리할 수도 있다.

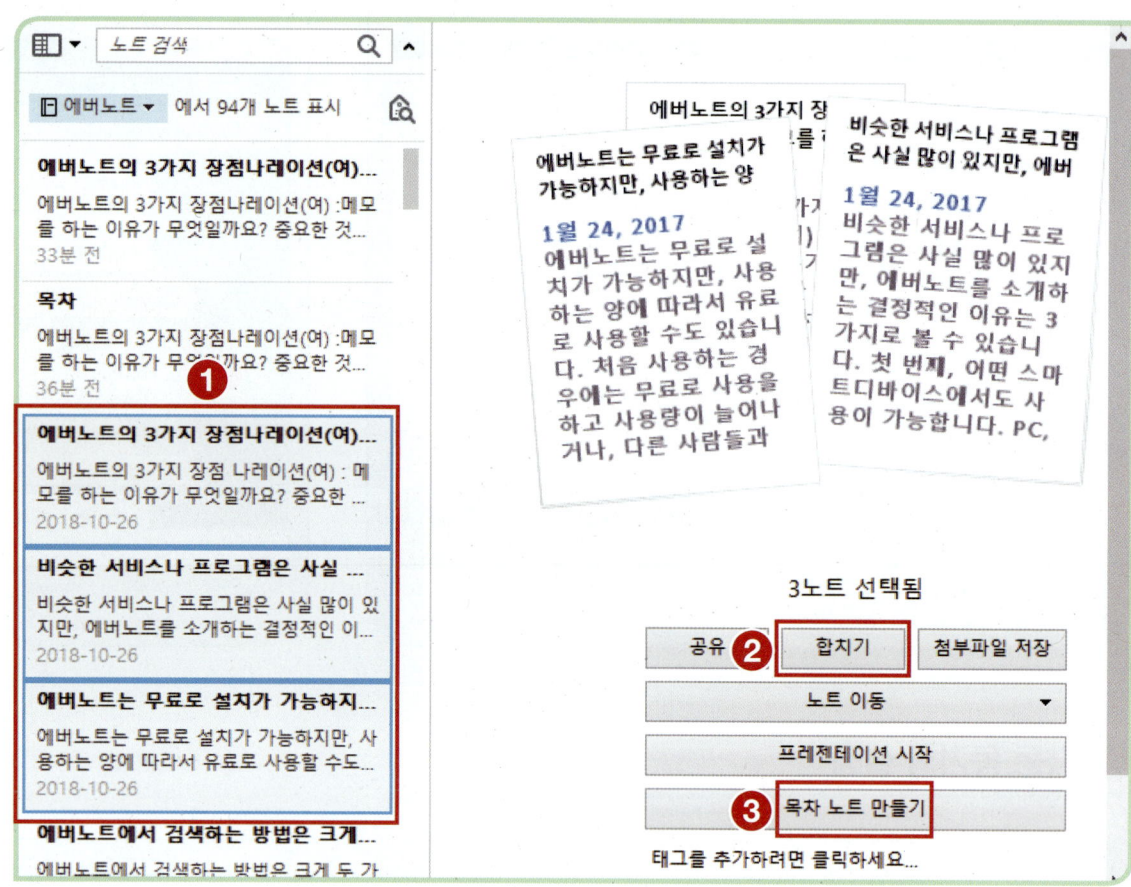

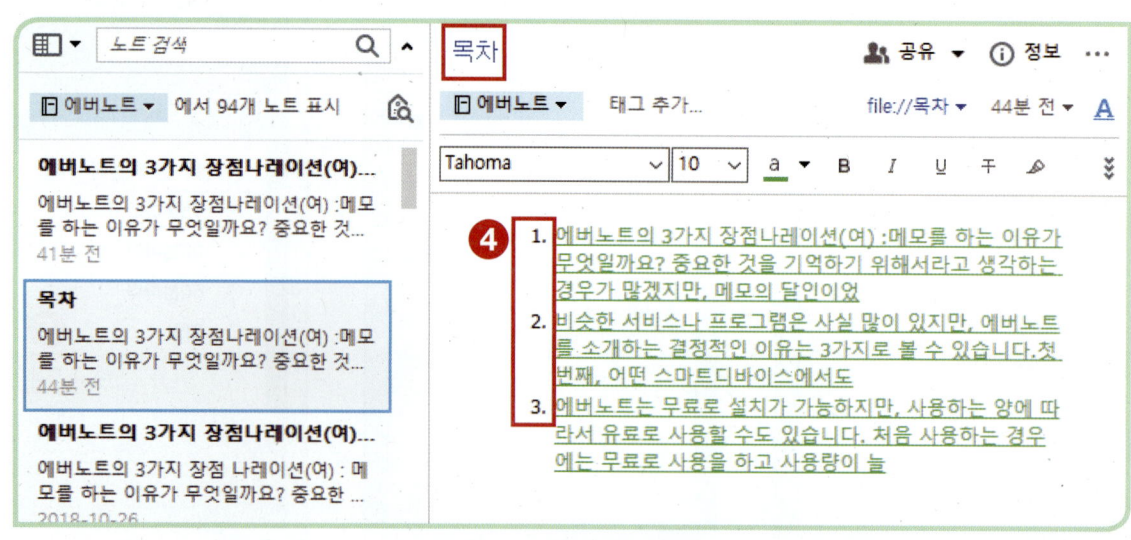

⑪ 알리미 설정

잊기 쉬운 일정 등은 알리미 설정을 해 놓으면 가입한 이메일로 알림이 온다. 알림을 받으려면 PC용 에버노트 앱에서 메뉴모음 도구 설정 알리미에서 '알리미 이메일 받기'를 체크한다

5 에버노트 웹클리퍼

1 PC에서 웹클리퍼 확장 프로그램 추가하기

우리는 정보의 홍수 속에서 살고 있다. 수많은 정보중에 나에게 필요한 정보만 에버노트 웹클리퍼를 활용해서 담아두면 매번 검색창에서 헤매지 않고 필요한 자료를 쉽게 찾을 수 있다.

에버노트 웹클리퍼는 크롬 브라우저에 최적화되어 있으며 크롬의 확장 프로그램 설치로 쉽게 이용할 수 있다.

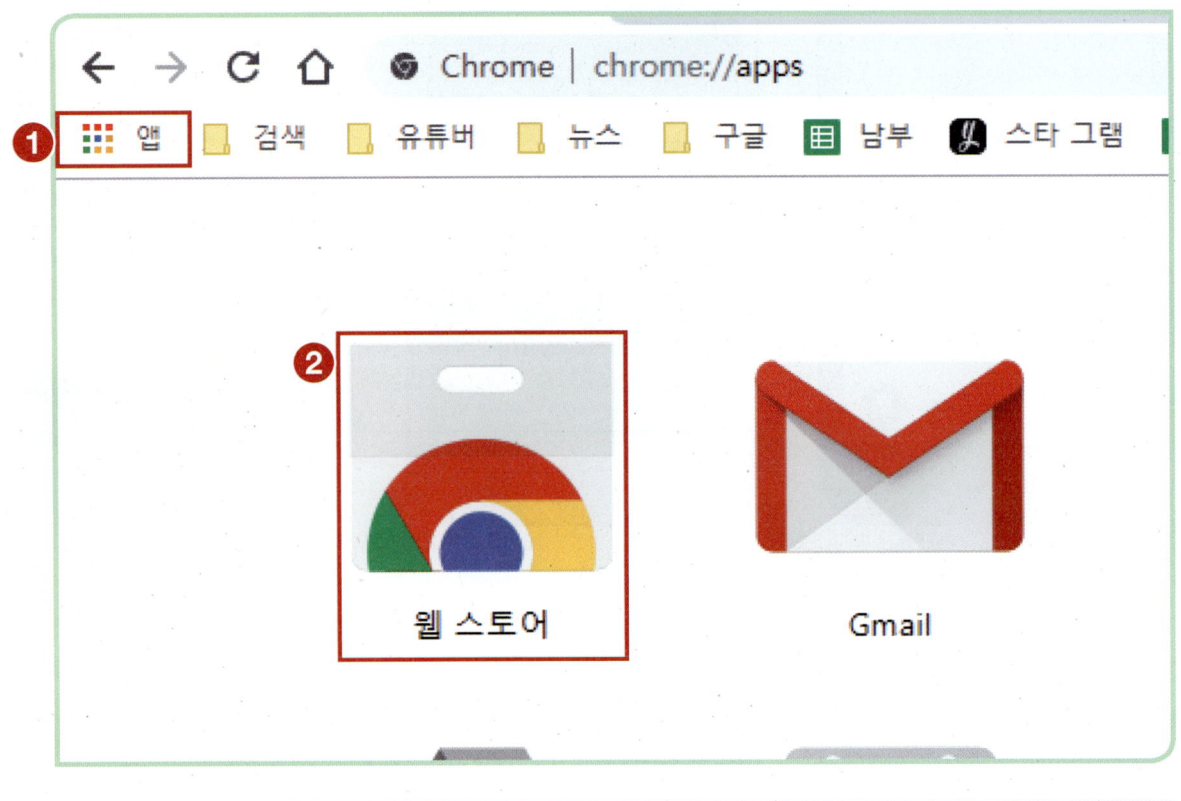

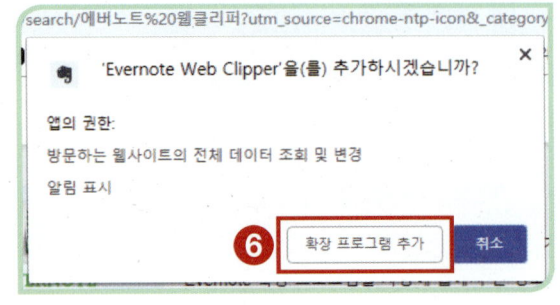

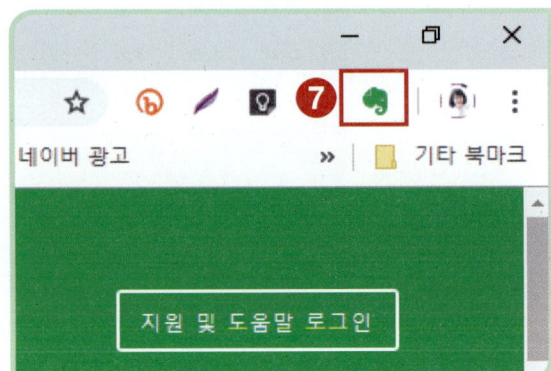

2 웹클리퍼로 웹 정보 스크랩하기

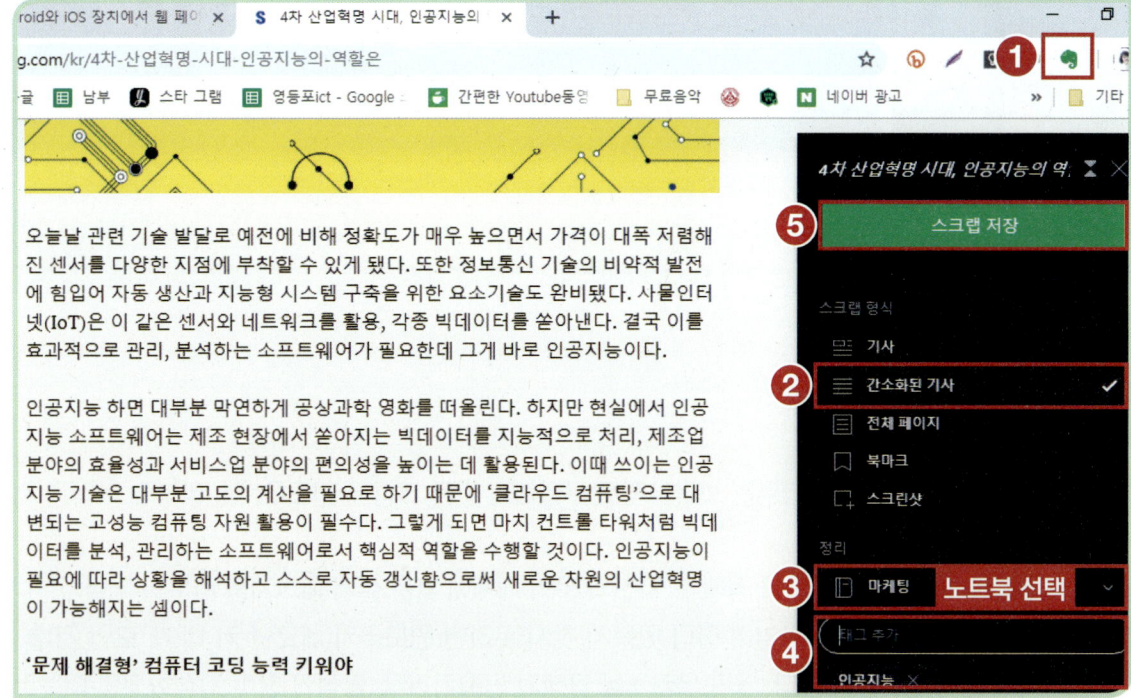

3 웹 클리퍼 스크린샷으로 원하는 부분만 캡쳐 후 편집하기

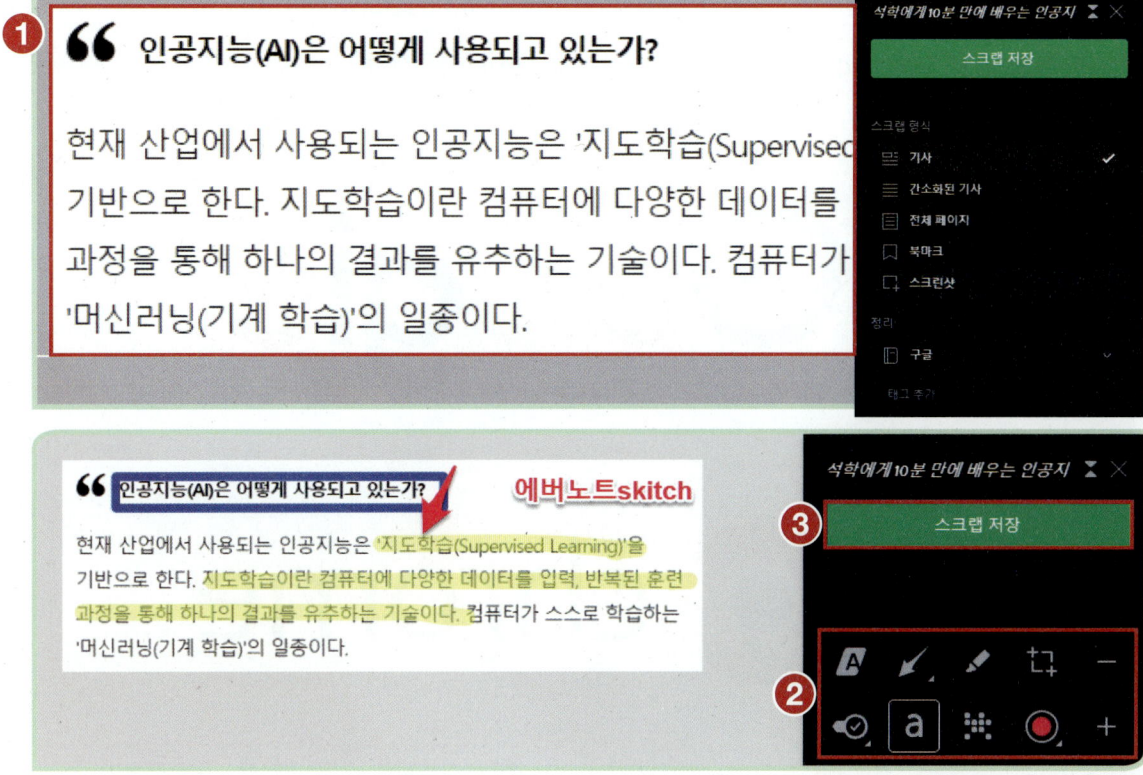

Step 2 구글 드라이브

1 구글과 크롬

인터넷을 열도록 도와주는 브라우저로 구글에서 만든 크롬은 윈도우, 맥, 리눅스 어디든 지원한다.

검색 사이트에서 크롬을 검색 후 자신의 운영 체계에 맞는 설치 패키지를 다운받아 설치한다. 다운로드하고 설치 파일이 어디 있는지 찾지 못하면 윈도우키(네모난 키 네 개 모인 것)를 누르고 알파벳 e 를 누른다. '윈도우키 + e' 탐색기 단축키이다. 탐색기 창이 활성화되면 다운로드라고 보이고 클릭하면 chrom. exe 란 파일이 다운로드 되어 있어 설치한다.

크롬의 로그인은 스마트폰의 플레이 스토어에 로그인되어 있는 Gmail 계정을 그대로 입력한 후 만약 비밀번호를 잊어버렸다면 아래 그림과 같이 인증을 거쳐 비밀번호를 다시 생성한다.

안드로이드 스마트폰은 구글 OS이므로 PC와 동기화하기 위해서는 반드시 같은 계정으로 로그인해야 한다. 이 구글의 계정은 클라우드 서비스를 이용하는데 매우 중요하므로 절대 잊거나 유출되면 안 된다. 아이폰은 구글 계정을 새로 만들어 모든 기기에 하나의 계정으로 로그인한다.

구글

크롬

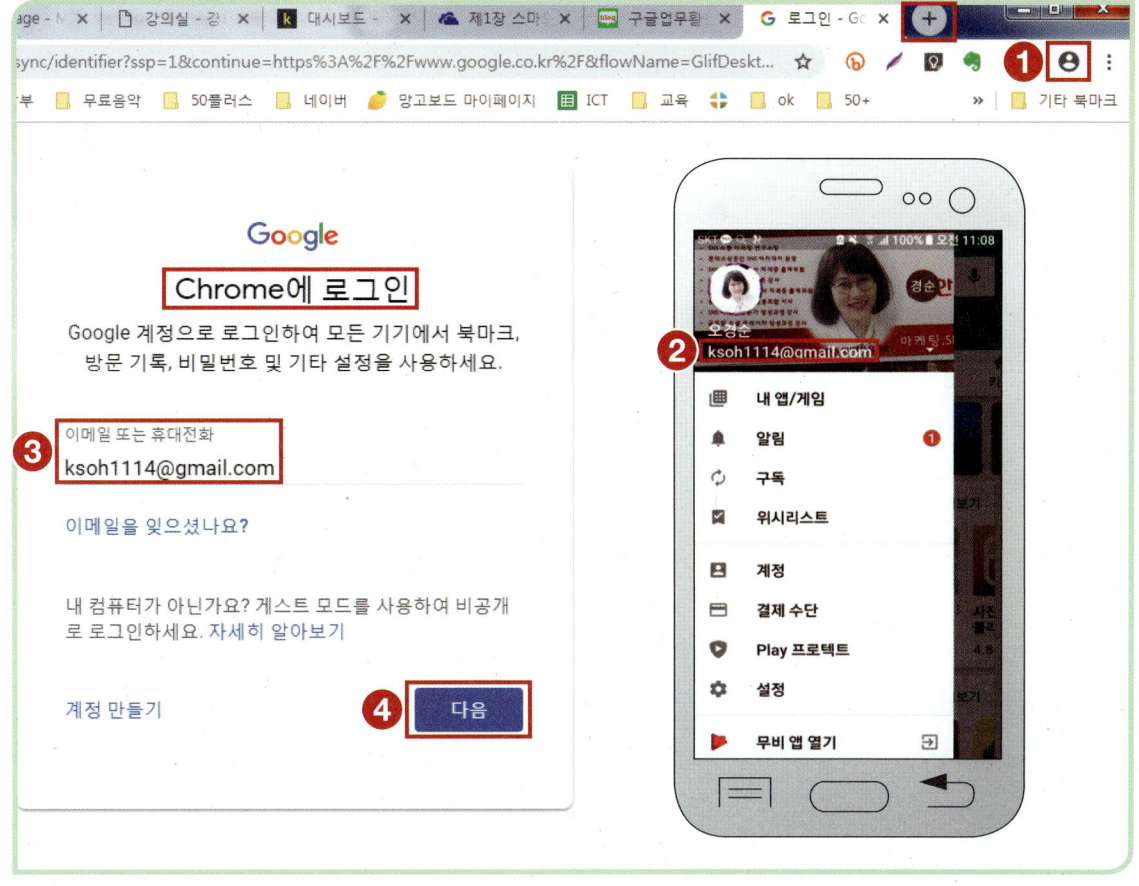

스마트폰을 활용한 SNS마케팅 쉽게 배우기

② 크롬에서 로그아웃하기

인터넷 익스플러와는 달리 크롬 브라우저는 창을 닫는다고 로그아웃이 되지 않는다. 반드시 로그아웃해야 하는데 만약, 잊고 로그아웃을 하지 않으면 다른 사람이 내 계정에서 작업하게 된다.

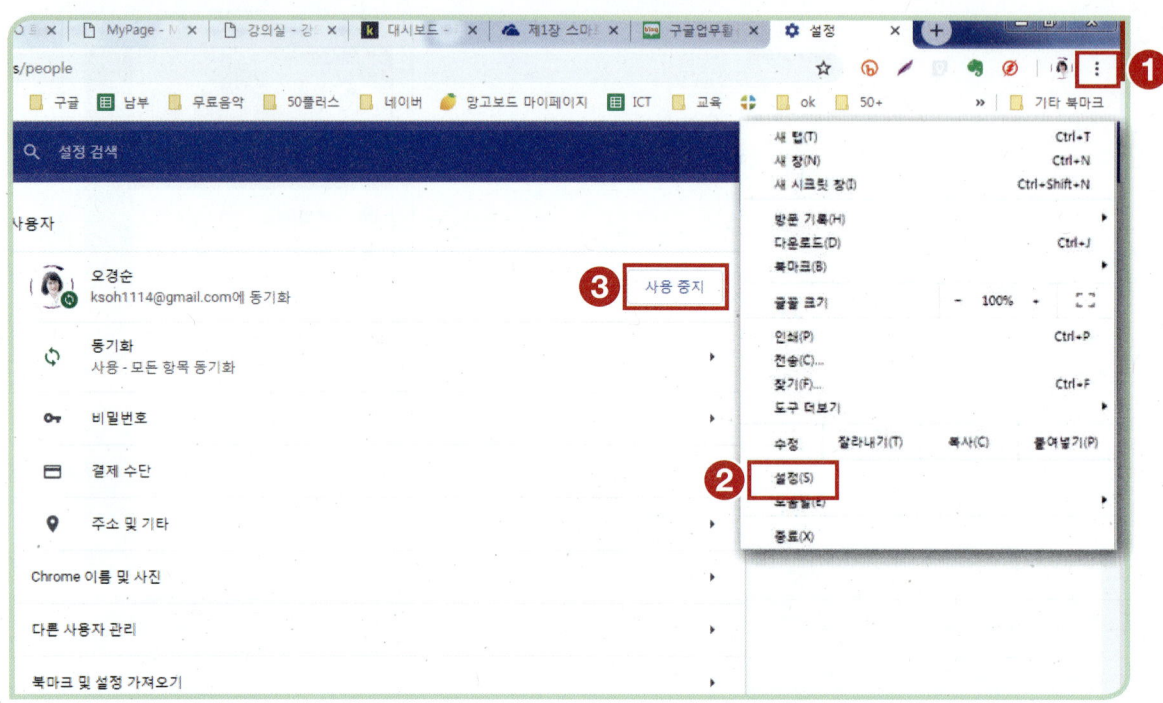

❸ 홈버튼과 북마크 바 표시하기
우측 상단 점 세 개 더보기 버튼을 눌러 '설정'으로 들어온다.

🔍 설정 검색

모양 ❶

테마
Chrome 웹 스토어 열기

홈 버튼 표시
새 탭 페이지 ❷

○ 새 탭 페이지
○ https://www.google.com/

북마크바 표시 ❸

글꼴 크기   중간(권장)

글꼴 맞춤설정

페이지 확대/축소   100%

검색엔진

스마트폰을 활용한 SNS마케팅 쉽게 배우기

❹ 북마크(즐겨 찾기) 하기

인터넷 익스플러에서 즐겨 찾기를 하면 작업하는 컴퓨터에 저장이 되지만 크롬 브라우저에 북마크는 기기에 상관없이 내 구글 계정에 북마크하는 것이기 때문에 어느 기기에 접속하든 동기화된 북마크를 활용할 수 있어 편리하다. 북마크 바의 빈 곳에 우클릭한 후 폴더를 만들어 주제별로 북마크를 모아 분류한다.

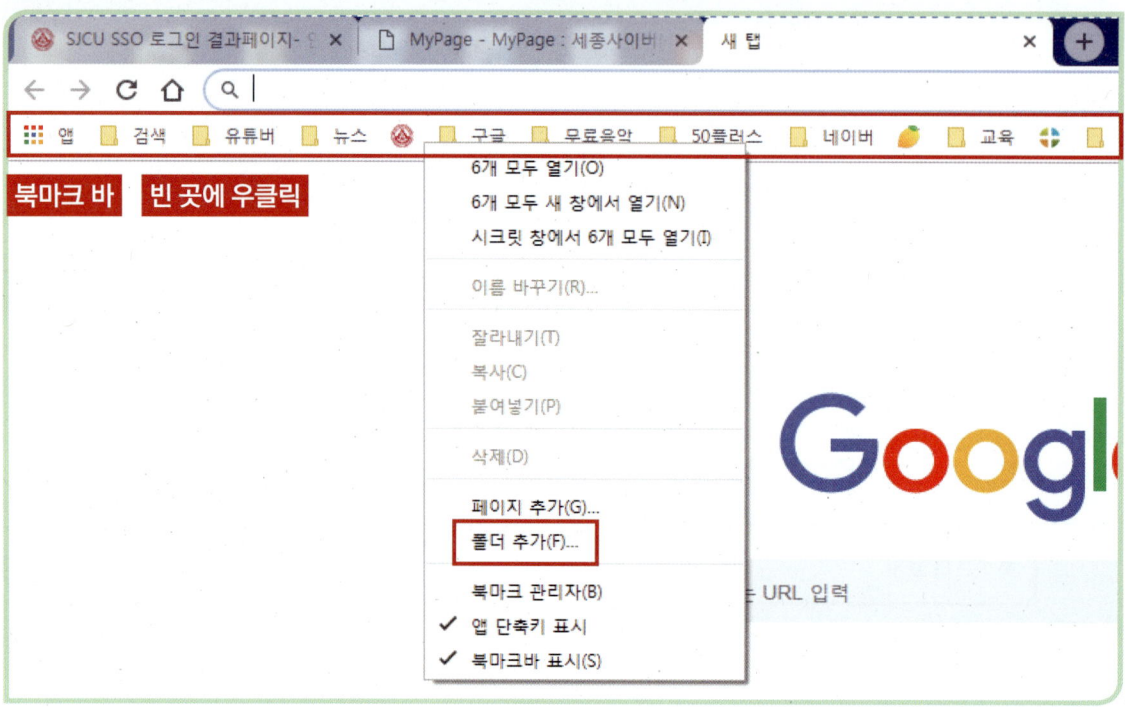

❺ 북마크에 아이콘만 남기기

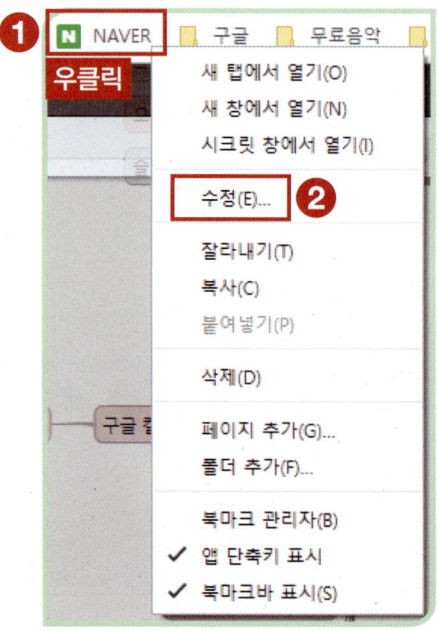

6 확장 프로그램 사용

크롬 브라우저의 큰 장점 중에 확장 프로그램 설치이다. 크롬 브러우저에서만 작동하는 확장 프로그램 웹스토어에서 찾아 설치할 수 있다.

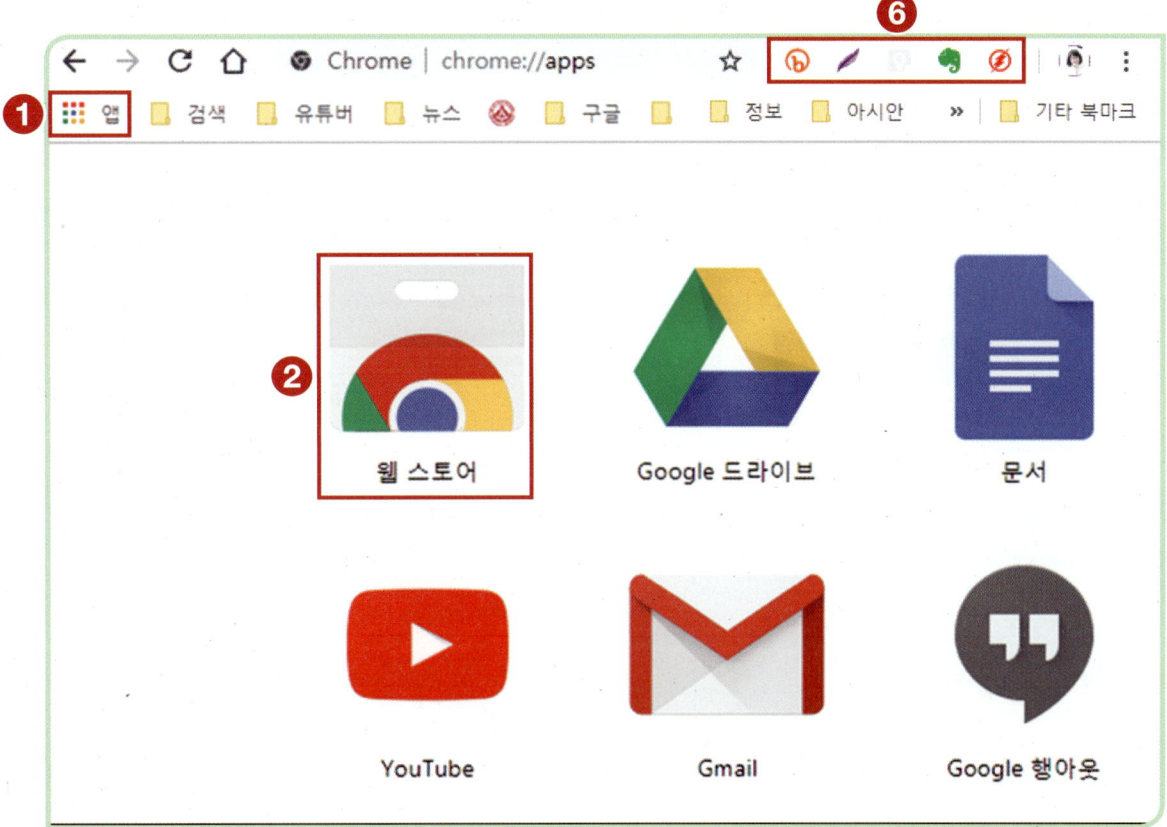

7 공유 문서 만들기

구글 드라이브 안의 프레젠테이션, 문서, 스프래드시트, 설문지 등 모든 문서 작성은 무료이며 저장 공간도 무제한이며 누구에게나 공유하여 협업 및 동시 작업이 가능하다. 작성과 동시에 자동 저장되고 이전 작업 내역도 자동 저장되어 있어 복구하기 쉽고 공유한 문서일 경우는 누가 언제 수정 및 작업했는지 한눈에 볼 수도 있다.

8 링크로 공유하기

Step 3 단축 주소 만들기

1 단축 주소

긴 URL 주소를 짧은 주소로 단축시켜 주는 프로그램은 많이 있다. 그 중 Bitly. com은 크롬 브라우져의 확장 프로그램으로 설치해 놓고 쓰면 매우 편리하다. 앞장에서 확장 프로그램 설치하는 것은 설명하였고 bitly. com에 회원 가입을 해서 써도 되지만 구글로 로그인을 해도 된다.

단축하고자 하는 웹사이트를 열어 놓은 상태에서 오른쪽 상단의 확장 프로그램 목록에서 비틀리를 클릭만 하면 아래 그림과 같이 단축 주소가 만들어진다.

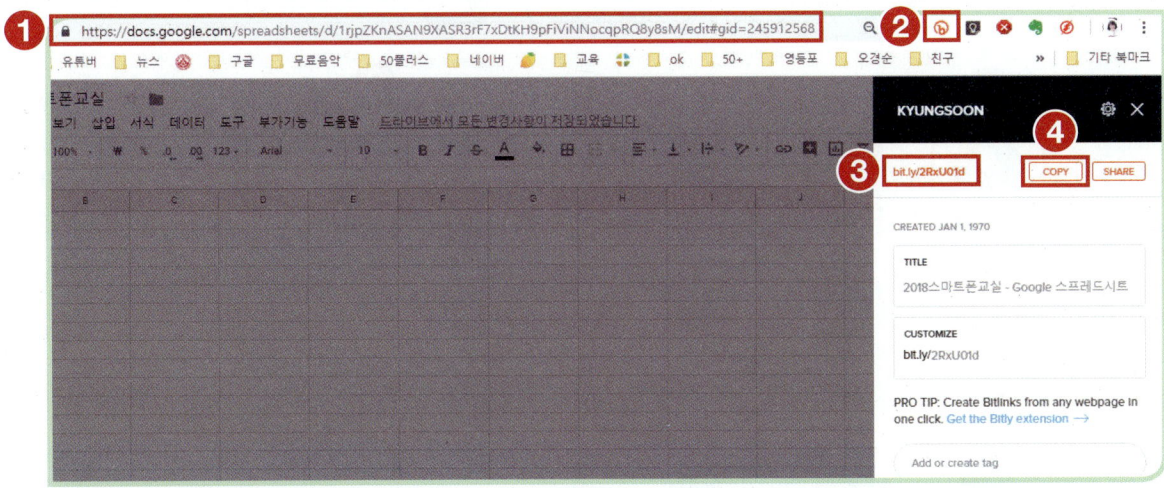

2 한글 주소로 바꾸기

Bitly. com은 한글 주소를 지원하므로 CUSTOMIZE에서 / 다음 부분을 한글로 바꾼 후, SAVE를 누른다. 만약 같은 이름의 주소를 이미 누군가가 쓰고 있다면 빨간 글씨가 뜨니 다시 입력한다. 성공하면 그림과 같이 'Bitly. com/2018스마트폰교실' 이라는 한글 주소가 생성 되고 이는 'j. mp/2018스마트폰교실'과 같이 외우기 쉬운 주소로 바꾸어도 같은 주소이다.

스마트폰을 활용한 SNS마케팅 쉽게 배우기

Step 4 구글 설문지 만들기

1 구글 설문지

설문지는 수요 조사나 만족도 조사, 고객의 DB를 모으기 위한 이벤트 등을 할 때 유용하다. 구글 설문지는 작성 후 주소를 단축 주소로 변환하여 활용하고 고객들이 응한 설문 내용은 바로 구글 스프래드시트로 저장되어 수시로 모바일에서 확인 가능하다.

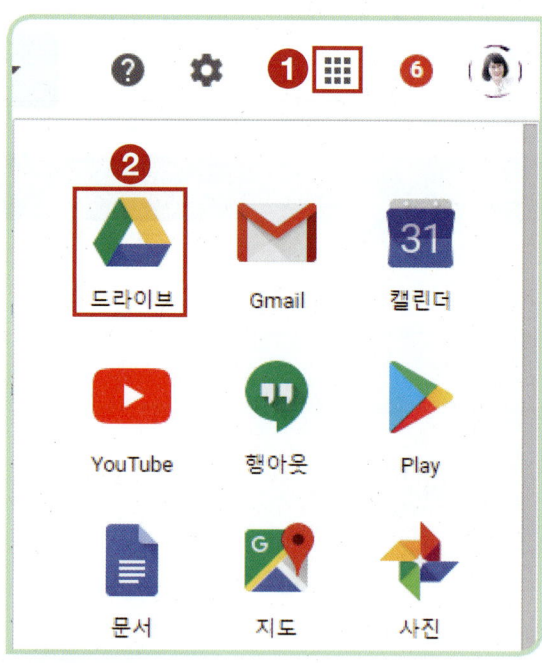
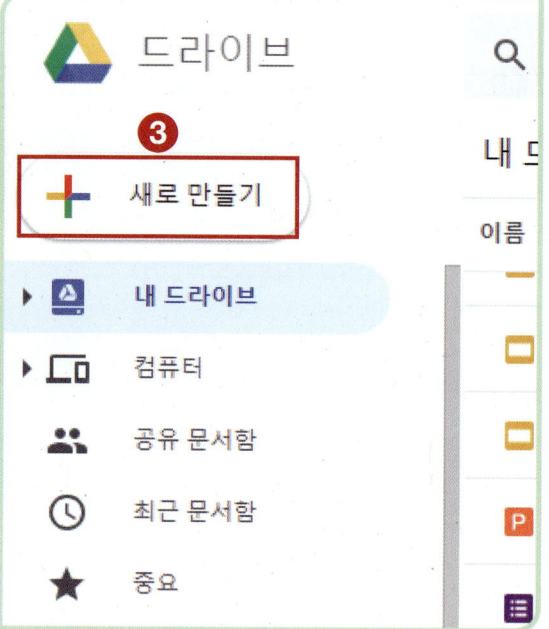

스마트폰을 활용한 SNS마케팅 쉽게 배우기

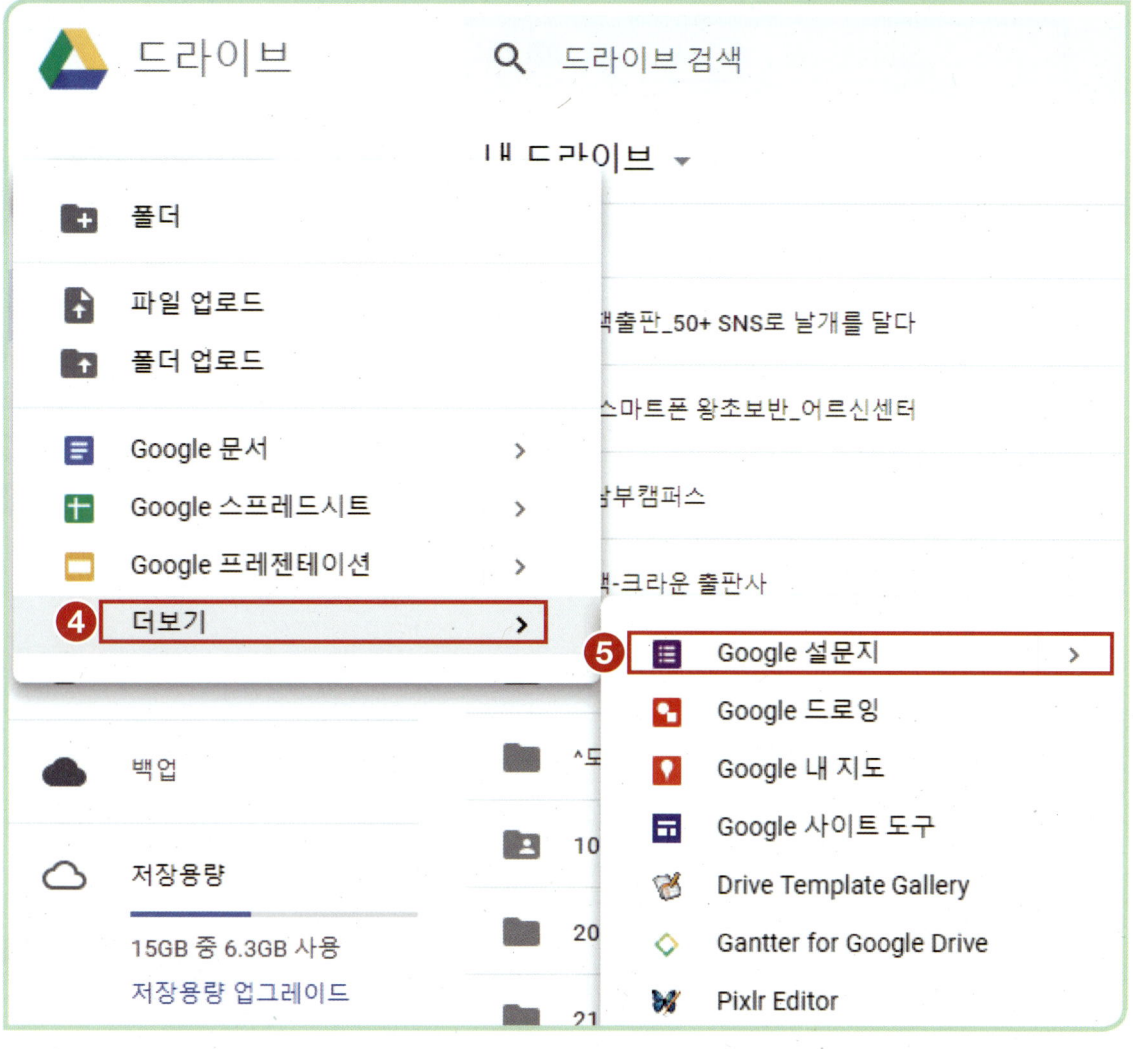

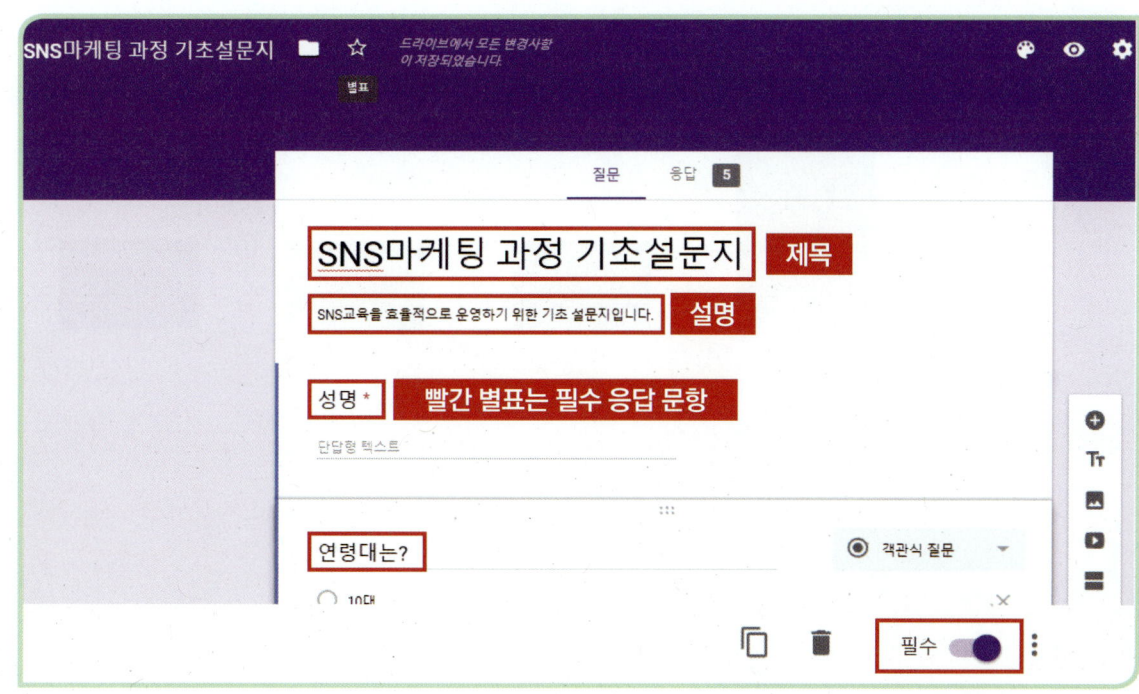

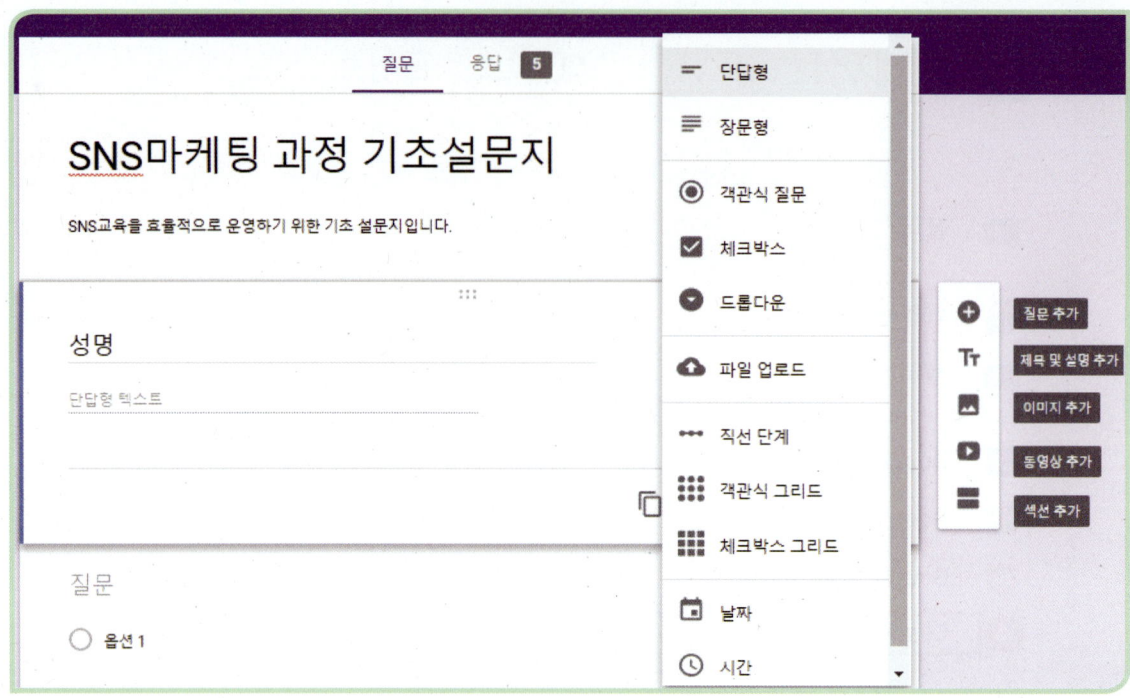

스마트폰을 활용한 SNS마케팅 쉽게 배우기

Step 5 오케이 마인드맵

머리 속에 떠오르는 생각들을 클라우드 기반의 마인드 맵에 기록하면 언제든지 편집과 수정이 자유로워 편리하다. 오케이 마인드맵은 설치할 필요없이 웹상에서 바로 기록, 편집, 공유, 협업할 수 있다. 현재 40명까지 동시 작업이 가능하며, 텍스트는 물론 이미지, 동영상, 링크를 첨부할 수 있고 6가지 기능의 프레젠테이션도 가능하다.

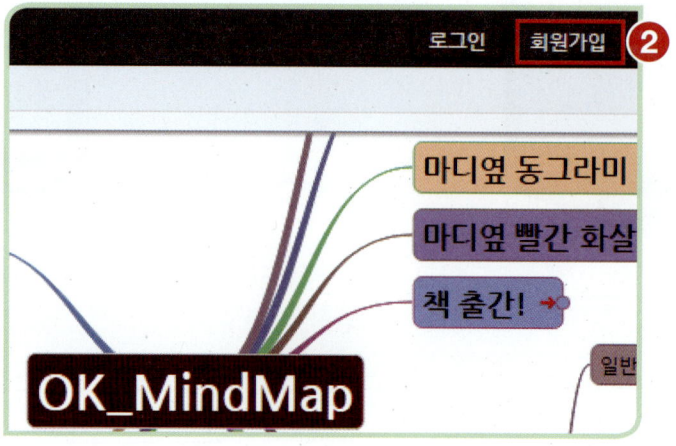

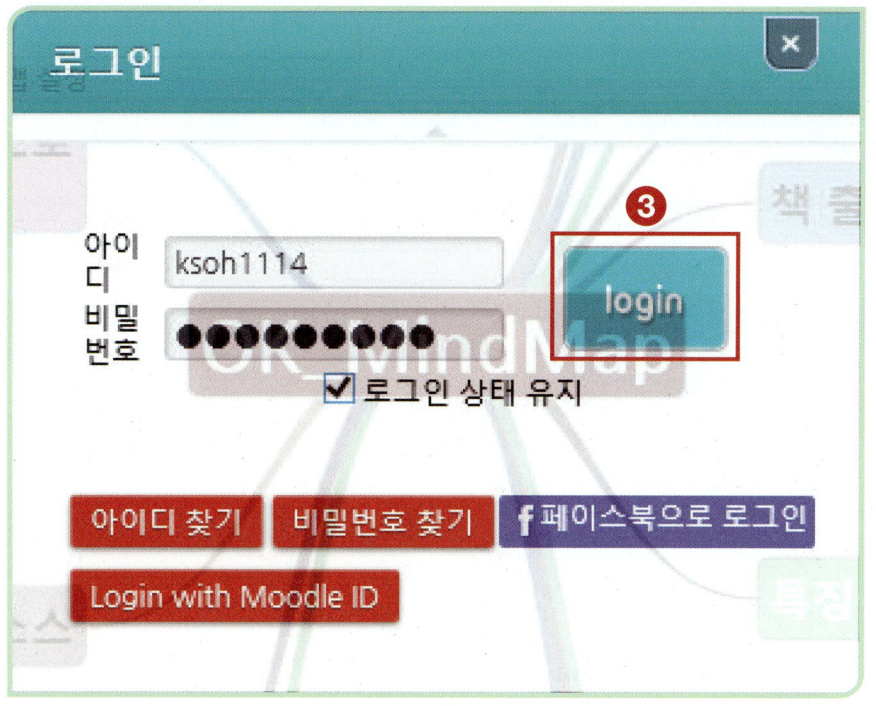

1 새 마인드맵 만들기

파일 → 새 마인드맵 만들기

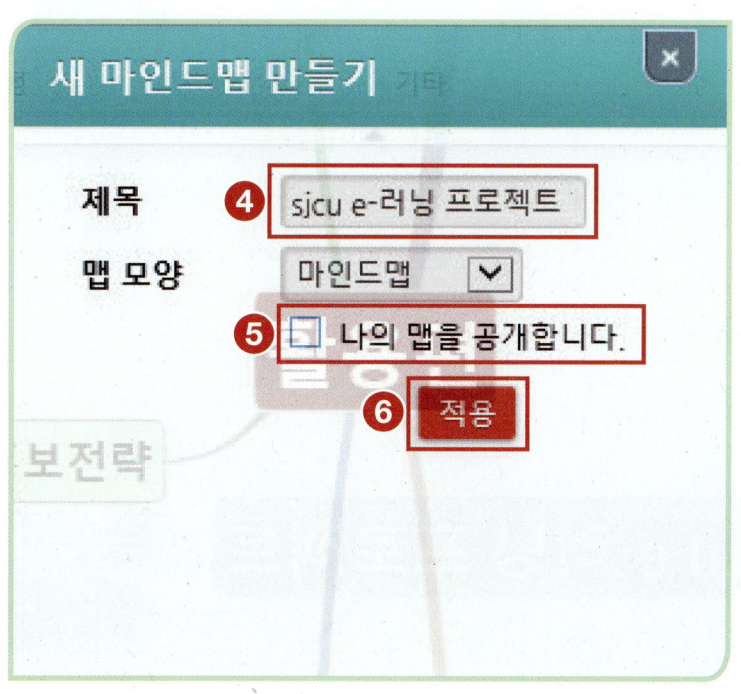

❷ 자식 마디 추가하기

부모마디를 클릭하여 선택을 한 후 키보드의 탭 키를 누르거나 상단메뉴의 편집 → 자식마디 추가를 클릭한 후 내용을 입력하고 엔터를 친다.

❸ 형제마디 추가하기

클릭하여 선택된 마디를 중심으로 엔터를 치면 형제마디가 생성된다.

❹ 두 줄로 입력하기

shift키를 누른 상태에서 엔터를 치면 줄 바꿈이 된다.

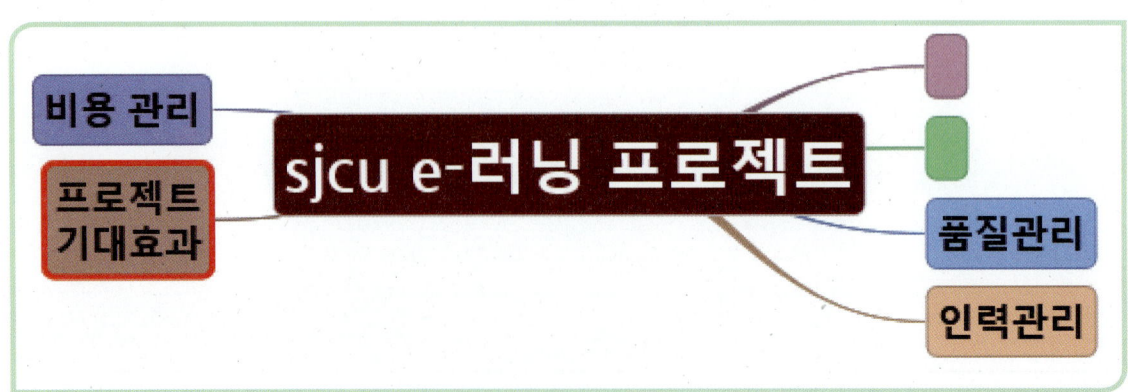

❺ 공개된 맵 보기

파일 → 열기 → 공개된 맵

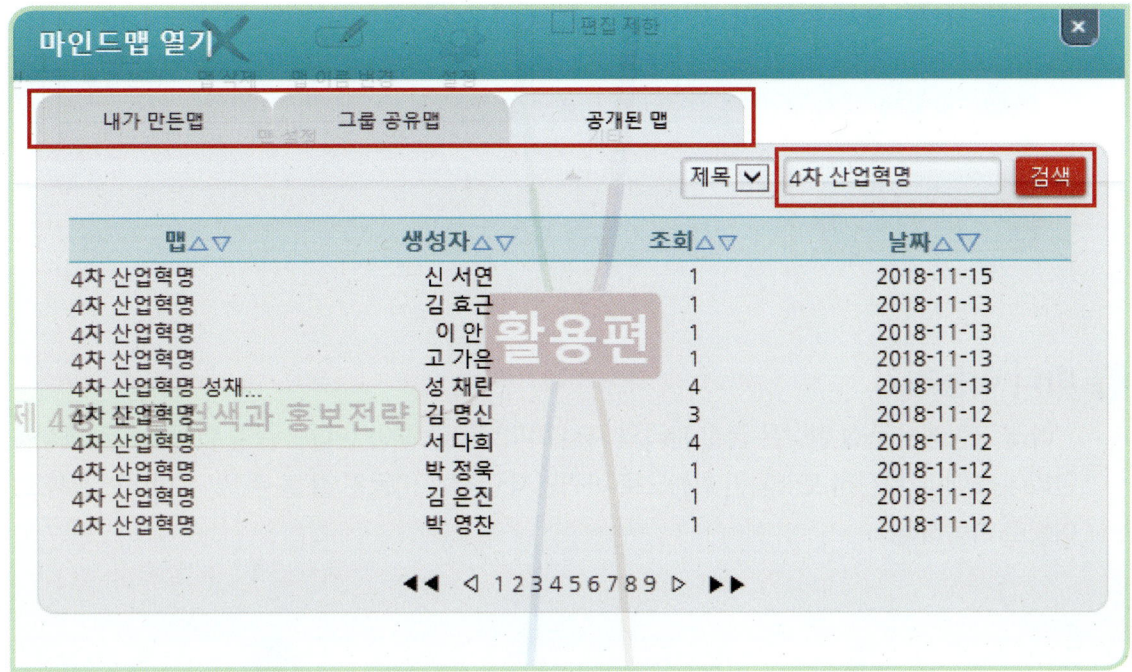

❻ 확대 / 축소 / 이동

맵의 빈 곳에 클릭 후 드래그하면 원하는 곳으로 이동할 수 있다. 맵 자체를 전체보기 할 때는 확대/축소 버튼을 누른다.

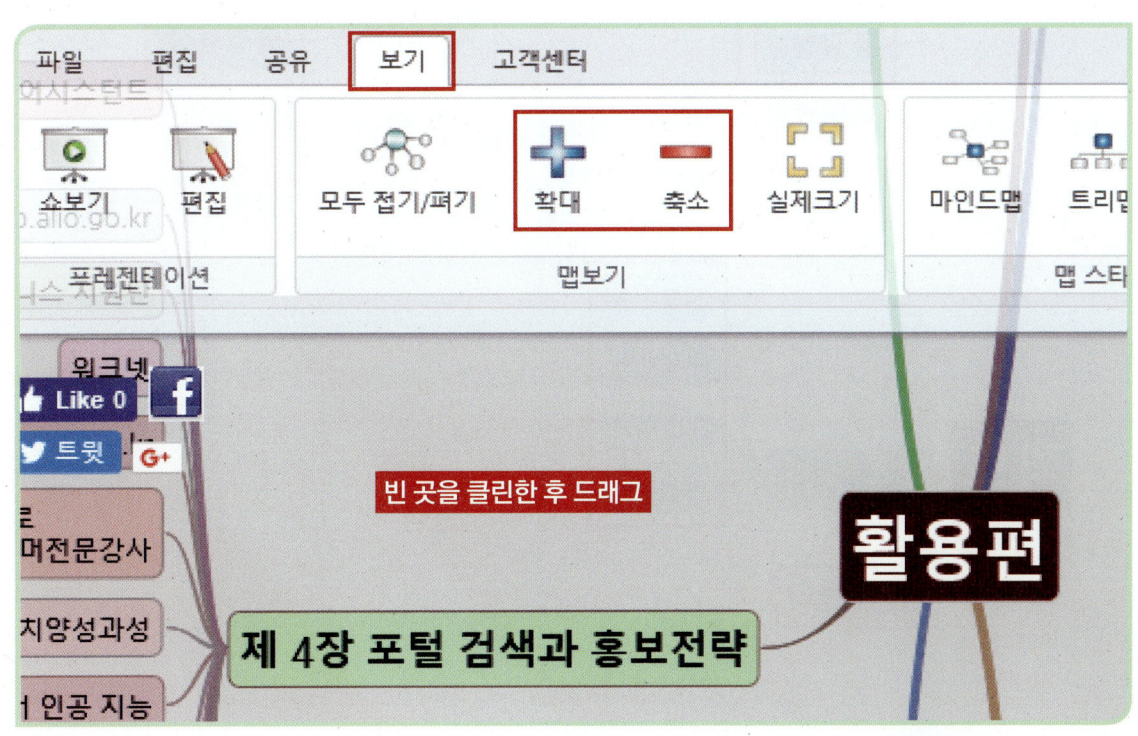

7 맵 펼침과 링크 연결 표시

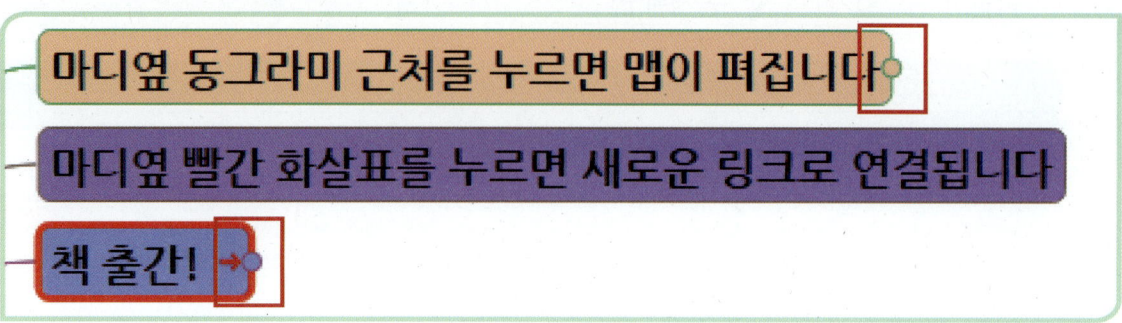

8 마디 이동하기

아래 그림에서 품질 향상은 품질 관리의 자식 마디로 이동해야 한다면 품질 향상을 드래그해서 품질 관리에 포갠다. 완전히 포개지면 회색으로 바뀌면서 마디가 이동된 걸 볼 수 있다. 마디는 통째로 복사, 이동도 가능하다.

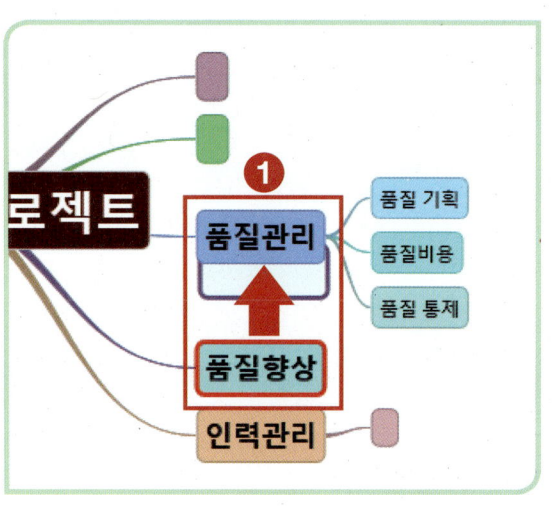

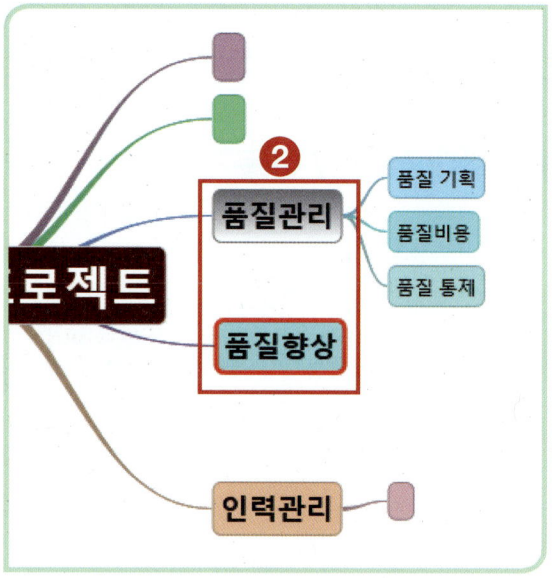

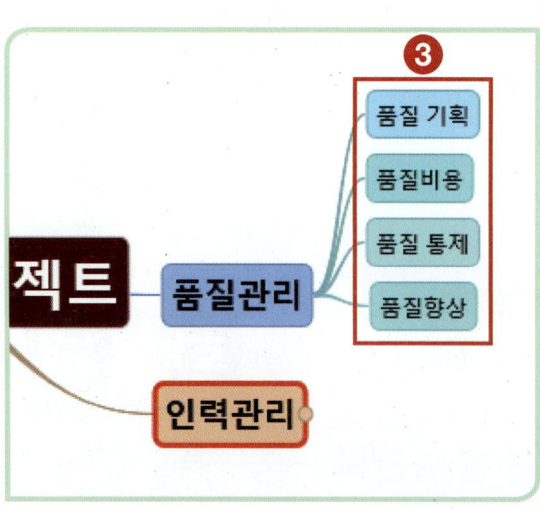

Step 6 스마트폰 미러링

스마트폰의 화면을 PC 화면으로 보이게 하는 프로그램을 '미러링'이라한다. 스마트폰 강의시나 파일 전송시 그리고 모바일 화면을 크게 보는데 편리하다. USB 케이블선 없이 미러링 기능으로 모바일에서 PC로 PC에서 모바일로 대량 파일 전송도 가능하다.

1 모비즌 PC 앱 버전 연결하기

PC에서 모비즌 홈페이지 (https://www. mobizen. com)에 들어가서 '미러링'을 다운받아 설치한다.
모바일에서도 Play store에서 '모비즌 미러링'을 설치한다. 모비즌의 유용한 기능 중에 모바일 화면 녹화 기능을 사용하려면 '모비즌 스크린 레코더' 어플을 설치해야 한다. 이메일로 회원 가입을 한 후 로그인을 한다. 만약 스마트폰과 PC를 USB케이블로 연결하려면 스마트폰 설정 → 개발자 옵션에서 USB 디버깅을 반드시 활성화해야 한다.

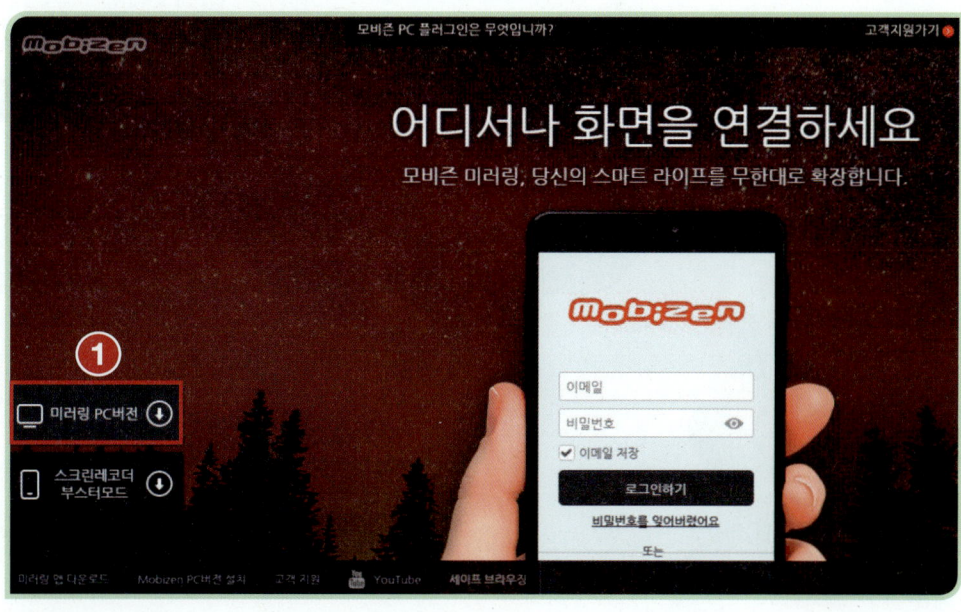

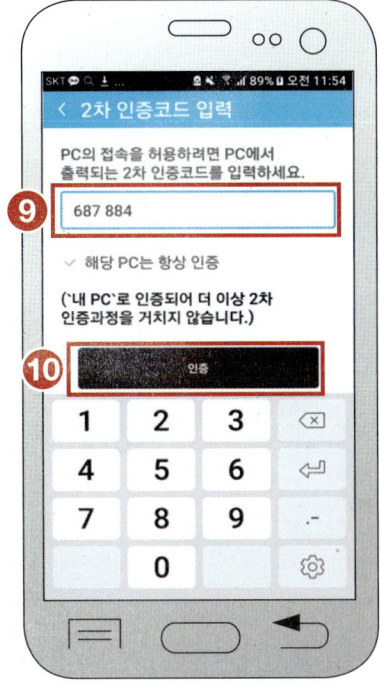 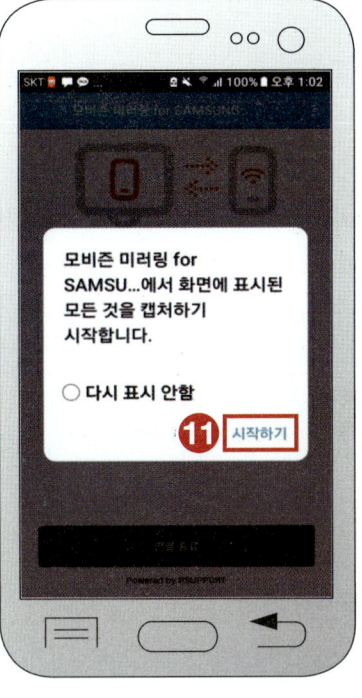 

❷ 모비즌 웹 버전 연결하기

https://www.mobizen.com 에 로그인한다.

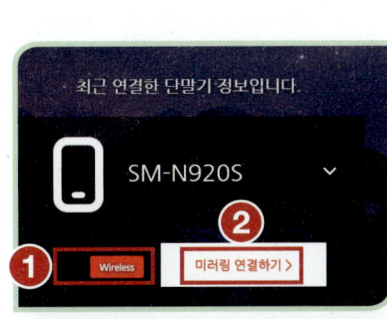 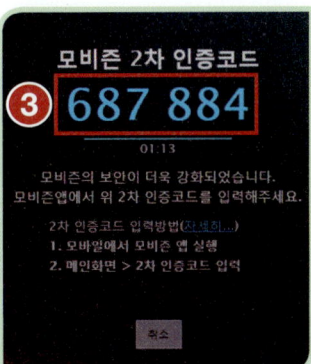 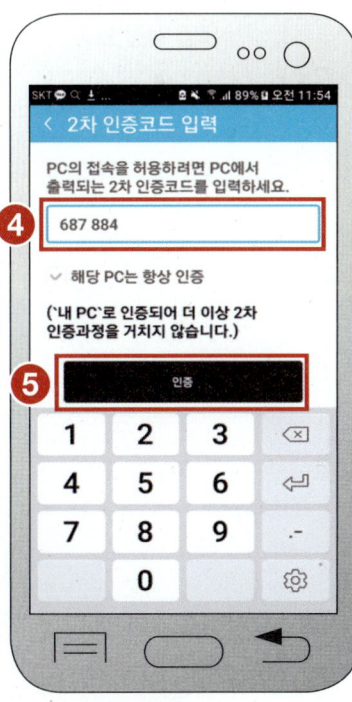

스마트폰을 활용한 SNS마케팅 쉽게 배우기

③ 팀뷰어

팀뷰어는 컴퓨터 간 원격제어, 파일 공유, 전송, 화면 미러링을 위한 소프트웨어 패키지이다. https://www.teamviewer.com에서 Window를 위한 TeamViewer를 다운받아 PC에 설치한다. 스마트폰에서는 미러링을 위해서는 퀵서포트, 원격 제어를 위해서는 원격 제어용 팀뷰어를 원격 회의를 위해서는 회의용 팀뷰어를 각각 설치해야 한다. 팀뷰어는 회원 가입없이 모바일에 나타나는 고유 번호를 PC에 입력하는 것으로 두 기기가 연결된다.

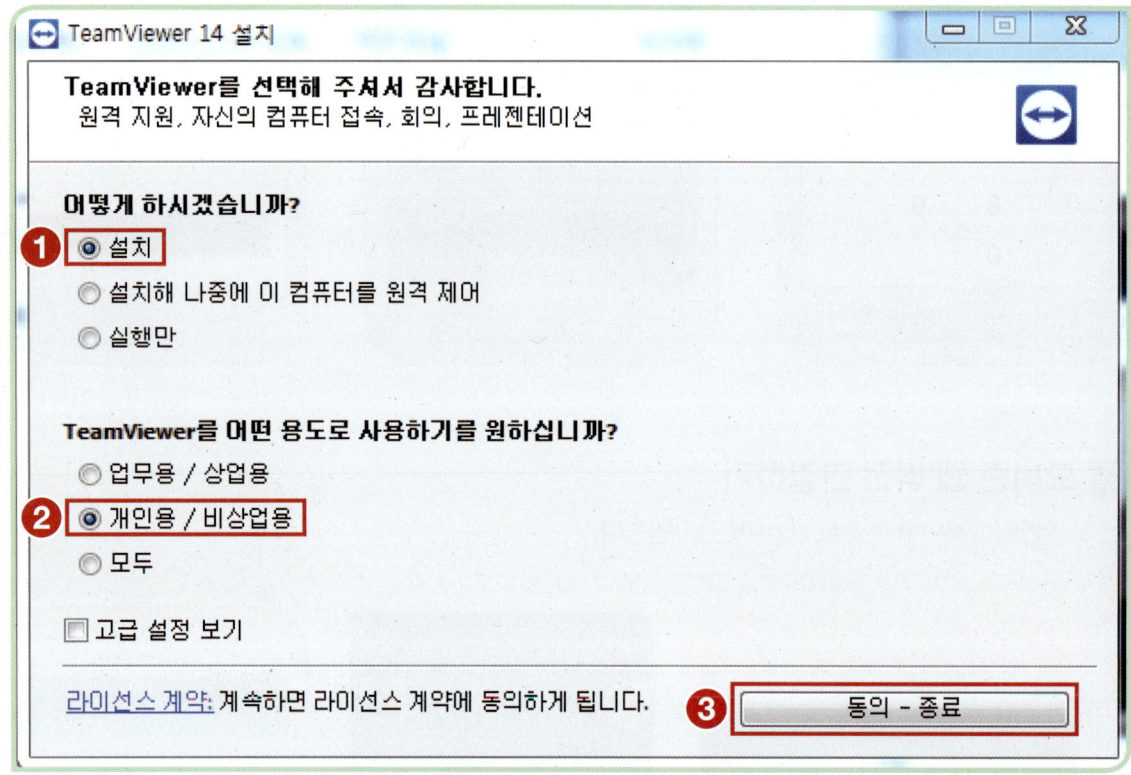

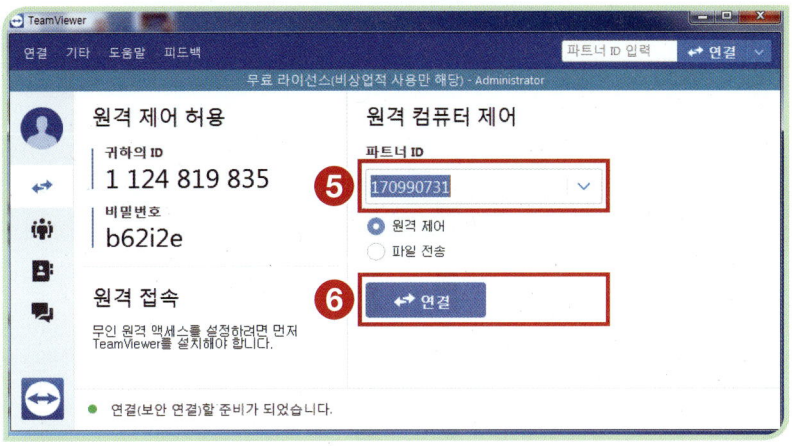
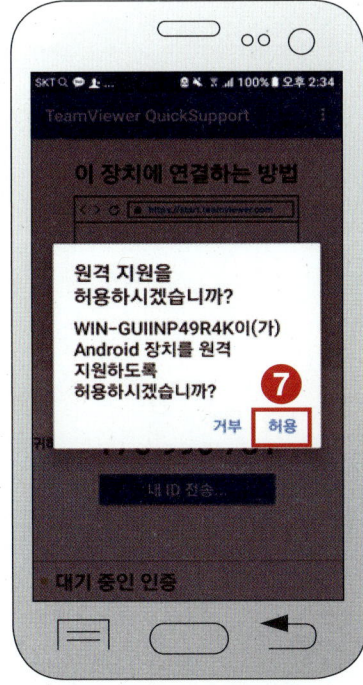

스마트폰을 활용한
SNS 마케팅 쉽게 배우기

제 2장
모바일 SNS와 소셜미디어

Step 1   소셜미디어
Step 2   인스타그램
Step 3   유튜브
Step 4   블로그
Step 5   페이스북

Step1 소셜미디어와 디지털 마케팅

1 시대의 변화

수 백년 간 이어오던 인류의 수동적 생활 방식이 18세기 자동 시스템으로 바뀌는 이 혁명적 흐름을 1차 산업혁명이라 한다. 증기기관을 사용하여 생산성이 향상되고 농경 사회가 산업 사회로 변화하는 인류 역사의 대 변환기의 시작이었다. 이 혁명을 시작으로 전기의 발명으로 모터를 돌리며 기술적인 진보는 생산성의 향상을 가져와 인류는 더 이상 자급자족에서 벗어나 편리함의 세계로 들어선다. 이 시기를 2차 산업혁명이라 한다. 1970년대 인터넷의 도입은 인류를 또 한 번 변화시키는 대변혁의 길로 안내하는데 기존의 아날로그 방식이 디지털로 변화되는 3차 산업혁명 즉, 디지털 시대로 진입한 것이다. 컴퓨터를 활용한 정보화 자동화 시스템이 구축되면서 사람들은 온라인이라는 또 다른 세상을 창조해낸 것이다. 컴퓨터와 모바일의 온라인 세상은 가상 세계라고도 하며 아날로그 세계와 뗄 수 없는 밀접한 관계를 유지하며 O2O 세상을 열었다. 이 두 세상의 환경은 점점 가까워져 사람들의 일체 행동들이 (좋아하는 음식, 자주 가는 지역, 운동 등의 신체 변화, 쇼핑 형태 등) 인간의 모든 영역이 빅데이터로 수집되어 디지털화하며 두 세상은 통합되어 간다. 사물인터넷 시대가 열려 로봇 공학, 무인 자동차와 항공기, 3차원 인쇄. 나노 기술 등 새로운 기술 혁신을 도래하였고 그 중심에는 AI 인공지능 기술이 있다.

원시사회 • 활 • 창	**농경사회** • 농기구 • 손수레	**산업사회** • 모터/동력 • 콘베이어	**지식정보화** • 정보통신 • 스마트폰

이렇게 물리적인 현실 아날로그 세계와 디지털 세계의 통합을 이뤄내는 시기를 4차 산업혁명이라 한다. O2O와 가상현실(VR), 증강현실(AR)로 더욱더 통합은 가속화되고 있으며, 우리는 지금 그 한복판에 살고있는 것이다. IOT, GPS, CPS 등 인공지능 기반의 기술은 사람과 사물, 공간을 초연결하고 초지능화하여 산업 구조 사회 시스템의 전반적인 혁신을 가져왔다. 그 중 이동 통신 기술의 기술도 눈부시게 발전하여 5G(세대) LTE, UHD-TV와 모바일 VR, AR 등을 통해 사람들은 더 빨리 더 편리하게 더 많이 접속하고 서로 더 많이 연결되어 간다.

2차 산업혁명	3차 산업혁명	4차 산업혁명
• 전기 에너지 기반 • 대량 생산 혁명	• 컴퓨터와 인터넷 기반 • 지식 정보 혁명	• 지능 정보 혁명 • 인공 지능과 IOT, 빅데이터, 클라우드 기술의 융합

2 소셜미디어

1 소셜미디어의 등장 배경

2010년도 스마트폰의 보편화와 LTE급 보급으로 페이스북 트위터 등이 한국 사회에 열풍을 일으키기 시작하면서 소셜미디어란 개념이 등장하였다. 이전의 미디어들은 매스미디어라 불리며 신문이나 TV방송 등과 같이 비용을 지급하고 사용하는 형식이다. 2000년대 블로그가 등장하면서 사람들은 미디어를 직접 소유하기 시작하였다. 직접 제작한 UCC가 등장하면서 직접 소통으로 관계를 형성하며 점차 소셜화된다. 이에 많은 사람을 한곳에 모여 소통하게 해주는 페이스북과 같은 서비스가 등장하자 다른 사람들로 인하여 형성된 미디어의 형태로 발전하는 데 이를 소셜미디어라 한다. 소셜미디어란 개념 규정은 다양하다. 트위터, 마이스페이스, 페이스북, 카카오스토리 등과 같이 사용자의 사적, 공적 네트워크를 기반으로 정보를 공유하고 의견을 나누면서 관계를 형성하고 유지하는 기능의 일체의 미디어를 소셜미디어라 부른다.

▲ 페이스북   ▲ 트위터   ▲ 블로그

즉 사람들이 의견, 생각, 경험, 관점 등을 공유하기 위해 사용하는 온라인 툴과 플랫폼을 뜻한다. 이러한 소셜미디어는 텍스트, 이미지, 오디오, 비디오 등의 다양한 형태를 가지고 있는데 가장 대표적인 소셜미디어로는 블로그(Blogs), 소셜 네트워크(Social Networks), 메시지 보드, 팟캐스트, 위키스, 비디오블로그(Vlog) 등이 있다. 사실, 소셜미디어는 새로운 용어가 아니라, 기존의 디지털미디어가 네트워크로 변화를 가속화 한 것으로 볼 수 있다.

소셜미디어가 등장하게 된 배경에는 첨단 정보통신과 멀티미디어 기술의 발전 및 융합의 결과로서 사회와 문화의 새로운 패러다임을 들 수 있다. 인터넷의 대중화, 디지털카메라 및 스마트폰의 보편화 등이 온라인상의 커뮤니케이션 발전을 가져와 사용자들이 콘텐츠를 소비하는 동시에 생산도 하는 Prosumer(프로슈머)의 활동을 가속화 하였다. 또한, 웹 2.0 기반의 블로그 등 퍼스널 미디어의 등장이 소셜네트워크 서비스로 이어지고 사람들은 점점 자기표현 욕구와 친화 욕구가 증대하면서 퍼스널 미디어와 소셜네크워크의 융합을 촉진하게 되었다. 이에 누구나 손쉽게 인터넷에 접속하여 커뮤니케이션하고 표현하면서 양방향성 소통으로 참여와 개방, 공유, 오픈하며 사회적 합의에 의한 집단 지성을 이루어냈다.

2 소셜미디어의 특징

소셜미디어는 전 세계 이용자를 대상으로 한다. 강남스타일의 뮤직비디오가 유튜브란 매개를 통해 손쉽게 전 세계로 퍼져나가고 글로벌 시장에 접근한다.

기존 미디어는 개인이 소유하기엔 엄청난 비용이 들지만 소셜미디어는 개인이나 조직 등 누구나 가능하고 누구에게나 개방되어 있으며 콘텐츠 생산 비용도 거의 들지 않는다.

그리고 소셜미디어는 즉시 생산, 소비, 공유 그리고 재생산이 가능하다. 누구나 자유롭게 콘텐츠 생성과 유통이 가능하며 오픈 소스를 통해 수정, 변형이 가능하다. 구글오피스, 네이버오피스 등을 통해 공유된 문서들도 상호 간에 협업 시스템에서 수정 가능한 것이다.

소셜미디어는 사회적인 측면에서 5개의 특징을 가진다.

첫째, 참여(participation)를 전제로 한다. 모든 사람이 기여와 피드백으로 다양한 형태의 프로슈머가 된다.
둘째, 공개(Openness)이다. 콘텐츠 접근과 사용에 대한 장벽이 거의 없다.
셋째, 대화(conversation)이다. 전통적 미디어가 일방적으로 메시지를 전달한다면 소셜미디어는 콘텐츠 제작자와 이용자가 쌍방향으로 대화할 수 있다.
넷째, 커뮤니티(community)이다. 사람들은 온라인상에서 사진, 취미, 드라마, 정치적 이슈 등 동일 관심사를 중심으로 모이고 효율적으로 소통한다.
다섯째, 연결(connectedness)이다. 소셜미디어와 스마트폰은 다양한 미디어를 조합하거나 링크로 연결하면서 콘텐츠 공유를 기반으로 한 공유 네트워크를 형성한다.

사람들은 마음에 드는 신문 기사를 페이스북에 올리고 의견을 교환한다. 지인이 공유한 기사를 읽고 자신의 의견이나 공감을 더 해 또다시 유포한다. 즉 뉴스 창에 뜬 제목보다 지인들과 참여하면서 여론 형성된 기사에 영향력이 더 커지고 개인들의 힘이 막강해지게 된다. 심지어 사적인 영역의 메시지가 공적 파급효과를 낳기도 한다. 재스민 혁명으로 불리는 중동의 민주화가 개인의 트위터에서 비롯된 예가 그것이다.

3. 소셜미디어와 인간관계

소셜미디어의 특성 자체가 인간과 인간의 문제에 집중하고 있다.
수동적 특성이 강한 전통 미디어 이용 방식을 참여형 방식으로 바뀌면서 사람들은 집단 감수성 교감, 유희적 의미 만들기, 또 다른 정보의 생산과 유통에 참여한다. 과거 인터넷 커뮤니티들이 익명성에 기초를 두었다면 웹 2.0시대를 지나면서 대부분 실명에 바탕을 둔 상호 작용 공간으로 변하였다. 페이스북의 경우 실명과 학교 등 구체적인 프로필을 드러내지 않고서는 친구를 얻기 힘든 방식으로 구조화되어 있다. 과거 카페나 커뮤니티들이 집단 공동체 지향적이었다면 블로그를 중심으로 개인을 기반으로 한 관계 형성이 이루어지며 자신의 정체성을 드러내며 관계확장을 통한 사회적 확장을 가속화하고 있다.

산업 사회에서 정보 사회로의 변화는 도구(how to)의 시대에서 지식(know how)의 시대로 발전했다. 그리고 소셜미디어는 지식(know how)에서 인맥(know who)의 모델로 이동하고 있다. 소셜미디어는 정보를 가진 개인들을 연결해 주고 있다. 즉, 포털이나 검색엔진에서 정보를 검색하는 것보다 소셜미디어 내에 있는 나의 친구가 전달해 주는 정보를 더 선호하게 된 것이다. 다양한 소셜미디어들은 인맥 기반으로 다양한 정보들을 전달받는다. 인맥 기반으로 구인 구직이 이뤄지기도 하며 유튜브는 개인의 관심사나 취향이 반영된 동영상 등이 인맥을 기반으로 공유된다. 이는 정보 검색 능력보다 정보를 가진 사람들을 얼마나 많이 소유하고 있는가가 사회적 확장성을 결정하는 요인으로 작용한다.
이러한 현장들은 과거 ID와 닉네임으로 소통하던 개인을 실명으로 바뀌게 하였다. 실제로 소셜미디어에서의 친구 검색 등을 보면, 모든 정보가 실명성에 기반하고 있다.
집단에서 개인으로 지식에서 인맥으로, 그리고 익명에서 실명으로의 3단계 변화는 소셜미디어를 통한 인간관계의 변화에 가장 큰 요인이 분명하다. 이것에 기반한 관계 형성은 지식의 공유에서 인맥 중심의 기반 사회로 움직이도록 변화시키고 있다.

소셜미디어를 통한 만남에는 시공간적 장벽이 없다. 전 세계의 누구에게나 국경도 초월하여 24시 소통할 수 있다. 이는 사람들 간의 만남 유형과 폭을 확장해 준다. 즉 다양한 사람들과 다양한 곳에서 서로 간의 감정이나 정보를 손쉽게 공유할 수 있다.
오프라인에서 만나기 어려운 사람들을 다양한 SNS를 통해서 만날 수 있고 직위나 신분을 초월하여 수평적 관계로 만날 수 있는 유일한 창구이다. 서울 시장이나 미국 대통령도 SNS로 소통을 할 수 있는 시대인 것이다. 나와 관심사가 같고 같은 생각과 꿈을 공유할 수 있는 사람들과 친분을 쌓고 미래 설계에 도움을 받을 수도 있다. 이처럼 소셜미디어로 사람들을 만나는데 비용이 거의 들지 않는 것도 최대 장점이다. 인간관계의 만남은 많은 시간과 비용, 노력이 들지만 소셜미디어의 네트워크 기술은 손쉬운 만남을 가능하게 해 주며 수천 명의 친구를 관리하는 것도 가능하다. 심지어 오랫동안 소식이 끊긴 옛 동료를 만나게도 해주고 쉽게 사람들을 찾을 수도 있으며 사람들과의 연결은 다대다 대인관계를 가능하게 해준다.

4 소셜미디어 시대의 현안들

　소셜미디어를 매개로한 상호 연결성 관계들은 공동체의 확장과 같은 여러 가지 긍정적인 면도 있지만 인간의 주체성 파괴와 고립, 소외, 불신 등 역기능 또한 만만치 않다.

　사생활 침해와 관련된 문제들, 신뢰를 상품으로 바꾸는 즉 개인정보 매매, 수 많은 콘텐츠들에 대한 저작권 문제 초상권, 개인 정보 유출 등은 개개인 스스로의 보호와 타인에 대한 배려가 우선시 되어야 한다. 그리고 24시간 연결되어 있는 사이버 공간에 너무 몰두하다 보면 오프라인에서의 현실감각이 둔해져 같이 있으면서 따로 있는 듯한 부재의 현존(absent of presence)이라는 현상이 나타난다. 또한, 지나친 인간관계가 과부하로 이어지면 불필요한 대화나 사생활 정보 등 인간관계에 대한 피로도가 증가한다. 소통의 양이 늘어나는 것만이 최선이 아니고 소통의 질적 향상도 반드시 고려해야 할 사안이다.

　우리가 소셜미디어에 남긴 수 많은 글과 정보, 사진은 결코 사라지지 않는다. 인터넷에서 벌어진 한 순간의 실수는 디지털 주홍글씨로 영원히 남겨진다. 인터넷에서 무심코 쓴 글이 루머의 재생산과 집단 이기주의의 표적이 될 수도 있음을 지각해야 한다. 집단주의의 부정적 형태를 디지털 마오이즘이라고 한다.

　소셜미디어에 많은 일상과 대화들을 올릴 때 자신의 개인정보는 말할 것도 없고 나와 관련 있는 사람들의 정보도 보호해야 한다. 무심코 올린 글과 영상 등이 친구의 평판을 훼손할 수도 있다. 소셜미디어가 발전될수록 사람들은 검색 툴만을 통해서 정보를 얻기보다 정보를 가지고 있는 사람을 찾아 친구를 맺고 적합한 정보를 얻어 낸다. 그래서 개인에 의해서 의미가 부여되는 사적 정보와 공적 정보가 뒤섞이며 정보들은 단순 사실과 개인의 감정, 느낌 등이 들어간 정보로서 존재한다. 이렇게 개인화된 정보는 빅데이터로 수집되고 이는 다양한 사회 변화들을 예측하는 도구로 사용된다. 넘쳐나는 정보에 대한 정보의 올바른 평가가 먼저 이루어져야 한다.

　이러한 발전은 인간의 편의성을 제공해 주었지만 디지털 문명의 사각지대에 있는 사람들에게는 형평성과 디지털 문맹을 가져온다. 과거 소수의 특정 전문가들에 의해서 생산되던 정보들이 오늘날은 일반인들이 동참하게 되면서 디지털 미디어를 접근하여 이해하고 표현하며 소통하는 능력이 요구되는데 이를 소셜미디어 리터러시라고 한다.

아날로그 미디어 시대에는 단지 정보를 수용하고 선별하고 해독하는 능력만 있으면 되었다. 하지만 디지털 미디어 시대에는 정보를 받아들이는 수동적 인간형이 아닌 정보를 창조적으로 생산 및 구성하고 전달하는 능동적 창조적 인간형을 요구한다. 소셜미디어가 가진 특성들은 인간관계와 사회 변화의 리터러시도 주목할 수밖에 없다.

3 디지털 마케팅

1 시대의 흐름에 따른 마케팅의 변화 과정

인터넷의 등장은 마켓의 환경과 상거래의 모든 환경을 변화시켰다. 온라인 마케팅, e마케팅은 제품이나 서비스가 온라인상에서 마케팅 활동이 행해지는 것을 말하며 최근 Iot, 블록체인 등의 포괄적인 개념을 포함해 디지털 마케팅이라고 한다. 디지털, 온라인 DATA를 기반으로 하는 모든 마케팅 활동을 디지털 마케팅이라 한다.

인터넷 도입 이후 온라인 마케팅도 시대적 변화를 거듭하고 있다. 초창기의 마케팅은 주로 TV나 라디오, 신문, 배너 광고 등으로 노출 광고 시대였다. 소비자는 돈을 지급(paid media)하고 미디어에 접근하고 광고주는 많은 비용과 많은 노출로 광고를 해도 제품만 좋으면 경쟁에서 우위를 차지할 수 있었다. 이시기를 웹 1.0 마켓이라 부른다. 인터넷상에 모든 기업은 홈페이지를 열고 자신의 브랜드를 홍보하며 고객을 유치하고 고객 만족에 차별화를 두면서 영역을 확장해 나가면서 더 이상 TV나 신문 같은 매스미디어에 목매지 않고 미디어를 자체 소유(owned media)하게 되면서 마켓팅의 주체는 제품에서 소비자로 옮겨진다. 고객을 만족시키면 통하는 이 시대를 웹 2.0 마켓 시대라 한다. 2010년 본격적인 모바일 시대가 열리자 블로그와 페이스북 등의 소셜 네트워크 서비스들은 더욱 가속화되어 1인 미디어 시대가 열리고 소비자들은 SNS와 입소문으로 정보를 서로 공유하며 소셜미디어 시대를 여는데 이 시기를 웹 3.0시대라 한다. 기업들은 빅데이터를 활용한 개인 맞춤형 광고를 가능하게 되었고 더 이상 무차별 노출 광고가 아닌 정교한 타켓 광고를 할 수 있게 되었다. 미디어를 소유하던 대중들은 입소문이나 판촉으로 얻은 미디어인 Earned Media(Free Media)를 갖게 되고 페이스북이나 인스타그램 등을 통해 더 나은 세상을 추구하는 가치 있는 기업이나 스토리에 반응한다. 소셜, 뉴미디어 시대에 소비자들의 행동이 바뀌고 있다.

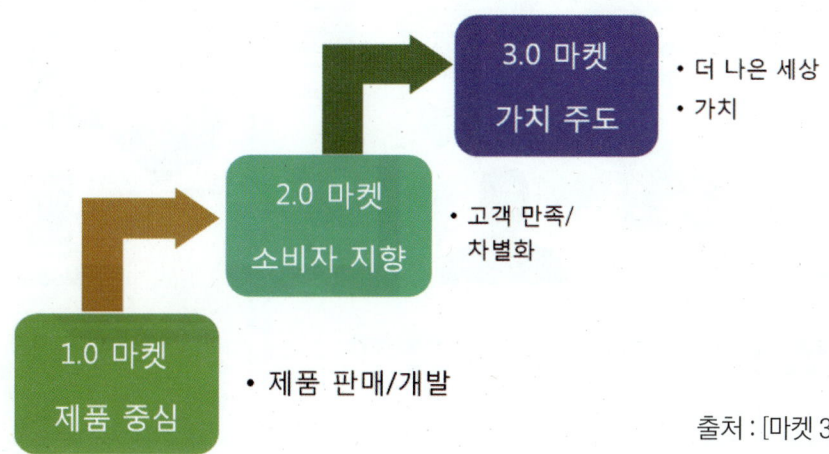

출처 : [마켓 3.0] 필립 코틀러 저

2 O2O 시대

사람들은 백화점에 가서 상품을 고르고 온라인에서 구매한다. 반대로 모바일에서 택시를 예약하고 오프라인에서 이용하는 O2O로 온오프라인의 경계가 없는 시대가 도래한 지 오래다. 배달의 민족, 카카오택시, 여기 어때, 직방, 에어 B&B 등 그 예는 수없이 많다. 한 발 더 앞서 온라인 기업과 오프라인이 서로 M&A 되어 온라인 고객의 DB를 동력으로 삼아 오프라인 기업의 매출을 증대시키는 비즈니스 플랫폼을 O4O(Online for Offline)라고 한다. 온라인에서 성공해서 오프라인으로 영역을 확장하는 Amazon Go는 대표적인 사례이다.

O2O(online to offline, offline to online)는 온라인과 오프라인을 연결한 마케팅, 서비스를 의미한다. 구체적으로 인터넷이나 스마트폰을 이용해 오프라인 매장으로 고객을 유치하는 것으로 스마트폰의 등장과 모바일 기술의 발달에 힘입어 빠르게 확산되고 있다. 매장에서는 구경만 하고 구매는 온라인으로 진행하는 쇼루밍(Showrooming), 이와 비슷하게 매장에서 물건을 구경하고 모바일 기기를 통해 구매하는 모루밍(Morooming), 반대로 온라인에서 상품을 구경한 후 매장에서 물품을 구매하는 역쇼루밍(Reverse-Showrooming)은 좀 더 합리적으로 구매하기 위한 현명한 소비자들이 많아지면서 등장한 소비 트렌드라고 볼 수 있다.

앞서 언급했듯이 O2O는 기본적으로 온라인을 통해 오프라인으로 소비자를 유도하는, 온라인에서 오프라인의 방향을 의미한다. 그러나 그 반대 방향인 오프라인에서 온라인으로의 유도 역시 O2O에 포함된다. QR코드를 통해 모바일 사이트로 유도하는 것이 오프라인에서 온라인으로 유도하는 대표적인 예라고 할 수 있습니다.

이와 함께 유통 구조도 싱글채널(오프라인 상점), 에서 멀티채널(독립적 다양한 채널)로 현재는 옴니채널(온오프 상호 보완 일체형)로 바뀌고 있다.

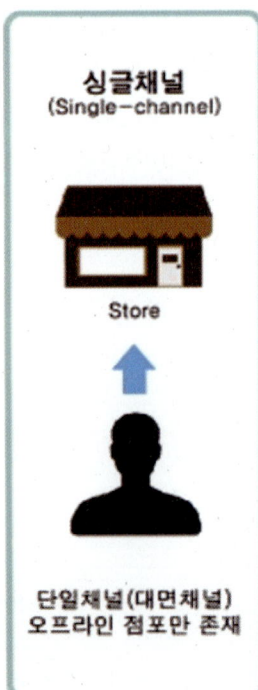

3 모바일 최적화와 원스톱 쇼핑

　　모바일 First 시대를 지나 현재는 모바일 Only 시대라 한다. 한국은 모바일 쇼핑이 활발한 국가이다. 많은 사용자가 모바일로 정보를 찾고 이 가운데 절반이 모바일 홈페이지를 찾는다. 소비자의 모바일 쇼핑 추세에 맞추려면 중소 영세사업자도 모바일 환경에 최적화된 웹사이트를 갖추는 것이 필요하다. 최근에 구글이 검색 알고리즘을 모바일 친화적인 사이트의 상위 노출 중심으로 개편한 것도 모바일 사이트 구축과 최적화의 중요성을 입증하는 것이다.

　　우리가 주목해야 할 모바일 기기의 특징은 디스플레이 크기의 한계가 존재하고 네트워크 속도에 따라 페이지 로딩 시간에 많은 차이가 날 수 있다는 점이다. 모바일 기기의 작은 화면에서 폭발적인 효과를 기대하기는 어렵겠지만, 오히려 화면이 좁아 집중도가 높고 임팩트가 강하다는 측면이 있다. 그러나 모바일 이용자는 PC 이용자보다 목표지향적이기 때문에 원하는 정보가 당장 눈앞에 펼쳐지지 않으면 탐색을 포기하는 경우가 많다. 따라서 모바일에서는 읽기 힘든 텍스트보다 직관적인 이해가 쉬운 이미지를 먼저 노출하는 것이 중요하다. 첫 화면에서 특별한 프로모션, 차별화된 서비스 등을 제시해 이탈률을 줄이고 특히 광고를 통해 유입된 고객의 기대와 일치하는 광고문구 혜택, 특장점 등을 화면 전면에 배치해야 한다. 전화 통화가 가능한 스마트폰의 이점을 활용해 전화번호 버튼이나 메신저를 이용한 1대 1상담 버튼을 배치하면 상담/문의 전환에 효과적이다.

　　사이트에 유입된 고객은 메뉴 카테고리, 검색, 메인화면 진열상품의 3가지 경로를 통해 상품페이지에 접근하게 된다. 일관된 네비게이션을 제공해 사용자의 혼돈을 최소화하고 반드시 필요한 메뉴 위주로 메인화면에 배치해야 한다.

　　또한, 모바일 쇼핑에서는 '쉽고 편리한 구매 환경'이 소비자 마음을 사로잡는 핵심 변수가 된다. 물건은 좋은데 아직 회원 가입까지는 망설여지는 고객이 일단 상품을 쉽게 구입할 수 있도록 입력절차를 간소화하고 모바일 간편결제를 통해 쉽고 빠른 구매를 경험할 수 있도록 하는 것은 향후 이 고객을 쇼핑몰의 단골 고객으로 확보하는 첫 관문이 될 수 있다.

　　검색-쇼핑-결제에 이르는 원스톱 서비스를 선호하는 모바일 소비자들의 구매를 유도한다는 측면에서 비회원 구매와 모바일 간편결제가 모두 가능한 네이버 페이 가입을 매출 증대의 한 방법으로 고려해 볼 수 있다.

　　공신력 높은 쇼핑 플랫폼과 간편결제 서비스를 연동하여 회원가입, 구매 전환 단계에서 입력 정보를 최소화함으로써 비회원도 구매가 쉽고 빠르고 되도록 개방된 결제 플랫폼을 제공하는 한편, 방문자 유입과 고객 관계 관리는 기존의 쇼핑몰 회원 DB와 SNS 구독자를 활용하는 것이 모바일 시대의 핵심 생존전략이다.

'이것을 살까, 저것을 살까 그것이 문제로다!'

　　햄릿증후군은 상품의 홍수, 선택 과잉의 시대에 소비자들이 쉽게 주체적인 의사결정을 내리지 못하고 햄릿처럼 머뭇거리는 현상을 말한다. 큐레이션은 선택 과잉의 시대, 갈팡질팡 햄릿증후군 소비자들을 위해 의사결정을 도와주는 서비스이다. 개인의 취향을 분석해 가치 있는 정보만을 찾아 제시해 주는 것인 큐레이션 서비스가 전자상거래에 접목되며 큐레이션 커머스라는 새로운 모델이 나타났다.

생일, 결혼기념일이 다가오는 고객에게 무차별적인 할인 쿠폰을 발행하는 것이 예전의 방식이었다면 이제는 생일파티용 의상, 와인잔, 가격대별 선물 등을 큐레이션하여 쇼핑을 제안하는 것이 모바일 트렌드에 부합되는 프로모션 방식이다. 또한, 짧은 시간 동안 간편하게 문화생활을 즐기는 것이 새로운 트렌드로 자리잡고 있는데. 이런 문화를 시간과 장소에 구애받지 않고 간편하게 즐길 수 있는 과자에 비교해 '스낵 컬처(snack culture)'라고 부른다. 스낵 컬처 현상을 대표하는 콘텐츠는 바로 5~10분 이내에 읽을 수 있는 웹소설과 웹툰이다. 네이버가 지난해 11월 출시한 모바일 콘텐츠 플랫폼인 포스트(POST)도 이러한 모바일의 스낵컬처 콘텐츠 선호현상을 반영하는 것이다. 포스트는 요즘 SNS에서 이용자들이 즐겨보는 '카드 이미지' 나 '웹툰' 형태로 게시물을 업데이트하는 것에 특화되어 있다. 네이버 이미지 검색의 경우 모바일이 PC에 비해 2.5배 많다는 점 또한 모바일 세상에서 선호되는 콘텐츠의 유형에 대해 시사하는 바가 크다.

[출처] 7개의 핫 키워드로 통찰하는 모바일 쇼핑 [네이버 쇼핑 파트너 공식 블로그]

❹ 디지털 시대의 마케팅 전략

　디지털 시대의 소비자들은 광고에 무관심한 편이다. 기업이나 제품의 우수성만 늘어놓는 식의 광고는 더이상 통하지 않는다. 자연스럽지 않고 기업의 의도가 드러난 강요하는 형태의 메시지는 디지털 세상에서는 반발 작용에 부닥치는 역효과를 내며, 오히려 광고에 나타난 기업이나 제품에 부정적인 인식만 높일 뿐이다.

　이승윤 저 [구글처럼 생각하라]에서는 디지털 시대 소비자 코드를 읽는 기술을 기록하고 있다. 디지털 세상의 소비자들의 심리 현상에 대처하는 4가지 전략을 소개하는 데 넛지 전략, 진정성 전략, 공동창조 전략, UGC 전략 등이다. 디지털 세상을 이해하고 소비자를 이해하는 것은 마케팅을 위한 첫걸음이다.

출처 : 구글처럼 생각하라.

5 SNS 마케팅

마케팅이란 용어는 요즘 너무 흔히 사용하는 단어이다. 블로그 마케팅, 인스타 마케팅, 페이스북 마케팅, 키워드 마케팅, 해시태그 마케팅, 카카오 마케팅, 신뢰 마케팅, 타겟 마케팅 붙이기만 하면 뭐든 마케팅이 되는 시대다. 마케팅은 크게 온라인 마케팅과 오프라인 마케팅으로 나뉘는데 흔히 전단지나 현수막 배너 쿠폰 등을 활용하는 오프라인 마케팅은 지역적 상황과 환경을 최대한 활용해야 한다. 온라인 마케팅이 점차 파급력이 커지고 SNS를 타고 쉽게 노출이 가능해지면서 온오프 라인의 믹스 전략을 적절히 세워야 한다.

마케팅은 이런 온오프 라인을 통해 고객을 유인하는 일련의 과정이고 세일즈는 유입된 고객에게 서비스와 상담을 통해서 매출이 일어나도록 하는 과정을 의미한다. 마케팅을 넓은 의미로 광고와 홍보로 혼동해서 쓰기도 하는데 광고는 제품이 출시되고 나서 비용을 들여 알리는 것이지만 홍보는 제품이 만들어지기 이전부터 기획과 생산 출시 유통 등 전 과정에 걸쳐서 제품을 알리는 과정이다.

온라인상에서는 비용을 거의 들이지 않고 단시간에 홍보할 수 있어 홍보 마케팅의 최적의 환경이라 할 수 있다. 시대가 변함에 따라 마케팅도 변화해야 한다. 2010년을 기점으로 온라인 마케팅과 SNS 마케팅을 구분짓기도 한다.

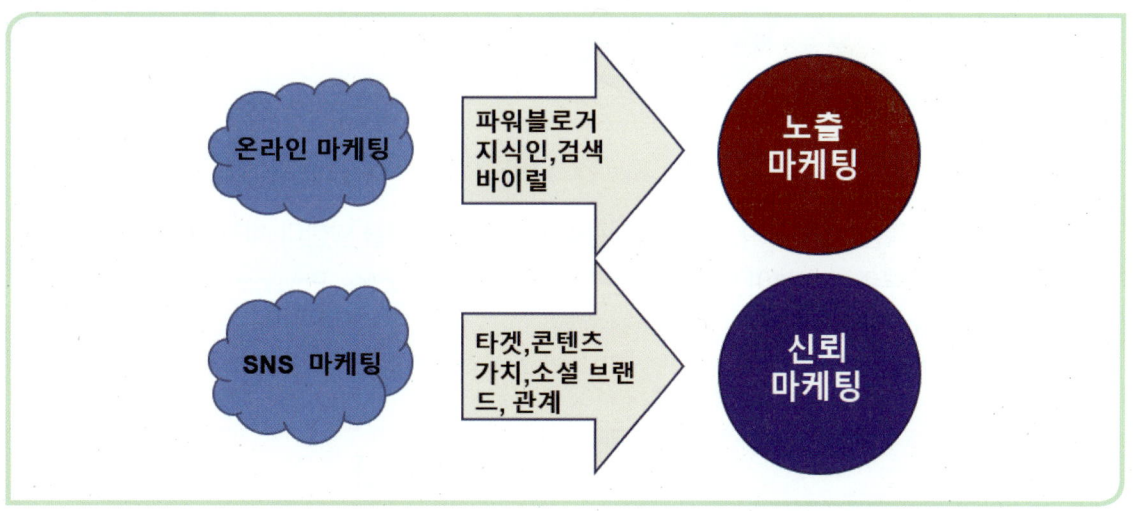

6. 마케팅 믹스

비즈니스를 하는 전 과정이 소셜과 뗄 수 없는 사회가 되면서 기업은 고객과 장기적인 우호 관계를 구축해야 한다. 마케팅의 주체가 4P(Products, Price, Place, Promotion)에서 4C(Customer benefits, Cost of customer, Convenience, Communication)로 이동하고 있다. 즉 기업 주도의 마케팅이 고객의 입장 주도로 변화하고 있는 것이다. 그래서 마케팅은 단순히 그 자체만으로는 큰 의미가 없으며, 4P와 4C 믹스 전략이 동시에 구동되어야 한다.

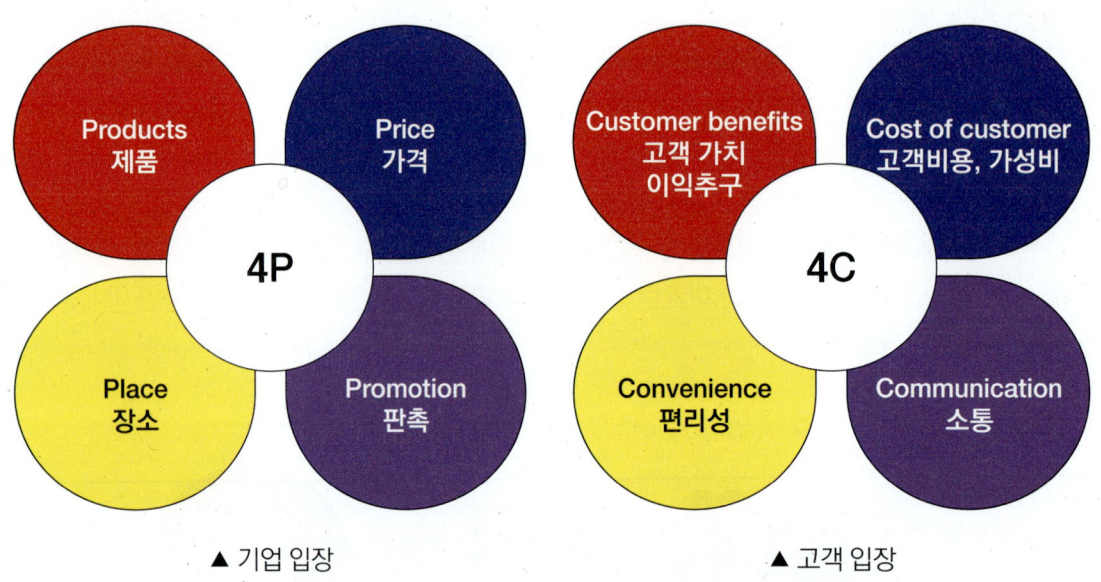

▲ 기업 입장　　　　　　　　▲ 고객 입장

4P는 제품의 특성, 가격 전략, 유통 물류 관리, 광고 홍보전략을 말한다. 4P 마케팅 믹스는 현재 복잡한 사회 구조에 부족한 부분이 있어 확장된 마케팅 믹스로 Process, Physical Evidence, People을 추가한 개념으로 믹스 한다.

STP 전략의 수립과 4P의 마케팅 믹스(Marking Mix)를 결정하는 과정

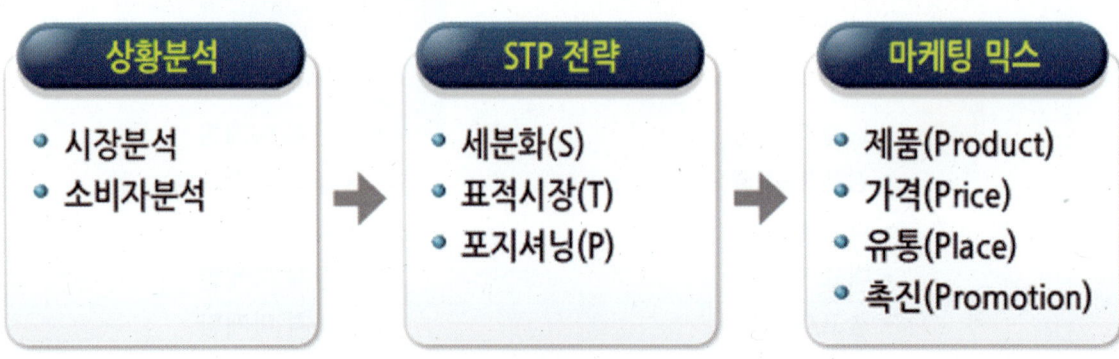

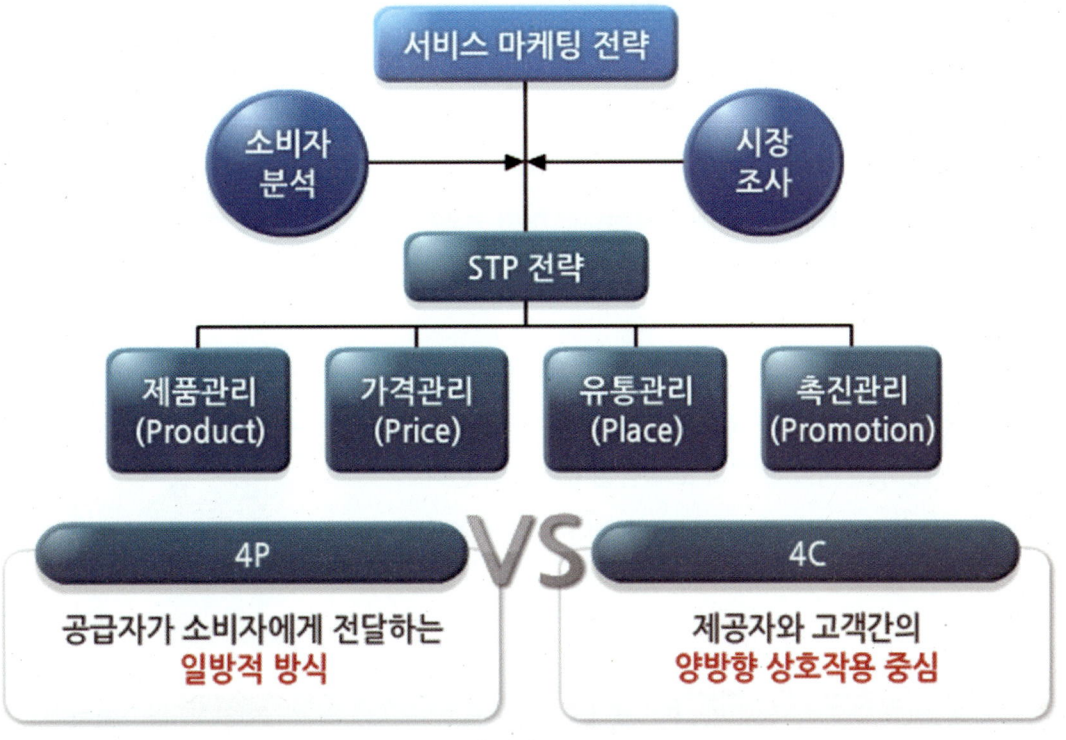

7 SNS 마케팅은 신뢰, 관계 형성부터

마케팅이 광고와 홍보로 양분된다면 광고는 지출되는 비용이 부담스러운 갑질의 성격이고 홍보는 무료로 퍼져가는 의뢰 입소문 같은 것이다. 온라인 마케팅은 검색 기반의 포털사이트와 SNS로 대변되는 관계형 서비스로 나누어진다. 포털사이트는 제도화된 규정에 의해 순위와 상위 노출이 좌우되고 반면에 관계형 SNS는 자신이 따르고 상대가 찾아 주는 팔로워 숫자에 따라 영향력이 나타난다. 결론적으로 SNS 마케팅은 이웃 수, 팔로워 수, 친구 수, 좋아요 수, 댓글 수 등에 따라 광고 및 홍보의 영향력 크기가 좌우된다고 할 수 있다.

온라인상에서 영향력이 있는 사람을 이용하는 마케팅을 인플루언스 마케팅이라 한다. SNS에서 홍보하려면 일단 고객에게 재미와 이익과 관심거리 등을 제공한다는 생각부터 출발해야 한다. SNS에는 읽을거리 볼거리 즐길거리들이 넘쳐난다. 아무 대가 없이 내 상품 광고를 들어 주지 않는다. 모든 마케팅의 시작은 내가 소비자라고 생각하고 자신의 의사결정 방식을 그대로 적용해 보는 것이다. 예를 들어 내가 어떤 제품을 구입할 때 검색을 어디서 해 보는지 네이버, 구글, 다음 등 포털을 이용하는지 블로그 검색을 하는지 후기로 정보를 얻는지 PC보다 스마트폰으로 검색하는지 등을 대입해 보면 소비자들의 행동도 파악이 된다. 최고의 마케팅은 소비자의 입장에서 시작하는 것이다.

8 온라인 홍보 마케팅 전략 분석

온라인상에서 제품을 홍보하고자 하면 핵심적으로 분석해야 할 몇 가지가 있다.

첫째 나 자신을 알기 위한 판매자 분석으로 어떤 키워드로 무엇을 할 것인가? 경쟁 업체 조사는 하였는가? 고객 DB가 있는가? 목표의식과 전략은 있는가?

둘째 고객 분석으로 고객은 내 상품을 뭐라고 검색하는가? 고객은 내 상품을 언제 어디서 검색하는가? 즉, 키워드 분석, 모바일, 계절, 오전과 오후 등을 분석해야 한다.

셋째 시장 분석으로 나의 플랫폼은 오픈마켓, 개인 쇼핑몰, 블로그, 홈페이지, 스토어팜 등과 마켓에 대한 이해도, 광고 비용 등을 고려해야 한다.

넷째 홍보 전략으로 주력 채널은 무엇이고 인맥 관리와 잠재 고객 관리를 위한 행동 요령 등 기본 전략을 세워야 한다.

9 SNS 채널별 특징

어떤 SNS 채널에 집중해야 할까? 채널별 특징을 알아보고 업종별 마케팅 전략을 세워야 한다. 고객의 성향에 맞춰 채널을 선택해야 하고 대중의 흥미와 호기심을 자극하는 콘텐츠로 끊임없이 고객과 소통하려는 자세가 중요하다. 온라인상에서 성공하려면 나부터 즐긴다는 자세가 중요하다. 온라인에서는 고객에게 물건을 팔지 말고 가치를 팔라는 말이 있다. 사진과 동영상 기술을 활용하여 양질의 콘텐츠로 고객에게 전략적으로 노출해야 한다.

구분	사업 종류	해야 할 것
지역 기반 매장	음식점 / 미용실 / 학원 / 펜션 등	• 단골 고객 확보 • 지역 이벤트 진행 • 지역 기반 광고 운영

온라인 / 홈페이지 기반	쇼핑몰 / 오픈마켓	• 공식 블로그 운영 • 잠재 고객 상담 관리 • 맞춤타겟 / 리타겟팅 광고 운영 • 사업 관련 SNS 해시태그 운영 관리
인적 자원 기반	부동산 / 보험 / 중고차	• 맞춤 타겟 광고 운영 • 잠재 고객 상담 관리 • 유튜브 채널 운영 (간단 영상) • 사업 관련 SNS 해시태그 운영관리 • SNS 개인 계정 운영(퍼스널 브랜딩)

4 소셜미디어의 활동 요령

소셜미디어 마케팅에는 몇 가지 법칙들이 있다. 소셜미디어는 내가 아닌 독자를 주체로 콘텐츠를 써야 한다. 독자란 팔로워, 팬, 이웃, 친구, 좋아요를 누른 사람, 그룹의 회원, 조회자 들이며 독자 한명 한명 모두가 중요하다. 그들도 각각 독자들을 갖고 있기 때문이다. 소셜미디어에 단순히 제품을 홍보하고 광고하듯 말한다면 독자들은 외면할 것이고 그들의 마음을 움직이지 못할 것이다. 사람들은 감정을 공유하지 사실을 공유하지 않는다. B2B(Business to Business)나 B2C(Business to Consumer)시대는 지나가고 P2P(People to People)이 있을 뿐이다. 특정 소셜미디어 매체에 한정하지 말고 내 고객이 있는 곳이면 어디든 가야 한다. 팬을 돈으로 사기보다는 좋은 콘텐츠로 소통해야 한다. 새로운 팬을 확보하는 것 보다 기존의 고객을 유지하는 것이 더 현명하다. 소셜미디어의 참여에 90% 이상을 투자하고 10%는 좋은 콘텐츠 만드는 데 써야 한다. 소셜미디어는 경쟁자를 이기기 위해 그들보다 돈을 많이 쓸 필요가 없는 유일한 영역이다. 소셜미디어의 좋은 전략은 기업이 무엇을 해야 하며, 왜 그래야 하는지 방향을 짜야 한다. 레드불은 수익의 1/3 이상을 브랜드 마케팅에 투자하고. Burberry는 브랜드 예산의 50%를 디지털 마케팅에 쓰고, 나이키는 브랜드 예산의 25%를 소셜미디어 마케팅에 쓴다. 그들처럼 팬들의 가치를 이해하고 투자해야 한다.

트위터는 뉴스와 정보 네트워크이지 소셜 네트워크가 아니다. 스티브 잡스가 말한 것처럼 과정은 보상이다. 결승선은 아예 존재하지 않는다. 인스타그램은 언어적 한계가 없기 때문에 브랜드를 알리는 훌륭한 놀이터이다. 소셜미디어를 통해 브랜드를 홍보하는 것은 좋다. 그러나 '나 홍보예요.'라고 드러난 콘텐츠는 독자들의 눈살을 찌푸리게 만든다. 브랜드 홍보에 앞서 소셜미디어에 어떻게 브랜드를 녹일 것인지 충분히 계획해야 한다. 2년간 치밀하게 전략을 구성해 25억 뷰를 돌파한 '강남스타일'처럼 말이다.

브랜드 홍보에 앞서 소셜미디어에 어떻게 브랜드를 녹일 것인지 충분히 계획해야 한다. 2년간 치밀하게 전략을 구성해 25억 뷰를 돌파한 '강남스타일'처럼 말이다. 중소기업의 한정된 마케팅 예산으로 많은 잠재고객을 확보해야 하는 상황에 놓여있다면 시장에 진입하는 중소 브랜드들에게 매우 유용한 도구가 될 수 있다.

[출처] The 80 rules of social media

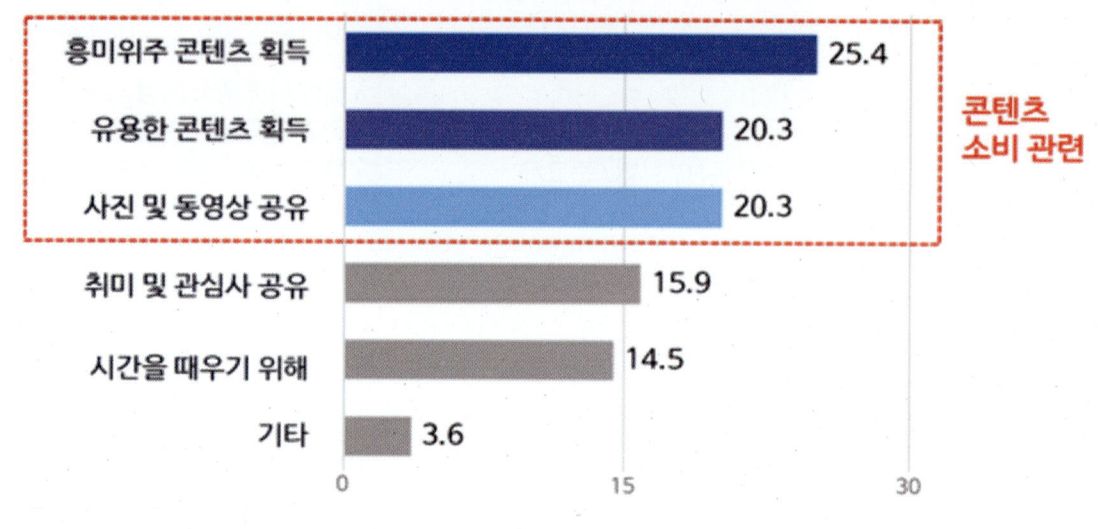

유튜브를 주 소셜미디어로 이용하는 이유

최근 1개월 내 유튜브 사용자, N=138, %, 단수응답

- 흥미위주 콘텐츠 획득: 25.4
- 유용한 콘텐츠 획득: 20.3
- 사진 및 동영상 공유: 20.3
- 취미 및 관심사 공유: 15.9
- 시간을 때우기 위해: 14.5
- 기타: 3.6

콘텐츠 소비 관련 (상위 3개)

(소셜미디어 트렌드리포트 조사, 2018)

2017년과 비교해 볼 때 가장 긍정적인 변화를 가져온 소셜미디어는 유튜브이다.

유튜브를 주로 이용한다는 응답자에게 그 이유를 물었다. 흥미 위주의 콘텐츠를 얻기 위해(25.4%), 뉴스 등 유용한 콘텐츠를 얻기 위해(20.3%), 사진이나 동영상 등을 공유하기 위해(20.3%) 이용한다는 응답이 가장 많았다. TOP3 응답 모두 콘텐츠 소비와 관련한 내용이라는 공통점을 발견할 수 있다. 50대 남성의 밴드 이용 빈도가 20대 여성의 인스타그램 이용 빈도보다도 높다는 점은 특히 고무적이다. 유튜브라는 소셜미디어의 성장이 특정 세대나 성별 쏠림 현상으로 인해 미디어 성격이 변화하고 있는 게 아니라 전 연령대에 걸쳐서 이용자 규모 자체가 확대되고 있다는 뜻이기 때문이다.

5 소셜미디어의 미래 AR, VR

AR/VR 산업

증강현실(AR) 및 가상현실(VR) 기술 기반으로 인간의 감각과 인지를 유발하여 실제와 유사한 경험 및 감성을 확장해 주거나 실제의 배경에 유의미한 정보를 보여 주는 참여형 차세대 디바이스 및 콘텐츠 산업이다.

아직 초기 단계긴 하지만 가상현실은 이미 전 산업영역에 많이 이용되고 있다. 현실과 구분되지 않는 콘텐츠 구현이 가능해져 게임과 테마파크 등 엔터테인먼트 분야는 물론, 교육 훈련, 가상 치료, 제조, 국방 등 다양한 산업과 융합되어 新산업과 新시장을 창출할 수 있는 미래지향적 산업으로 발전하고 있다. 포켓몬고 게임을 통해 많은 사람이 AR 증강 기술의 파급력에 대해 실감했고 관심도가 더 커지면서 더 많은 투자가 일어나고 있다. 실제 한 가구 업체는 애플리케이션을 통해 가구점에 직접가지 않아도 AR 기술을 통해 원하는 가구를 집안에 꾸며 볼 수 있도록 했다.

옷을 살 때도 동작 인식 카메라를 통해 사용자 신체 사이즈를 자동 측정하여 의상 피팅 모습을 3D 이미지로 보여 주는 AR 증강 기술 가상 피팅 체험존이 등장했다. 이 기술을 적용하면 수백 벌의 옷도 짧은 시간에 직접 입어보고 빨리 결정을 내릴 수 있다. 가까운 미래에는 가정마다 전신 거울 대신 피팅 체험 AR을 들여놓게 될 것이다. 이미 게임 분야에서는 AR 기술은 괄목할 만한 성장을 기록했다. 미국의 더 보이드 사에서 선보인 VR 테마파크의 모습은 사람이 가상 현실 기기와 총을 들고 물리적인 공간을 걸어 다닌다. 그러면 화면 속에 있는 환경도 똑같이 바뀌게 되고 그 속에서 적을 제압하고 인터렉션 하는데 게임의 몰입감 자체가 마우스나 키보드로 할 때와는 비교할 수 없을 정도로 굉장이 높아진다.

홀로그램으로 등장하는 연예인이 관람객한테 나만의 콘서트를 해주는 장면도 AR 기술이고 비어있는 벤치 앉으면 증강현실로 스타가 등장하고 자기가 원하는 스타를 고르면 스타랑 같이 다양한 포즈를 취하며 같이 사진도 찍고 출력물로 가져갈 수도 있다. 2014년 빌보드 어워드 시상식에서는 죽은 마이클잭슨을 홀로그램으로 복원을 해서 오프닝 공연을 진행했던 사례도 있다. 현재 볼 수 없는 스타를 다시 실감나게 복원시켜서 다시 볼 수 있는 이런 시대에 우리는 살고 있는 것이다.

쇼핑에 AR 접목 _ 5G 상용화로 날개

쇼핑업계도 적극적이다. 다만 VR보다는 AR에 더욱 주목하는 분위기다. 글로벌 가구업체 이케아와 국내 업체 한샘은 실제 공간에 구매하고 싶은 가구를 미리 배치해볼 수 있는 서비스를 운영 중이고, 아웃도어 브랜드 네파는 평창올림픽을 앞두고 강릉에 스마트 스토어를 열어 가상으로 피팅 체험이 가능한 AR 피팅존을 선보였다. 롯데 하이마트도 지난해 모바일 앱으로 가전제품을 미리 배치해 구매할 수 있는 '증강현실(AR) 쇼룸' 서비스를 출시했다.

숙박 정보 애플리케이션

여기어때는 2016년 8월 '360도 VR 객실 정보'를 도입했다. 이 서비스를 활용하면 제휴 숙박업체의 시설과 청결 상태 등을 확인할 수 있다. 부동산 앱 직방은 지난달 VR을 이용한 홈 투어 서비스를 공개했다.

교육 분야에서도 AR과 VR을 적용

책이나 이미지로만 보던 교육 컨텐츠를 가상 현실이라는 도구를 활용해서 실감나게 아이들이 배울 수 있는 교육용 컨텐츠가 많이 만들어져서 이용되고 있다. 영어교육 기업 윤선생은 지난해 AR 기술이 접목된 3~7세 유아영어 프로그램 스마트랜드 시즌3를 선보였다. 특히 AR 기술을 활용한 색칠 북인 익스플로어 펀북이 많은 관심을 받았다. 세종시교육청은 올해 초등 3~4학년 학생이 사용하는 역사 교과서의 일부 콘텐츠에 VR·AR 기술을 적용했다.

VR이 가져올 미래의 모습

VR 콘텐츠들이 굉장히 많이 쏟아지기 시작하면 이것을 표준화하고 유통시킬 수 있는 플랫폼을 장악하려는 노력이 대기업들 사이에서 치열하게 펼쳐질 것이다. 인터넷의 시대에는 유튜브라는 플랫폼이 있고 스마트폰에 시대에는 앱스토어 같은 플랫폼을 장악한 사람들이 많은 돈을 벌었다는 것을 생각해 보면 된다. 가장 먼저 VR 산업에서 고도화될 서비스는 성과 관련된 산업이 될 거라고 예상한다. 엔터테인먼트 컨텐츠들이 많아지면 퍼블릭 한 공간에서 친구랑 같이 뭔가 게임을 즐길 수 있는 VR 체험방 같은 시설도 PC방이나 플레이스테이션처럼 생겨날 것이다. 현재 온라인 구입을 할 때 상품 정보를 2D 이미지나 영상 후기 정도로 판단하지만, 미래에는 여행 상품을 선택하거나 호텔을 예약할 때 그 자체를 VR을 통해서 그 상품이 주는 효용 자체를 훨씬 더 리얼하게 체험해 보고 선택할 수 있는 VR 커머스 시대가 도래할 것이다.

오늘날은 사물인터넷 시대이다 사람들은 현실의 삶에도 디지털 융합을 원하고 있다. 스마트홈, 스마트 커넥티드카 등과 같은 다양한 디바이스들이 등장하고 페이스북이 오큘러스를 인수한 이후 VR 시장에 점화하였다. VR 글라스가 상용화되고 홀로렌즈를 끼고 회의하는 장면 등은 어느새 익숙하다. 그런데 VR은 기기에 영상을 구현하는 가상현실이라 몰입감은 높지만 상용화하기엔 비용이 높아 테마파크나 놀이기구 등 특수하게 발전이 될 것 같다.

반면, 일반적인 기업들은 증강 현실을 마케팅 수단으로 더 많이 적용한다. 몇 가지 사례를 살펴보면 스미소니언 박물과의 증강 현실 활용, 바코드 인식으로 제품 상세 서비스 제공, Burberry의 피팅 마네킹 증강 기술, 애플의 ARkit, 구글의 ARcore, 이케아의 가구 피팅서비스 등 기업들이 AR 커머스 마케팅 플랫폼 시대가 도래한 것이다. AR 마케팅의 핵심은 몰입감 높은 콘텐츠의 제작이 핵심 성공 요인이다. 고객은 가상으로 상품을 사전에 관람하고 체험할 수 있고 고객과 상호 작용할 수 있는 서비스와 상품을 효과적으로 전달한다.

최근에는 AR과 VR을 합친 MR(융합 현실) Mixed Realiy도 주목받고 있다. MR은 홀로그램 가상 입체 영상을 현실과 겹쳐 보여 주는 기술로 지금까지는 별도 디스플레이를 통해서만 구현이 가능했지만 MR 기술을 이용하면 원하는 위치에 홀로그램을 불러낸다. 별도 기기를 착용하지 않고 육안으로 볼 수 있어 AR의 현실감과 VR의 몰입도를 합친 효과를 낸다. 그 사례를 살펴보면 미국의 스타트업 매직리프가 체육관에 고래가 거대한 물보라와 함께 튀어 오르는 영상이나 마이크로소프트사의 2015년 출시한 디지털 레고 게임은 홀로렌즈를 착용한 입체 블록 MR이다.

현재까지 상용화는 VR이 대세이다. 구글 VR긱 카드보드를 끼고 학생들이 베르사이유 궁전을 둘러보고 음식이 소화되는 과정을 공부한다. AR 기술도 스포츠고글에 생체 정보를 받는다거나 스냅챗 AR 카메라 필터를 사용하면 강아지 귀를 합성한 사진을 촬영할 수 있다.
영국 투자은행 캐피털은 초기 시장은 VR이 주도했지만 2017년 이후는 AR이 우위를 차지할 것으로 내다봤다. 2020년 가상 현실 시장 규모는 1500억 달러 약 170조 원으로 전망된다. 이 중 80%는 AR이 발생할 것이다. 아직은 둘 다 초기 단계이지만 앞으로 AR, VR, MR이 합쳐 새로운 신시장이 펼쳐질 것은 자명하다.

step 2 인스타그램

1 인스타그램의 이해

어떤 소셜미디어에 주목해야 하는가?

생각해 보면 소셜미디어의 세대교체는 소리없이 그리고 명확한 시기없이 빠르게 이루어지고 있다. 오프라인의 일상과 관계를 온라인으로 기록하고 공유하는 1세대 SNS인 싸이월드와 블로그, 불특정 다수와 나와의 관계를 확산시키는 2세대 SNS인 트위터와 페이스북, 그리고 최근은 3세대 SNS라고 일컬어지는 인스타그램이 있다. 2010년 이전 시대를 PC시대라면 그 이후는 모바일 시대라 할 수 있다. 국내에서는 카카오스토리와 밴드가 2012년에 나온 이후로 2013년을 기점으로 폭풍 성장을 거듭해 진정한 모바일 시대의 막을 열었다. 그 중에서도 최근 급성장 중인 인스타그램의 중요성에 대해서 알려 주고자 한다.

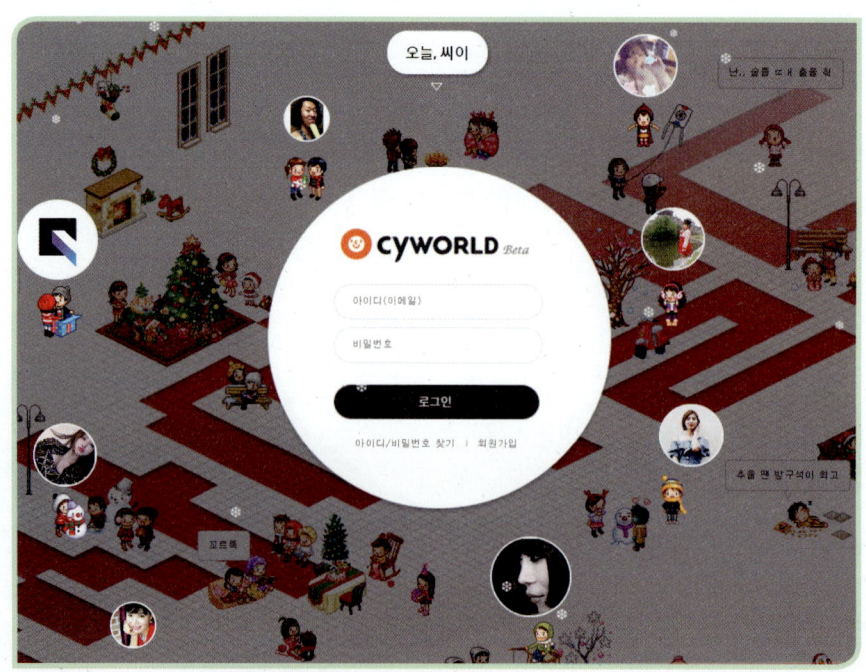

▲ 싸이월드

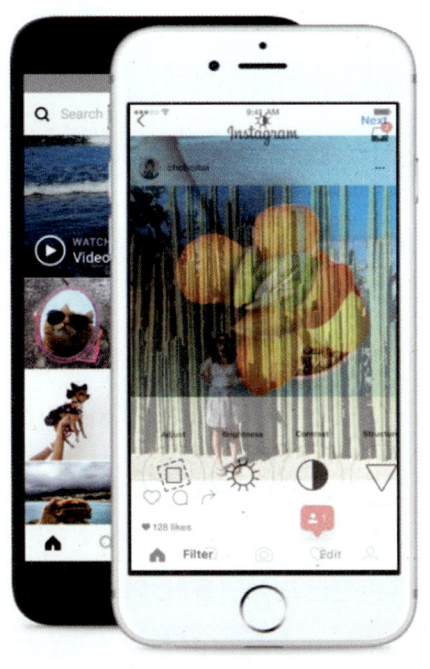

▲ 인스타그램

　인스타그램은 2010년 10월 6일 공동 창립자 케빈 시스트롬과 마이크 크리거가 '세상의 순간을 포착하고 공유한다.'는 슬로건을 내걸고 시작했으며, 사용자들이 자신의 일상을 사진과 동영상을 통해 공유할 수 있는 소셜 네트워크이다. 인스턴트 카메라 instant camera와 텔레그램 telegram의 합성어로 바로 찍어 바로 공유한다는 의미가 담겨 있다. 아이폰용 사진 공유 앱으로 출발한 인스타그램은 모바일 기반으로 애초부터 출시되었다. 2013년 이후 급성장한 국내 모바일 환경과 맞물리면서 유저들이 늘고 급성장하게 되었다. 텍스트 중심의 소통이 이미지와 동영상으로 변화하고 있고 이러한 변화에 최적화된 SNS가 인스타그램인 것이다.

　수많은 정보의 홍수 속에서 공통의 관심사를 해시태그로 연결해 주고 소수 연예인의 전유물이 아닌 취향이 같은 사람들이 사진 한 장으로 공감하고 60초 동영상으로 감성을 표현하며, 집단 지성을 형성하는 것이다. 시대의 흐름이 이미지와 동영상으로 넘어가고 있으며, 2012년 페이스북이 인스타그램을 인수한 것은 큰 의미가 있다.

　태어날 때부터 스마트폰을 쥐고 태어난 Z세대(1995~2005)들에게 모바일 환경은 너무나 익숙하고 언제 어디서나 사진과 동영상을 찍고 업로드 한다. 단문 위주와 직관적인 형태로 진화하고 있다. 단순함의 극치 비주얼 콘텐츠들은 인스타그램이라는 최적의 도구를 타고 순식간에 확산되고 있다. 트위터에서 시작하여 인스타그램에서 꽃을 피우는 해시태그는 카스나 페북처럼 지인 기반이 아닌 관심사나 특정 주제로 소통하기 때문에 그 파급력이 어마어마하다. #맘스타그램 #멍스타그램 #냥스타그램 #헬육아 #먹방 #술스타그램 #옷스타그램 #먹스타그램 #셀스타그램 #일상 #맞팔 #얼스타그램 #패션 #여행등 수많은 해시태그들이 만들어지며 유저들은 해시태그 검색을 통해 가장 빠르게 관심 분야나 콘텐츠를 찾는다. 이는 수많은 팔로잉을 이끌며 관련 있는 사람과 콘텐츠를 연결하기 때문에 마케팅이 필요한 기업뿐만 아니라 개인 퍼스널 브랜딩도 효과적으로 구축할 수가 있다. 모 기업인 페이스북보다 더 빠르게 성장하고 있는 인스타그램은 페이스북의 페이지와 연동이 되어 비즈니스 계정으로 언제든지 계정 전환을 할 수 있기 때문에 페이스북 마케팅과 더불어 반드시 병행해야 한다.

매일 약 9,500만 개의 사진이 업로드되는 인스타그램은 사용자 중 80% 이상이 브랜드 비즈니스 계정을 팔로우하고 있으며 2억 명 이상이 매일 비즈니스 계정 프로필을 방문한다. 대부분 좋아하는 브랜드의 새로운 제품을 보고 쇼핑을 하기 위해서다. 2017년 9월 기준 월 활동자 수는 전 세계 8억 명 정도이다. 인스타그램이 단지 이용 유저가 많다는 이유만으로 마케터들이 주목하고 있는 것은 아니다. 인스타그램은 새로운 비즈니스 도구인 '쇼핑' 기능을 2018. 5. 31일부터 국내 커뮤니티에 도입한다고 밝혔다. 이제 기업이나 게시물 내에 제품을 태그하면 소비자들은 자신의 관심사를 보다가 바로 구매까지 이어질 수 있게 됐다. 인스타그램은 개인 SNS를 넘어 다양한 비즈니스 도구로서 역할을 하게 된 셈이다. 인스타그램은 마케팅 섭외 1순위로 떠오른 '인플루언서(영향력 있는 개인)'들이 가장 많이 만들어지는 곳이기도 하다.

❶ 인스타그램을 주목해야 하는 이유는 무엇일까?

첫째, 비주얼 마케팅이 대세이다.

> 예전의 마케팅 트렌드는 귀에 익숙한 멜로디, 한 줄의 카피라이터로 사람들의 주목을 끌었다면 최근 마케팅의 키워드는 바로 비주얼이다. 비주얼 마케팅이 중요해질수록 비주얼 기반 플랫폼인 인스타그램의 주목도 또한 커질 것이다. 주목도가 높아지고 더 많은 유저들이 유입되면 될수록 우수하고, 독창적인 콘텐츠 생산 또한 많아질 것이다.

둘째, 브랜딩을 하기에 최적화되어 있다.

> 브랜드들은 각각의 설립 스토리와 개성 및 콘셉트를 갖고 있다. 소비자들은 관심 브랜드에 대해서 더 알기 원하며, 특별한 이벤트 등 더 다양한 브랜드 활동을 보길 원한다. 브랜드들은 사진과 동영상을 활용하여 소비자가 원하는 정보들을 매일 전달하며 소통을 할 수 있다.

셋째, 소비자의 활동을 마케팅으로 활용 가능하다.

> UGC라는 단어는 한 번쯤 들어보았을 것이다. User Generated Content 즉, 소비자들이 이미 만들어 놓은 사진이나 동영상을 활용하여 마케팅에 이용하는 것이다. 인스타그램은 UGC를 활용하기 가장 좋은 플랫폼 중 하나이다. 해시태그를 통해 좋은 콘텐츠를 직접 만들지 않고도 찾을 수 있으며 공유 및 재가공을 할 수 있기 때문이다. 이런 이유로 기업들은 하나둘 인스타그램 계정을 만들기 시작했다.

넷째, 가로형 TV 스크린보다 세로형 휴대폰 모바일 화면에 익숙해지고 있다.

> 우리가 휴대폰 사용 시간의 90%를 세로로 쓴다는 점을 고려할 때 인스타그램의 세로형 콘텐츠에 대한 영향력은 더욱 커질 수밖에 없을 것이다.

다섯째, 인스타그램의 쇼핑태그 기능으로 신규 고객을 유입하기에 최적화되어 있다.

> 인스타그램 스토리는 가벼운 일상의 순간을 딱 24시간 동안만 공유하는 기능인데 이곳에도 쇼핑 태그를 붙일 수 있다. 이 기능은 2016년 10월 도입된 이후 사용자 수가 급격히 증가하고 있다. 그 중 가장 많은 스토리 콘텐츠 제작자는 '10대'들이다.

여섯째, 인터넷업계에 #, 해시태그(hashtag)가 최대 화두로 떠오르고 있다.

> 해시태그는 특정 단어 또는 문구 앞에 해시(#)를 붙여 연관된 정보를 한데 묶을 때 사용한다. 해시(hash) 기호를 써서 게시물을 엮는다(tag)고 해서 해시태그라는 이름이 붙었다. 요즘은 연관된 정보를 묶는 기능에서 더 나아가, 검색 및 특정 주제에 대한 관심과 지지를 드러내는 방식이나 수단으로 사용되기도 한다. 트위터, 인스타그램, 페이스북, 구글플러스, 유튜브, 텀블러, 폴라 등 대부분의 SNS에서 해시태그 검색이 지원되고 있다. 이러한 해시태그가 널리 활용됨에 따라 이를 마케팅에 활용하는 경우가 점차 늘어나고 있다. 기업과 브랜드에 대한 긍정적인 해시태그를 늘리려는 것인데, 기업이 정해준 해시태그를 달고 사진을 올리면 상품을 주는 등의 형식이다. 쇼핑몰 브랜드와 상품 이미지를 SNS에서 늘리는 데에도 활용해 볼만한 이벤트이다.

❷ 인스타그램 마케팅 성공 사례

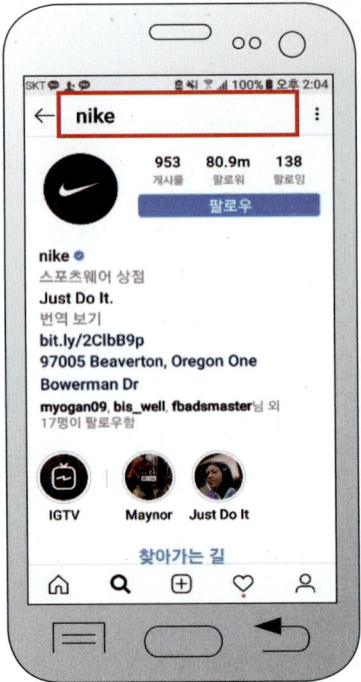
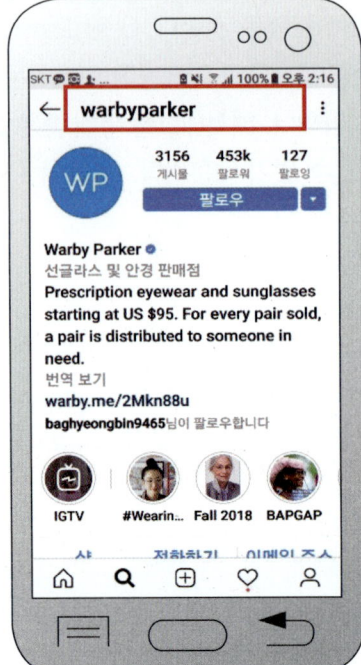

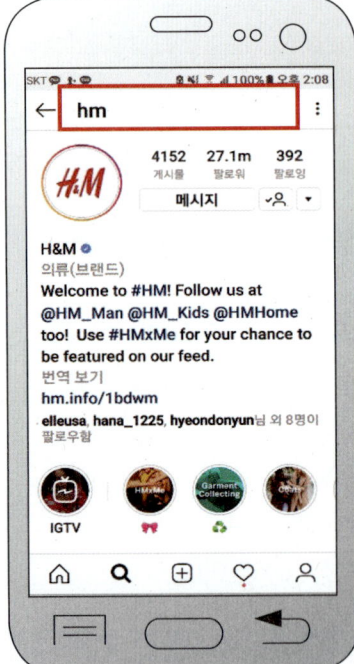
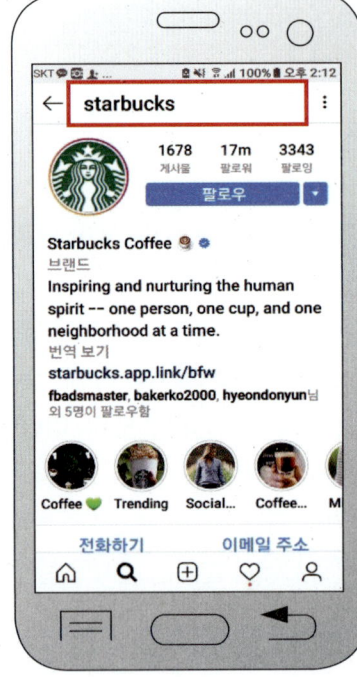

2 인스타그램 계정 만들기

1 새 계정 만들기

인스타그램에 가입하는 방법은 3가지가 있는데 페이스북과 연동하는 방법, 휴대전화로 가입하는 방법, 이메일로 가입하는 방법 등이다. 인스타그램은 5개까지 계정을 만들 수 있다.

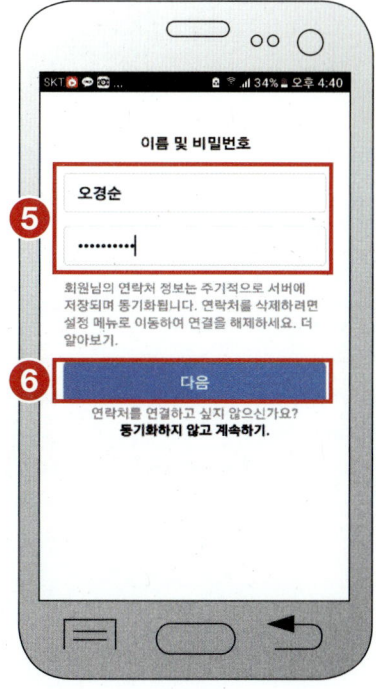

스마트폰을 활용한 SNS마케팅 쉽게 배우기

❷ 계정 삭제하기

계정을 삭제하면 프로필, 사진, 동영상, 댓글, 좋아요, 팔로워도 영구적으로 삭제된다. 계정을 삭제한 후에는 동일한 사용자 이름으로 다시 가입하거나 동일한 사용자 이름을 다른 계정에 추가할 수 없으며, 삭제한 계정은 다시 활성화할 수 없다. 계정 삭제는 PC와 스마트폰 어디든 가능하다. 계정이 여러 개라면 삭제하려는 계정으로 로그인한 후 진행해야 한다.

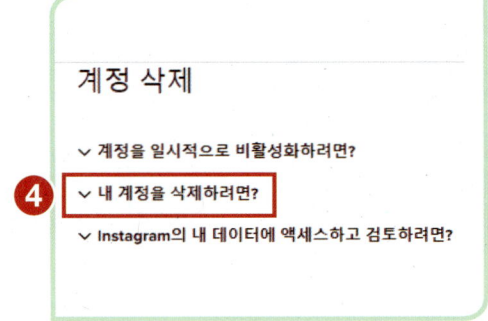

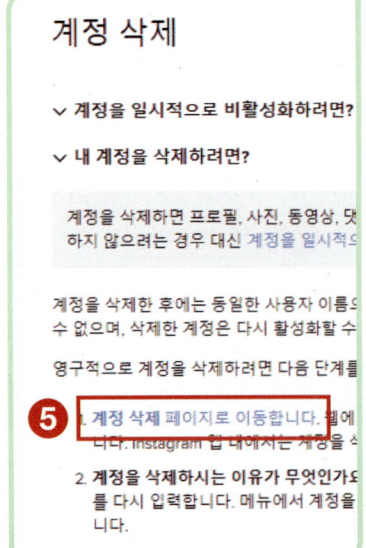

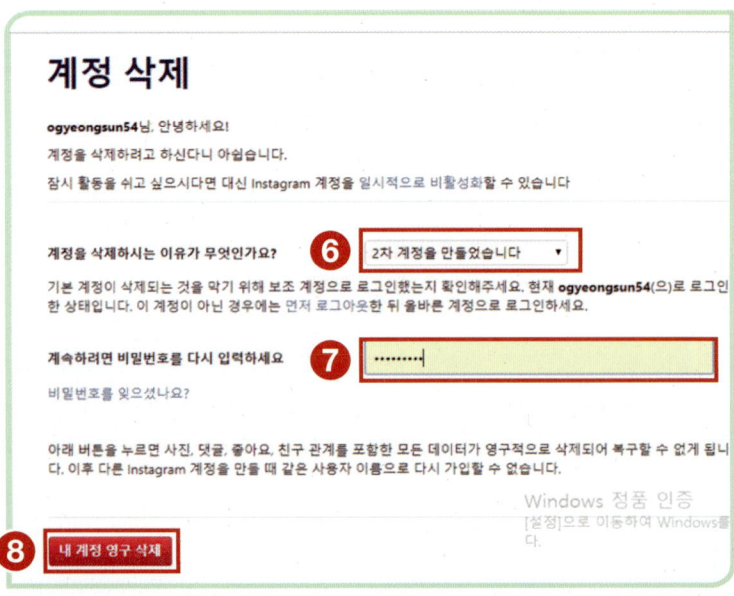

❸ 스마트폰 계정 삭제와 비활성화

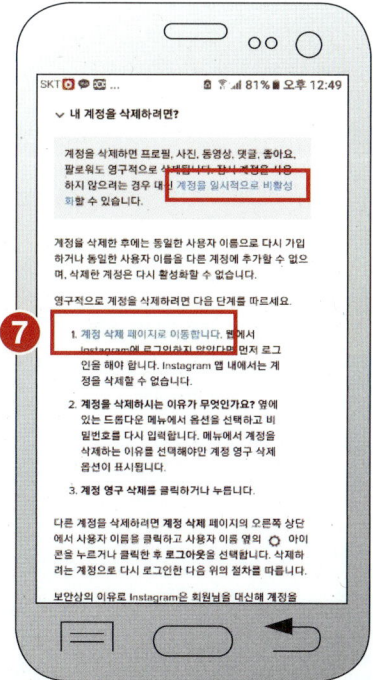
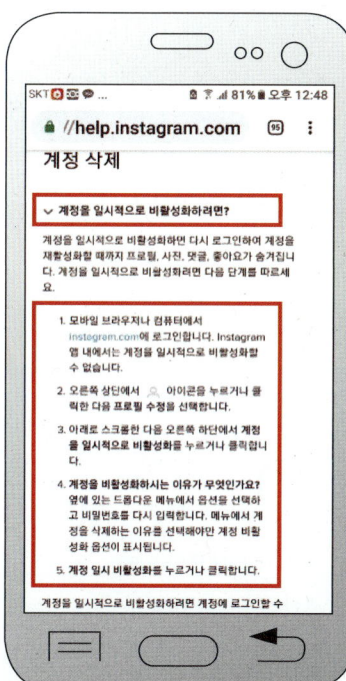

스마트폰을 활용한 SNS마케팅 쉽게 배우기

❹ 로그아웃과 다 채널 선택

로그아웃은 새로운 채널을 또 개설할 때 하며 여러 채널이 로그인된 상태이면 로그아웃하지 않고 쉽게 다른 계정으로 전환할 수 있다.

3 인스타그램 활동하기

❶ 사람 찾아보기

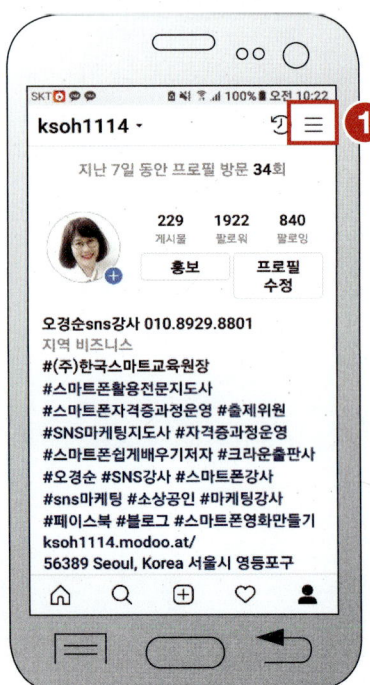 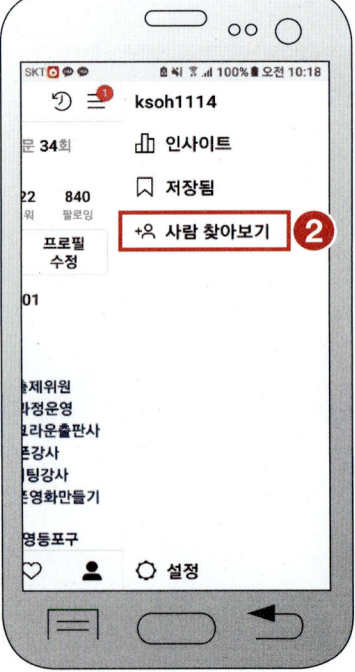 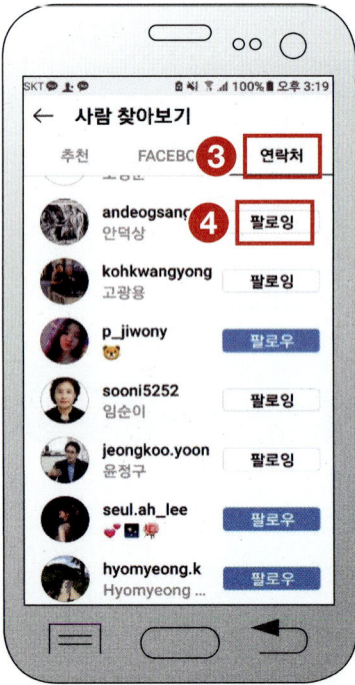

2 프로필 설정하기

사용자 이름 변경은 PC에서 해야 한다.

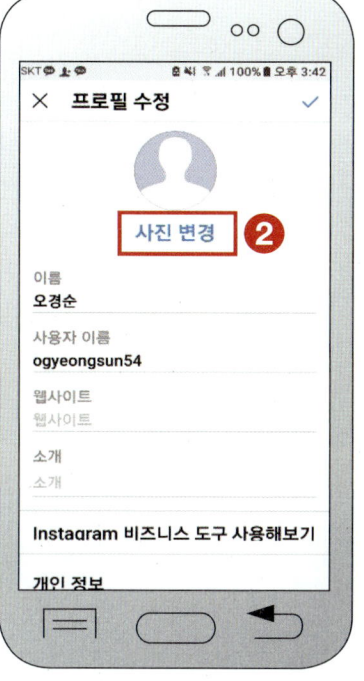

3 프로필 수정하기

① 프로필 사진 : 내 계정의 정체성을 나타내는 사진이나 로고를 넣는다.
② • 팔로워(follower) : 내 계정을 친구 추가한 사람.
  • 팔로잉(following) : 내가 친구를 추가한 사람이며 실시간 활동 소식을 받아 볼 수 있다.
③ 비지니스 계정으로 전환하면 홍보가 나타나고 개인 계정이면 프로필이 나타남.
④ 프로필 수정

- 맞팔 : 서로 팔로잉을 해 주는 것
- 언팔 (unfollow) : 팔로잉을 끊는 것
- 선팔 : 팔로우를 먼저 하는 것
- 해시태그 : '#'뒤에 특정 단어를 넣어 그 주제에 관한 글 이란 뜻이다. 즉 #셀스타그램은 셀카로 찍은 사진을 의미한다.
- 포스트 : 게시물
- 팔로워 숫자 익히기

K는 1,000 / M은 1,000,000 /
(.)이 붙은 것은 0을 하나 제해 주는 것
예) 389k 는 389,000명
    47.8k는 47,800명
    43.6m은 43,600,000명

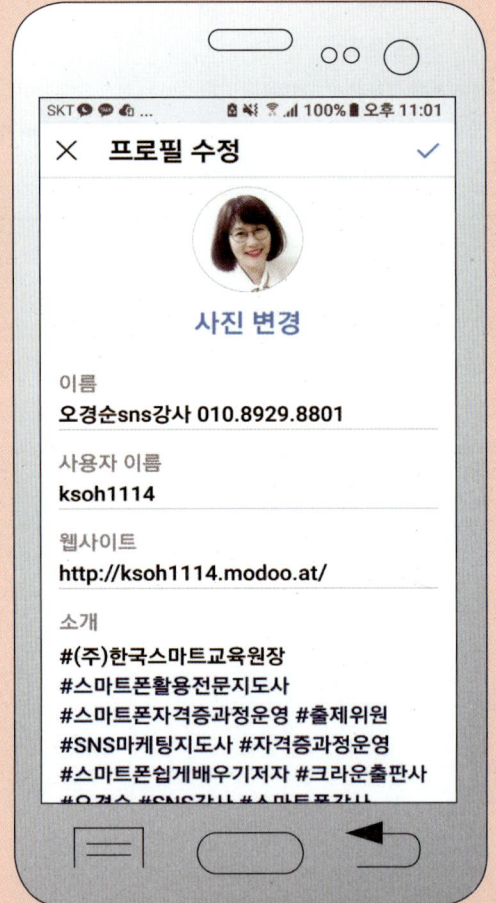

프로필 사진은 기업의 로고나 정체성을 나타내는 사진으로 하며, 계정 이름은 브랜드가 연상되는 이름으로 짓는다.

스마트폰을 활용한 SNS마케팅 쉽게 배우기

4 PC에서 사진 및 동영상 올리기

인스타그램은 PC에 있는 사진을 PC에서 업로드하려면 https://yastagram.com/홈페이지에 접속 후 로그인한다.

5 크롬 브라우져 확장 프로그램 인스타그램 설치한다.

아이폰 사진 공유 앱에서 출발한 인스타그램은 모바일 버전 우선이다. 2013년에 PC 버전(HTTP://www.instargram.com)이 나왔지만 PC에서 사진 올리는 것은 안 된다. 크롬의 인스타그램 앱을 확장 프로그램에 추가하면 PC에서도 업로드가 가능하다.

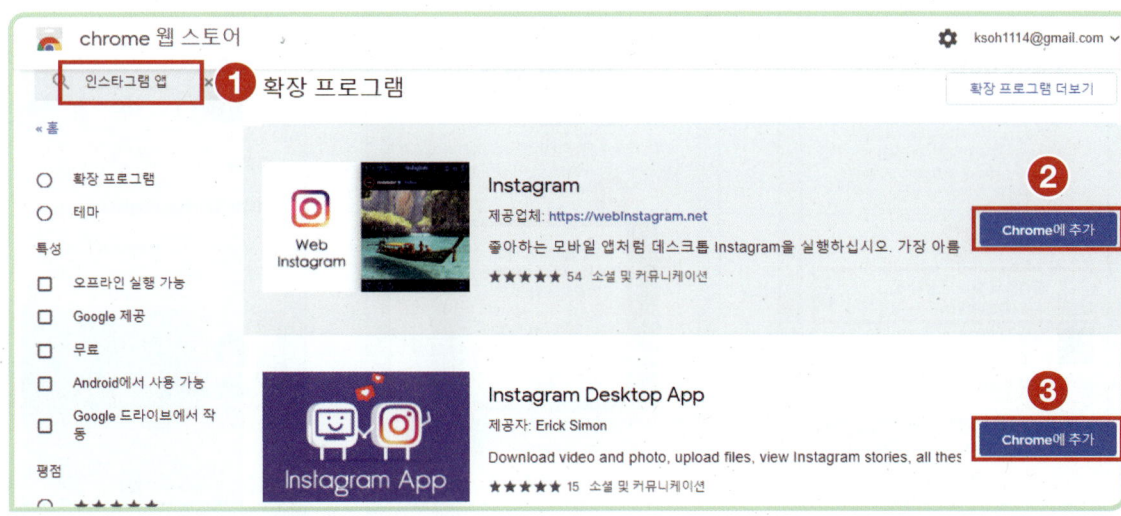

스마트폰을 활용한 SNS마케팅 쉽게 배우기

6 비즈니스 계정 연결하기

인스타그램의 비즈니스 계정은 페이스북의 페이지와 1:1로 연결해야 한다.

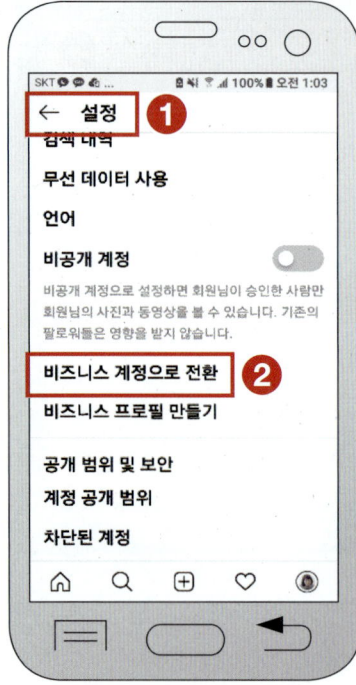

4 인스타그램 콘텐츠 올리기

1 게시글과 스토리 올리기

❷ 스토리란?

스토리는 24시간만 공유하는 기능으로 내가 팔로우한 친구들이 일상의 스토리를 올리는 곳이다.

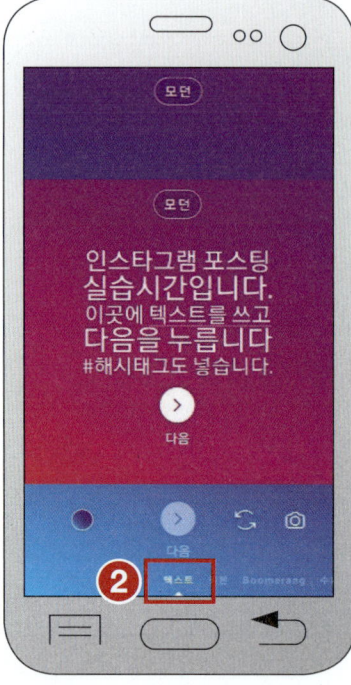

③ 인스타그램 사진 매력적으로 찍고 필터 적용하기

인스타그램은 사진이 기본 콘텐츠이다. 그것도 정사각형의 프레임 안에 사람들의 눈길을 끌도록 찍고 보정해야 한다. 인스타 안에 자체 카메라 사용법을 알아보자.

  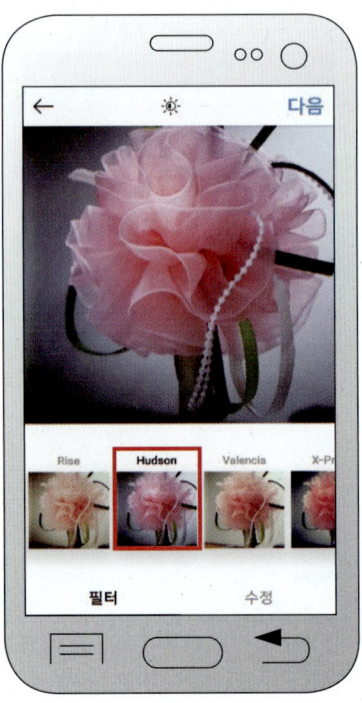

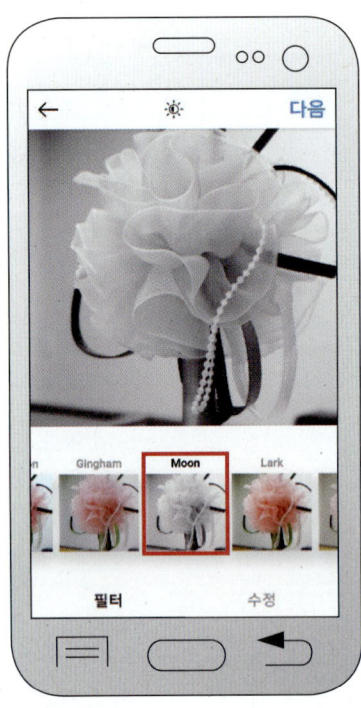  

스마트폰을 활용한 SNS마케팅 쉽게 배우기

4 동영상 올리기

인스타 자체 내에 있는 카메라로 동영상을 최대 60초 동안 찍어 업로드할 수 있다. 사진과 마찬가지로 수많은 필터를 동영상에도 적용시킬 수 있어 매력적이다.

5 사진 이어 붙이기

인스타그램 자체 레이아웃 어플을 설치한다.

스마트폰을 활용한 SNS마케팅 쉽게 배우기

 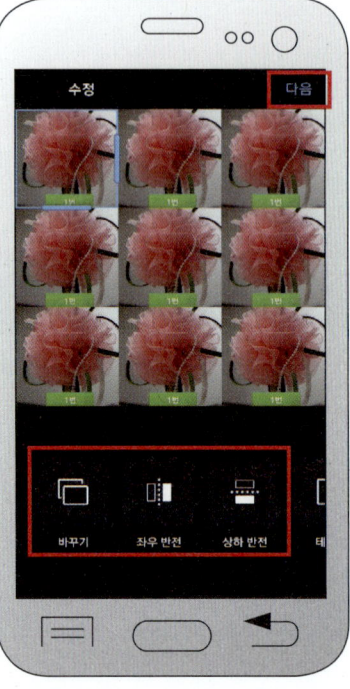 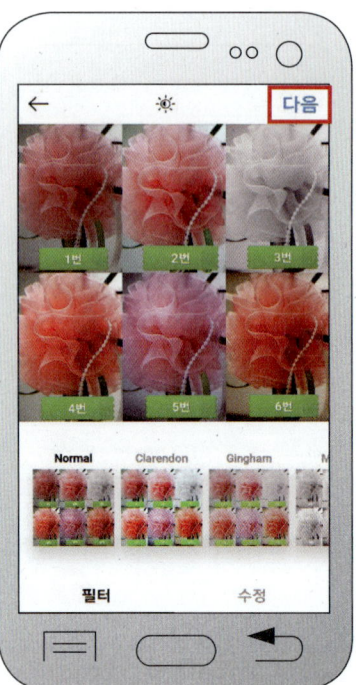

6 움짤 올리기

인스타그램 자체 움짤 어플을 설치한다.

스마트폰을 활용한 SNS마케팅 쉽게 배우기

7 사진 보정

갤러리의 사진이나 인스타 내의 카메라로 찍은 사진들은 다양한 필터와 수정 기능으로 다양한 효과를 연출 할 수 있다.

8 스토리 하이라이트 올리기

스토리 하이라이트는 스토리가 24시간 이후에 사라진 뒤에도 프로필에 하이라이트로 표시되도록 하는 기능이다. 하이라이트는 프로필 사진 아래에 표시된다.

❾ 특정인 숨김, 차단 및 해제

특정 게시물 숨기기 기능과 원치 않는 다른 사람의 게시물은 숨기기하면 언팔하지 않아도 안 볼 수 있다.

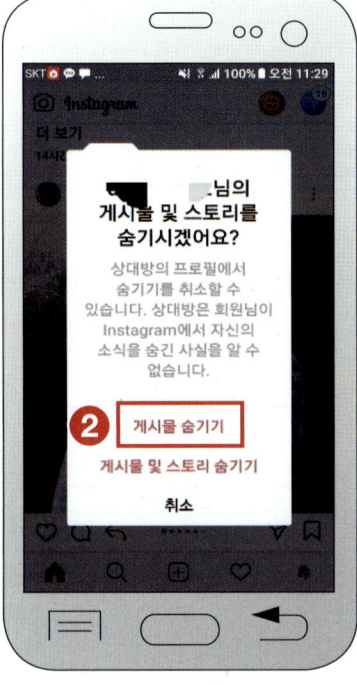

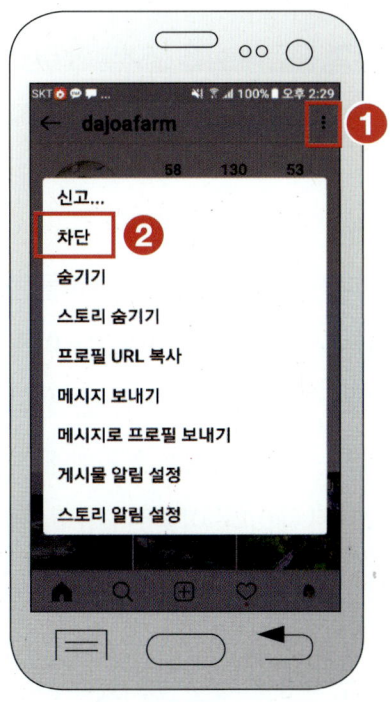

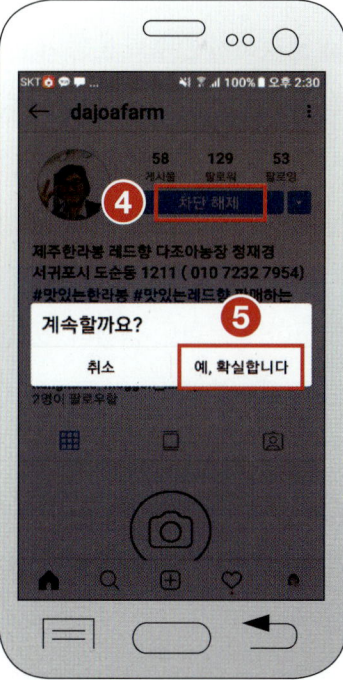

5 인스타그램 마케팅

인스타그램 마케팅은 검색과 콘텐츠 발견에 중점을 두고 있다. 앱에 검색(Search)과 탐색(Explore) 기능이 모두 있는 소셜미디어 플랫폼이다. 검색과 탐색 기능을 잘 활용하여 비즈니스에 적합한 해시태그(#)를 찾고, 새로운 팬을 끌어들이고, 영향력 있는 인플루언서들과 협업할 수 있는 방법을 찾을 수 있다. 현재 전세계적으로 콘텐츠별 가장 많은 참여를 보이는 소셜 미디어 플랫폼이며 브랜드를 감성적으로 홍보할 수 있는 핵심 타겟 대중과 효과적으로 소통할 수 있는 채널이다.

해시태그를 통한 검색 유입이 잘 형성되어 있어 신규 브랜드 런칭에 적합하다. 친밀감 형성을 통한 고객들과의 관계는 입소문으로 이어져 충성 고객 확보에 유리하다. SNS 세상에서 또 하나의 언어로 인식되는 해시태그는 특정 단어나 문구 앞에 해시(#)를 붙여 연관된 정보를 한데 묶을 때 사용한다.
즉 특정 주제에 대한 관심과 지지를 드러내는 방식이나 수단으로 사용한다. 주제에 대해 관심있는 사람들이 #해시태그를 붙여 검색하기 때문에 나에 대한 인지도가 별로 없다 하더라도 인기 있는 포스팅 한 두개로 쉽게 검색에 노출 시킬 수 있다.

몇 년 전 미국에서 발생한 캘리포니아 산불에 #Sandieofire란 해시태그를 달고 산불 소식들이 모여지며 대중들에게 알려지게 되었다. 2010년 아랍의 봄은 #Arabspring #Egypt 해시태그를 달고 사람들을 결속시켜 민주화 운동이 한창이던 이집트 이란 등 중동 국가들의 민주화 운동에 힘을 불어넣어 주었다. 서울맛집을 찾고 싶은 사람들은 #서울맛집이라는 해시태그로 필요한 정보만 찾고 #일상이라는 해시태그로 전세게 사람들과 공유 문화까지 생겼다.

세월호 사건이 발생한 4월 16일에는 매년 많은 국민들이 #prayforkorea를 통해 세월호 희생자들을 추모하는 문화도 생겼다. 또 성폭력 근절을 위한 #metoo, #wherechangebegins등의 해시태그를 이용한다. 또, 암환자들의 고통을 좀 덜어주고 자신감을 주기 위해 태국의 #Hair Tag Project 캠페인은 성공적인 기부 문화를 형성하였다. #giftofvision이라는 해시태그도 훼어판다라는 회사의 착한 후원회에 여러 명이 동참하며 저시력 미숙아에게 후원되는 긍정적인 캠페인으로 확산된 예이다. 이렇듯 단순히 재미와 놀이 목적이 아닌 사회운동, 기업 마케팅 전략에도 아주 효과적인 수단이 되었다.

현재는 검색, 유사 게시물 조회 등 다른 용도까지 아우르는 개념이 되었고 해시태그 그 자체를 하나의 유머코드로 사용하기도 한다. 즉, #무비스타그램 #냥스타그램 #멍스타그램으로 영화나 고양이, 강아지 사진을 올리면서 해시태그를 단다. 해시태그의 기능이 가장 확장되어 사용되고 있는 인스타그램에서 마케팅 측면에서 올바르게 해시태그 고르는 법은 무엇일까?

　　해시태그의 이러한 다양한 기능들을 기업들은 마케팅 전략에 이용하고 있다. #브랜드명, #상품명을 태그하면 추첨해서 해당 상품을 주는 이벤트를 하기도 한다. 브랜드 노출에 엄청남 광고비를 지출하던 기업들은 0원 마케팅인 해시태그 마케팅을 놓칠 수 없는 것이다. 노골적인 기업 광고가 아닌 놀이문화로 느껴지게끔 만들수 있는 것이 최대 장점이다. 이런 노출효과가 반드시 기업의 이윤 창출로 이어지지 않지만 브랜드 이미지 구축에 큰 역할을 한다.

　　해시태그를 이용한 마케팅 전략에 성공한 대표적인 기업이 이케아이다. 그들의 전략은 카탈로그를 보고 마음에 드는 제품을 사진으로 촬영을 하고 해시태그와 함께 올리면 추첨하여 해당 상품을 주는 이벤트를 실시하는 것이었다. 이들은 해시태그를 통해서 카탈로그의 도달률을 높이고자 하였는데, 단 4주 만에 카탈로그의 모든 제품들이 SNS 상에 노출되는 효과를 얻었다. 결국 이러한 긍정적 브랜드 이미지는 구매전환까지 이끌어냈다.

　　단순히 프로그램의 한 언어로 시작했던 해시태그가 지금의 힘을 갖기까지 약 11년의 시간이 걸렸다. 프로그램의 언어, 사회운동, 놀이문화, 그리고 마케팅의 한 분야로 발전해온 해시태그는 현재 가장 매력적인 플랫폼이다. 해시태그 자체만으로 매력적인 장치이지만 그 힘을 마케팅으로 잘 활용하기 위해서는 나름의 전략이 필요하다는 사실 또한 인지해야 한다. 소비자들의 능동적 참여를 높이기 위해서는 기업에서도 전략적인 해시태그 문구를 사용하고, 소비자들의 개성을 중시하는 등의 다양한 노력을 통해 원하는 결과를 얻을 수 있다.

　　내가 목표로 삼은 고객층이 사용하는 해시태그 목록을 만든다. 그리고 나의 브랜드와 같은 종류의 타업체에서 사용하는 해시태그 목록을 만든다. 목록을 완성했으면 콘텐츠를 게시할 때 주제에 맞는 해시태그를 선택하여 사용한다. 해시태그는 남발하는 것은 좋지 않다. 하지만 나의 브랜드에 관한 내용을 다룬 글을 찾아 댓글을 달아주고 좋아요를 누르고 맞팔을 신청한다. 팔로워 수는 마케팅에서 절대적이다. 잠재 고객에게 도움 되는 피드를 구성하고 해시태그로 고객을 유입하고 먼저 다가가 팔로잉을 하는 것이 더 중요하다는 것을 잊지 말아야 한다.

스마트폰을 활용한 SNS마케팅 쉽게 배우기

1 제품 판매를 위한 카달로그 만들기

인스타그램의 쇼핑태그 기능이 2018. 6. 1일 한국에 처음 선 보였다. 쇼핑태그는 페이스북의 카달로그 광고와 페이지 샵의 기능이 인스타그램으로 옮겨온 기능이다. 인스타그램 내에서 직접 구매를 유도할 수 있도록 비즈니스 계정에만 지원하고 있다. 인스타그램 게시물 속 쇼핑태그는 앞으로 점점 더 기능이 확장될 것으로 예상된다. 인스타그램에서 쇼핑태그를 붙여 판매하기 위해서는 연결된 페이스북 페이지에서 템플릿을 '샵'으로 바꾸고 카달로그 등록해야 한다. 구글 검색창에 카달로그 등록으로 검색한 후 페이스북 광고주 지원센터(https://ko-kr.facebook.com/business/help/1275400645914358)로 접속한다.

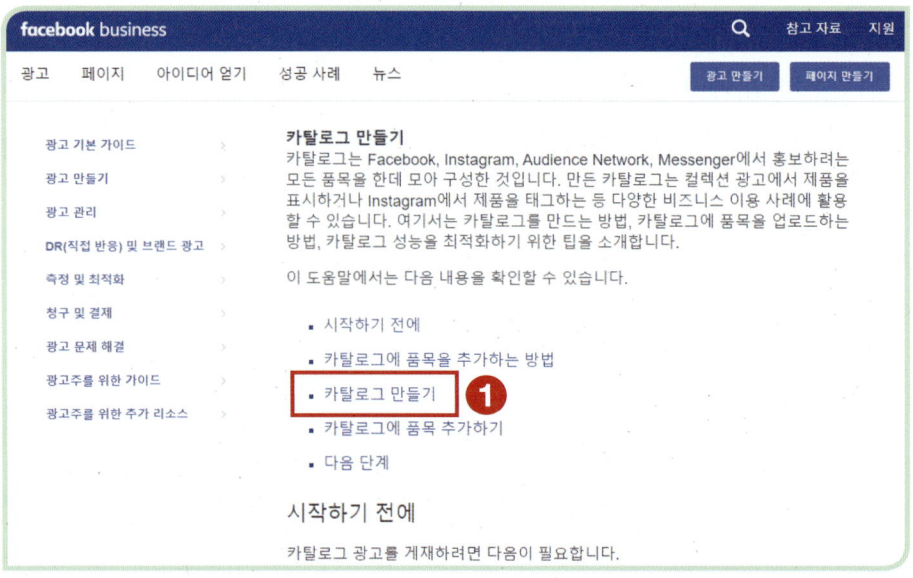

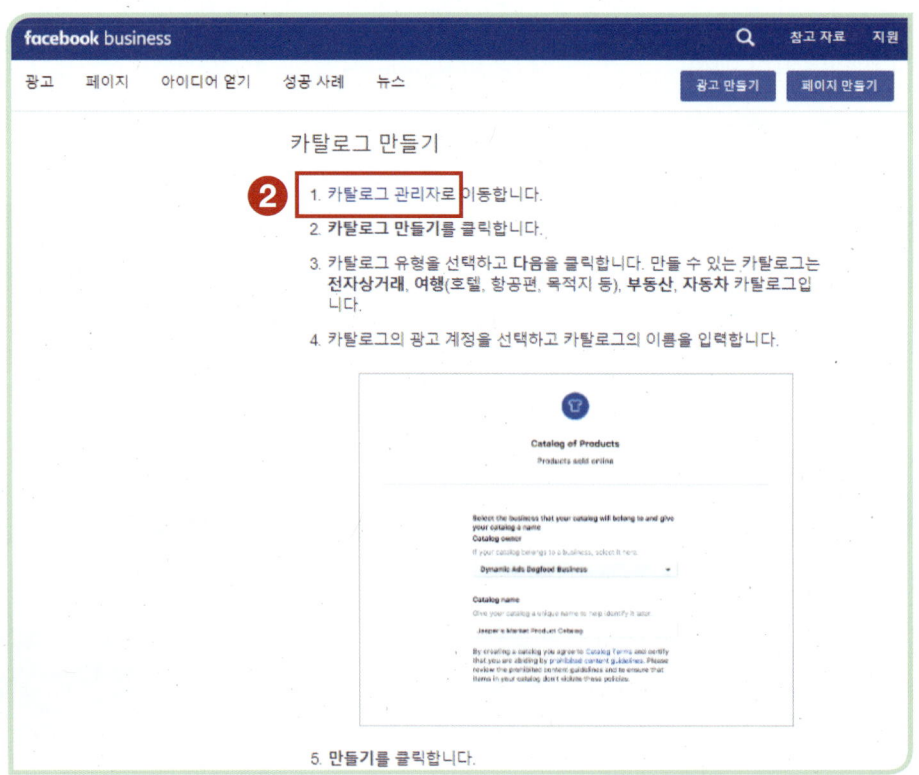

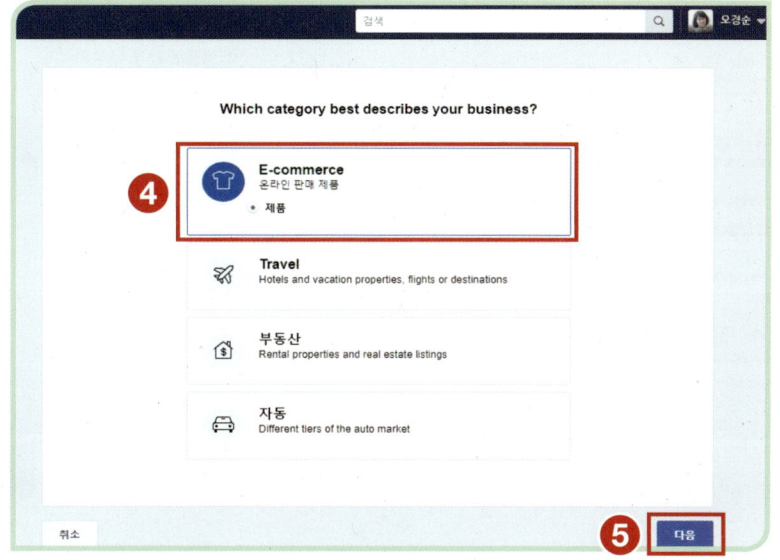
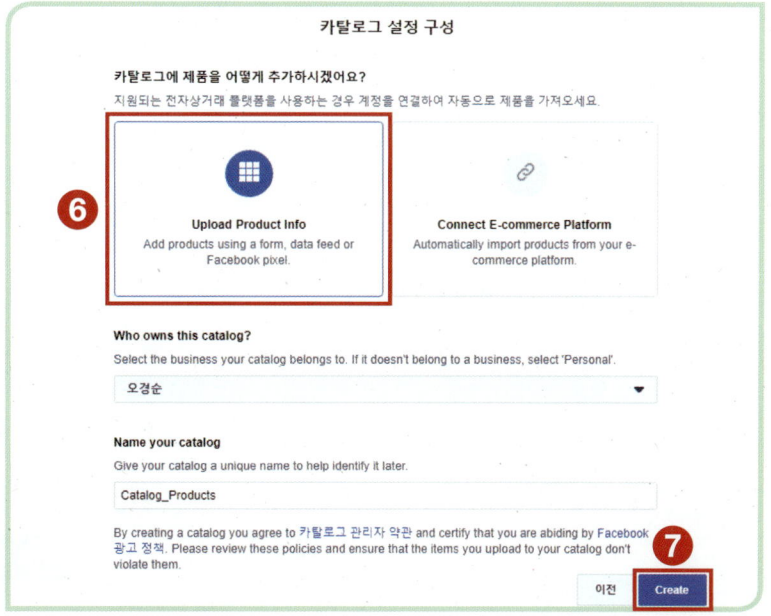

스마트폰을 활용한 SNS마케팅 쉽게 배우기

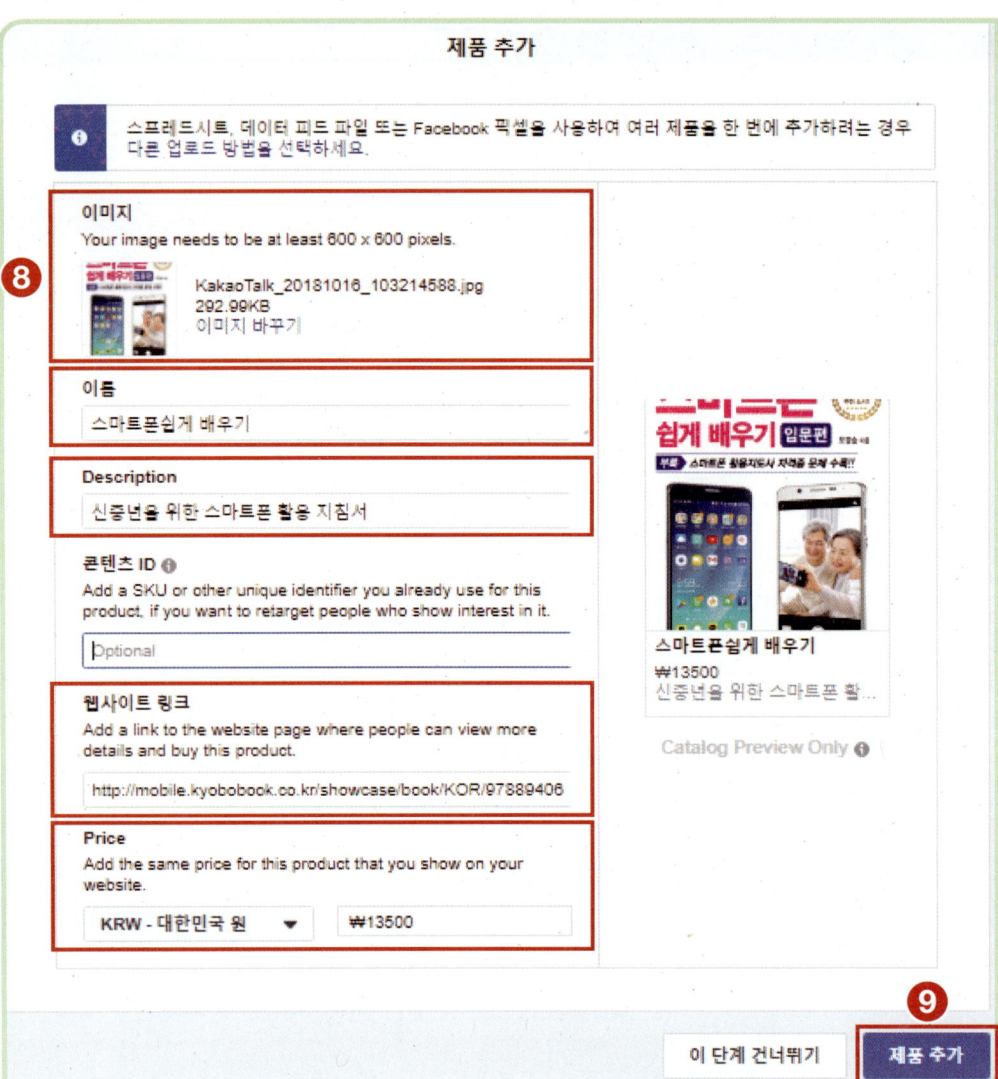

스마트폰을 활용한 SNS마케팅 쉽게 배우기

❷ 비즈니스를 위한 홍보하기

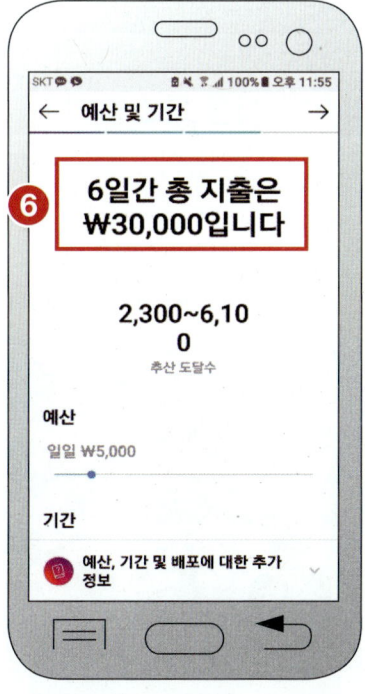

3 쇼핑태그 붙이기

쇼핑태그는 페이스북의 페이지와 인스타그램의 브랜드 계정이 연결되어 있어야 한다. 페이스북 페이지의 템플릿을 샵으로 변경 후 상품을 등록해야 하고 인스타그램에서 수 일 이상 지나야 제품 태그하기 버튼이 생성된다. 현재는 모든 업종에서 생성되지는 않지만 점차 모든 업종으로 확대될 것으로 예상한다.

 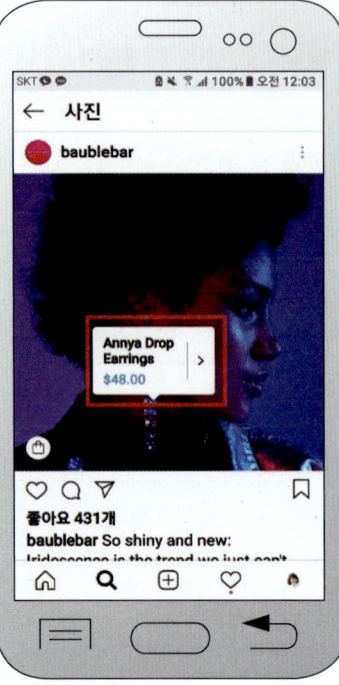 

4 제품을 사용하는 고객들의 이미지를 포스팅하기

더 나아가 #warbyparker 해시태그를 단 고객들의 포스트를 찾아다니며 진정성 있는 댓글을 단다.

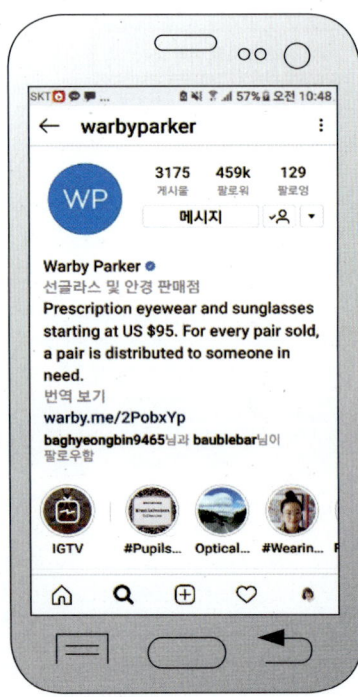  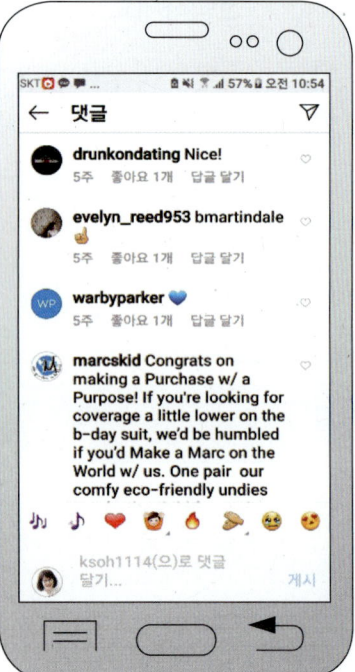

❺ 실생활을 보여주는 사진 업로드

실생활 속에서 제품을 사용하는 사진을 업데이트하여 제품들을 어떻게 활용할 수 있는지에 대한 아이디어를 고객에게 제공할 수 있다.

❻ 이벤트나 특별한 날을 기념

고객에게 해시태그를 권장하는 이벤트를 걸면 내 브랜드를 홍보하게 해 주는 효과를 거둘 수 있고 고객과 긴밀히 소통할 수도 있다.

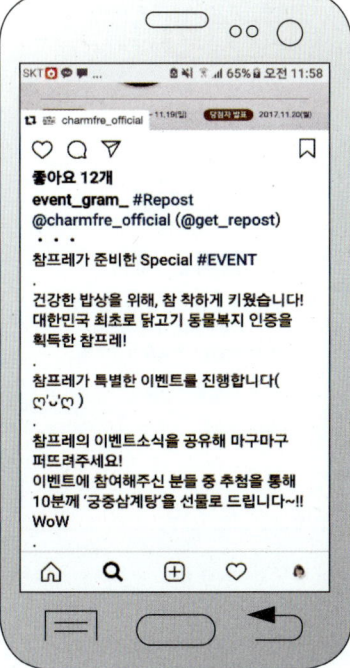
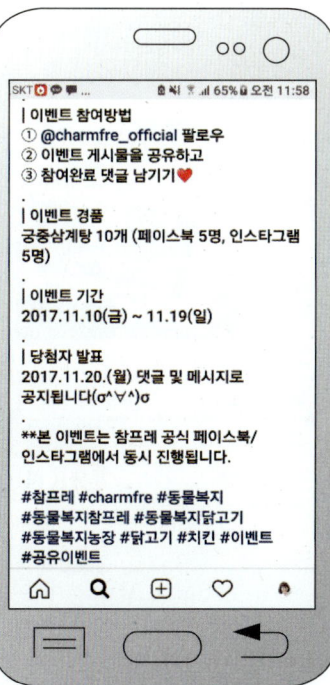

스마트폰을 활용한 SNS마케팅 쉽게 배우기

❼ 검색 기능

사람이나 해시태그를 검색할 때, 각각 키워드 앞에 "@" 이나 "#"를 추가한다.

 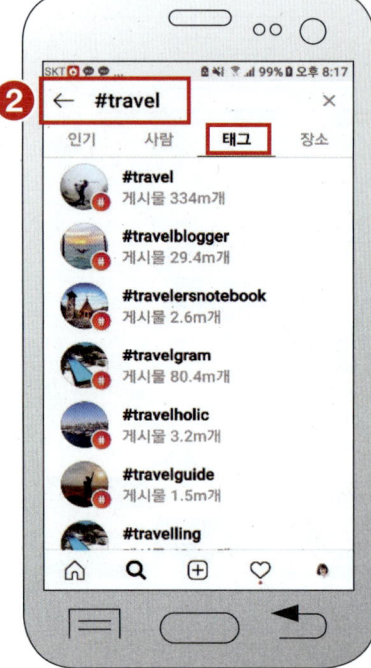 

❽ 보관 기능

스마트폰을 활용한 SNS마케팅 쉽게 배우기

MEMO

Step 3 유튜브

1 유튜브의 이해

2005년 2월 자베드 카림은 그의 두 친구 헐리와 첸과 함께 온라인 비디오 공유 네트워크 서비스를 내놓았다. 처음에는 찾고 싶은 상대를 골라주는 데이트 서비스를 만들 생각이었다. 그러나 비디오를 업로드하는 사람들도 거의 없었고 업로드 내용들도 친구나 반려동물, 재미있는 장면들을 담은 비디오를 공유하는 데 유튜브를 이용했다. 이에 웹사이트를 전폭 개편하여 누구나 비디오를 업로드하고 볼 수 있게 만들었고 유튜브는 가장 빠른 속도로 커가는 웹사이트로 발전해 갔다. 2008년 구글이 인수하면서 유튜브는 단 1년 만에 매월 3천 만 명이 찾는 사이트로 성장했고 2006년 말에는 매일 1억 개의 비디오가 시청됐으며 인터넷 비디오 시청의 58%가 유튜브에서 기록됐다. 12년이 지난 2018년은 전 세계에서 가장 방문자가 많은 사이트이자 어플리케이션 중 하나가 되었다. 매일 1억 개의 비디오 조회 수를 기록하는 세계 최대의 동영상 사이트(http://www.youtube.com)가 된 것이다.

10~20대가 스마트폰으로 동영상 플랫폼 유튜브를 이용하는 비중이 다른 세대보다 압도적으로 높은 것으로 조사됐다. 유튜브 찾으면 10대, 포털 검색하면 30대라는 말이 있을 정도이다. 이는 동영상과 이미지를 선호하는 이른바 Z세대(13~24세)의 특징이 반영된 결과로 분석된다. 2017 글로벌 소셜미디어 발표에 따르면 소셜미디어(SNS) 이용자 중 91% 이상은 모바일로 접속하며, 이는 현재 25억 명으로 매년 30% 씩 증가하고 있다. 이 중 유튜브는 세계에서 하루 시청 시간 10억 시간에 월간 로그인 이용자가 약 15억 명에 이른다. 유아부터 노년층까지 다양한 연령대가 유튜브를 활용하고 있으며, 이 중 10대와 20대는 포털 대신 유튜브에서 정보를 검색한다. 13~24세, 즉 디지털 네이티브라 불리는 세대의 유튜브 이용률은 무려 90%에 이른다. 데이터 분석 업체 오픈서베이가 올해 1월, 국내 20대 이상 남녀 500명에게 '주로 쓰는 SNS'를 주제로 설문한 결과 유튜브라고 답변한 비율이 27.6%로 가장 높았다. 뒤이어 네이버 블로그가 17.0%, 페이스북이 15.6%를 나타냈고, 인스타그램이 14.8%, 네이버밴드

가 11.2%, 카카오스토리가 9.6%로 뒤를 이었다. 특히, 유튜브는 지난해에 비해 사용이 8.8%포인트나 늘어 성장률도 가장 높았다. 이러한 미디어 사용 패턴 변화는 10대뿐만 아니라 청년층을 넘어 노년층까지 영향을 미치고 있다. 트렌드 변화가 세대 변화까지 이끌고 있는 셈이다.

유튜브에 대항하는 소셜미디어 행보

유튜브에는 방송 하이라이트 영상은 물론 하우 투(How to) 영상, Q&A 같은 다양한 콘텐츠들이 넘쳐 각종 포털과 SNS 검색 결과에 뒤지지 않는다. 또 편리한 텍스트 검색뿐만 아니라 최근에 재생한 동영상 시청 시간이 길수록 검색 결과와 함께 맞춤 동영상을 상위에 노출하는 알고리즘을 적용한다.

동영상 중심의 콘텐츠 소비 성향은 지속적으로 강화될 것으로 보인다. 유튜브가 누구나 쉽게 콘텐츠를 올리고 소비자의 반응대로 기류를 형성하는 데 반해, 네이버TV는 자사와 계약 체결한 사업자와 크리에이터 콘텐츠를 제공하는 한계가 있어 다양한 콘텐츠 플랫폼으로 활약하는 데 한계가 있다. 전문가들은 동영상 플랫폼에서 현재 유튜브 강세에 영향을 미칠 경쟁자가 아직 없다며, 혁신적인 기술이 등장하거나 새로운 미디어 플랫폼이 등장하는 것 같이 큰 변화가 생기지 않는 이상 지금과 같은 흐름이 지속될 것이라고 전망했다. 특히 일부 전문가들은 인공지능을 결합한 유튜브가 머지않아 포털을 누르고 선두에 설 것이라고 예측했다.

1 유튜브의 채널 개설

유튜브의 채널을 개설하려면 구글 계정이 있어야 한다. 그리고 구글이나 유튜브를 하려면 chrome(크롬)을 사용하는 것이 좋다. 유튜브는 구글이 인수한 기업이고 크롬에 최적화되어 있다. 유튜브에는 개인 계정과 브랜드 계정이 있다. 개인 계정은 구글계정만 있으면 누구나 생성할 수 있으며, 유튜브에 접속 후 구글 계정으로 로그인한 후 내 채널에서 채널 만들기를 하면 된다. PC 버전 유튜브에 로그인하고 채널 맞춤 설정에서 채널 설명, 레이아웃, 섹션, 프로필 사진, 채널 아트 등 채널을 꾸미면 된다. 그런데 브랜드 계정은 수익 창출을 목적으로 개설한다. 나 이외의 구글 사용자에게 관리자의 권한을 주고 하나의 브랜드 계정을 공동관리 할 수 있다. 이 때 별도의 비밀번호나 사용자 이름은 필요하지 않고 각자의 계정으로 접근하여 협업 및 관리할 수 있다. 구글 계정 하나로 유튜브 채널은 50개 까지 만들 수 있으며, 주제가 다양하면 채널별로 구분하여 다 채널을 운영하는 경우도 있다.

❷ 브랜드 채널 개설하기(PC)

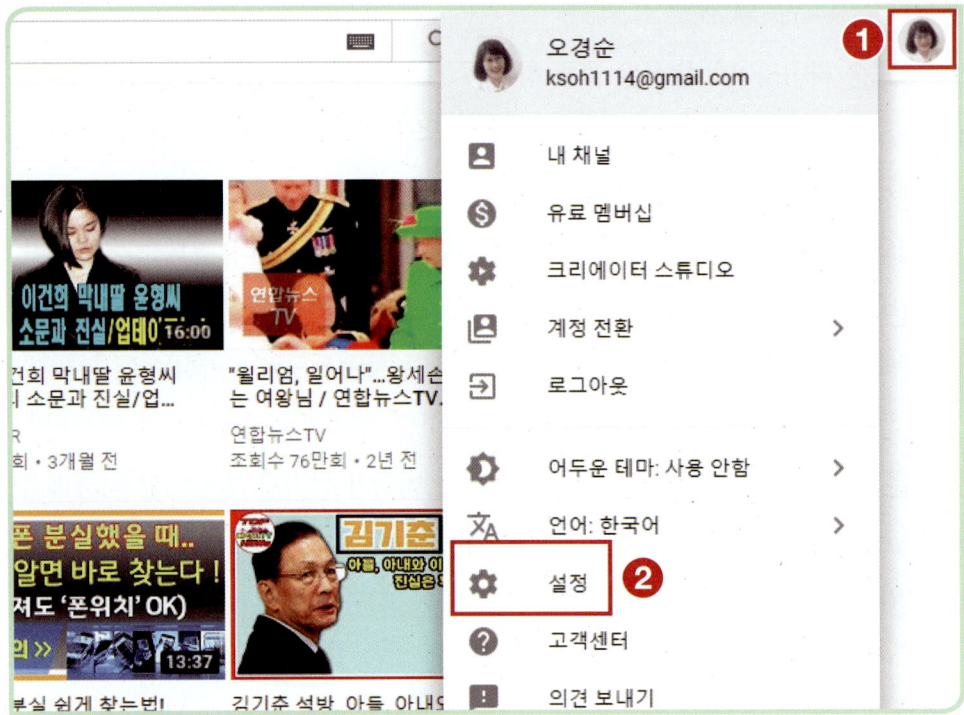

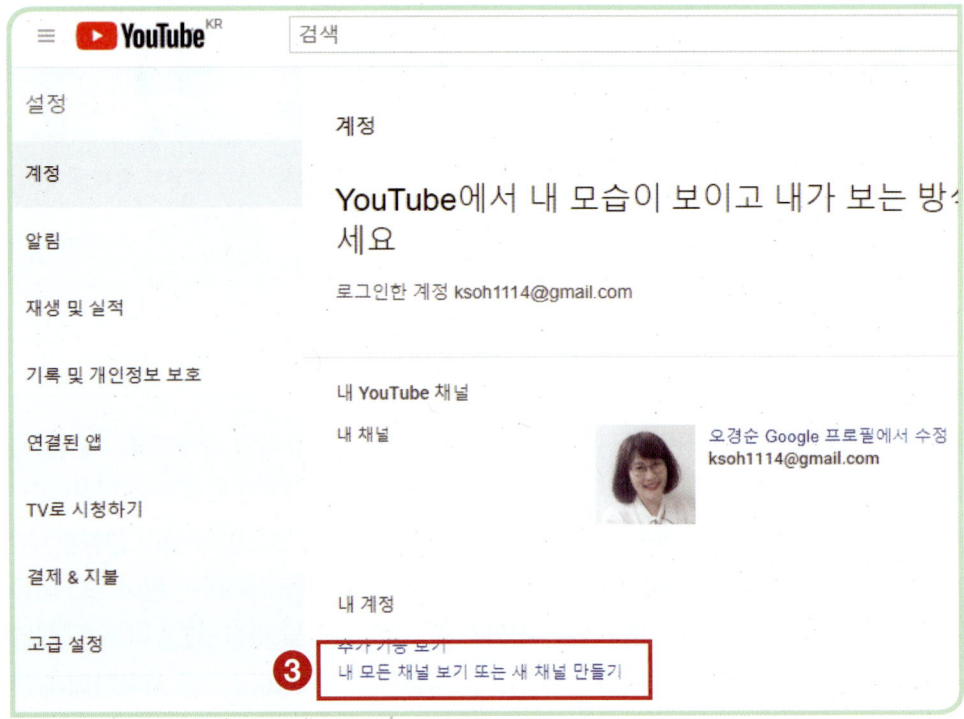

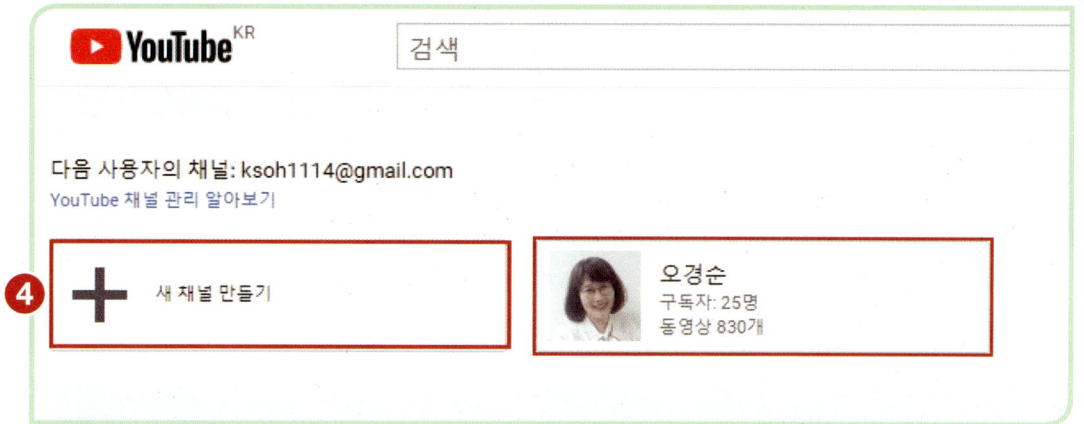

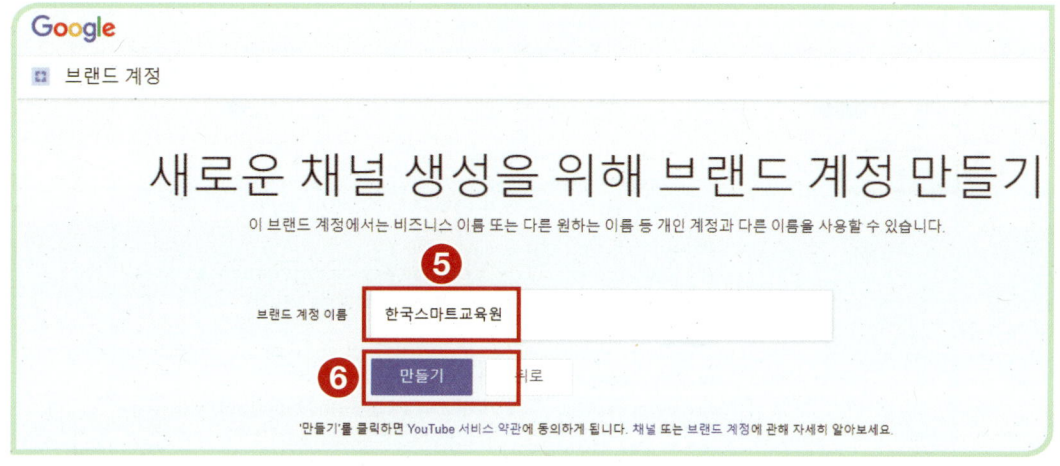

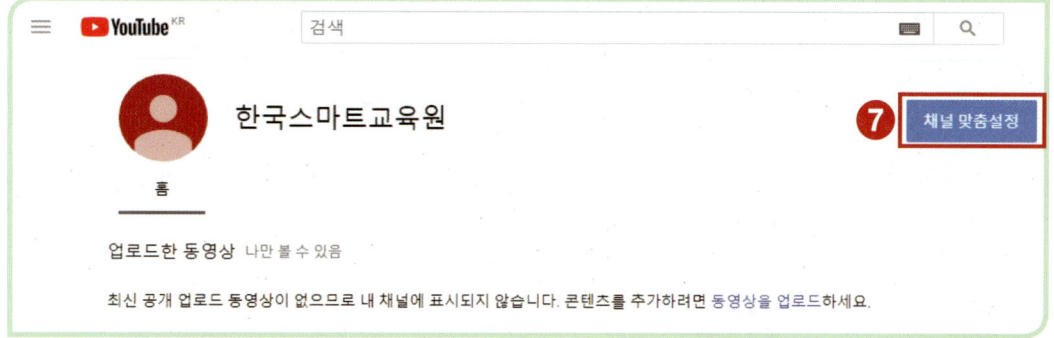

만약 수익 창출을 목적으로 법인 명의로 유튜브 계정을 만들려면 회사 대표 명의로 유튜브 브랜드 계정을 만들어서 직원의 개인 계정에 관리자 권한을 주어야 한다. 이 경우 동시 다수로 유튜브를 관리 할 수 있고 퇴사시 권한을 회수할 수도 있다. 만약 개인 계정을 수익 창출 가능 채널로 돌리려면 애드센스 계정을 입력할 때 법인 계좌로 연결하면 법인 사업자로 수익이 발생한다.

③ 채널 삭제하기

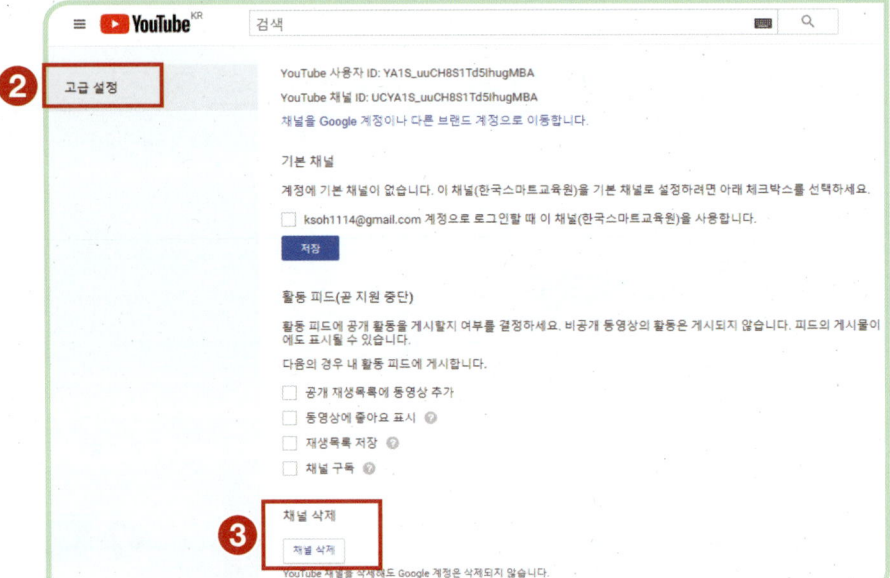

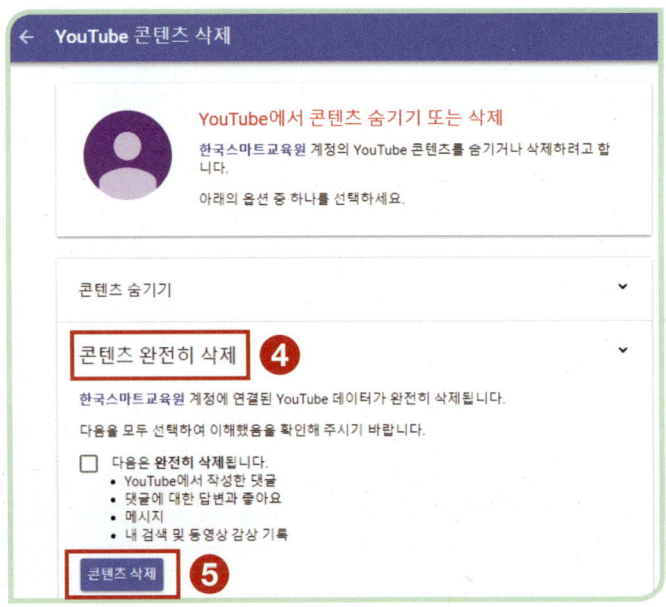

④ 관리자 추가하기

브랜드 계정의 소유자만 다른 사람에게 유튜브 채널 권한을 부여할 수 있다.
오른쪽 상단 계정 아이콘 → 관리할 채널 클릭 → 설정 아이콘 → 계정 → 관리자

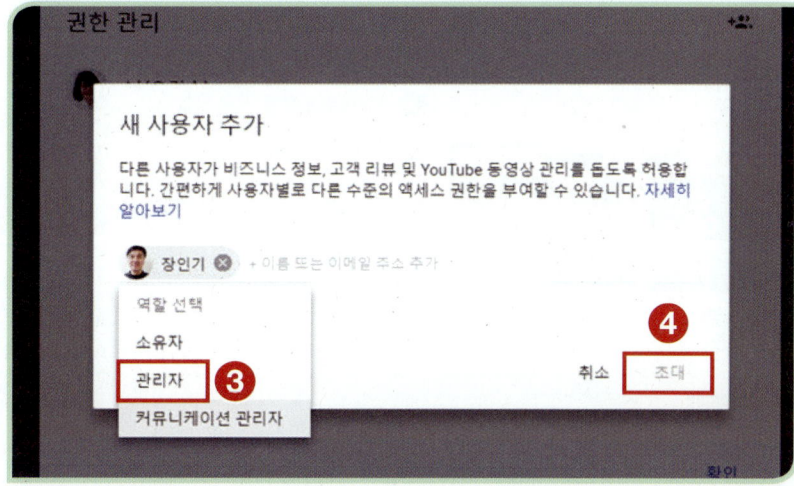

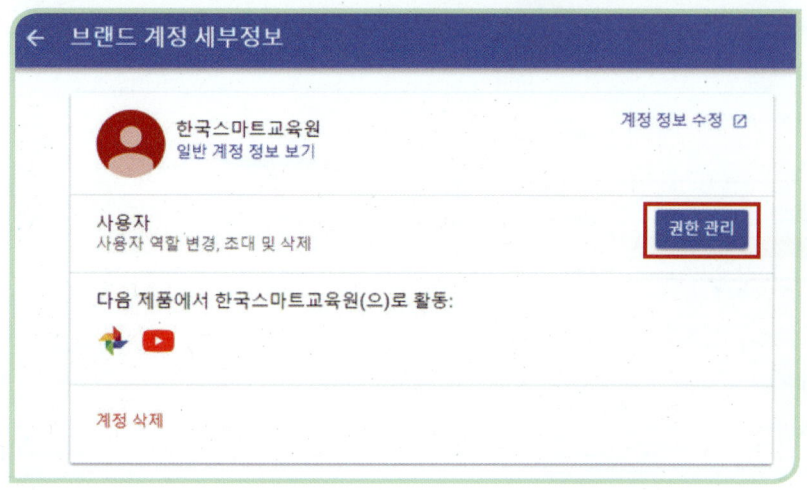

스마트폰을 활용한 SNS마케팅 쉽게 배우기

⑤ 브랜드 계정 수익 창출 셋팅하기

유튜브 채널 자체에서는 수익 구조가 발생하지 않는다. 반드시 구글 애드센스와 연동을 하고 수익 창출 신청을 해야 한다. 구글 애드센스란 광고주를 위한 애드워즈와 대비되는 광고 프로그램이다. 유튜브에서 수익을 창출하려면 구독자 1000명 이상 시청 시간 4000시간이 되어야 한다. 여기서 시청 시간이란 시청자들이 내가 올린 영상을 본 총 시간을 말하고 조회 수가 많다 하더라도 몇 초만 봤다면 시간은 별로 늘지 않는다. 유튜브 수익 구조는 광고주가 구글 애드워즈에 광고를 등록하면 애드센스에 연결된 유튜버의 채널에서 광고가 재생되며 그 광고에 한해 조건에 맞게 애드센스가 정산한 금액이 유튜버의 수익으로 정산된다. 광고를 붙일 수 있는 영상의 최소 길이는 제한이 없지만 10분 미만의 영상은 중간에 광고가 붙지 않는다.

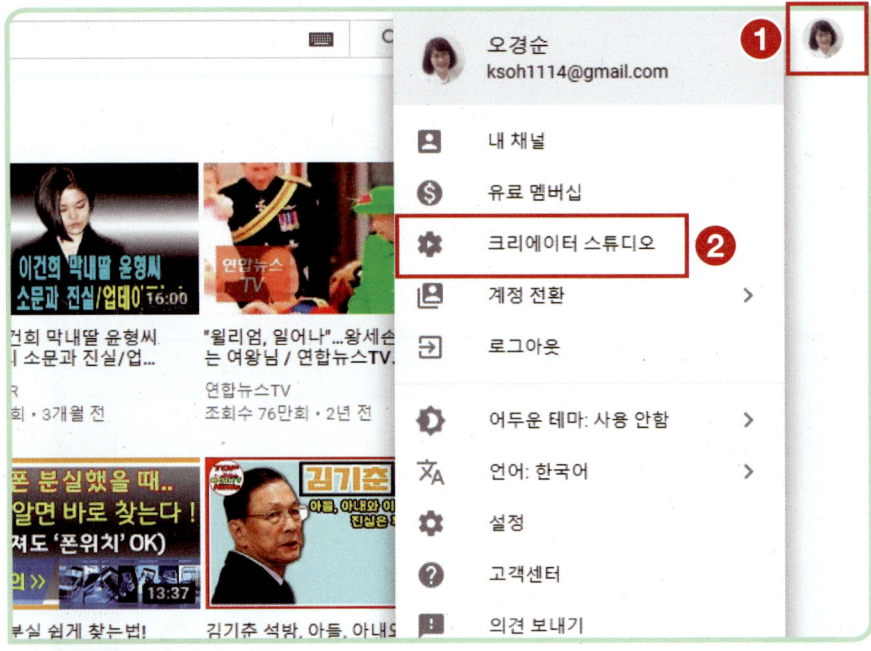

구독자 1000명과 12개월 동안의 4000시간 시청에 도달하면 구글에서 자동 검토가 이뤄지며, 약 2주에서 4주 후에 애드센스에 등록된 주소지로 통장번호를 등록할 수 있는 PIN 번호가 들어 있는 우편물을 받게 된다. 그러면 애드센스에 로그인 후 주소 인증 후 PIN번호 등록하고 제출 버튼 누른다. 지급 버튼에서 결제 수단 클릭하여 세부 정보를 모두 입력하고 저장을 누르면 된다.

스마트폰을 활용한 SNS마케팅 쉽게 배우기

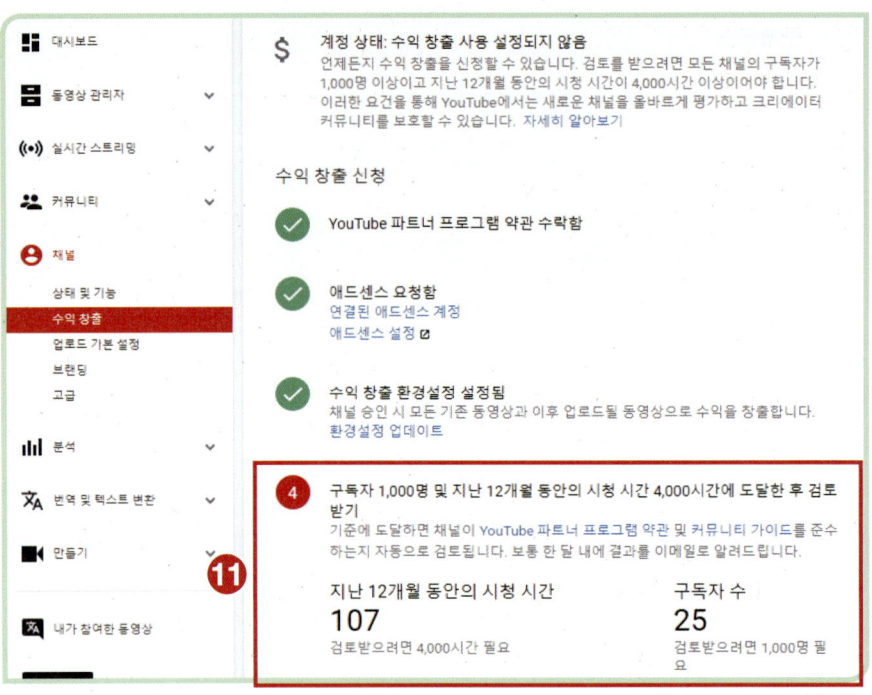

6 채널 기본 언어를 영어로 설정하고 한국어로 번역하기

만약 전 세계를 대상으로 채널을 운영하려고 하면 기본언어를 영어로 셋팅한다. 영어권 사람들이 접속하면 영어로 보이고 비영어권과 한국 사람에게는 한국어로 보여진다.

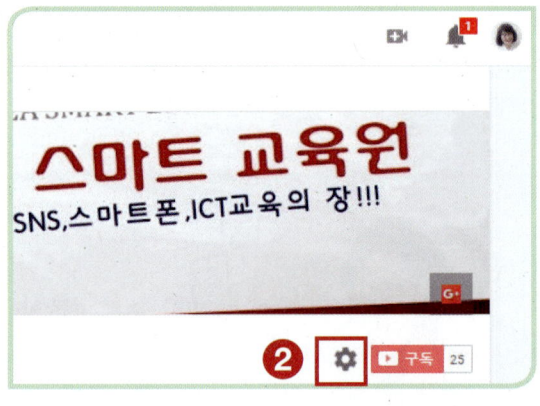

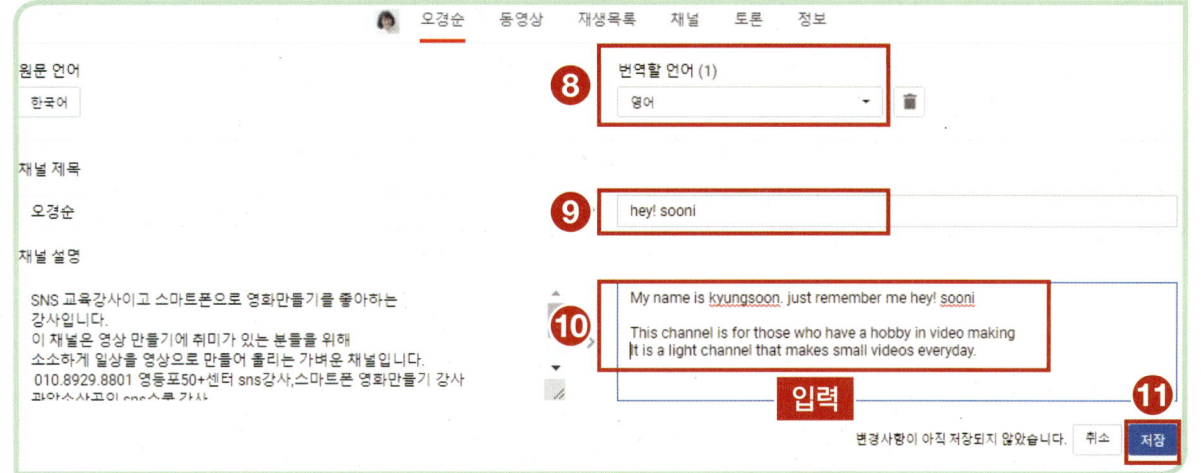

2 유튜버

디지털 기기를 들고 다니면서 시공간의 제약을 받지 않고 자유롭게 사는 사람들로, 제한된 가치와 삶의 방식에 얽매이지 않고 끊임없이 자신을 바꾸어 가는 유목민을 일컬어 디지털 노마드 세대라고 한다. 1980년 이후에 태어난 세대들은 태어날 때부터 디지털 세상에 나왔다. 이들을 밀레니엄 세대 또는 y세대, 디지털 원주민, 디지털 노마드 세대라고 한다. 이들을 중심으로 유튜브를 주로 검색으로 활용하던 유튜브 소비자들이 직접 자신의 영상을 올리면서 소통의 도구로 활용하면서 유튜브 크리에이터라는 사람들이 등장하기 시작하였다. 1995~2005년에 출생한 세대들은 테크노홀릭 Z세대라 하는데 Y세대가 스마트폰과 인터넷 인플루언서 층으로 디지털에 친숙하지만 텍스트로 소통하며 2개의 채널을 동시에 활용한다면, Z세대는 태어날 때부터 디지털 환경에 익숙해 이미지로 소통하며 5개 채널을 동시에 활용하는 성향을 보인다. 그들은 유튜브에서 검색하고 유튜브에서 모든 정보를 공유한다.

Z세대는 항상 연결되어 있고 연중무휴 언제라도 유튜브, 페이스북, 왓츠앱, 스냅챗, 위챗뿐만 아니라 소통을 위한 기타 어플리케이션 또는 채널에 엑세스한다. 이 세대는 다른 세대와 달리 온라인 채널과 오프라인 채널을 구별하지 않는다. 명실공히 1인 브랜드 1인 미디어 시대가 활짝 열린 것이다.

유튜버는 인터넷 무료 동영상 공유 사이트인 유튜브에서 활동하는 개인 업로더들을 말하며 유튜브 크리에이터는 자신이 만든 영상을 업로드하는 사람을 말하며 흔히 같은 말로 쓰이기도 한다. 대표적으로는 국내는 대도서관, 1million 댄스 스튜디오, 벤쯔, 김이브, 대정령, 씬님, S&M, 영국남자, 양띵, waveya, jwcfree(정성하), 쿠쿠크루, 윤짜미, 윰댐, 라임튜브, 말이야와 친구들, 츄팝, 양띵의 사생활, 스팀보이, Lena, lamuqe, 뽀모, Calary Girl, 꿀키, VIVA DANCE STUDIO, 디바제시카, 태경 TV, 퇴경아 약먹자, 써니채널, 섭이는 못말려, 릴마블, 다또아, BJ 떵개떵, 대한 건아턱형, 꾹TV, 공대생 변승주, 악어, 어썸하든, 데이브, 이사베, jun, 씬님, 보검tv, carry and toy, 허팝, Raon li, 도티tv, maangchi, PonyMakeup, JFlaMusic, 해외에서는 퓨디파이, 10Cats 등이 유명하다.

유튜브의 콘텐츠 유형들을 보면 게임, 실험, 리뷰, 개그, 뷰티, 여행, 유아, 먹방, 정보, 무비, Top10, 더빙, 요리, 공포, 음악, 시사, 댄스, 오락 등 다양하다. 취미가 콘텐츠가 되고 한 분야의 덕후가 디지털 플랫폼에서 넘사벽 1인 브랜드로 가치를 인정받는 시대이다.

90% 이상이 모바일로 시청하는 모바일 시대에 사람들은 정보를 일반적인 TV 영상보다는 각자의 관심사에 맞춘 세부적인 자료를 영상으로 보기를 원한다. 이것이 사람들이 유튜브를 찾는 이유이다. 즉, 획일화된 경험보다는 개인적인 경험의 공유와 소통을 원하는 것이다. 유튜버를 꿈꾼다면 꼭 명심해야 할 몇 가지가 있다. 나만의 개성을 가진 콘텐츠를 지속적으로 올려야 한다. 그러기 위해서는 정말 좋아하는 콘텐츠를 만들어 내야 한다. 그리고 장비에 너무 욕심부리지 말고 내용에 충실한 영상을 고민해야 한다.

'유튜브의 신'의 저자 대도서관 나동현씨는 유튜브의 성공 비결을 이렇게 말한다. "생방송보다 편집 방송으로 시작하되 내가 관심있고 잘 할 수 있는 분야를 지속 가능한 콘텐츠로 일주일에 최소 두 편씩 꾸준히 업로드라"말은 간단하지만 쉬운 일은 아니다. 처음 시작하는 사람들은 자본금이 넉넉치 않으니 스마트폰 촬영부터 시작해도 좋다. 주 1~2회 정도 꾸준히 영상을 올릴 수 있는 콘텐츠를 고민하는 것이 중요하다. 남들 보기에는 쓸데없어 보이는 취미 하나로 전 세계를 움직이는 유튜버들이 수두룩하다. 게임과 영화에만 푹 빠져 백수로 지내던 대도서관도 서른이 훌쩍 넘어 입문하여 유튜브의 역사를 쓰고 있다. 현대인들에게 대중적이고 일반적인 취향은 더이상 어필하기 어렵다. 개성 있는 나만의 콘텐츠로 누구나 영향력을 행사할 수 있는 1인 브랜드, 1인 미디어 시대인 것이다.

3 최고의 검색 사이트 유튜브

유튜브는 바야흐로 검색 포털로 자리매김하고 있다. 구글이나 네이버로 검색하던 많은 사람들이 유튜브를 검색 사이트로 활용하고 있다. 이는 텍스트로 검색 결과를 얻는 것보다 영상으로 보는 것을 더 선호한다는 의미이기도 하다. 이에 거의 모든 플랫폼들이 동영상 서비스에 사활을 거는 추세이며 사람들이 만든 동영상을 자신의 플랫폼에 유치하려고 안간힘을 쓰고 있다. 페이스북이 동영상 서비스인 워치를 2018년 8월에 출시하여 유튜브에 도전장을 내밀었다. 카카오는 무료 영상 제공 플랫폼 카카오TV와 유료 영상 제공 플랫폼인 카카오페이지를 강화하고 있다. 네이버 역시 네이버 TV와 브이라이브 서비스 기술을 고도화하고 있다.

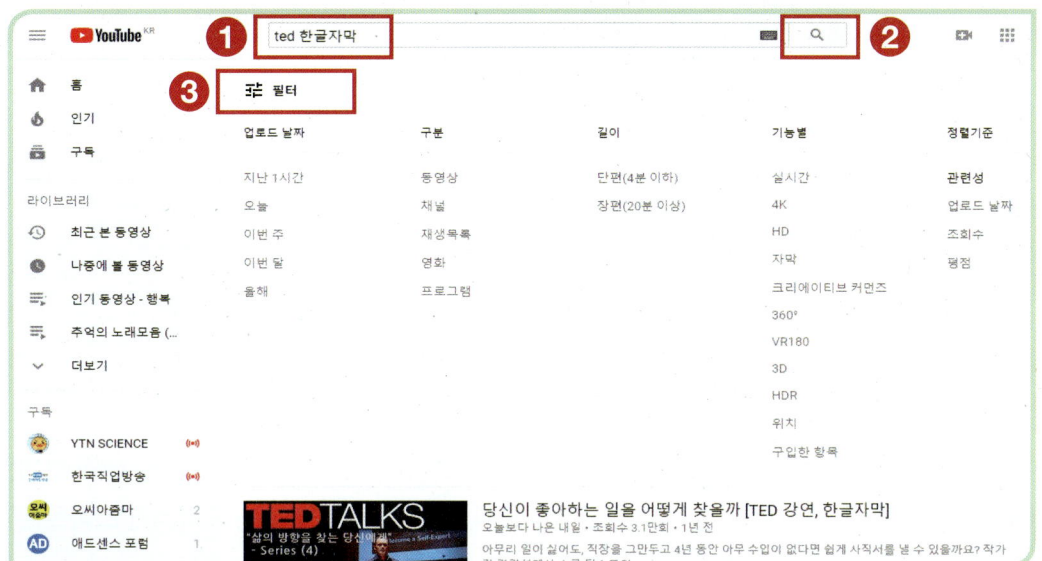

유튜브 검색의 특징은 필터로 내가 보고 싶은 영상을 정확하게 필터링할 수 있다는 것이다.

또한, 비슷한 종류의 내용들끼리 재생 목록으로 묶여 있어 연속해서 동영상을 시청할 수 있다. 즉, 재생 목록이란 하나의 폴더 개념으로 동영상을 업로드할 때 주제별로 분류해서 정리할 수 있다.

스마트폰을 활용한 SNS마케팅 쉽게 배우기

1 유튜브의 품질 서비스

유튜브에 영상을 업로드하면 자동으로 영상을 해상도별로 나누어 업로드한다. 맨 위에 보이는 숫자가 원본 해상도이고 그 아래로 갈수록 낮은 해상도이다. 이는 영상을 보는 모니터가 스마트폰부터 대형 화면까지 다양하므로 적당한 화질을 선택하여 감상할 수 있다.

❷ 스마트폰에서 해상도 조절하기

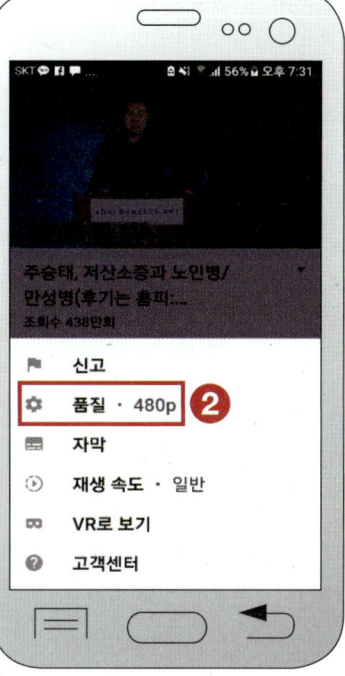

❸ 유튜브의 자막 한국어로 자동 번역 서비스

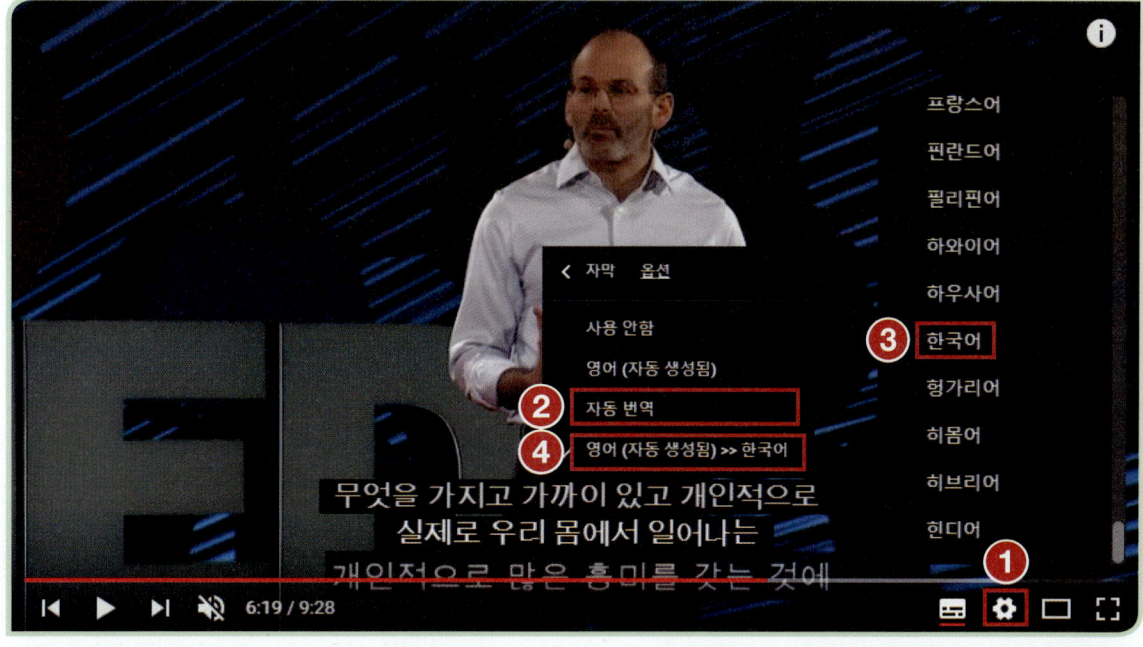

4 스마트폰에서 자막 설정하기

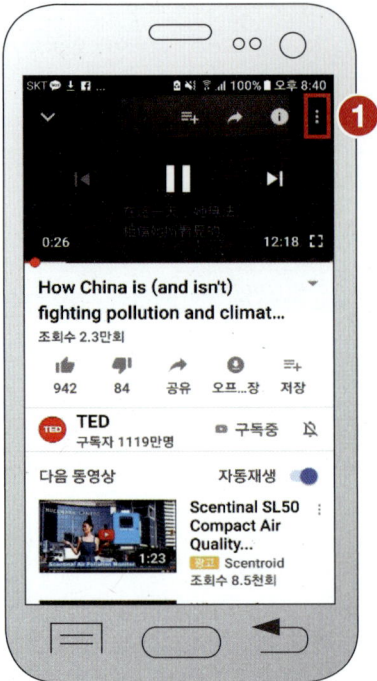 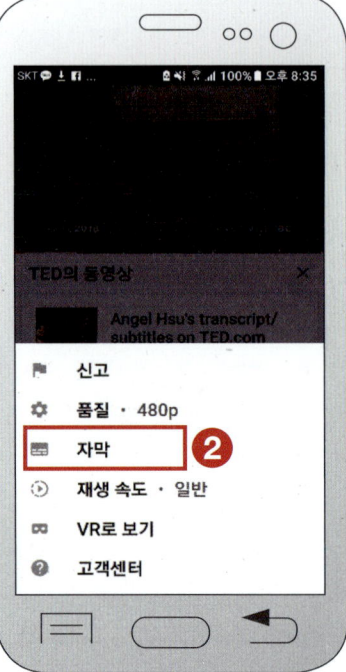 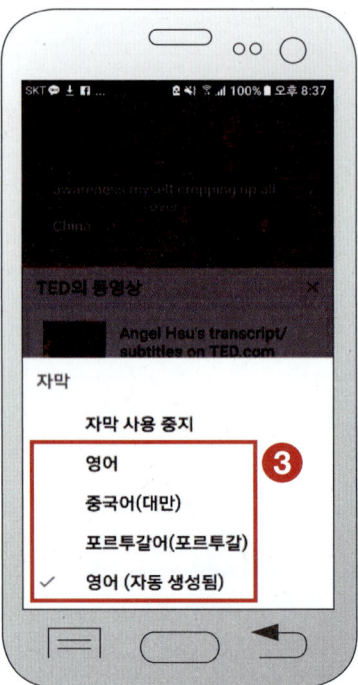

5 유튜브 구독은 그 채널의 팔로우 개념

❻ 유튜브 영상 공유 및 링크 복사

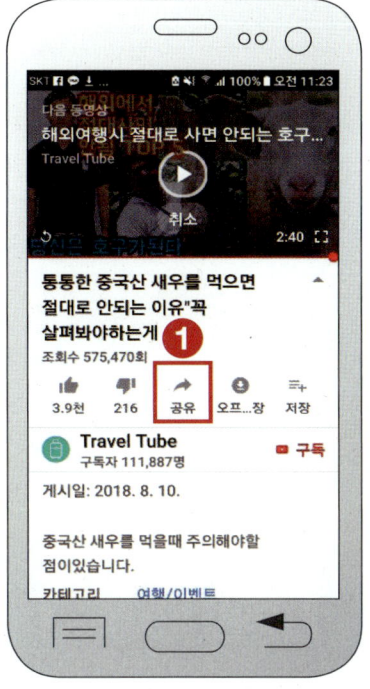  

❼ 생방송 시청 및 참여하기

스마트폰을 활용한 SNS마케팅 쉽게 배우기

⑧ 유튜브 영상 다운과 음원 추출하기

원스토어에서 스텔라 브라우저를 다운받은 후 실행한다. 다운받은 영상은 내 파일에서 확인

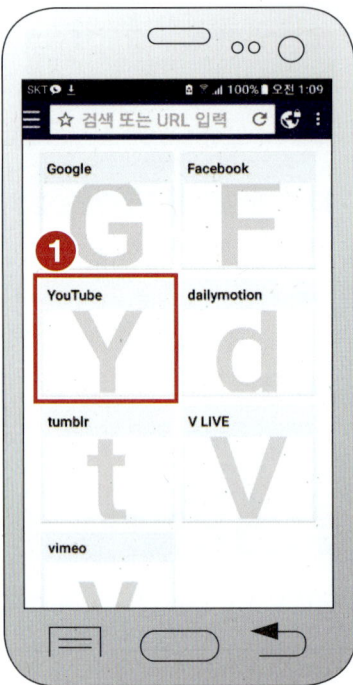  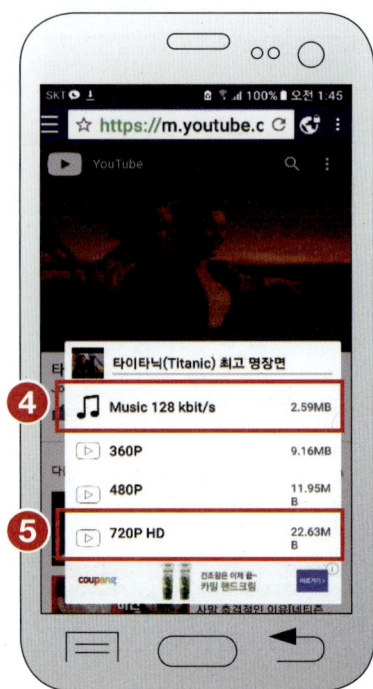

⑨ PC 에서 유튜브 영상 다운로드 하기

다운받고 싶은 영상의 주소를 복사한 후 새탭을 열고 www.ssyoutube.com 처럼 youtube 앞에 ss 넣고 엔터를 친다. Savefrom.net으로 와서 붙여넣기 한 후 download를 누른다.

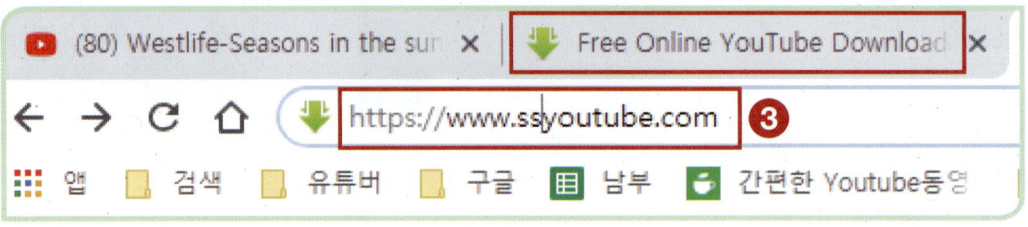

스마트폰을 활용한 SNS마케팅 쉽게 배우기

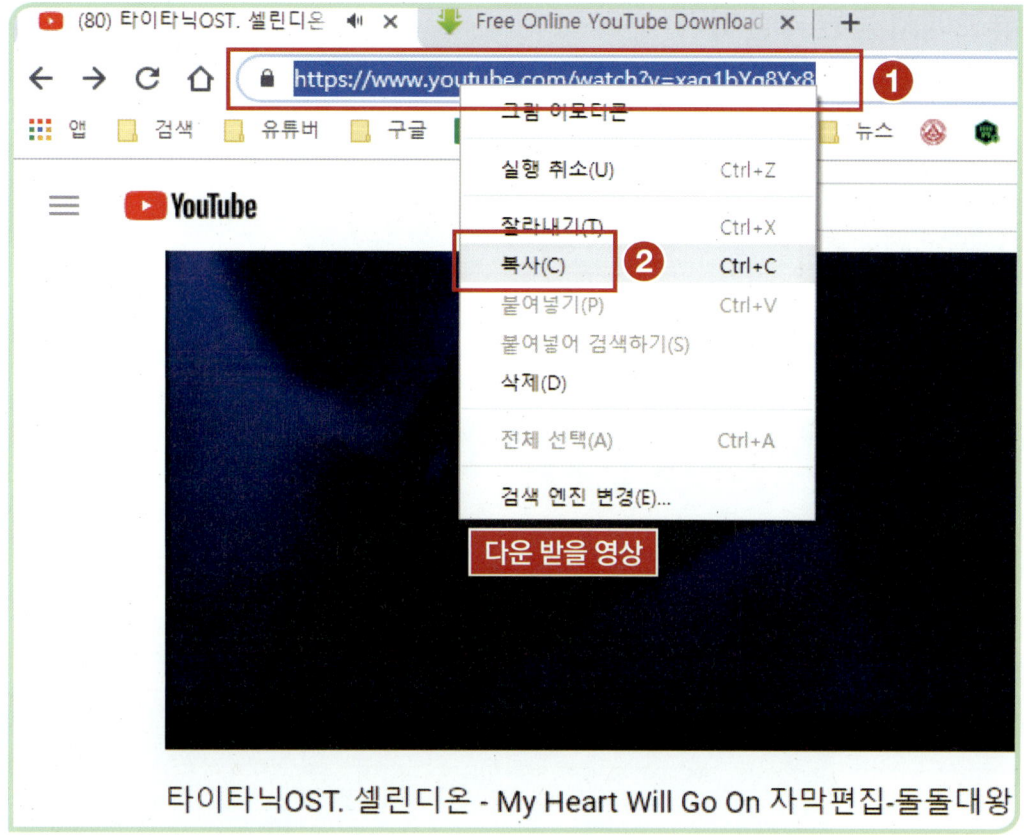

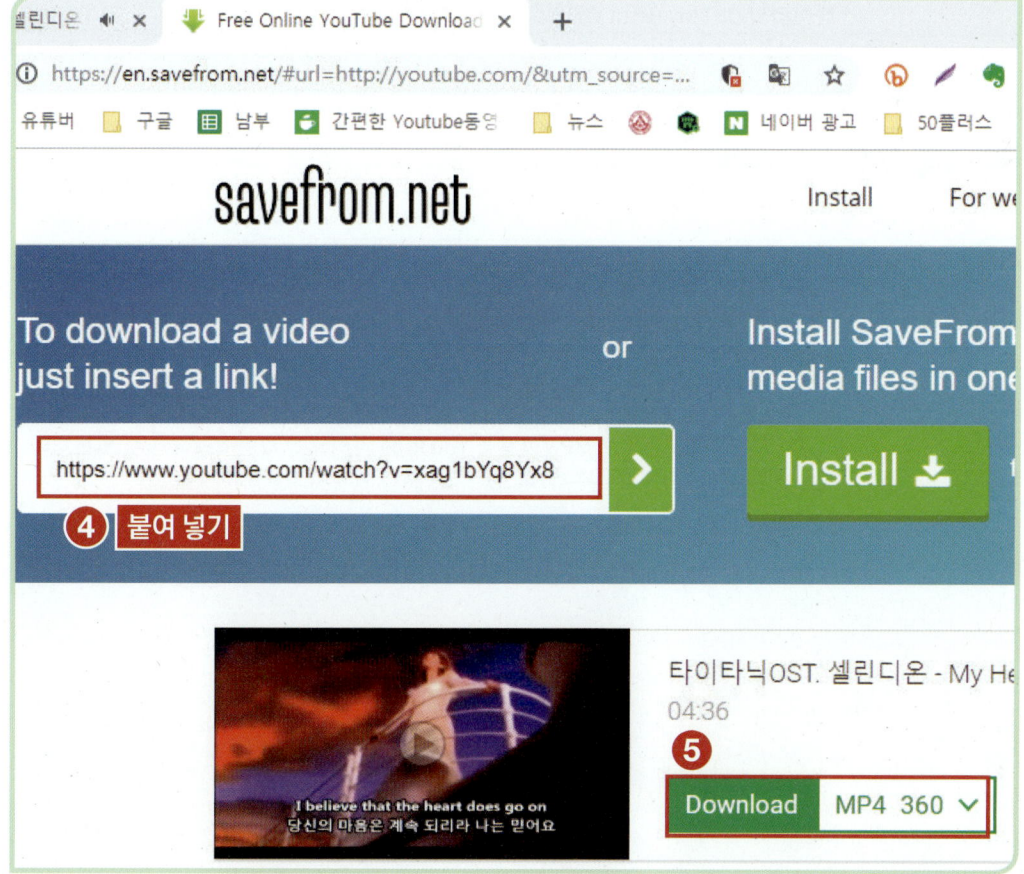

10 유튜브에서 음원 추출하기

(PC)다운받고 싶은 영상의 주소를 복사한 후, 새 탭을 열고 youtube to mp3 검색하여 onlinevideoconverter 사이트에서 다운받는다.

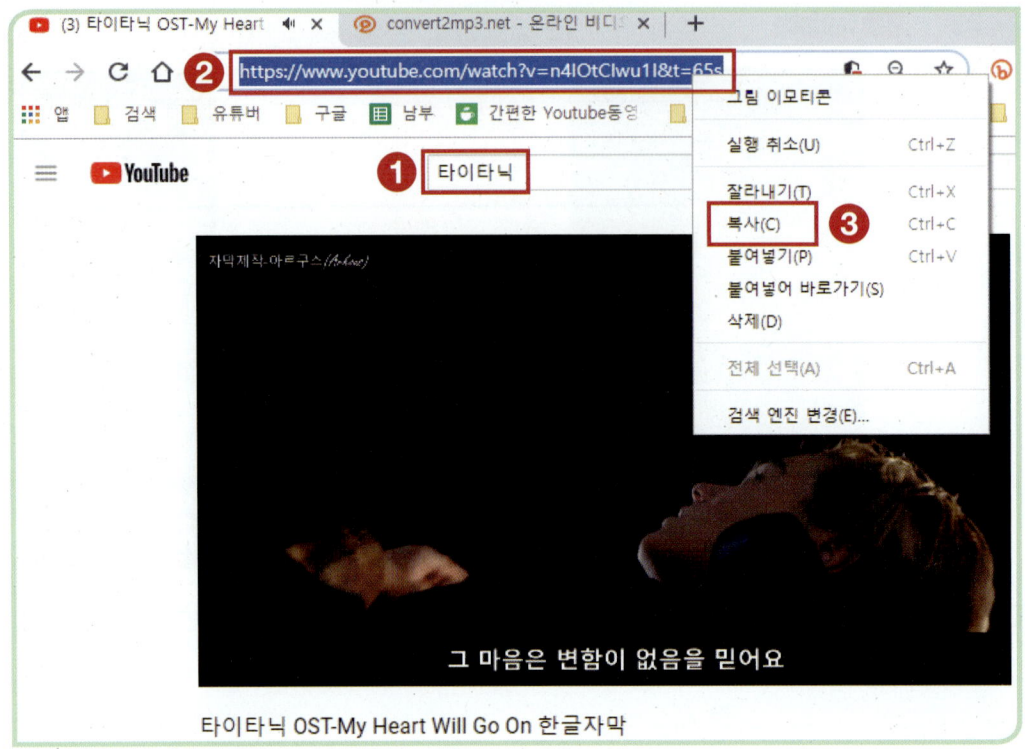

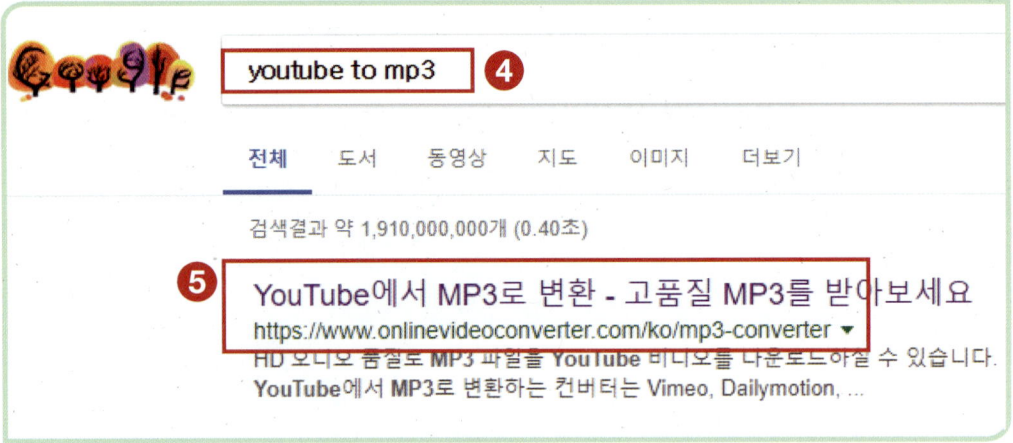

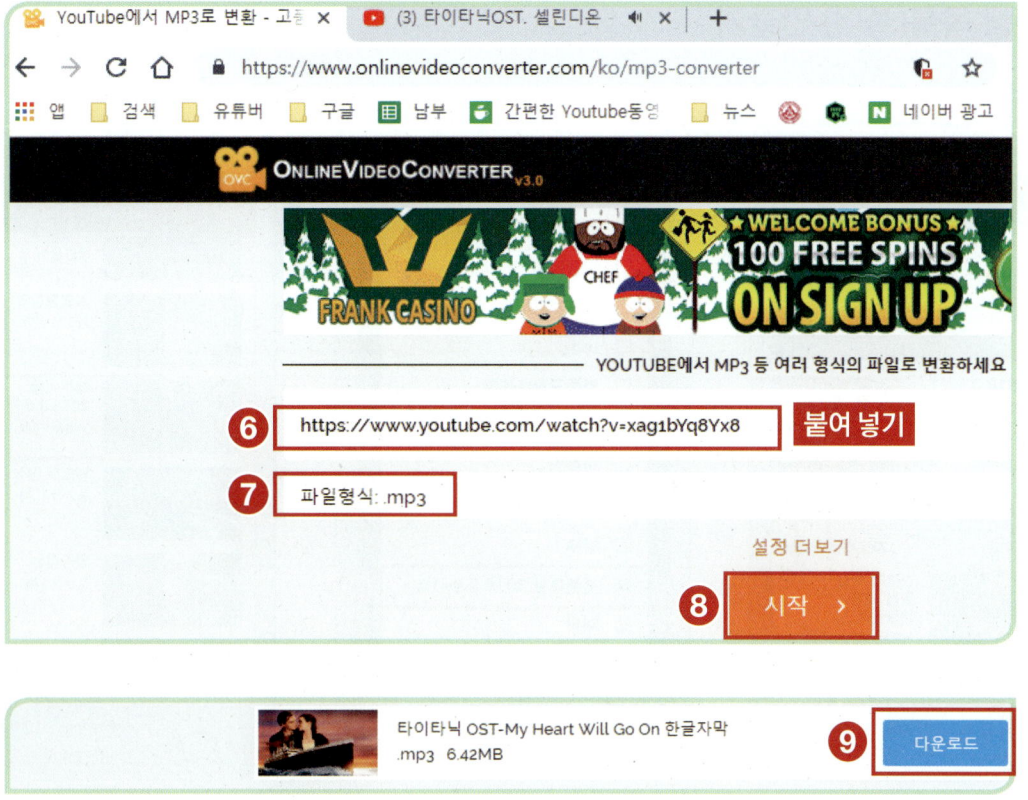

4 내 영상 관리하기

1 유튜브에 영상 업로드하기

  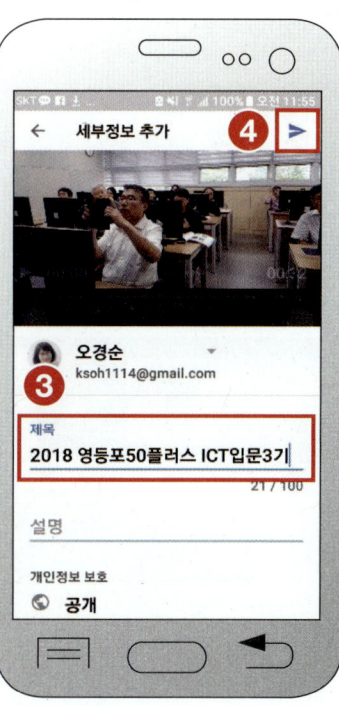

❷ 재생 목록(폴더) 만들기

❸ 업로드한 영상 재생 목록 추가하기

 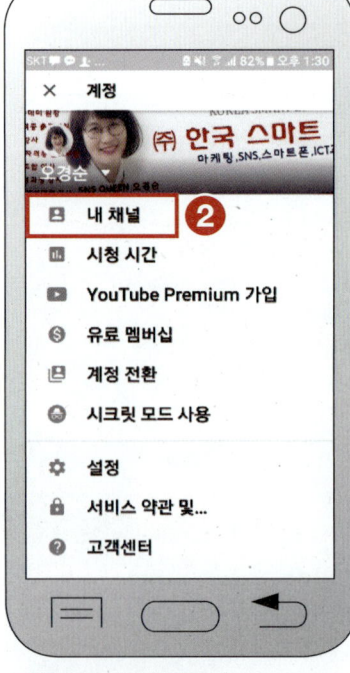 

스마트폰을 활용한 SNS마케팅 쉽게 배우기

4 내 영상 다운받기

원스토어에서 스텔라 브라우저를 다운받은 후 실행한다. 다운받은 영상은 내 파일에서 확인

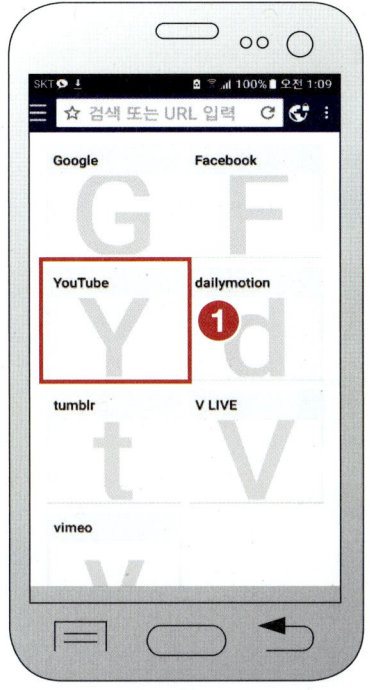
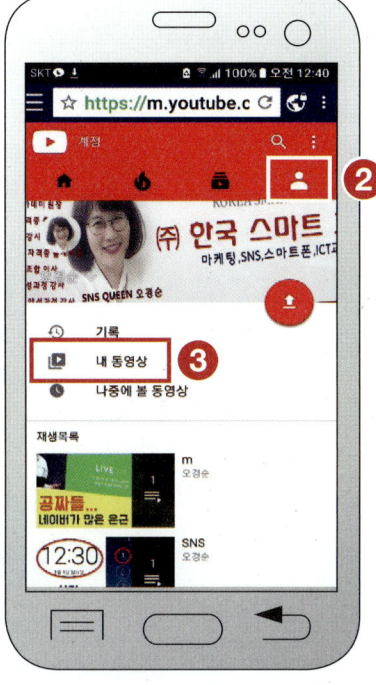

❺ PC에서 내 영상 다운받기

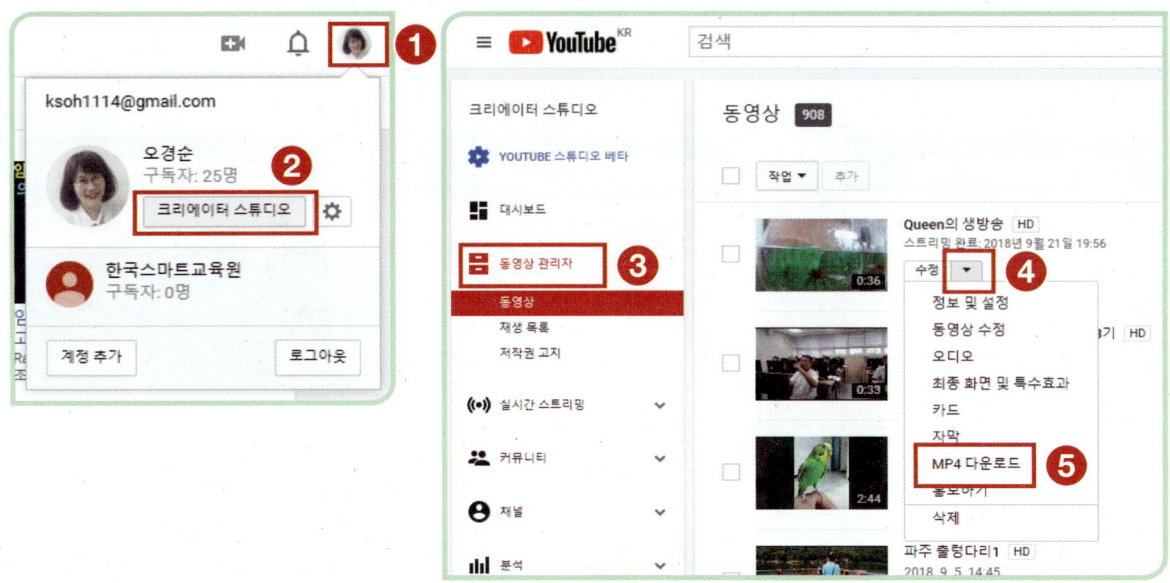

❻ PC에서 썸네일(미리보기 이미지) 넣기

　내 채널의 영상을 한 번에 표현해 줄 썸네일은 유튜브에서 자동으로 3개를 추출하여 보여 준다. 그러나 직접 영상 내용에 대한 적절한 이미지를 미리 만들어서 삽입하는 것이 좋다. 클릭률에 영향을 미치기 때문이다. 처음 계정을 개설하면 썸네일 이미지 업로드 버튼이 없다. 유튜브 고객센터에서 인증코드를 받아 계정 확인을 거쳐야 된다. 썸네일의 크기는 1280×720으로 파워포인트나 포토샵, 온라인 무료 포토샵인 pixlr 등으로 제작한다. 스마트폰의 이미지 편집 어플을 활용하면 편리하다. Jpg 파일로 저장 후 삽입한다.

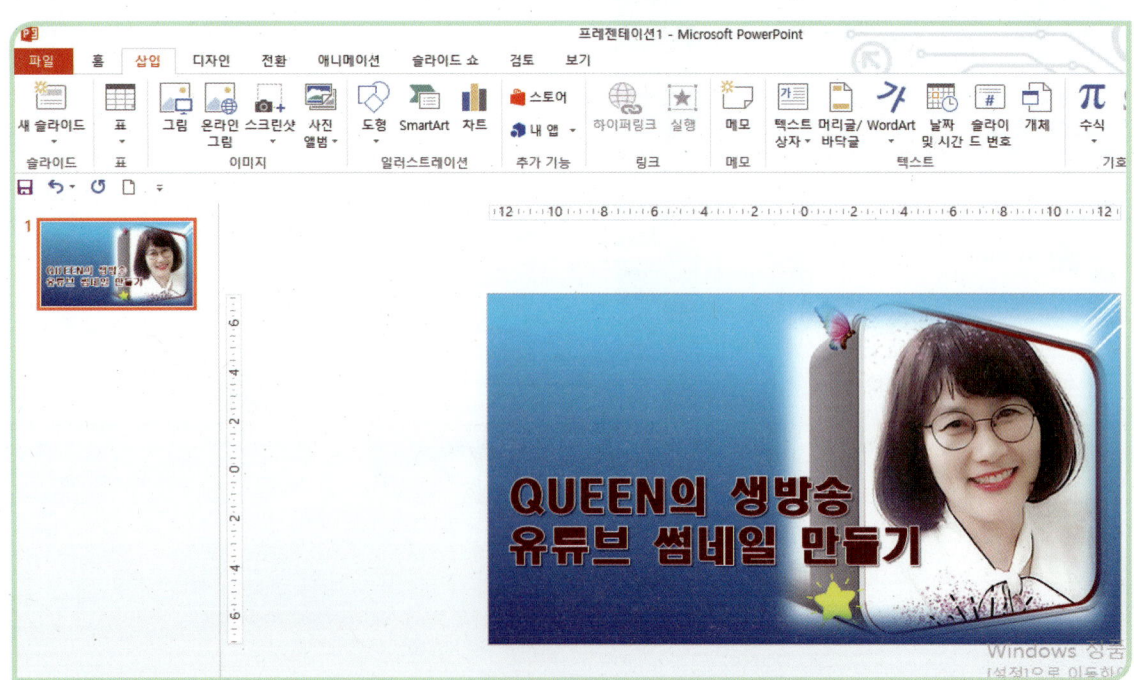

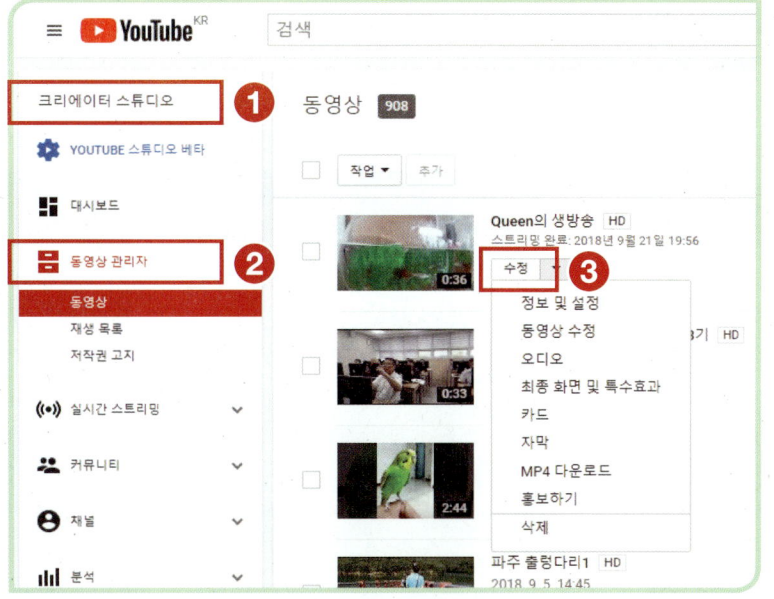
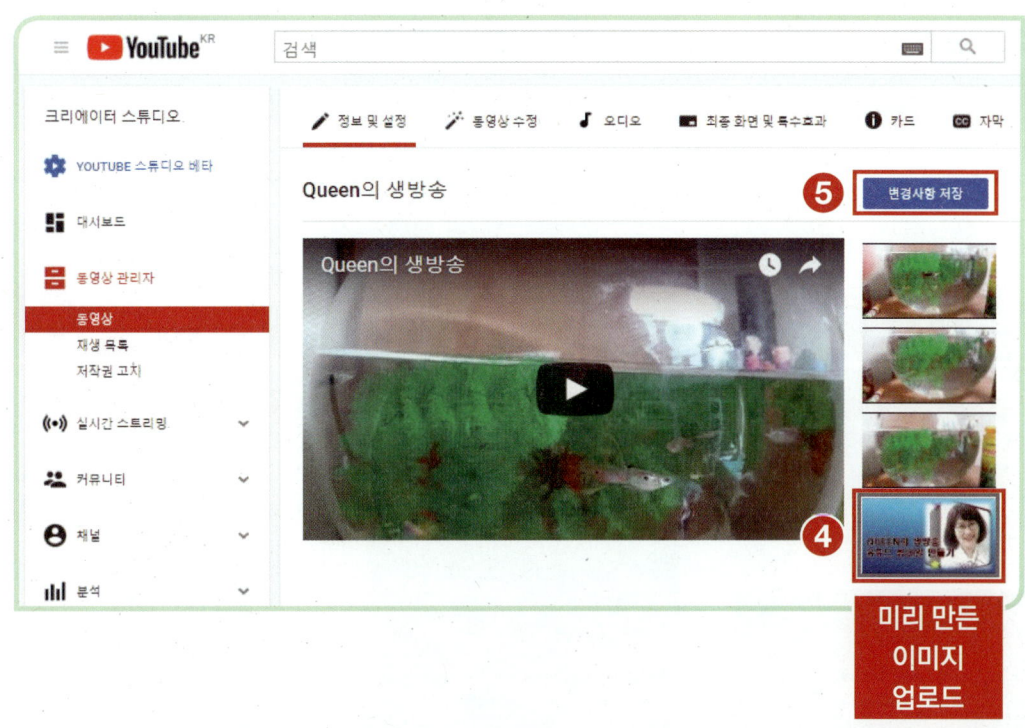

7 실시간 생방송하기

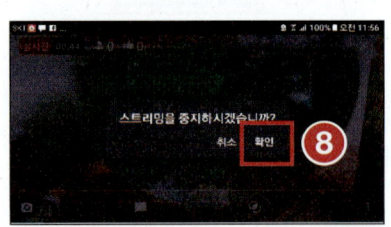

❽ 예약 업로드하기(PC에서만 가능)

❾ 무료 음악 다운받기

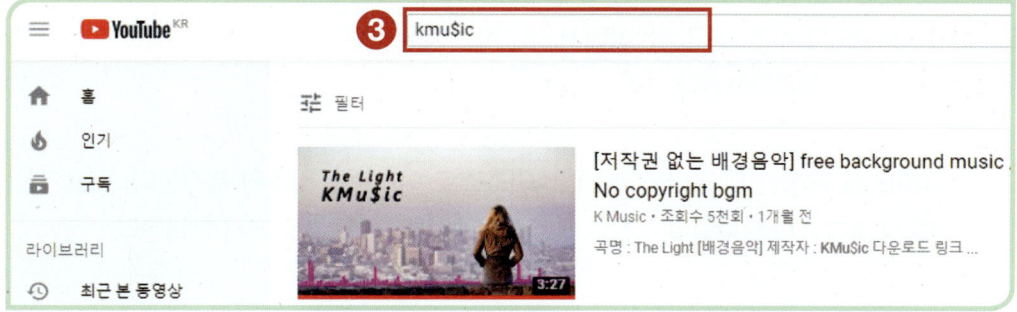

❿ 유튜브 오디오 라이브러리 무료 음악다운

내채널 → 크리에이터 스튜디오 → 만들기 → 오디오 라이브러리

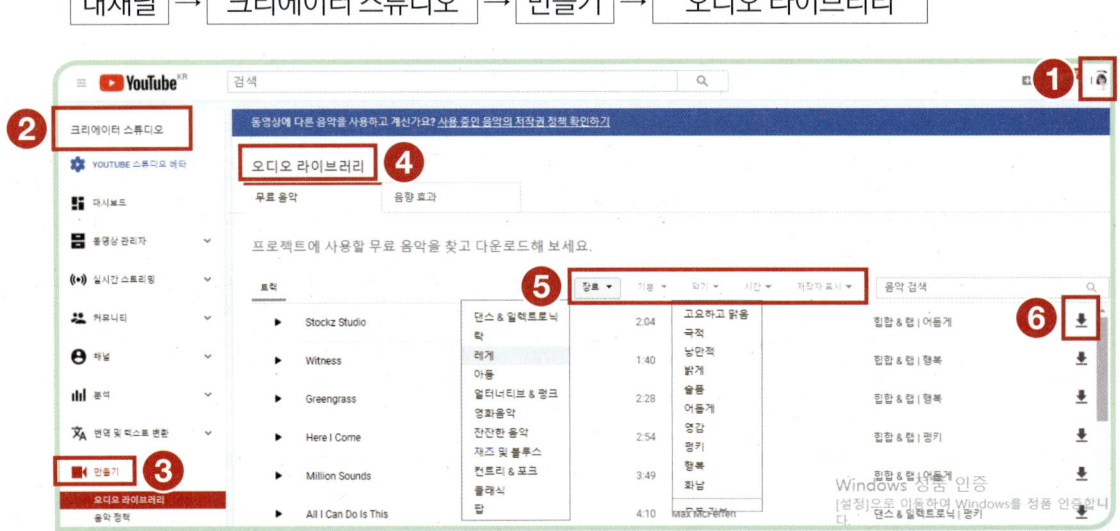

5 채널 아트 제작하기

❶ 파워포인트로 채널 아트 제작하기

채널 아트는 유튜브 채널의 간판 이미지이므로 채널의 성격에 맞게 이미지를 제작하는 것이 좋다. 내 채널의 맞춤 설정에서 채널 아트를 수정 및 삽입한다. 추천 채널 아트 크기는 2560 x 1440px이고 최대 파일 크기는 6MB이다. 유튜브 고객센터에서 제공하는 채널 아트 이미지 파일 가이드라인 탬플릿을 다운받아 파워 포인트에서 제작한다.

이미지 사이즈를 지정한 후 안내선으로 디바이스별로 이미지를 맞추어 제작한다. 로고가 있으면 삽입한 후 반드시 JPG나 PNG파일로 저장한 후 유튜브의 채널 아트 수정에서 삽입한다.

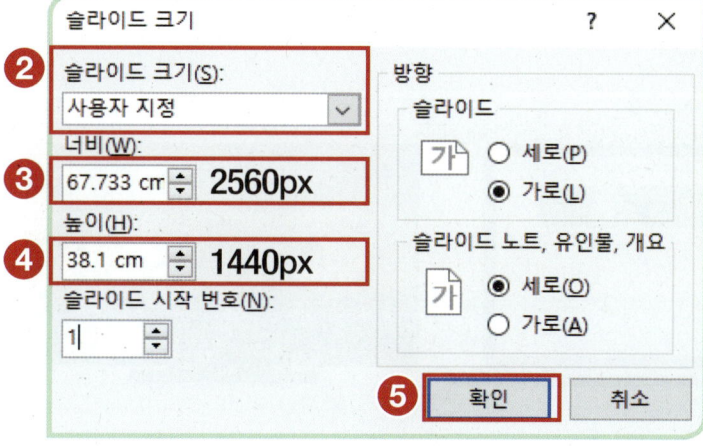

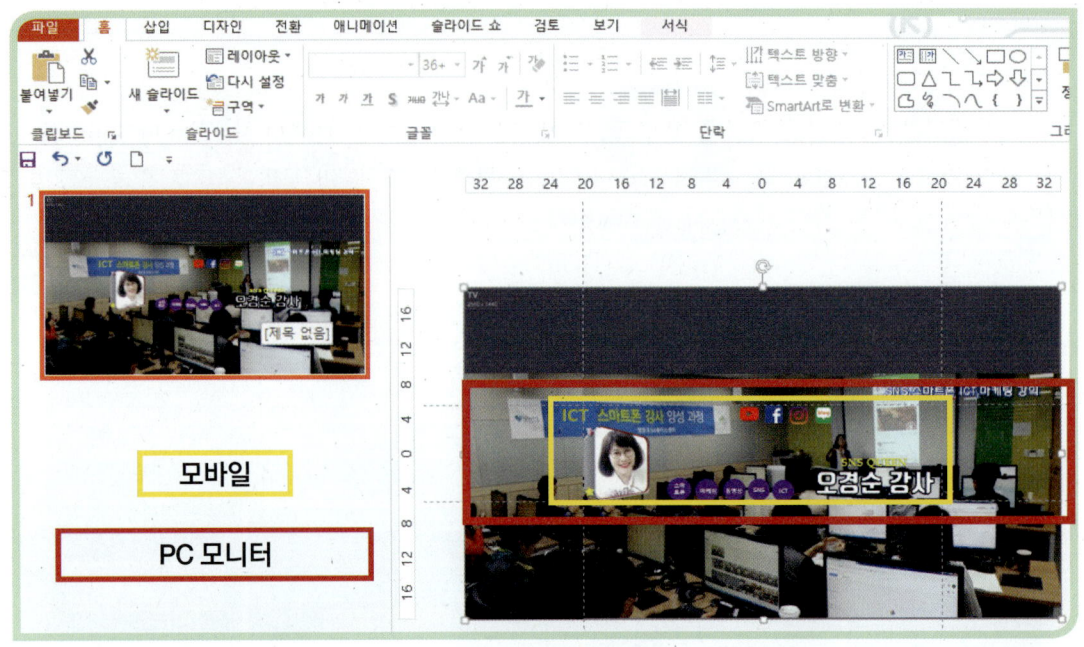

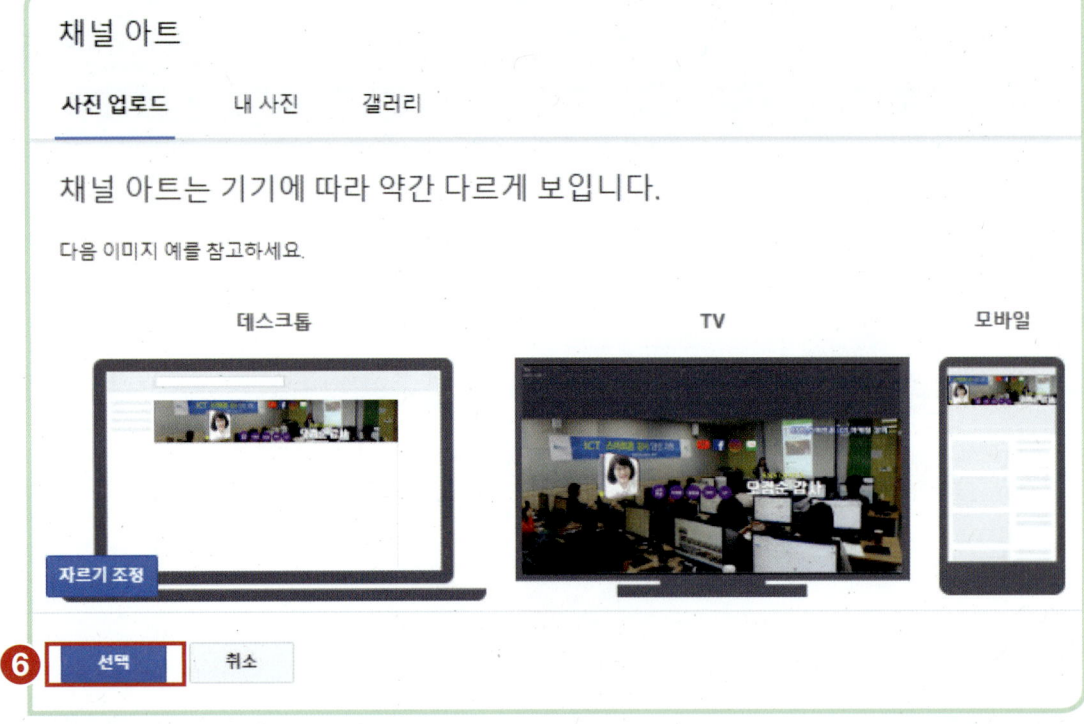

2 파워포인트로 채널 아이콘 제작하기

유튜브의 채널 아이콘은 프로필 사진과 같은 기능으로 개인 계정은 개인 캐릭터 이미지를 많이 사용하고 브랜드 계정은 회사 로고를 많이 쓴다. 이 채널 아이콘은 채널 검색시, 댓글 달 때, 채널 메인에 그리고 내 동영상마다 노출되기 때문에 채널의 특성에 맞게 이미지를 만든 후 jpg로 저장 후 삽입한다. 유튜브의 최적 사이즈는 800×800px 이고 최소 사이즈는 250×250px이다.

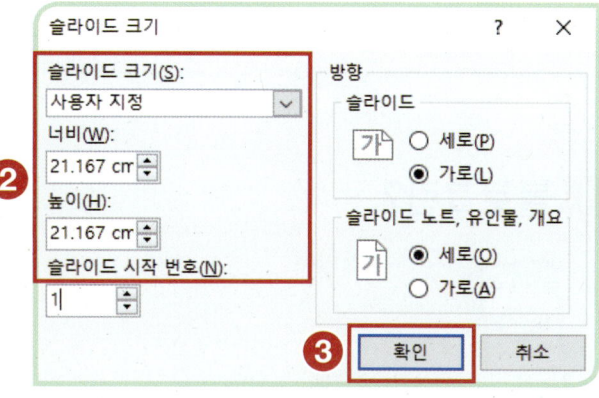

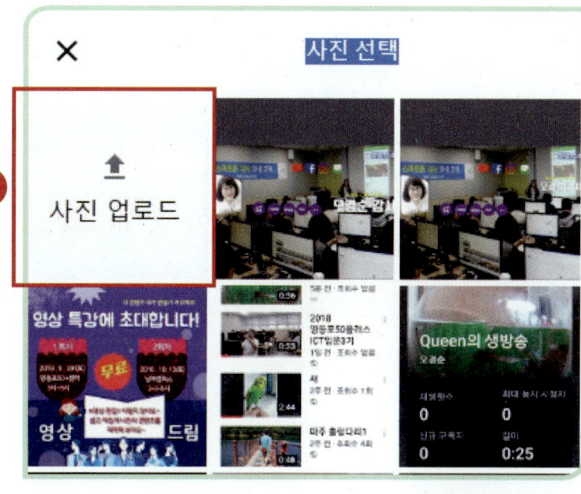

스마트폰을 활용한 SNS마케팅 쉽게 배우기

Step 4 네이버 블로그로 콘텐츠 가공하기

1 블로그란?

1997년 미국에서 처음 등장한 일지 형식의 웹서비스로 자유롭게 생각이나 주장 등을 적어 다른 사람들도 볼 수 있게 열어놓은 미디어 서비스이다. 2000년대 웹 2.0 시대로 접어들면서 정보의 개방과 사용자들의 참여시대를 리드하면서 1인 미디어로서 역할을 주도한 것이 블로그이다. 콘텐츠 저장 및 공유 기능으로서 블로그에 살아가는 일상을 일기 형식으로 올리기도 하지만 자신의 전문 분야를 아낌없이 공개하기도 하고, 이용 후기를 진솔하게 올리기도 하여 블로그에는 무궁무진한 정보들이 모여 있다. 심지어 제품정보를 찾아볼 때 기업의 홈페이지나 TV 광고보다 블로그의 정보를 검색해 보고 비교하는 일은 매우 흔한 일이다. 이에 부작용도 있지만 아직까지 블로그에 대한 신뢰도는 매우 높다. 블로그에는 다른 SNS 위젯들을 편리하게 설치할 수 있다. 이에 다른 서비스들과 연동하기 쉬워 소셜 미디어의 허브로서 자리매김하고 있다. 즉 다른 소셜 미디어들과 대립하지 않고 서로 보완적인 역할을 하는 것이다.

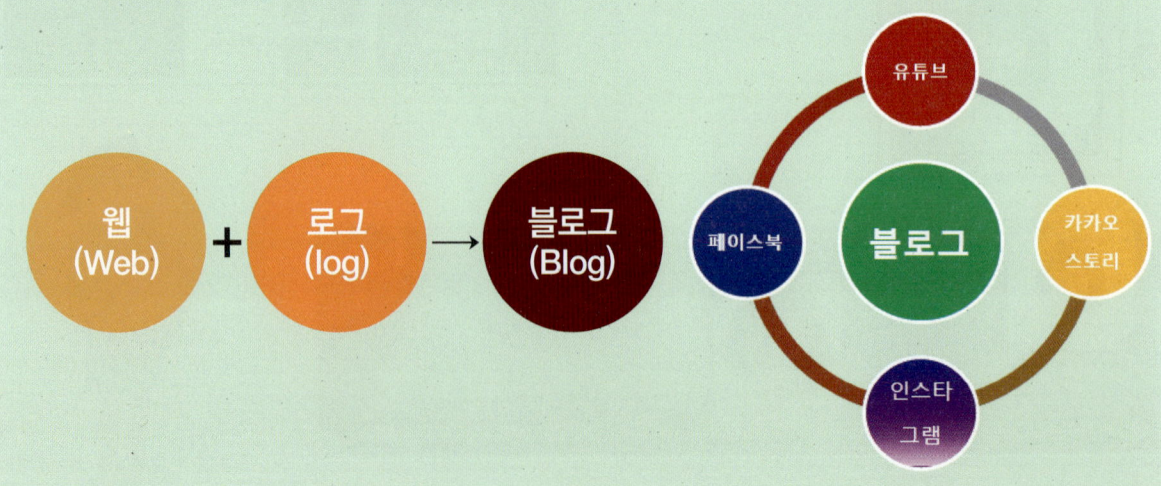

블로그는 고객이 알고 싶은 상품의 장점이나 서비스들을 비교적 상세히 적을 수 있고 감동적인 스토리텔링, 사진이나 동영상 등을 모두 동원하여 홍보할 수 있는 최적의 도구인 것이다. 이에 거의 모든 기업이나 단체, 개인들이 블로그를 운영하는데 블로그의 글이 검색에도 잘 나타나 홍보에 매우 효과적으로 활용되고 있다. 블로그는 가장 적은 비용으로 최대의 마케팅 효과를 낼 수 있는 최고의 소셜 미디어라 할 수 있다. 블로그는 PC 버전과 모바일 버전이 있는데 대부분의 검색은 모바일에서 이루어지므로 이곳에서는 네이버 블로그의 모바일 위주로 설명한다.

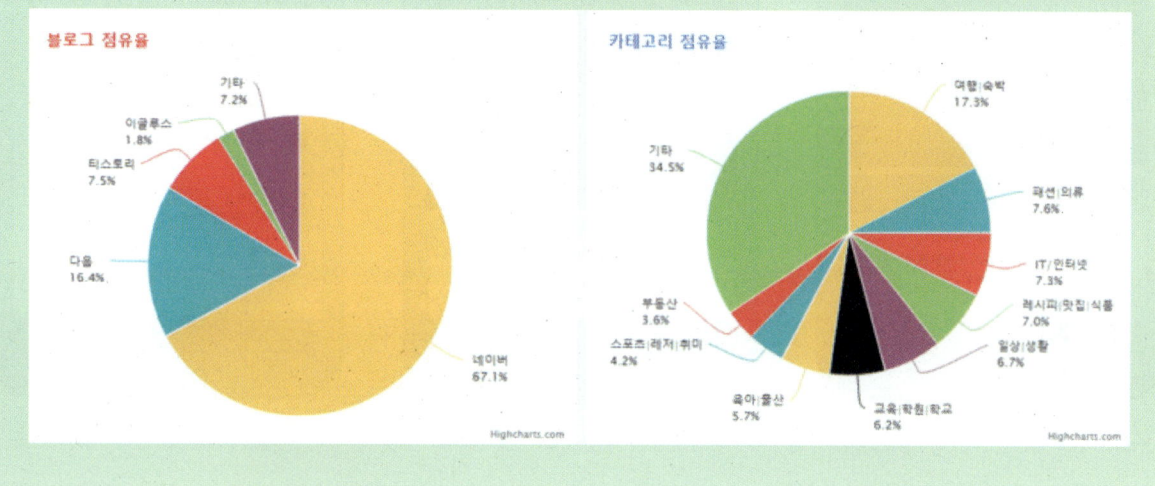

1 모바일 블로그 프로필 완성하기

블로그는 온라인 콘텐츠의 1차 생산자이다. 농수산물도 1차 생산자의 이름과 산지가 기록되어 상품화되면 고객은 훨씬 신뢰한다. 블로그도 누가 글을 썼는지 명시를 해야 글의 신뢰가 있으므로 블로그에 글을 쓰기 전에 반드시 프로필에 실명과 실물, 소속과 직함, 그리고 간단한 자기 소개 글을 올린 후 포스팅해야 한다. 블로그의 제목은 검색에 매우 중요한 키워드이므로 브랜드명이나 하는 일과 관련된 이름을 짓는 것이 좋다.

  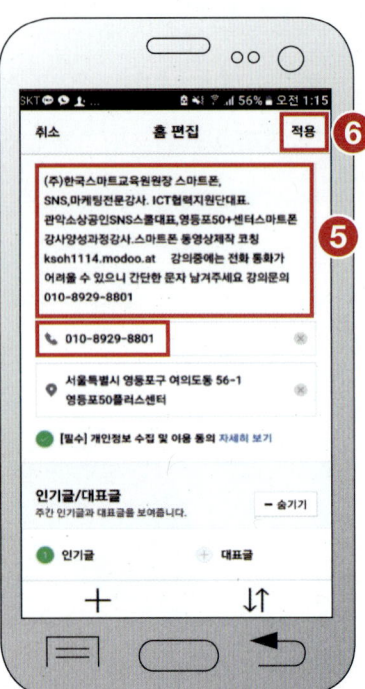

② 커버 스타일 변경과 커버 이미지 넣기

❸ 블로그 첫 화면 설정하기

 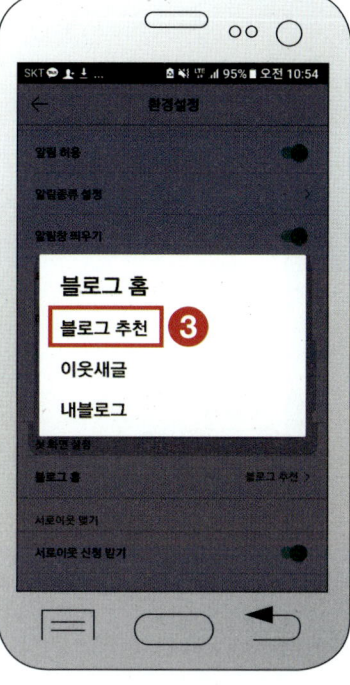 

❹ 블로그 이웃 관리하기

 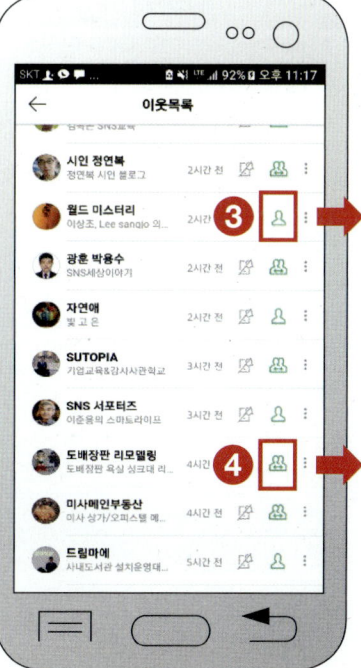

이웃은 관심 블로그를 '즐겨찾기'로 설정해 놓는 것입니다. 새글이 올라오면 알림을 받을 수 있고 더 많은 비슷한 관심 블로거들을 만날 수 있습니다.

서로 이웃은 지인끼리 신청과 동의를 거치는 관계입니다. 블로그 글의 공개범위를 설정할 수 있기 때문에 가까운 사이끼리 서로 이웃을 맺습니다.

스마트폰을 활용한 SNS마케팅 쉽게 배우기

❺ 카테고리 추가와 글쓰기 기본값 설정

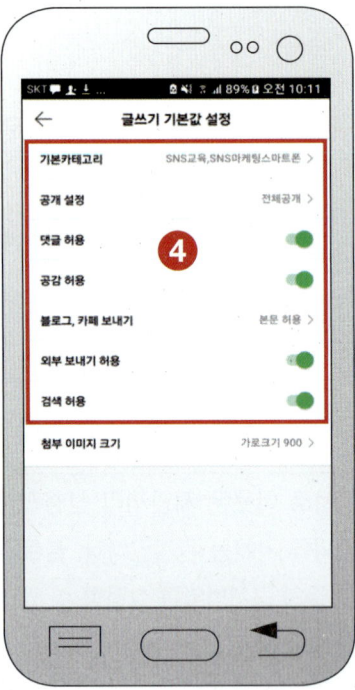
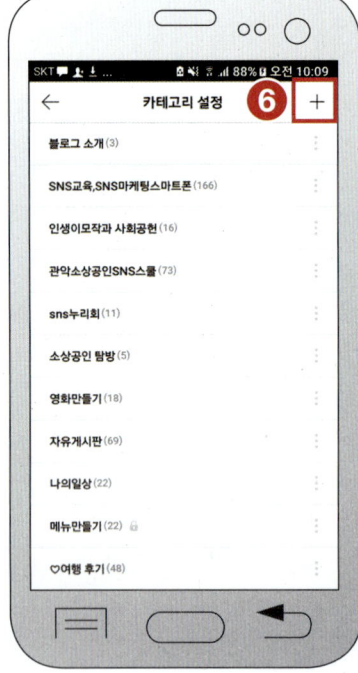

❻ 공개 설정

  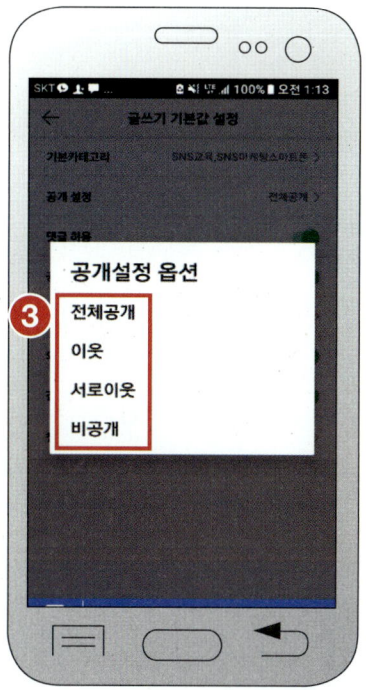

❼ 관심사 블로그 검색하기

스마트폰을 활용한 SNS마케팅 쉽게 배우기

2 글쓰기

블로그는 검색과 이웃(인맥)을 동시에 가질 수 있고 접근성이 쉬운 1인 미디어이다. 나의 기록과 전문성으로 누적된 콘텐츠는 자산의 가치로 인정받기 충분하다. 또한, 링크를 통해 배포하기도 쉬워 SNS의 허브로 반드시 가져야 될 채널이며 시간이 흘러도 나의 글이 검색에서 노출이 가능하다. 블로그 글쓰기는 크게 소소한 일상을 자유롭게 쓰는 사람 사는 이야기와 브랜딩을 홍보하는 마케팅 글쓰기로 나뉜다. 둘 다 글을 올리는 목적은 남들과 소통을 하기 위함이다. 그 매개가 바로 콘텐츠이다. 주제별로 마케팅의 목표에 맞춰 카테고리를 셋팅하여 전문성을 띄면 좋다. 지나치게 세분화된 카테고리와 포스팅 수가 아예 없는 카테고리는 만들지 않는 게 좋다. 어떤 콘텐츠를 발행할지 즉 어떤 글을 쓰는가와 얼마나 꾸준히 쓰는가는 블로그의 성공 여부를 가른다. 지치지 않고 꾸준히 쓰려면 좋아하는 취미나 관심사를 써야 한다.

블로그를 마케팅으로 활용하더라도 제품이나 브랜드 홍보에 20% 세상 사는 이야기에 정보가 될 만한 글감을 80%로 구성하는 8:2 법칙으로 블로그를 운영하는 것이 좋다. 블로그는 글 제목이 매우 중요한 검색 키워드이므로 문장으로 자연스럽게 키워드를 넣는 것이 좋다. 글 내용에도 텍스트와 이미지를 교대로 구성하고 동영상과 장소 해시태그 톡톡 등 다양한 구성 요소를 적절히 첨부하면 블로그의 검색엔진이 좋아하는 최적화 방법이고 블로그 품질지수도 올라간다. 남의 글을 복사하여 붙여넣는 것은 절대로 해서는 안 된다.

스마트폰으로 블로그를 하면 편리한 것 중 하나가 음성 입력이 너무 쉽고, 모든 사진들이 스마트폰 안에 있어 편집과 업로드가 쉽다. 짜투리 시간을 활용하여 언제 어디서든 올릴 수 있으며 여행 중에도 즉석 사진을 찍어 업로드할 수 있어 미루지 않고 블로깅할 수 있는 장점이 있다.

1 텍스트 입력하기

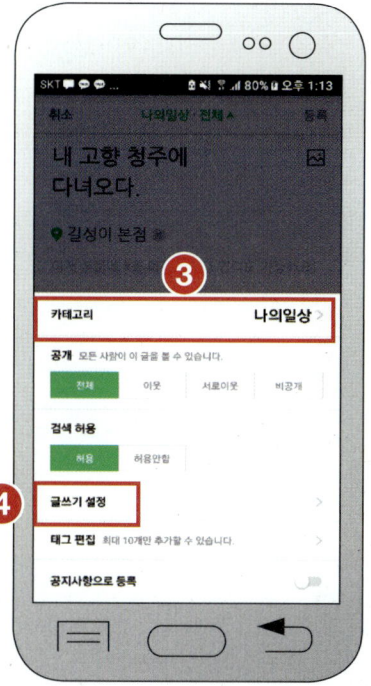

② 사진 첨부하기

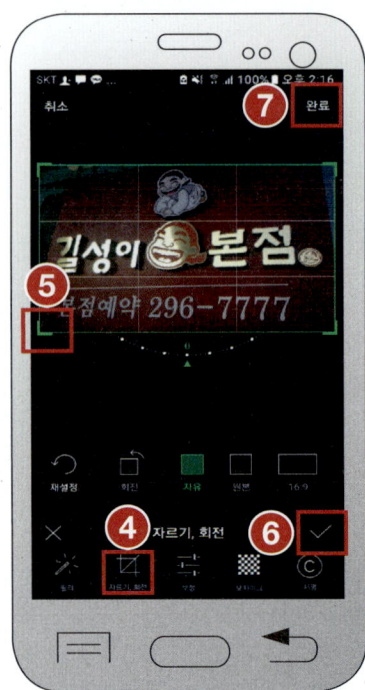

③ 사진에 필터 적용하기

④ 서명 넣기

⑤ 모자이크 처리하기

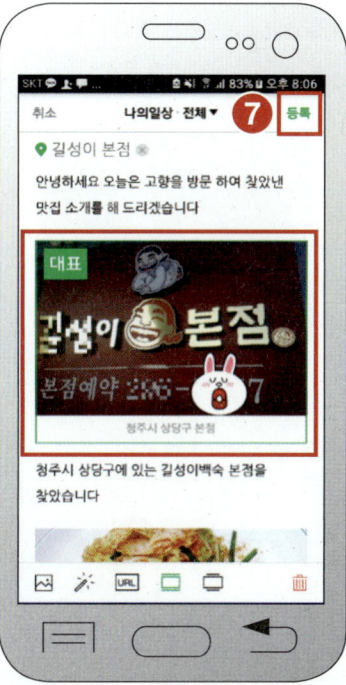

스마트폰을 활용한 SNS마케팅 쉽게 배우기

6 즉석 사진 첨부하기

7 다양한 첨부 기능

스마트폰을 활용한 SNS마케팅 쉽게 배우기

8 공지로 등록하기

 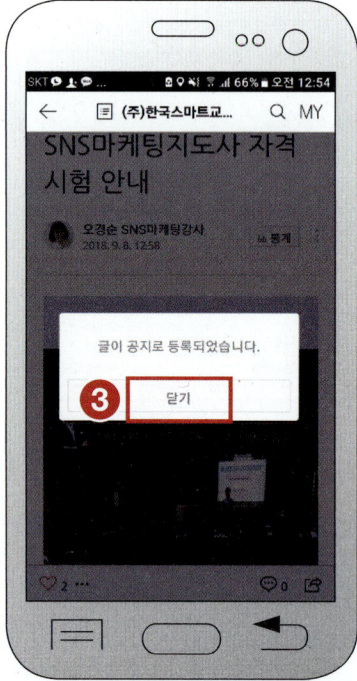 

❾ 공유하기

❿ 동영상 첨부하기

스마트폰을 활용한 SNS마케팅 쉽게 배우기

11 움짤 올리기

12 사진 합치기

⑬ 임시 저장과 불러오기

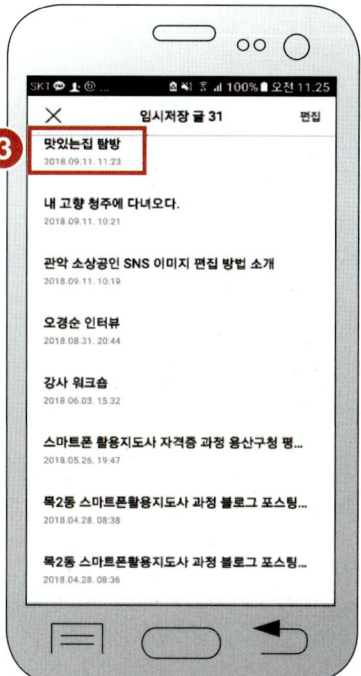

⑭ 해시태그와 파일 첨부하기

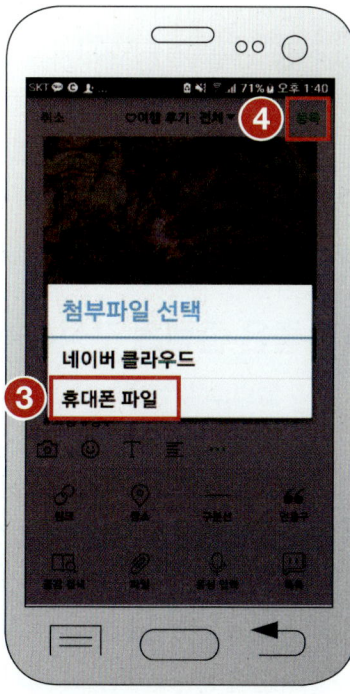

스마트폰을 활용한 SNS마케팅 쉽게 배우기

3 블로그 마케팅

블로그는 평생동안 무료로 내 콘텐츠를 저장할 수 있고 비용없이 광고할 수 있는 최적의 도구이다. 사업이나 브랜드 홍보를 할 때 블로그는 고객에게 자신을 솔직하게 나타낼 수 있는 글감들과 디자인을 아주 쉽게 이용할 수 있도록 제공한다. 특히 대기업에 맞서 경쟁해야 하는 소상공인들에게는 24시간 무료로 홍보할 수 있고 실시간 검색이 잘 되어 블로그로 내 사업의 포트폴리오를 만들면 블로그는 엄청난 위력을 발휘한다. 방문이나 이용 후기들이 이웃들의 공감이나 스크랩, 댓글들로 입소문이 퍼지면서 간접적인 광고의 형태로 확산되는 것이 블로그이다. 이를 바이럴 마케팅이라 하는데 기업들이 블로그 체험단을 운영하는 것도 이 때문이다. 블로그로 마케팅을 하려면 자신만의 키워드 선택, 고객이 찾는 키워드 분석, 클릭을 유도하는 제목과 글감, 블로그 상위 노출 전략, 특정 지역 설정 최적화 등 전략적으로 접근할 필요가 있다.

1 호기심을 자극하는 제목 찾기

대중들이 공감할 수 있는 제목, 예를들면 '200년 만에 찾아온 무더위! 누진전기세 합당한가?' 비교하는 제목, 즉 남탕에는 있지만 여탕에는 없는것, 호기심을 자극하는 제목, 남편의 비자금 찾아내는 노하우, 고객에게 이익이나 정보를 주는 제목, 항공권 싸게 사는 5가지 방법, 숫자를 적절히 이용하는 제목, 만원으로 밑반찬 5가지 만들기 등과 같이 궁금증을 일으키는 제목을 쓰는 것이 좋다.

블로그의 제목은 검색엔진이 가장 먼저 스크랩하는 곳이므로 전략적으로 노출하고 싶은 키워드를 넣어서 제목을 짓는다. 즉 '서울대입구역 8번 출구 김치찌개와 7미리 삼겹살 맛있는 집 명동 김치찌개 찾아 오시는 길' 처럼 다양한 키워드를 적절히 배치한다.

2 좋은 콘텐츠 구성하기

블로그의 생명은 좋은 콘텐츠다. 사람들에게 이익과 정보를 제공해야 고객들은 꾸준히 방문하고 나의 고객이 된다. 좋은 콘텐츠란 사람들이 공유해 갈만한 글이면 최고이다. 그 정도는 아니더라도 감동이나 스토리가 있으면 더욱 좋고 나의 이야기를 진솔하게 적어도 좋은 콘텐츠가 될 수 있다. 만약 블로그로 상품을 소개한다면 반드시 구매 버튼이 있는 판매 사이트와 연결시켜 내 상품을 체험시키고 구매 후기를 잘 써주면 상품을 주는 식의 마케팅도 병행해야 한다. 고객이 누구이며 나이와 지역 등을 고려하여 글의 난이도와 어투, 폰트 크기 등도 맞추어야 한다. 또한, 글 위주의 포스팅은 지루함을 주므로 사진과 영상을 적절히 배치하고 짧고 간결한 문제로 쓰는 것이 좋다. 비슷한 업종의 블로거가 있으면 이웃 신청하고 서로 정보를 주고 받는 것도 유익하다.

3 키워드 찾기

키워드는 마케팅을 할 때 없어서는 안 될 아주 중요한 요소이다. 우리는 물건을 사거나 정보 얻고 싶을때 검색창에 키워드를 입력한다. 내 고객들도 마찬가지이다. 그런데 내 홈페이지나 블로그, 구매 사이트가 검색되지 않으면 고객은 나를 알지 못하고 매출이나 인지도도 일어나지 않는다. 그래서 심지어 온라인상에서는 '검색되지 않으면 존재하지 않는 것이다.'라는 말이 있을 정도이다.

내 키워드를 찾으려면 네이버 검색 광고(searched.naver.com)에 회원 가입한 후 도구 → 키워드 도구에서 월별 조회 수와 연간 키워드 등을 검색해 보면서 나만의 최적화된 키워드를 찾아내야 한다.

키워드는 핵심키워드, 연관키워드, 세부키워드 등으로 나뉜다. 핵심(메인) 키워드는 포괄적이고 일반적인 의미의 키워드로 조회 수는 많지만 경쟁이 심하고 검색 광고 비용이 비싸다. 예를 들면 원피스, 꽃배달 등이 그것이다. 세부 키워드는 수식어나 확장어가 붙은 간접키워드로 조회 수는 낮지만 구매 가능성은 높다.

즉 66 사이즈 원피스, 생일 꽃 배달 등이 있다. 연관 키워드는 검색창에 어떤 키워드를 입력했을 때 자동 완성 기능으로 나타나는 키워드로 새로운 키워드를 조합하여 찾을 때 유용하다. 나만의 키워드는 네이버 검색 광고 키워드 도구 서비스에서 실제 고객들이 검색하는 키워드인지 반드시 필터링할 필요가 있다.

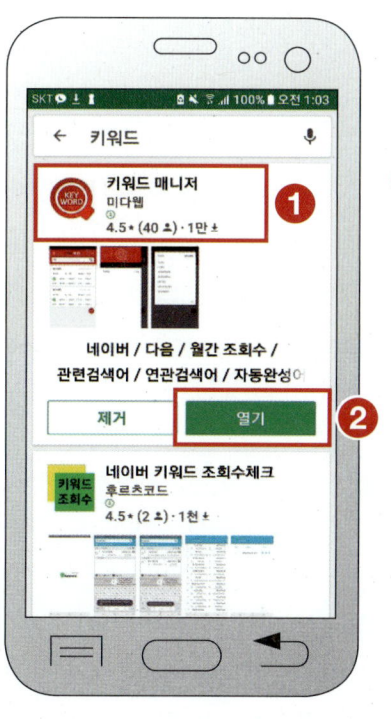

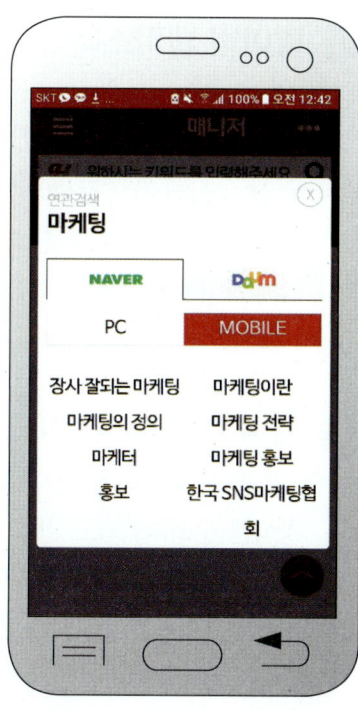

④ 네이버 검색 데이터 조회하기

　Datalab. naver. com/ 사이트는 쇼핑 분야별 클릭 추이와 분야별 검색어 현황을 확인할 수 있다. 네이버 통합검색에서 특정 검색어가 얼마나 많이 검색되었는지 확인 가능하며 검색어를 기간별/연령별/성별로 조회할 수 있다. 키워드 선택시 고려하면 매우 유익하다.

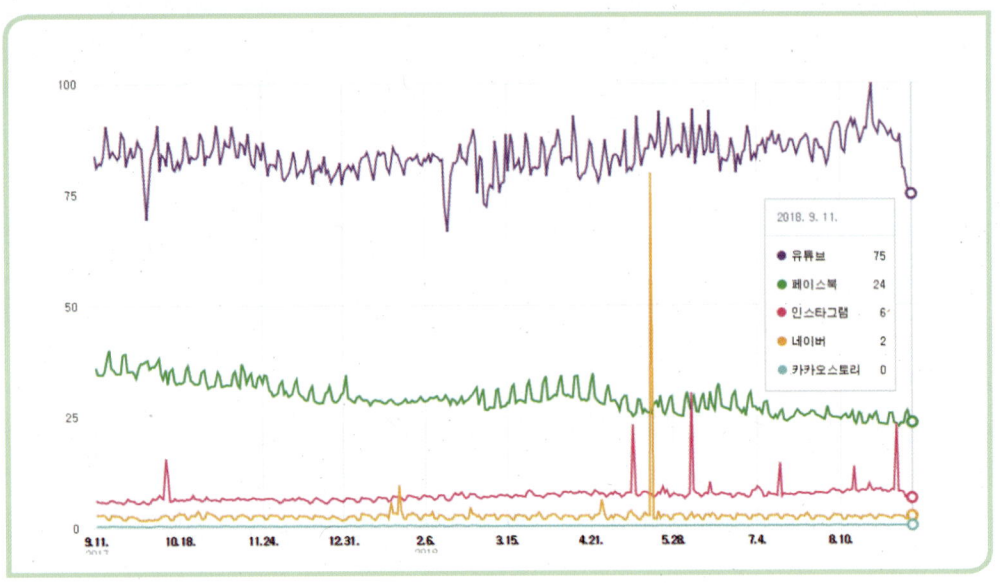

⑤ 네이버 웹마스터 도구

　https://webmastertool. naver. com 내 홈페이지가 네이버 검색에 잘 나오는 웹사이트로 관리하려면 네이버 웹마스터 도구에 내 홈페이지를 등록해야 한다. 네이버 검색 로봇이 내 홈페이지의 모든 내용을 잘 수집해 가서 검색에 반영시켜 주기 때문에 내 사이트의 홍보에 꼭 필요한 서비스이다. 사이트 제목, 로봇 허용 여부 등을 URL로 조회하여 내 사이트가 검색에 얼마나 최적화되어 있는지 간단 체크를 통해 알아볼 수 있다.

　공식블로그 https://blog. naver. com/naver_webmaster

⑥ 검색 엔진 최적화(SEO, Search Engine Optimization)

　통합 검색에 내 홈페이지가 상위에 노출되도록 특정 지역 설정 이 좋아하는 구성으로 작성하는 것을 검색엔진 최적화라고 한다. 검색엔진은 키워드 포함 여부, 글의 작성 시간, 글의 품질, 인지도 등 다양한 요소를 수치화하여 수식에 적용한다.

　검색엔진을 최적화하는 방법을 살펴보자. 포스트 제목과 본문에 키워드를 넣자. 제목에 넣은 키워드를 본문에 2~5회 반복해서 넣는 것이 좋다. 포스트 본문에 텍스트, 이미지, 동영상을 반복적으로 구성하고 이미지는 10개 정도 첨부한다. 첨부할 이미지와 동영상의 파일명을 키워드 명으로 만드는 데 이는 검색엔진이 파일명을 수집하기 때문이다. 또한 태그를 붙여 키워드 검색이 잘되도록 해야 한다. 무엇보다도 꾸준하게 글을 작성하는 것이 중요하고 한꺼번에 여러 포스팅을 올리는 것보다는 예약 기능을 활용해 매일 포스팅이 올라가게 하는 것이 좋다. 이웃들과 소통하며 제목과 본문의 내용이 같아야 하고 방문자가 오래 머무를 수 있도록 양질의 내용이어야 한다. 이를 페이지뷰라고 하는데 스크랩 수가 많고 공감 버튼과 댓글이 많으면 많을수록 블로그의 품질지수는 올라간다

7 블로그챠트 http://www.blogchart.co.kr/
1000만 블로그들의 순위 제공과 블로그 체험단, 인플루언스 마케팅, SNS 홍보에 관한 정보 제공

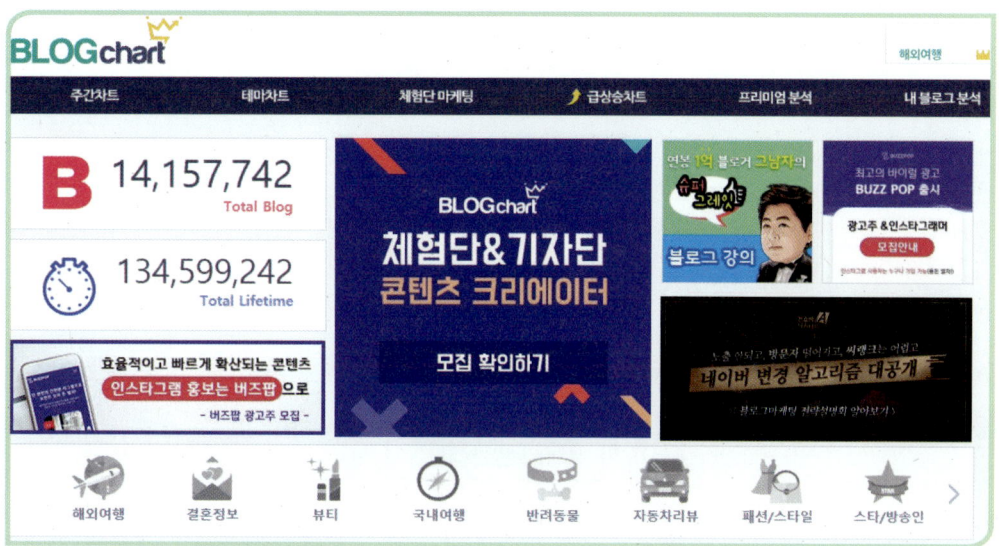

4 네이버 톡톡

네이버의 채팅 서비스인 톡톡은 블로그나 홈페이지, 쇼핑몰 어디든 고객과 실시간 대화 할 수 있는 서비스로 친구추가나 앱 설치 없이 PC나 모바일에서 이용할 수 있다. 고객은 네이버에 로그인만 하면 바로 대화할 수 있다. 톡톡이 처음이라면 톡톡 파트너센터 (http://partner.talk.naver.com)에서 네이버 ID로 로그인하여 계정 만들기를 우선해야 한다. 스토어팜, 스토어팜 전문관, 마이 비즈니스, 네이버 예약, 네이버 모두, 네이버 페이 등 네이버에서 이미 이용 중인 서비스가 있다면 계정 만들기 없이 해당 서비스에 연동하면 된다.

네이버 톡톡 공식 블로그 https://blog.naver.com/naver_talk

1 계정 만들기

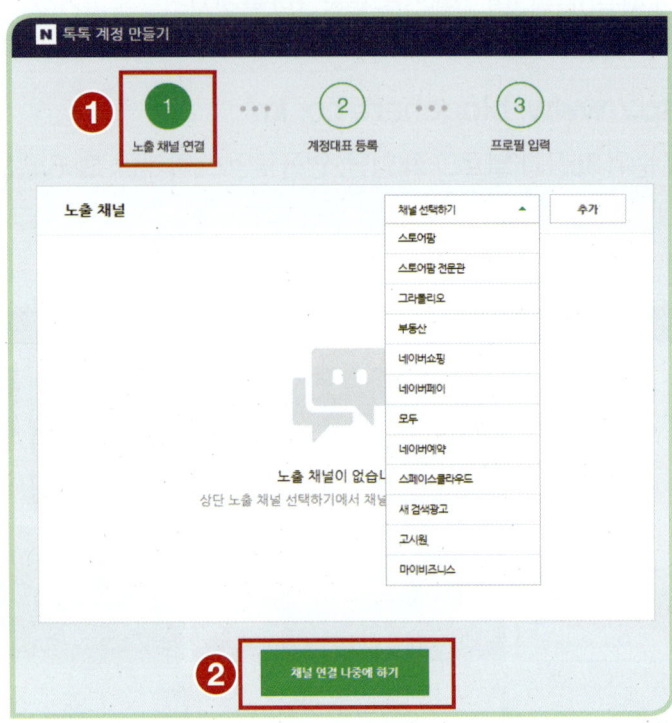

계정 대표는 개인과 사업자 모두 가능하며 개인을 선택한 경우 마스터 회원 정보가 곧 계정 대표가 된다.

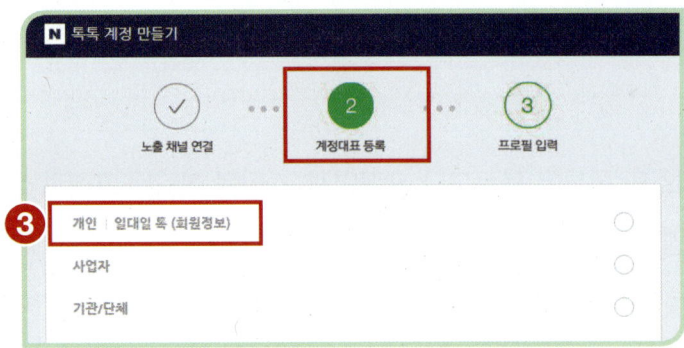

사업자로 이용할 경우 사업자 정보를 입력해야 한다. 사업자 정보가 고객에게 노출되지는 않는다.

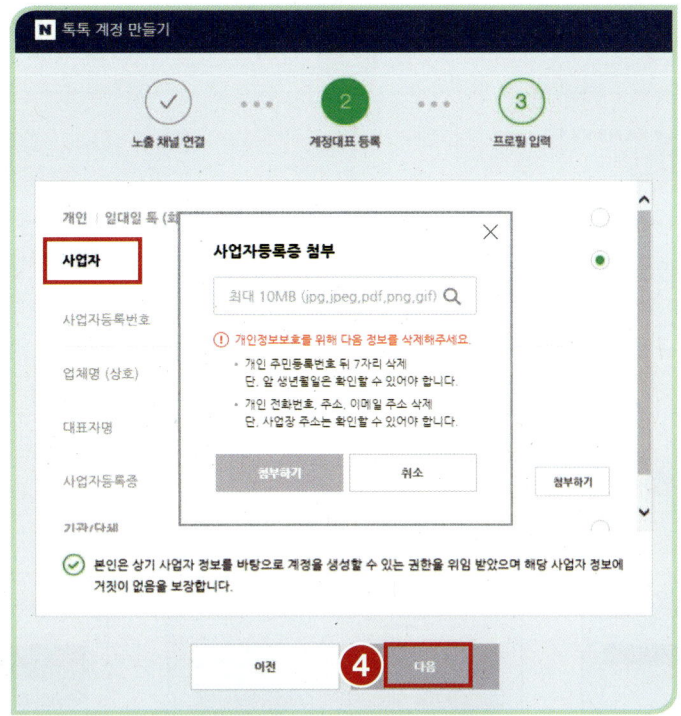

프로필 입력 후 신규 사용 신청을 하면 사업자 정보 확인, 프로필 확인을 거치는 검수 작업이 하루 정도 소요된다.

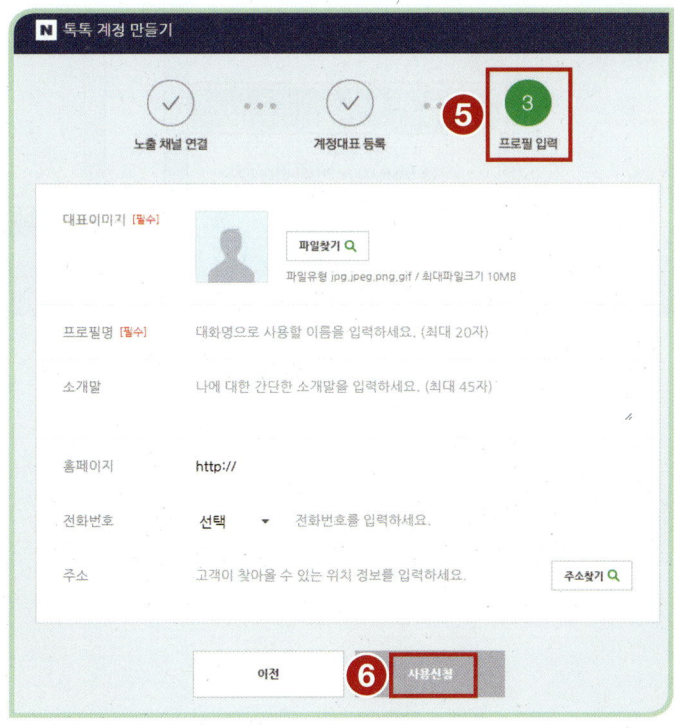

검수가 완료되면 계정 상태가 '사용 중'으로 바뀌고 이제 톡톡을 사용할 수 있다.

❷ 블로그에 연동하기

  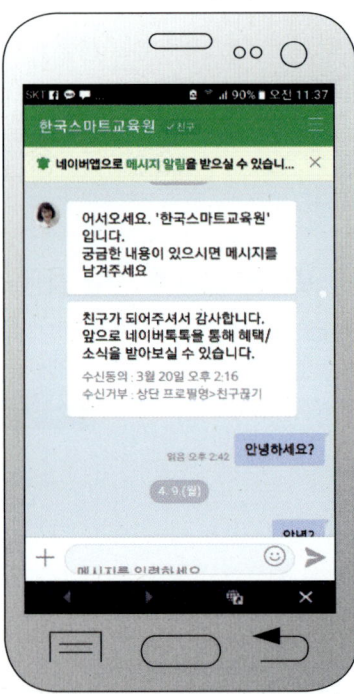

③ 포스트에 톡톡 넣기

 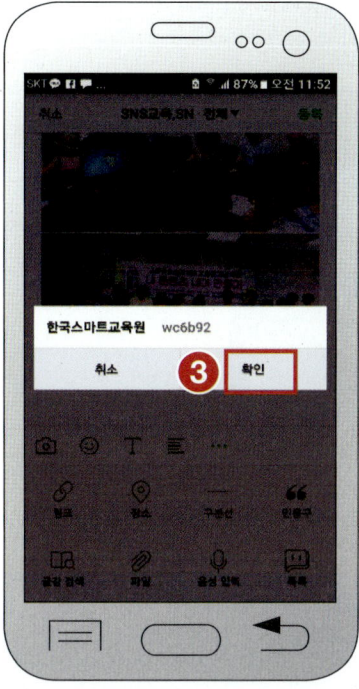 

④ 네이버 톡톡 스마트폰으로 관리하기

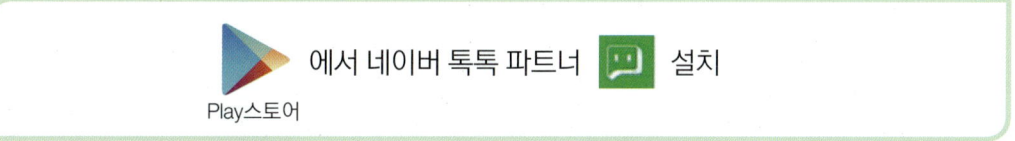
Play스토어에서 네이버 톡톡 파트너 설치

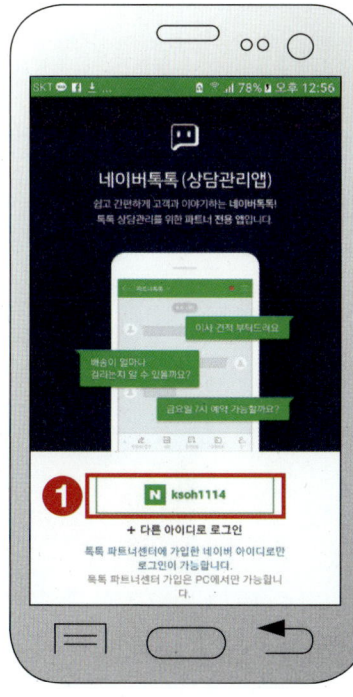  

스마트폰을 활용한 SNS마케팅 쉽게 배우기

❺ PC 버전 블로그에 톡톡 설치하기

관리 → 기본 설정 → 기본 정보 관리 → 블로그 정보

Step 5 페이스북 제대로 알기

1 페이스북 - 소셜네트워크 서비스의 선두 주자

현재 우리는 스마트폰으로 인해 너무나도 빨리 급변하는 시대에 살고 있다. 우리가 살고있는 이 시대는 이전의 시대와는 차원이 다른 변화를 겪고 있다. 거의 누구나 손 안의 컴퓨터를 가지게 됨으로써 검색을 하고 쇼핑을 하고 음악을 듣고 사진을 찍는 등 모든 스마트폰을 활용하는 이력들이 고스란히 남아 개인의 데이터로 저장되며, 그 빅데이터를 활용한 개인 맞춤형 서비스들이 쏟아지고 있는 것이 지금의 변화하고 있는 현상이다.

이러한 변화들은 소통의 방식을 변화시켰고 소비자로서의 삶의 양식도 변화시켰다. 검색하면 다 나오는 시대에서 추천의 시대로 세일즈의 시대에서 네트워크의 시대로 노출의 시대에서 참여의 시대로 buy me의 시대에서 love me의 시대로 상거래의 패러다임이 근본적인 변화를 겪고 있다. 더 이상 온라인 소셜 네트워크가 일시적인 유행이 아닌 거대한 시대의 흐름인 것이다. 이러한 시대에 살고 있는 우리는 SNS를 할 것인가 말 것인가를 고민할 것이 아니라 어떻게 하면 이 소셜 네트워크를 잘 활용할 것인가를 고민해야 할 것이다.

이제는 SNS를 통해서 사회 구성원뿐만 아니라 전세계 사람들이 생각을 공유하고 경험을 나누며 전세계가 하나로 움직이고 있다. 다수가 함께 의견, 생각을 공유 소통하며 집단 지성을 만들고 학연 지연 혈연의 인맥보다 Weak link인 온라인 인맥이 더 많은 성장을 가져다 주며, 취업 및 창업에도 아주 중요한 역할을 하는 이 시대에 페이스북은 SNS 플랫폼의 선두 주자로 높이 평가받고 있다.

만 19살이었던 하버드생 마크 저커버그와 에두아르도 세버린이 학교 기숙사에서 개설한 페이스북은 2004년 '세계를 더욱 개방되게 연결하자'라는 이념으로 시작됐다. 열린 세상일수록 더 나은 세상이라는 것이 페이스북의 신조다. 즉 자유로운 공유와 연결을 기업의 핵심 가치로 내세운다. 이러한 공유와 연결은 인맥을 넘어서 콘텐츠와 경험을 서로 공유하며, 새로운 홍보와 마케팅의 영역으로 그 범위를 점점 확장해 가고 있다. 이러한 확장은 개인뿐만 아니라 기업에서도 SNS 서비스를 통해 저비용 고효율 홍보와 비즈니스를 모색하게 되고 이러한 흐름의 정점에 페이스북이 있는 것이다.

1999년에 출발하여 페이스북이 창업할 당시에 이미 싸이월드는 한국에서 큰 인기를 누리고 있었다. 국내 SNS의 최강자였던 싸이월드는 표현의 욕구, 남들과 소통하는 욕구, 인맥쌓기 등을 위해 스킨과 배경 음악으로 사람들이 열광하던 미니 홈피였다. 그러나 콘텐츠 공급을 장악하고 있던 이동통신사들의 폐쇄 정책으로 한국의 콘텐츠 산업도 추락의 길로 들어선 것이다. 콘텐츠 매출의 상당 부분을 이동통신사가 차지하고 콘텐츠 공급사나 개발자의 수익 구조는 취약할 수 밖에 없었다. 국내 개발자들은 맘껏 앱을 개발해서 올릴 수 있는 안드로이드 마켓으로 점차 이동하기 시작하였고 SK 커뮤니케이션즈에 인수가 되었던 싸이월드도 한계에 부딪힐 수 밖에 없었다.

그런데 뒤늦게 출발한 페이스북은 2007년 5월에 F8 플랫폼이라는 API를 개발해 공개함으로써 전 세계 개발자 누구라도 페이스북과 연동 가능한 오픈 플랫폼 정책을 도입하게 된다. 이후 전 세계 100만 명이 넘는 개발자들이 각종 응용프로그램을 자발적으로 페이스북에 제공하게 되면서 페이스북은 폭발적인 성장을 거듭하게 된다. 기존 싸이월드에서 봤던 친구 사진, 음악, 동영상, 수많은 콘텐츠와 서비스, 전 세계로의 인맥 확장 등 사람들은 열광했고 개방과 공유를 지향하는 페이스북의 정책과 맞물리면서 페이스북은 세계 최대의 소셜 네트워크로 성장하고 있다.

페이스북의 특징은 나와 내 친구의 네트워크 이상의 친구와 친구로 연결되는 완전 개방형이라는 점이다. 이는 정보와 인맥이 기하급수적으로 늘어나는 빠른 확장성을 의미한다.

2 페이스북 유저들

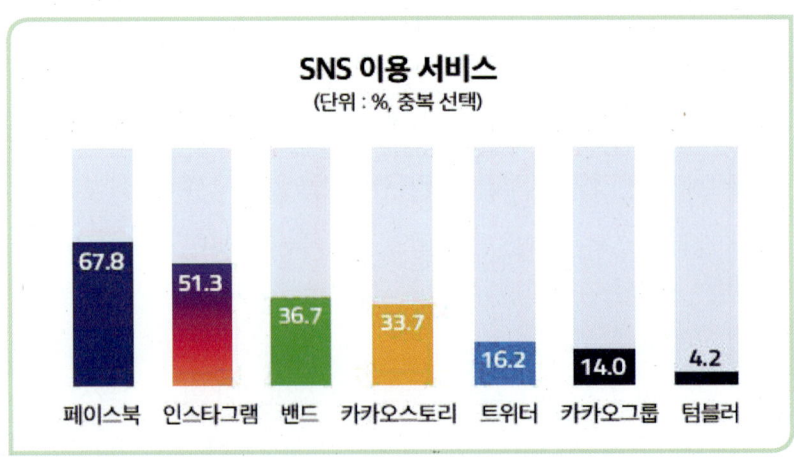

2018 한국 인터넷 이용자 조사(NPR)

페이스북(Facebook)은 세계 최대의 소셜 네트워크 서비스 중 하나이다. 2017년 10월 기준 세계 인구는 76억 명이고, 인터넷에는 30억 명의 사용자가 있으며 소셜미디어 사용자가 30억 명에 달한다. 전 세계 인구의 22%가 페이스북을 사용하고, MAU(Monthly Active Users)는 약 21억이다. 2018년 8월 현재, 페이스북의 월 활동 사용자는 22억 2천만 명을 기록했다. 또한, 전 세계에서 인터넷에 접속할 수 있는 인구인 30억 명의 절반가량이 페이스북을 사용하고 있는 것이다. 한국도 페이스북 이용률이 최다이다. www.socialbakers.com이 제공한 국내 페이스북의 인기 페이지들을 살펴보면 오늘 뭐 먹지?, Dingo 시리즈, 에뛰드하우스, beauty No1, 화장 잘하는 꿀팁, 화장 무작정 따라하기, 세상에서 가장 웃긴 동영상, KPOP on facebook, 사랑할 때 알아야 할 것들, 영화 공장, 인사이트 패션, CeCi Korea, 칸투칸, 서울 여행, 신발 뭐 신지?, 일반인들의 소름 돋는 라이브, 내일 뭐 하지?, 딩고 푸드, 전국 맛집, 치명적 레시피, 만개의 레시피, 먹킷리스트, 여행에 미치다, 에버랜드, 롯데월드, 오빠랑 여행갈래?, 대한민국 방방곡곡, 엄청 웃긴 동영상, 내 맘대로 정하는 순위 등이 있다.

3 페이스북 시작하기

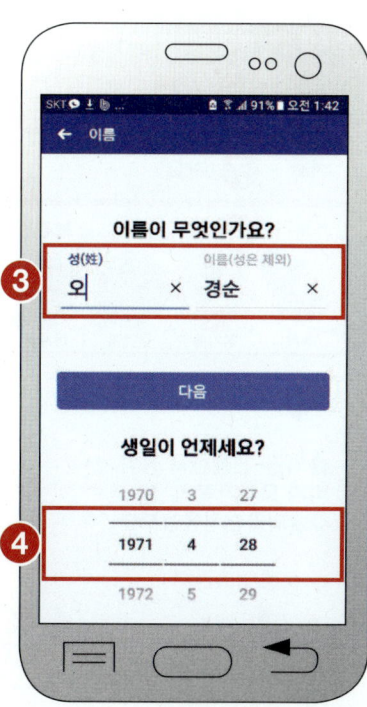

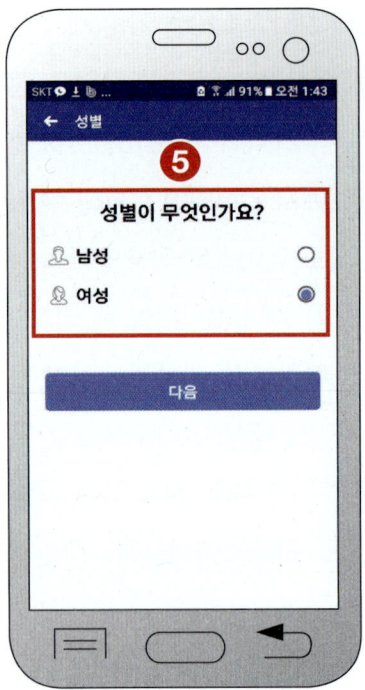

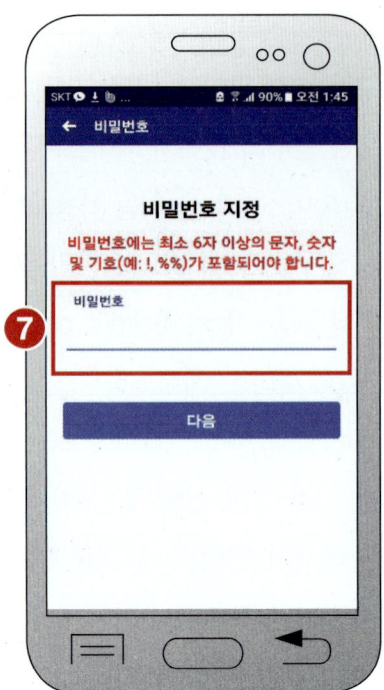

페이스북의 화면 구성과 스토리

① 뉴스피드
② 친구요청
③ 추천 동영상 Watch
④ 내 타임라인
⑤ 알림
⑥ 더보기
⑦ 게시글 쓰기
⑧ 메신져
⑨ 스토리 보기
⑩ 스토리 작성

스토리란?
2017년 3월에 출시된 스토리는 24시간 동안만 유지 되는 휘발성 콘텐츠입니다.
다양한 사진편집 기능과 동영상으로 스토리를 만들어 친구들과 공유하는 서비스로 상단에 노출됩니다. 내 스토리를 만들려면 10번 카메라를 터치하거나 9번 스토리부분을 스와이프하거나 내 사진의 +를 누릅니다.

❷ 스토리 게시하기

 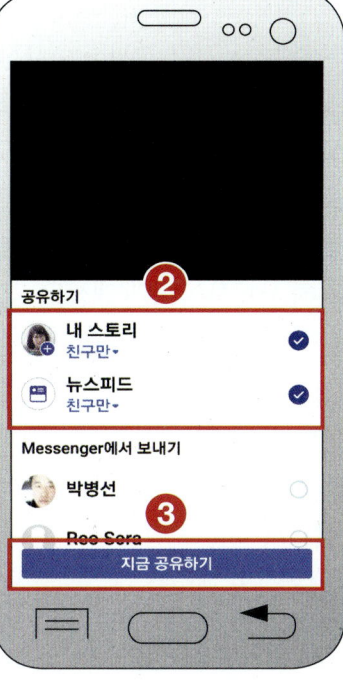 

❸ 맞춤 동영상 워치 Watch

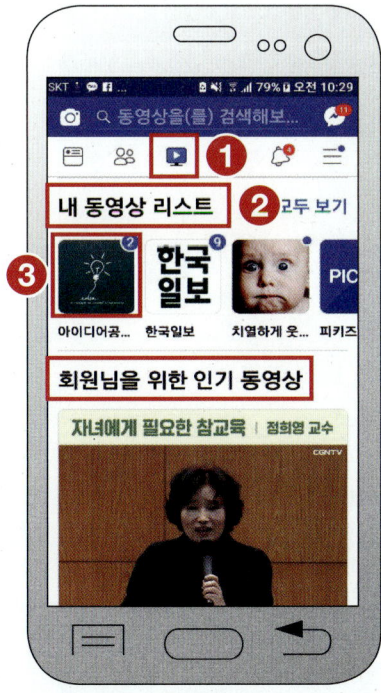  

4 페이스북의 구성

1 타임라인

페이스북의 개인 공간인 타임라인은 사용자가 게시하는 사진, 글 등을 실시간, 시간순으로 보여 준다. 뉴스피드에 있는 대부분의 소식은 사용자의 친구들이 각자의 타임라인에 올린 것들이다. 원래 명칭은 'Wall(담벼락)' 이었다. 2011년 페이스북 키노트에서 마크 주커버그는 개인의 삶을 역사적으로 표현할 수 있는 타임라인의 개념을 발표하였다. 각 유저의 프로필 사진이나 이름을 클릭하여 들어가며 프로필과 정보, 친구 목록, 그리고 개인 게시글과 공유글이 있다. 이름과 프로필 사진을 제외한 대부분의 정보는 공개 설정에 따라 상당히 자세하게 공개 대상을 설정할 수 있다. 타임라인 미리 보기 기능을 이용해 타인의 시각에서 보이는 모습을 확인할 수 있으며 주로 살아가는 이야기와 일하는 이야기 등을 진솔하게 올리고 사생활과 개인 정보 등은 올리지 말아야 한다. 타임라인은 페이스북의 가장 중요한 개인 계정이 있는 곳으로 facebook의 face는 1인 1계정의 실명과 실물을 의미하며 실제 인맥과 신뢰를 바탕으로 하는 페이스북의 원칙을 지켜야 한다.

❷ 타임라인 공개 범위 설정

페이스북의 개인 공간인 내 타임라인에 다른 사람들이 글을 올리지 못하게 설정하는 기능으로 다른 사람들이 글을 올리거나 태그를 걸면 승인할 것인지 알림이 온다. 즉 내 타임라인에 글을 올릴 수 있는 사람을 나만 보기로 설정해야 한다.

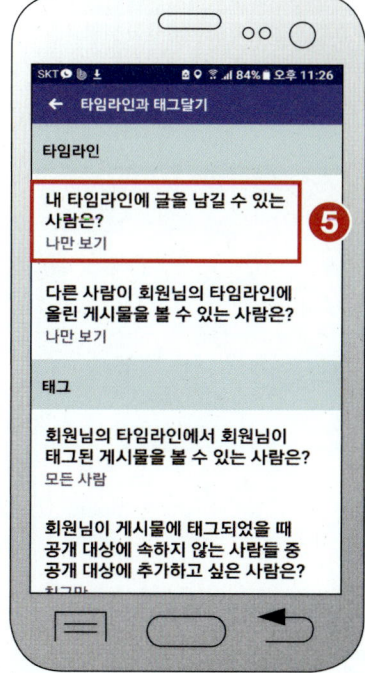
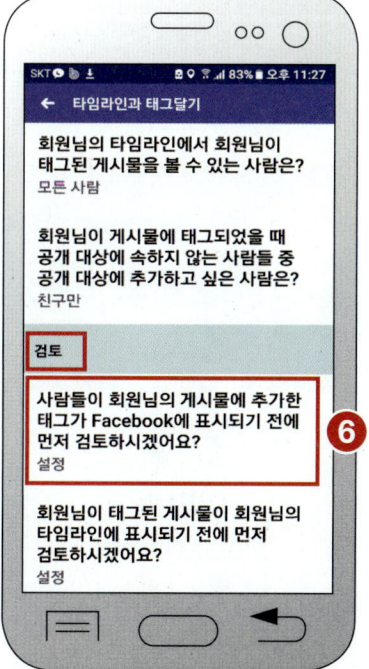
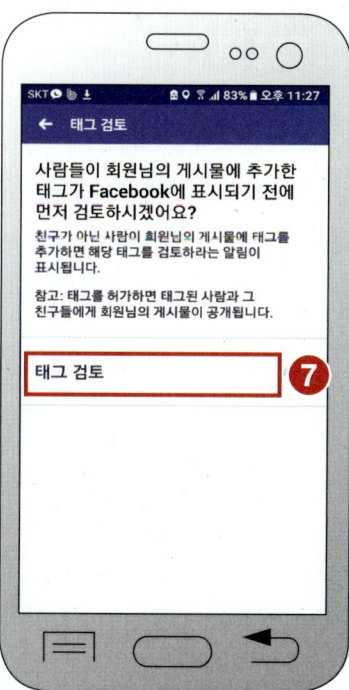

스마트폰을 활용한 SNS마케팅 쉽게 배우기

3 뉴스피드

모든 페이스북의 소식은 이 뉴스피드를 통해 이루어진다. 사용자의 친구 소식, '좋아요' 한 페이지의 소식 등을 시간순으로 보여주는 공간이다. 가입되어 있는 그룹의 게시물, 이벤트 소식, 광고 등 친구들의 이야기와 사업 이야기가 페이스북에서 자체 개발한 복잡한 알고리즘에 의해 뉴스피드에 게시되고 뉴스피드 상의 배치 순서가 결정된다. 나의 글은 뉴스피드에도 게시되고 나의 타임라인에도 동시에 게시된다.

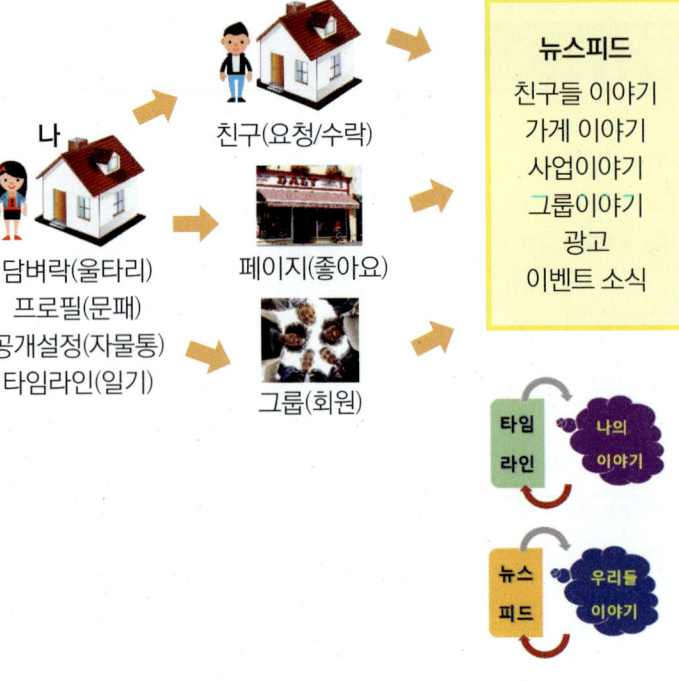

4 특정 대상 먼저보기

뉴스피드에 올라오는 순서는 시간, 인기도 알고리즘에 따르며 간단한 설정으로 우선 순위를 바꿀 수 있다. 또한, 특정 대상의 활동을 상위에 우선적으로 띄우는 것도 가능하다.

스마트폰을 활용한 SNS마케팅 쉽게 배우기

5 페이지

　페이스북과 트위터의 가장 큰 차이점 중 하나는 트위터는 회사 이름, 사물 등 다양한 주제를 이름으로 하여 가입하는 것이 가능하지만 페이스북은 가입시 성별, 생년월일을 반드시 입력해야 하며 이는 사람만이 가입할 수 있다는 것을 의미한다. 따라서 페이스북 내에서 기업체의 홍보나 공인이 팬관리 등을 하기 위해서는 페이지를 만들어야 한다.

　Facebook 페이지는 브랜드, 비즈니스, 단체 명의로 Facebook 활동을 할 때 반드시 필요한 것이다. 만약 홍보성 글을 페이지가 아닌 개인 계정에 올릴 경우 계정이 비활성화될 수도 있으니 유의해야 한다. '좋아요' 수나 게시글 수 등의 일정 기준을 넘는 페이지들은 사용자의 프로필에 등록 가능하며 @기호를 이용하여 하이퍼링크를 생성할 수 있다. 일반적인 페이스북 사용자 계정은 친구 관계를 가질 수 있으며 개인적인(personal) 정보를 공유하지만 페이스북 페이지는 친구 관계는 존재하지 않는 대신에 팔로우나 좋아요를 통해 페이지의 게시물이 뉴스피드에서 받아볼 수 있다. 페이지 계정은 개인 계정이 있어야 가능하며 페이지 명은 마치 개인처럼 페이스북 내에서 활동한다.

6 그룹

　그룹은 페이스북 내의 공동체이다. 그룹은 한 개의 타임라인을 가지고 있으며 그룹에 속한 사람은 그룹에 사진과 파일(최대 25메가)까지 올릴 수 있다. 그룹은 공개, 비공개, 비밀 그룹으로 나뉜다. 그룹원이 250명 미만의 그룹의 경우 관리자가 그룹의 공개 범위를 자유롭게 할 수 있으나, 그룹원이 250명 이상될 경우 그룹이 비공개나 비밀로 전환될 경우 다시 공개 그룹으로 전환할 수 없다.

- 공개 : 그룹에 가입되어 있지 않더라도(제3자) 그룹의 게시물과 그룹에 속한 사용자를 볼 수 있다. 다만 그룹에 게시물을 올리기 위해서는 그룹에 가입하여야 한다.
- 비공개 : 그룹의 존재 자체와 그룹에 속해있는 일부 사용자를 제3자가 확인 가능하나 그룹의 게시물과 전체 그룹원을 보기 위해서는 그룹에 가입하여야 한다.
- 비밀 : 그룹의 존재 자체를 제3자가 확인할 수 없다. 따라서 그룹에 속해있는 사람의 초대와 초대에 대한 승인을 통해서만 그룹에 가입이 가능하다.

그룹 생성자는 자동으로 관리자가 된다. 그룹 생성시 관리자는 그룹의 비공개 또는 공개 여부를 설정할 수 있다. 공개관리자는 다른 사용자를 관리자로 임명할 수 있으며, 가입 신청을 승인하고, 그룹의 게시물을 삭제할 수 있다. 그룹의 커버 사진, 그룹 설명 등의 설정을 변경할 수 있다. 그러나 그룹을 생성한 사람을 제외할 수 없다.

페이스북 그룹의 회원 가입은 당사자의 동의나 허락을 얻지 않아도 친구이면 강제 가입이 가능하다. 원치 않는 그룹에 가입되어 있으면 그룹나가기를 하면 언제든지 나갈 수가 있다.

7 페이지와 그룹의 차이

페이스북은 이렇듯 개인 계정이 무척 중요하다. 개인 계정 없이 페이지나 그룹을 만들 수 없으며 개인 계정의 친구를 바탕으로 그룹과 페이지를 홍보할 수 있다. 개인 프로필을 진실하게 올리고 신뢰를 바탕으로 친구를 맺으며 특정 주제를 가지고 교류하는 그룹 활동도 할 수 있으며 특정 기업이나 브랜드 페이지에 좋아요를 눌러 소식을 받아 볼 수도 있다. 그룹과 페이지의 차이점은 페이지는 다소 홍보를 위한 공식적인 소식을 전한다면 그룹은 쌍방향적으로 여럿이 소통할 수 있는 카페형식과 비슷하다. 그룹이나 페이지 등에 게시한 글은 내 타임라인에 공유하여야 내 활동들을 모아 놓을 수 있다.

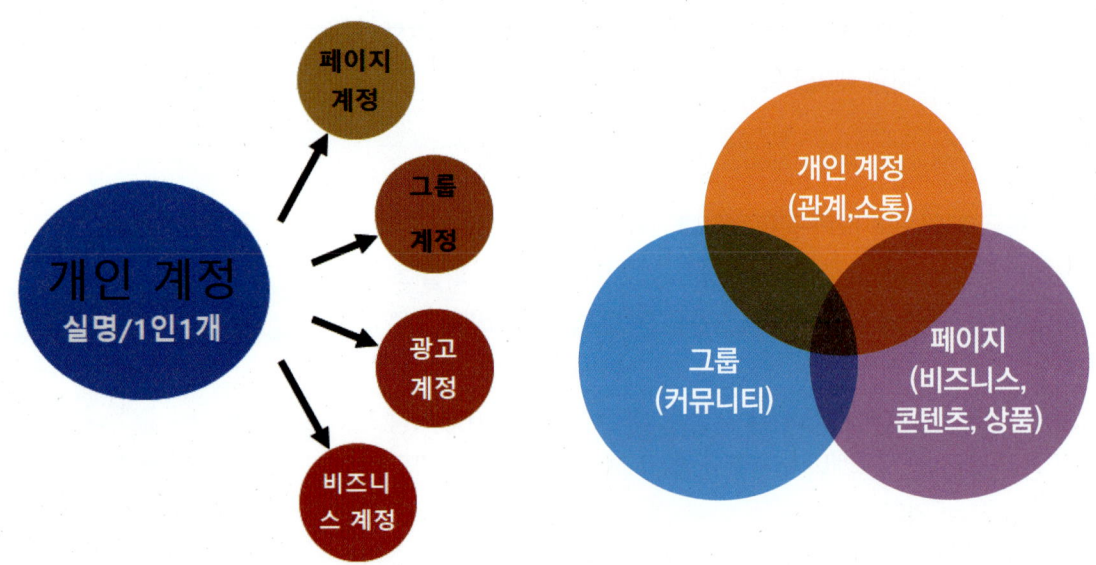

개인 계정	페이지 계정	그룹 계정
• 친구 / 팔로우 • 개인적 관계 • 친구 신청 / 승인 • 5000명 제한	• 좋아요 팬 • 기업 / 마케팅용 • 페이지 무제한 • 팬수 무제한	• 회원 • 취미 / 동호회 • 카페형(공개/비공개/비밀) • 그룹 무제한 • 회원 무제한 • 판매 기능 도입

8 페이스북 계정의 이해

구분	개인 프로필	그룹	페이지
공개 범위	나만 보기, 친구만, 친구 그룹별, 전체 공개 중 선택 가능	전체 공개, 비공개, 비밀 중 선택 가능	전체 공개
관리자	가입자 본인만 운영	개설자가 관리자가 되며, 타인에게 관리 역할 부여 가능(관리자 멤버)	개설자가 관리자가 되며, 타인에게 관리 역할 부여 가능(페이지 역할)

9 페이스북 계정과 인스타그램

	페이스북	인스타그램
개인 계정	• 개인 실명 기반 • 퍼스널 브랜딩 목적 • 게시물 인사이트 확인 불가능 • 광고 불가능	• 개인, 사업자 구분없음 (원하는 아이디로 생성) • 게시물 인사이트 확인 불가능 • 광고 불가능
운영	개인 계정과 페이지를 별개로 운영	일반 계정을 비즈니스 계정으로 변경하는 방식으로 운영
비즈니스 계정	• 페이지 • 회사 / 사업체 기반 • 사업 홍보 목적 • 게시물 인사이트 확인 가능 • 광고 가능	• 비즈니스 계정 • 페이스북 페이지 연동 필수 • 사업자 정보 표시 가능 (이메일, 전화번호, 주소) • 게시물 인사이트 확인 가능 • 광고 가능

5 페이스북 url 만들기

페이스북은 사용자의 주소를 자동 생성해 주지 않고 반드시 PC 버전의 페이스북으로 로그인을 해서 사용자가 직접 주소를 만들어야 한다. 아래 그림과 같이 fb.com/ksoh1114라는 url이 생성되었다.

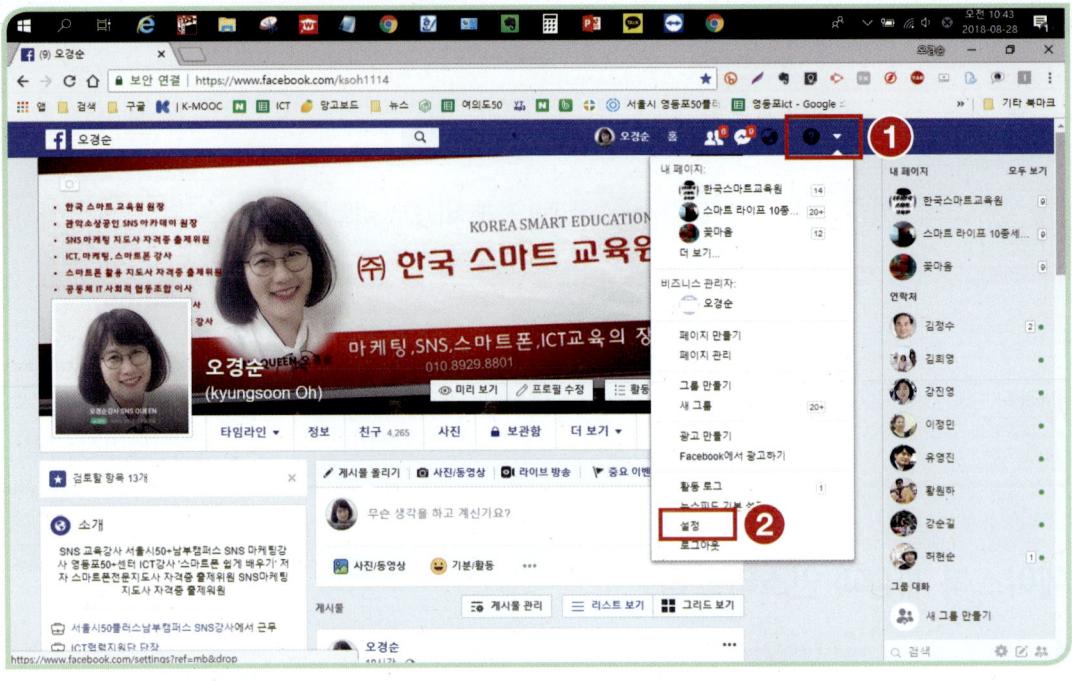

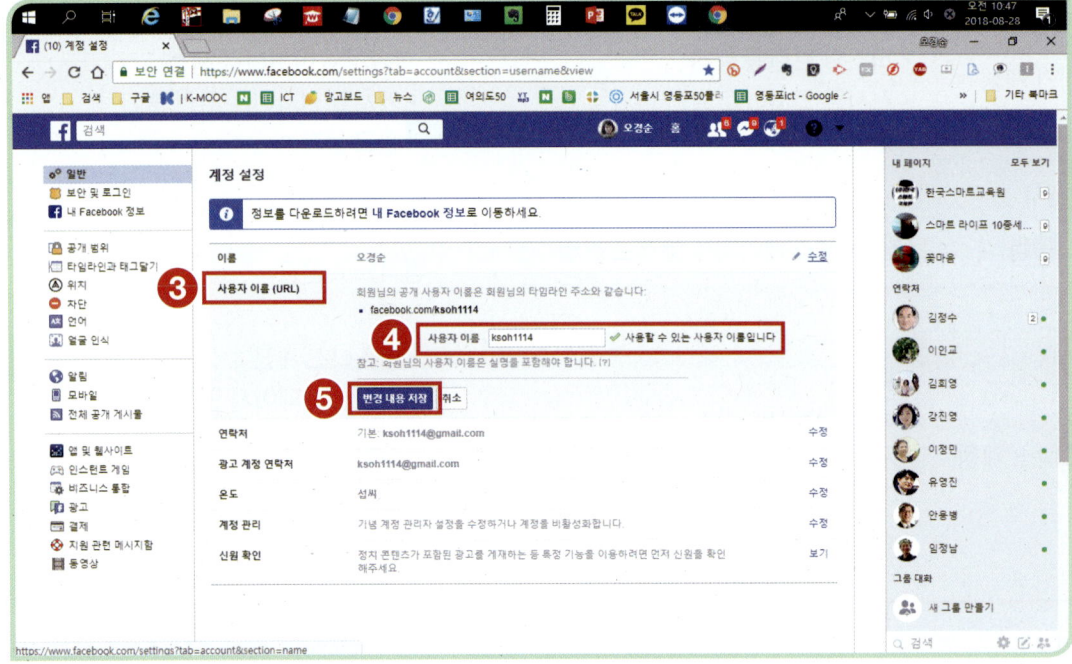

6 친구 맺기

1 프로필 채우기

페이스북을 하는 가장 중요한 목적은 새로운 사람들과 정보를 공유하고 서로가 열린 세상에서 소통하기 위함이다. 그러기 위해서는 친구(팔로워, 이웃 개념)의 수가 매우 중요하다. 페이스북은 친구를 요청하면 상대가 반드시 수락해야 친구 관계가 성립되는 양방향 관계이다. 그리고 사용자가 타임라인 프로필에 올려놓은 기본 정보가 페이스북이 추천하는 알 수도 있는 친구의 목록으로 올라온다. 프로필 편집을 통해 주요 관심사나 출신학교, 직장, 구사언어 등 다양한 정보를 입력할 수 있으며 이 정보가 기준이 되어 다른 사람이 나를 검색할 수도 있다.

그래서 프로필에 올리는 정보가 매우 중요하다. 이는 마케팅의 잠재고객이나 타겟 마케팅의 중요한 데이터로도 활용되므로 진솔하게 프로필을 채워야 한다.

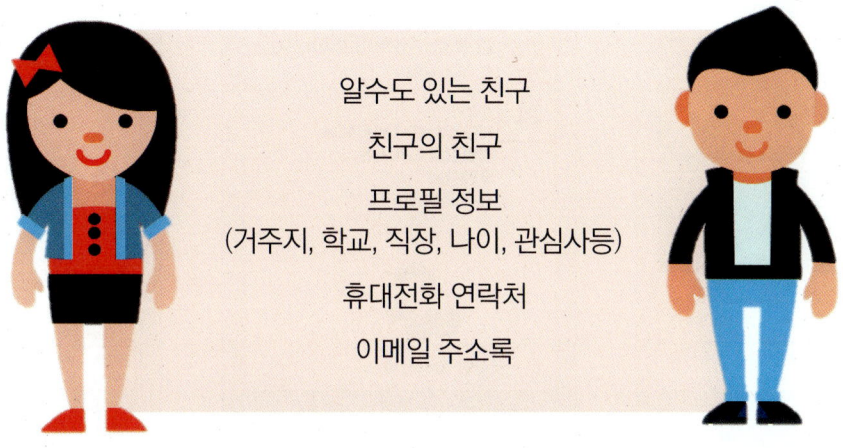

② **믿을만한 친구의 친구를 친구 요청한다.**

친구의 프로필 사진을 눌러 타임라인에 있는 친구 중에 얼굴 사진과 실명이 있는 사람 중에서 골라 요청한다.

3 내 글이나 함께 공감한 글에 좋아요나 댓글을 단 사람 중에서 친구 요청한다.

 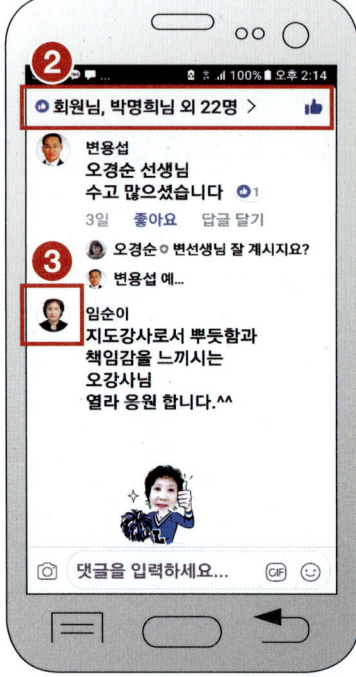 

4 관심 분야의 그룹을 가입한 후 활동적인 사람에게 친구 요청한다.

검색란에 관심 키워드를 입력한 후 그룹을 검색한다. 회원 수가 많고 게시글이 꾸준히 올라오는 그룹을 되도록이면 가입한다. 그룹은 관리자의 승인을 반드시 받아야 가입할 수 있다.

  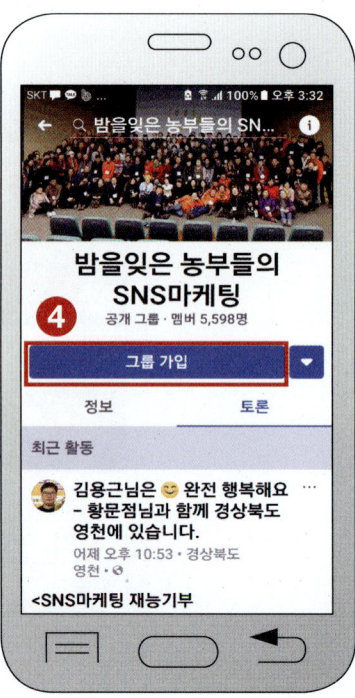

5 친구 수락은 어떻게 해야 할까?

　페이스북은 사람들과 교류하는 것이 목적이며, 전 세계 사람들과 소통하는 열린 공간이므로 별의별 사람들이 다 모여 있다. 그 중 어떤 사람이 나에게 도움 되는 사람인지 구별을 해야 하고 일반적인 선택을 중심으로 설명하도록 한다.

　친구 요청이 오면 먼저 얼굴을 눌러 상대의 타임라인으로 들어간다. 만약 얼굴 사진이 없거나 식물, 동물, 자연 사진으로 프로필을 올리신 분은 아예 요청을 수락하지 않는 것이 좋으며, 얼굴 사진이 있더라도 썬글라스나 모자로 얼굴을 대부분 가리신 사람, 정면을 보지 않고 옆얼굴을 올린 사람, 전신 사진으로 얼굴 인식이 안 되는 사람은 가급적 수락을 자제하는 것이 좋다. 또한 외국과 연관이 없으신 사람은 외국인 요청은 각별히 조심해서 수락과 거절을 판단해야 한다.

　그리고 프로필이 제대로 갖추어져 있는지, 친구 수가 적당히 있는지, 게시글이 꾸준히 있는지 반드시 검토 한 후 수락해야 한다. 유유상종이라는 말도 있듯이 친구들을 보면 어떤 사람인지 알 수 있으므로 이는 나 자신도 친구 신청을 했을 때 상대방도 동일한 점검을 할 수 있다.

6 친구 관계 정리하기

페이스북의 친구 관리는 매우 세밀하고 정교하여 더 이상 친구 관계를 유지하고 싶지 않을 때는 단계별로 친구를 정리할 수 있다. 먼저 친구 관계는 유지하되 상대방의 글은 받아보고 싶지 않으면 팔로우 취소를, 친구를 끊고 싶으면 친구 끊기를 한다. 친구를 맺을 때는 쌍방향 요청/수락이 있어야 하지만 끊을 때는 한쪽만 끊어도 친구 관계는 정리되며, 거리 두기 기능과 먼저 보기 기능은 친구와의 친밀도와 관심도를 내가 정할 수 있도록 해 준다.

가끔 페이스북에 선정적, 폭력적, 정치적, 종교적 색채가 너무 강하게 글을 올리시는 사람도 있는데 이처럼 수위에 따라 멀리할 수 있고 정도가 너무 심하면 차단 기능을 이용할 수 있다. 상대를 차단하면 페이스북 안에서는 전혀 노출되지 않아 접촉이 원천 봉쇄되고, 더 이상 나를 태그하거나 내 타임라인의 글을 볼 수 없으며 자동 친구 관계도 끊어진다.

7 페이스북 활동 요령

1 공개 대상 설정하기

페이스북에 글을 올릴 때 누구에게 공개할 지 게시물 공개 범위를 먼저 설정하고 글을 쓴다. 마지막으로 콘텐츠를 게시했을 때 공개 대상이 저장되므로 다시 게시할 때 따로 변경하지 않으면 이전과 같은 공개 대상을 선택하게 된다. 내가 다른 사람의 타임라인에 글을 올리면 그 사람이 나의 게시물의 공개 범위를 선택하게 된다는 것을 알아야 한다. 또한, 게시물에 태그된 사람과 그 친구들도 이를 볼 수 있으며, 전체 공개는 페이스북 내의 모든 사람에게 공개되며 친구에게만, 특정 친구에게만, 제외할 친구를 선택할 수도 있고 나만 보기로 게시하거나 공유할 수도 있다.

이미 게시한 게시물도 게시물 수정 아이콘을 눌러 공개 대상을 바꿀 수 있다.

❷ 공개 대상 확인하기

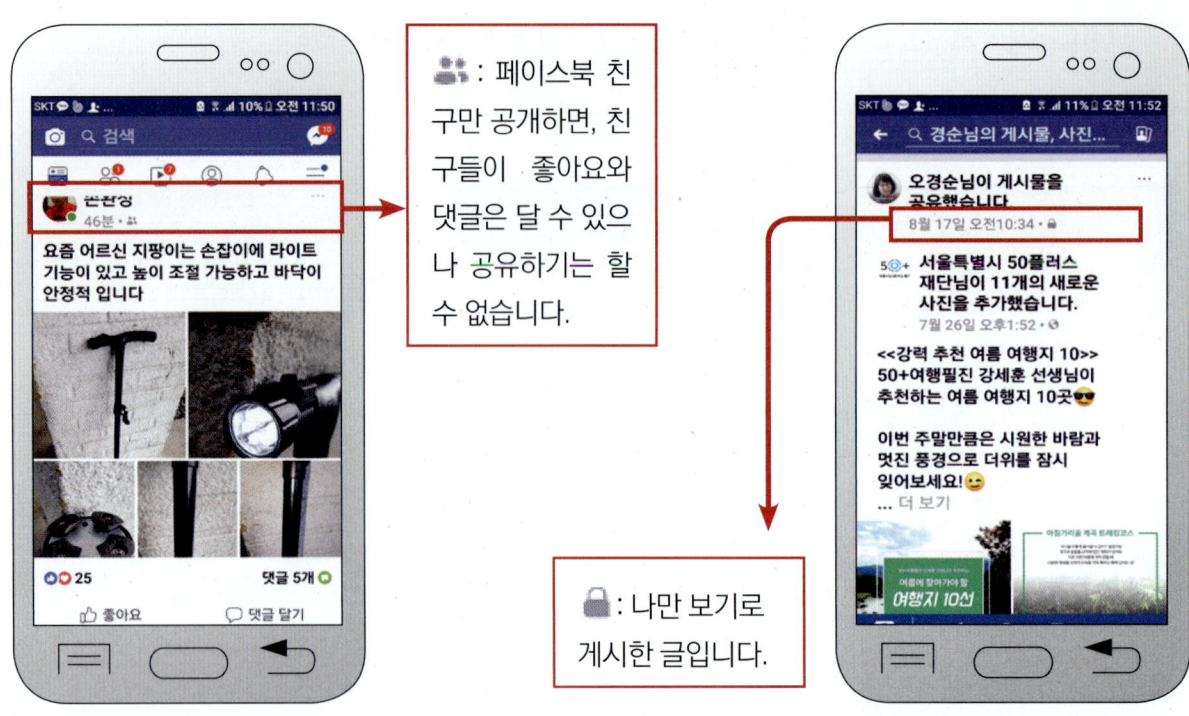

❸ 어디에 글을 쓸까?

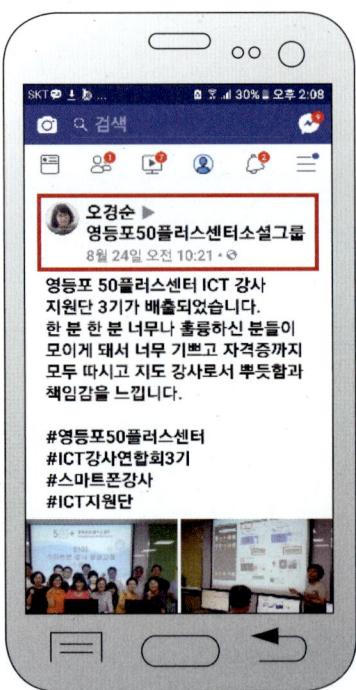
가입한 그룹에 쓴 글

판매그룹에서 올린 글

페이지에 올린 글(광고)

❹ 페이스북의 발명품 좋아요

　　페이스북을 시작하자마자 가장 먼저 글을 올리려고 하는 사람이 많은데, 친구가 없으면 아무 의미가 없다. 배달될 곳이 없거나 적기 때문에 공들여 작성한 글이 영향력을 얻지 못한다. 프로필을 진솔하게 채우고 정중하게 친구를 맺으며 신뢰 관계로 인맥을 넓혀야 한다. 이 때 반드시 필요한 활동이 좋아요, 댓글, 공유하기이다.

　　상대방의 게시글에 좋아요 버튼을 누르면 상대방에게 즉시 알림이 가고 친구의 친구에까지 글이 퍼져 나가 2차, 3차 도달을 하게 되는 것이다. 댓글까지 달아 주면 확실하게 친구 관계를 인정하게 될 것이다. 즉 상대방과 대화를 먼저 시도하는 것이 우선이다. 처음부터 한 명씩 친구를 늘려 나갈 때 더 효과적인 방법은 관심있는 그룹에 가입하여 그룹의 관리자와 그룹원(회원)들과 친구를 맺고 가입 인사를 댓글로 하며 좋댓공을 활발하게 하는 것이다.

좋아요 버튼을 길게 누르면 6가지 움직이는 리액션 버튼이 뜹니다.

- 👍 좋아요
- ❤️ 최고예요
- 😆 웃겨요
- 😮 멋져요
- 😢 슬퍼요
- 😡 화나요

　　페이스북의 좋아요 버튼은 댓글과 함께 게시물에 대응하는 2가지 방법 중의 하나이다. 그런데 슬픈 내용의 게시물에 좋아요 버튼을 누르는 것은 불편하므로, 이럴 때 애니메이션 이모티콘 하나가 열 마디 말보다 효과적으로 소통할 수도 있다.

❺ 댓글다는 요령과 이모티콘 달기

　　온라인도 사람들과의 관계는 오프라인과 마찬가지이다. 친구들의 게시글에 댓글을 달아 주면 훨씬 친밀감을 느끼게 되고 소통하는데 지름길이다. 만약 관심 있는 그룹에 가입 승인을 받았으면 감사의 말을 그 그룹의 관리자에게 하는 것이 좋은데 그룹의 게시글에 쓰지 말고 그룹에 있는 글의 댓글로 감사의 뜻을 전하는 것이 좋다. 또한, 가벼운 질문을 적절히 하면서 이야기를 이어나가면 그룹원들과 자연스럽게 어울릴 수 있다. 내가 한 질문에 답글이 달리면 반드시 소중한 시간을 할애해 준 것에 대한 감사의 말을 하면서 예의를 지키는 것이 좋다.

　　만약 언짢은 댓글과 답글이 오고가는 상황이 벌어지면 반드시 상대방을 설득하려 하지 말고 진정이 될 때 까지 온라인을 떠나 있어야 한다. 상대방의 얼굴을 대면하지 않는 온라인에서는 문자의 한계를 극복하기가 매우 어렵고 홧김에 쏟아놓은 글들이 평생 지울 수 없는 멍에가 될 수도 있다는 것을 명심해야 한다.

❻ 소환하기

　　페이스북의 기능 중에 @ 친구 이름을 쓰고 게시를 누르면 @는 없어지고 친구 이름이 굵어지면서 링크가 걸리는데 이를 소환하기 기능이라 한다. 그 친구 이름을 누르면 바로 그 사람의 타임라인이 연결되어 보여 주고 소환받은 친구에게 바로 알림이 가서 해당 글을 서로 놓치지 않고 공유할 수 있다. 모바일 페이스북에서는 사람만 소환이 가능하지만 PC 버전에서는 그룹과 페이지도 @로 링크 걸 수 있다.

7 공유하기(그룹에 공유하기)

  페이스북의 어떤 글이 마음에 들거나 가치가 있는 글은 공유하기 버튼을 눌러 널리 전파 시킬 수 있다. 페이지나 특정 게시글에 좋아요나 댓글, 공유하기 그리고 이벤트에 참석 버튼을 누르면 친구에게 알림이 전송되어 전파력이 무척 강하다. 물론, 공유 대상 범위는 그때그때 변경할 수 있으며, 블로그나 인스타그램 등에 게시한 글들도 페이스북에 공유를 하는 것이다. 가입한 그룹에 올린 글이나 이벤트 개설 등 페이스북에서 활동한 기록을 반드시 내 타임라인에 공유해 두어야 나의 이력 관리를 쉽게 할 수 있다.

 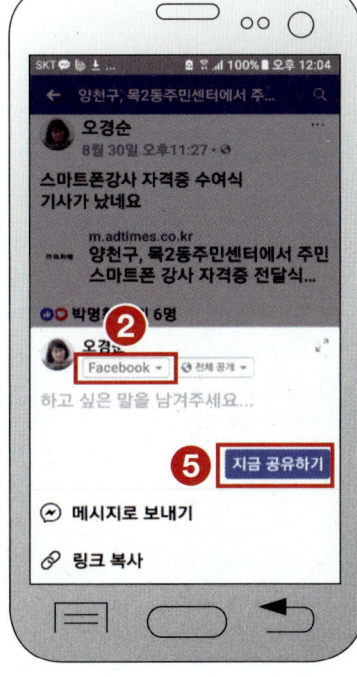 

⑧ 게시글 올리기

페이스북의 게시글은 부담없이 자기 생각이나 아이디어를 자유롭게 쓸 수 있다. 즉, 살아가는 이야기, 사업하는 이야기 등을 진솔하게 쓰는 소통을 위한 글쓰기이다. 그런데 마케팅을 위한 글을 쓸 때는 좀 더 계획을 세워서 쓰는 게 좋다. 브랜드 정체성을 명확히 정의하고 이를 바탕으로 내 기업만의 일관된 인상을 주어야 한다. 이미지와 동영상으로 친근한 콘텐츠를 만들고 쉽게 참여할 수 있는 이벤트를 진행하며 패러디나 재미있는 콘텐츠로 유쾌한 소통을 이끌어 내는 것이 중요하다. 단순하고 핵심적인 단어와 짧은 문장으로 시선을 끌고 짧은 동영상과 이미지로 각인시키는 콘텐츠를 항상 고민하면서 게시해야 한다.

 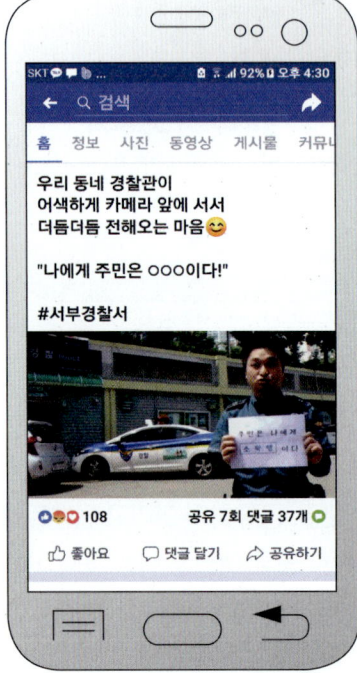 

 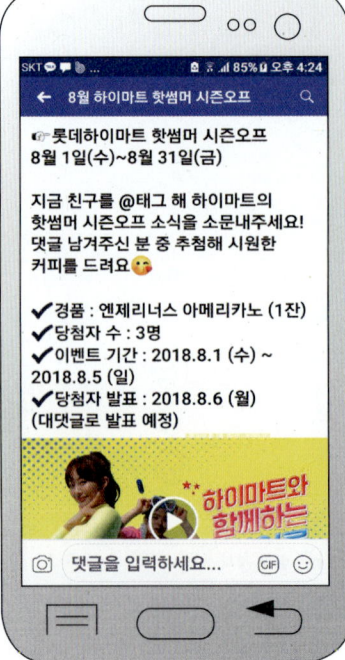 

스마트폰을 활용한 SNS마케팅 쉽게 배우기

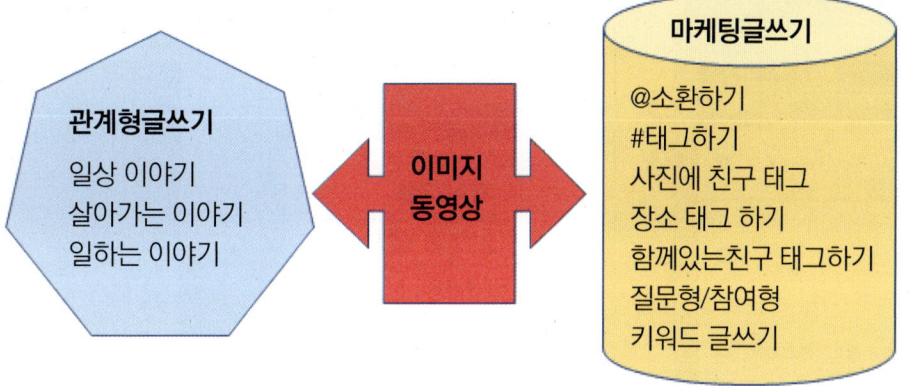

　　SNS 글쓰기의 특징은 결과(상품, 결과물)를 홍보하는 것이 아니라 과정을 알리고 소통하는 일련의 행동이므로 SNS를 즐겨야 한다. 지나치게 자기 자랑만 일삼거나 제품의 우수성만 강조하는 콘텐츠는 많은 공감을 얻지 못한다. SNS에서의 주인공은 상품이 아닌 사람이고 사람들이 일상생활에서 느끼는 감정과 불편함을 해소시킬수 있는 주제와 문구를 선택해야 한다. 예를 들어 자연재해로 사과 작황이 좋지 않으면 "자동차도 날리는 태풍에도 견딘 사과입니다. 이 사과를 선물하세요. 모든 시험에 찰떡같이 붙으실 겁니다"처럼 감성에 호소하는 스토리를 만들어 홍보해야 효과적인 것이다.
　　SNS에서는 정보 제공형, 비하인드 스토리형, 관계소통형, 친근공감형, 불편해소형, 퀴즈이벤트참여형, 설문조사형 그리고 자발적으로 좋아요나 공유하기를 유도하는 Call to Action형의 글쓰기 유형이 있다.

8 그룹 만들기

1 판매 그룹 만들기

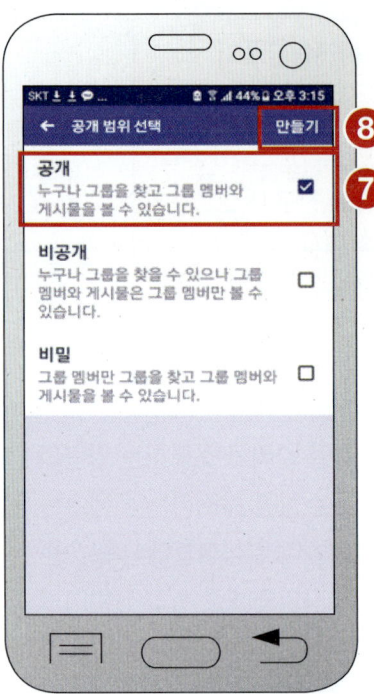

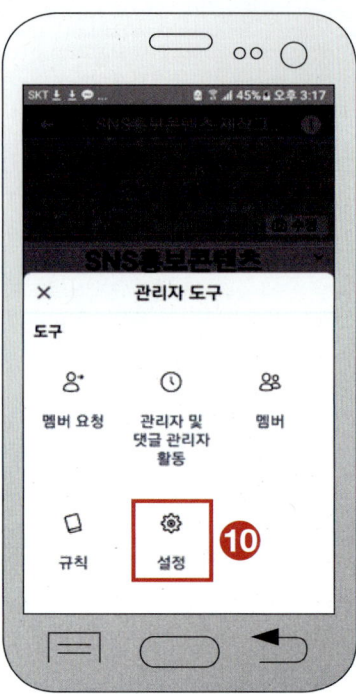
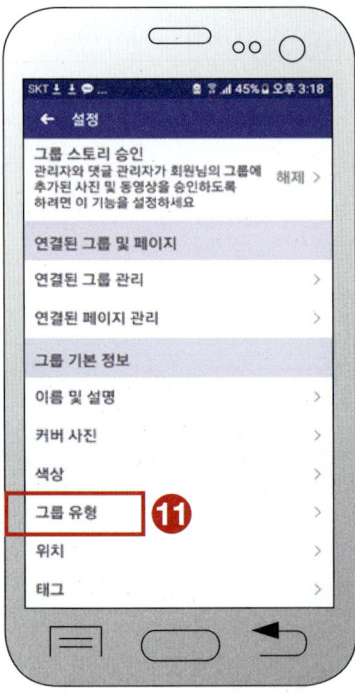

❷ 판매 상품 등록하기

일반 그룹을 만들었으면 '글쓰기 버튼'을 판매 그룹을 만들고 '판매할 물품' 버튼을 눌러 게시글을 올리거나 판매할 물품을 등록한다.

3 그룹 나가기

 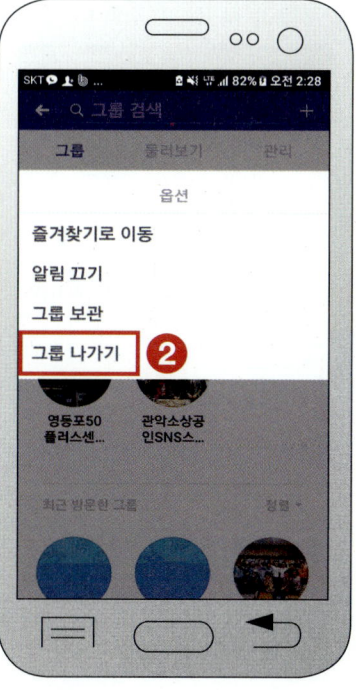 

9 페이지 만들기

1 페이지 사용자 이름 등록과 웹사이트 연결

사람들이 페이지를 찾을 때 이름(@ictsmartedu)으로 검색하여 페이지를 쉽게 찾을 수 있으며, @사용자 이름은 페이지 관리를 누른다.

② 페이지 템플릿 선택하기

페이지의 성격에 맞는 적절한 버튼과 탭을 기본 제공하는 것이 템플릿이다. 제품을 선보이고 온라인 쇼핑으로 연결할 수 있는 쇼핑 템플릿으로 선택해야 인스타그램의 비즈니스 계정에 연결할 수 있고 샵에 상품을 등록한 후에 연결된 인스타그램에 쇼핑태그를 걸 수 있다.

3 페이지와 관리자 추가와 페이지 삭제

페이지를 관리하는 역할에는 5가지가 있다. 운영자(관리자), 편집자, 댓글관리자, 광고주, 분석자. 페이지를 만든 사람은 자동으로 페이지 관리자가 되고 단독 관리자로서 페이지의 모양을 변경하고 페이지 이름으로 게시물을 올릴 수 있으며, 관리자만 역할을 할당하고 다른 사람의 역할을 할 수 있다. 관리자는 페이지 이름으로 메시지 보내기 및 게시하기, 페이지 댓글에 응답하기 및 삭제하기, 광고 만들기, 게시물 또는 댓글을 올린 관리자 확인하기, 인사이트 보기, 페이지에서 Instagram 댓글에 응답하기 및 삭제하기, 페이지에서 Instagram 계정 상세 정보 수정하기, 페이지 역할 할당하기 등 페이지 관련 작업을 모두 관리할 수 있다.

페이지에서 자신은 언제든지 삭제할 수 있지만 페이지 관리자가 회원님 한 명 뿐인 경우 먼저 다른 관리자를 추가해야 한다. 새로 추가된 관리자는 추가된 날짜로부터 7일이 지나야 다른 관리자를 삭제하거나 강등할 수 있다.

  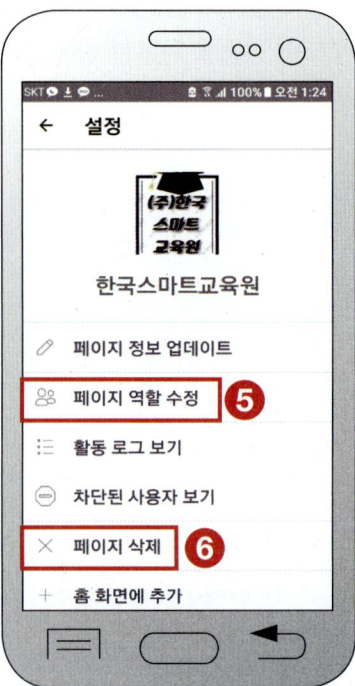

④ 페이지와 인스타그램 비즈니스 계정 연결

Facebook 페이지와 Instagram 계정을 연결하거나 연결을 끊으려면 관리자 또는 편집자여야 한다. 인스타그램의 비즈니스 계정은 반드시 페이스북의 페이지가 있어야 연결할 수 있다.

 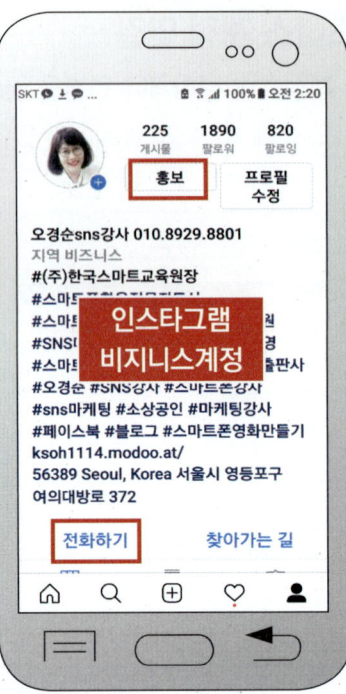 

5 페이지 홍보와 타겟 정하기

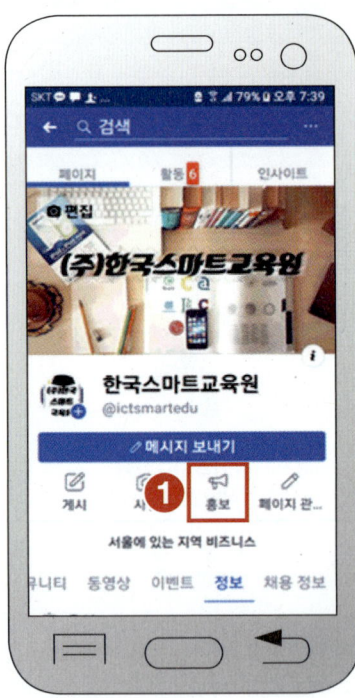  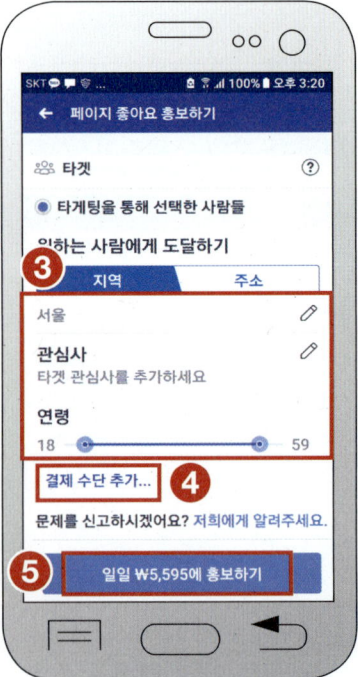

| 제품 상세보기 한 사람 | 회원가입 한 사람 | 장바구니에 물건을 담은 사람 | 결제를 시도한 사람 | 구매 완료한 사람 |

핵심타겟	맞춤타겟	유사타겟
• 성별 • 연령 • 지역	• CRM DATA • PIXEL • SDK	• Lookalike • 1~10%

프로필	페이지	그룹	광고
• 개인 브랜딩 • 관계 신뢰 • 마케팅	• 기업브랜딩 • 컨텐츠 • 마케팅	• 커뮤니티 • 쇼핑몰 • 마케팅	• 타겟팅 • 구매 전환 • 마케팅

❻ 내 프로필에 페이지 연결하기

페이지를 만들고 운영한다면 페이스북의 친구들이 쉽게 나의 비즈니스에 접근하도록 내 담벼락의 프로필에 페이지를 링크로 연결해 주는 것이 좋다.

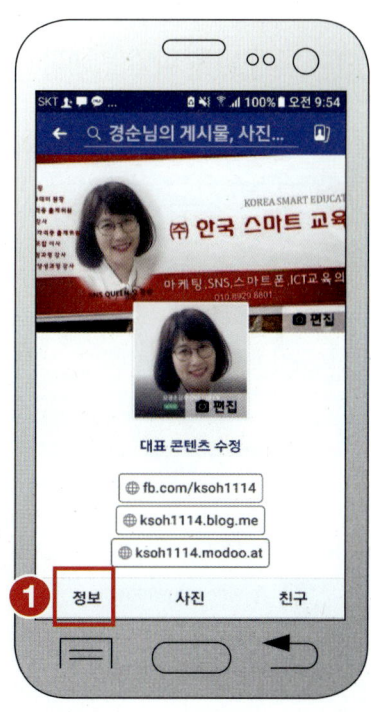
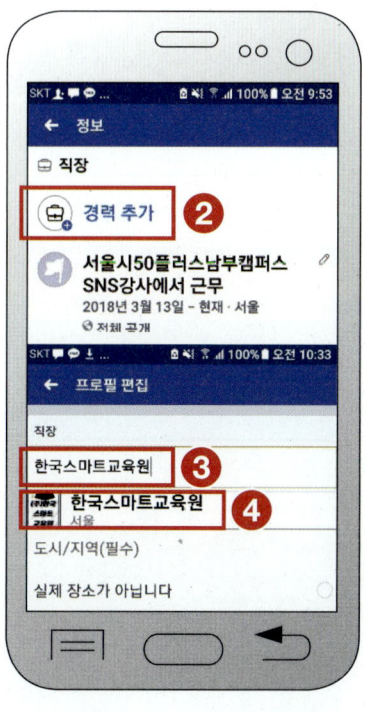
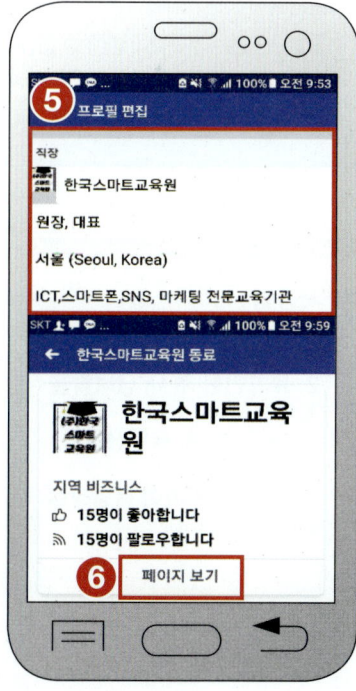

스마트폰을 활용한 SNS마케팅 쉽게 배우기

⑦ 내 정보 다운로드

페이스북에 내가 올린 글과 사진들을 언제든지 한눈에 보거나 HTML 파일로 다운로드할 수 있다. PC로 페이스북에 로그인 한 후 내 타임라인 상단 역삼각형 클릭 → 설정 → 내 Facebook 정보를 클릭한다.

11 스마트폰에서 페이스북 동영상 다운로드

Play 스토어에서 Video Download For Facebook을 설치 후 로그인을 한다. 다운받은 파일은 내파일에 있다.

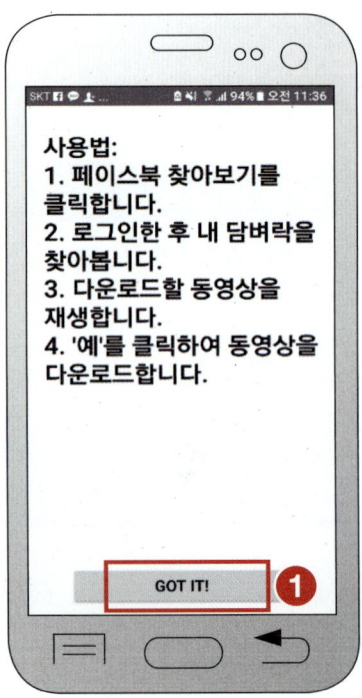  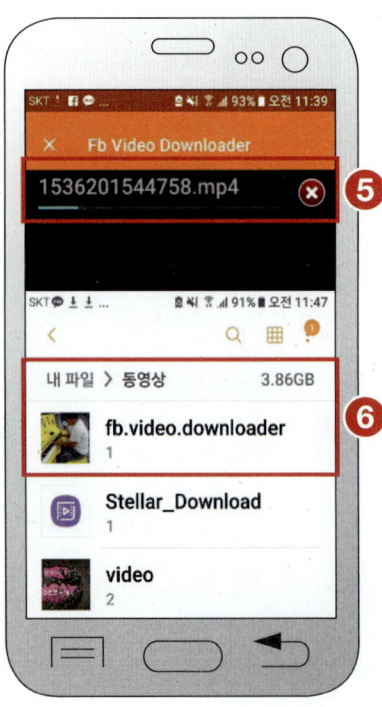

12 페이스북 계정 비활성화 및 계정 삭제

페이스북 활동을 쉬고 싶으면 계정 비활성화시킬 수도 있고 계정을 영구적으로 삭제할 수도 있다.

스마트폰을 활용한 SNS마케팅 쉽게 배우기

스마트폰을 활용한 SNS 마케팅 쉽게 배우기

제3장

포털 검색과 홍보 전략

Step 1 모두 홈페이지 만들기

Step 2 네이버 톡톡

Step 3 네이버 쇼핑 윈도

Step 4 오픈마켓

Step 5 네이버 스마트 스토어

Step 6 카카오 스토어

Step 7 카카오 플러스 친구

Step1 모두 홈페이지 만들기

　기존의 홈페이지는 PC와 모바일에서 도메인과 호스팅을 구매하고 사이트 구축 후 검색엔진에 등록한다. 네이버의 모두 홈페이지 제작 서비스는 누구나 쉽게 무료로 홈페이지를 제작할 수 있도록 다양한 템플릿을 제공하는 모바일 최적화 홈페이지이다. PC는 물론 스마트폰에서도 쉽게 만들고 사용할 수 있고 별도의 가입없이 네이버 아이디 하나로 개인은 3개 법인은 10개까지 홈페이지를 만들 수 있다. 스마트폰에 있는 사진 등을 업로드하거나 사진 편집 등을 바로 해서 업로드할 수 있고 무엇보다 스마트폰 편집이 쉬워 이동 중에도 시간과 장소에 구애받지 않고 작업할 수 있어 편리하다.

　기본형인 단순 템플릿과 업종별 맞춤 템플릿을 제공하며 이미지, 글, 지도, 링크, 스토어, 영상 등 어떤 페이지도 가능하다. 모두 홈페이지는 네이버 검색에 최적화되어 있어서 소상공인이나 기업 또는 브랜딩이 필요한 모든 업체엔 필수적으로 모두를 구축하는 것이 좋다. 네이버 검색 등록은 자동이고 지도 연결, SNS 연동, 스토어 연결, 네이버 톡톡 연동, 예약을 위한 스케줄 연동, 쿠폰 및 이벤트, 방문자 유입 통계 기능 등을 활용할 수 있다.

1 모두 홈페이지 기본 구조

1 모두 홈페이지 가입과 기본 정보 입력하기

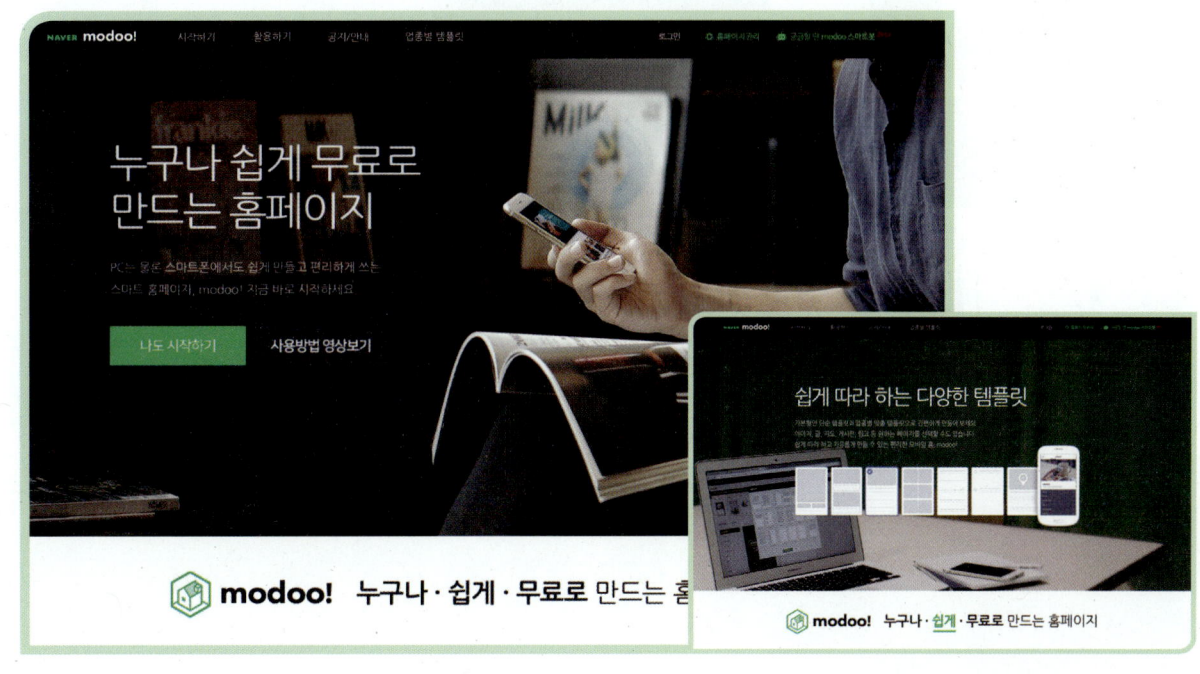

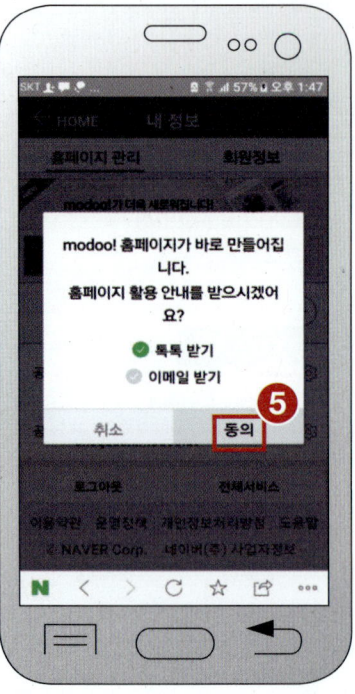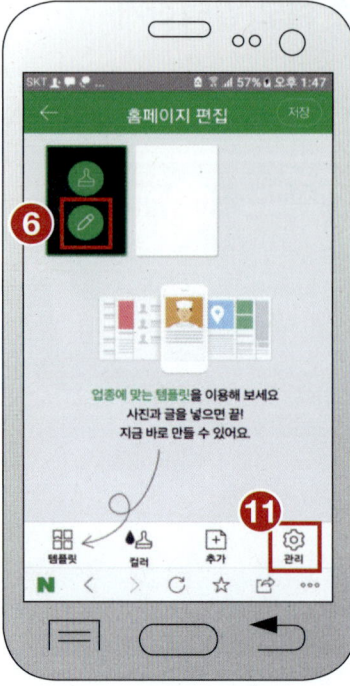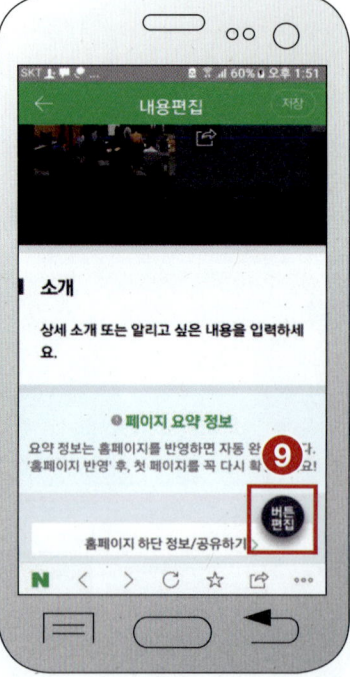

❷ 홈페이지 하단 정보와 SNS 공유 문구 입력하기

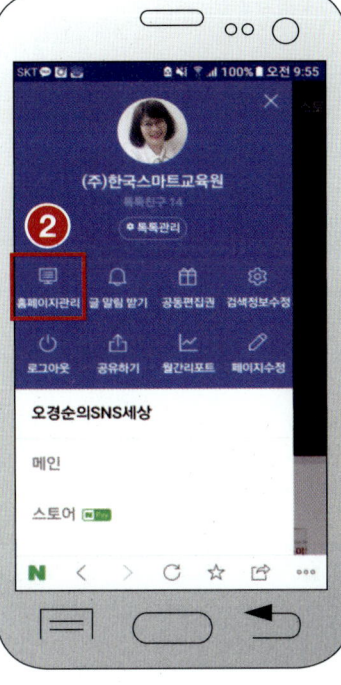

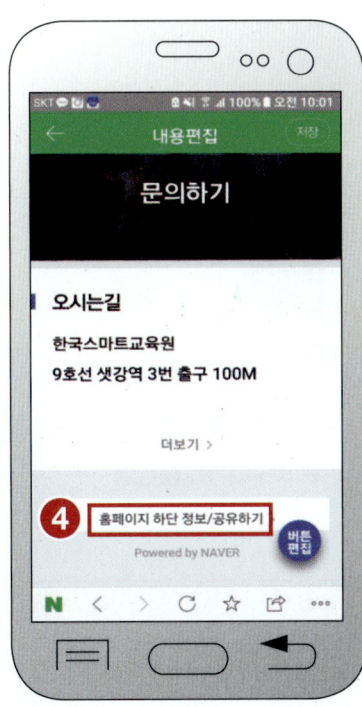

❸ 단순 템플릿 기본 구조

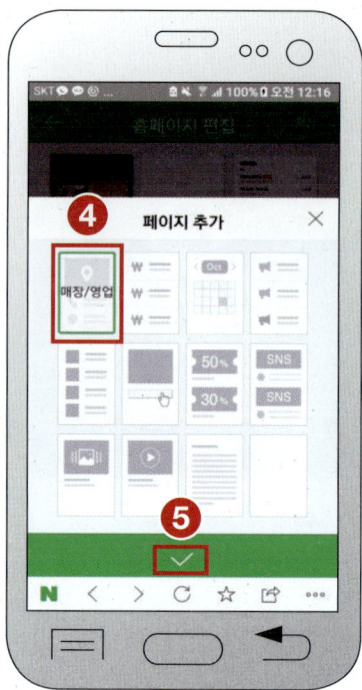

❹ 업종에 맞는 템플릿 적용하기

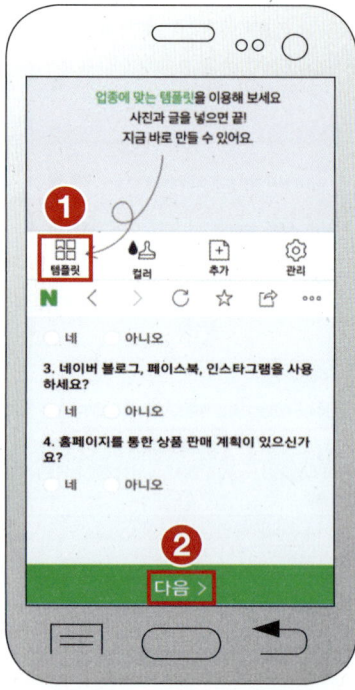

⑤ 전화, 톡톡 연결하기

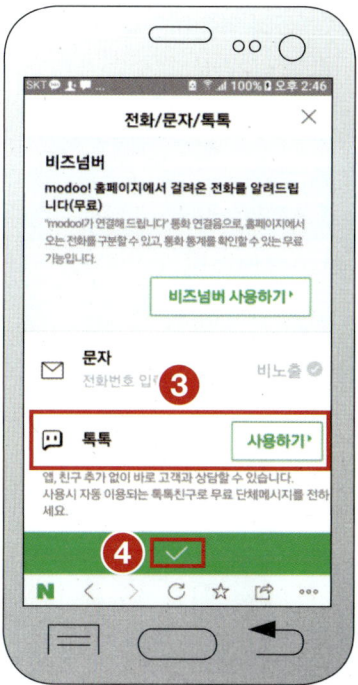

⑥ 업종에 맞는 레이아웃 고르기

7 메뉴와 페이지

메뉴는 폴더나 카테고리 개념으로 하위 페이지를 여러 개 둘 수 있다. 모바일 버전에서는 페이지만 생성이 가능하므로 메뉴 생성은 PC버전에서 한다.

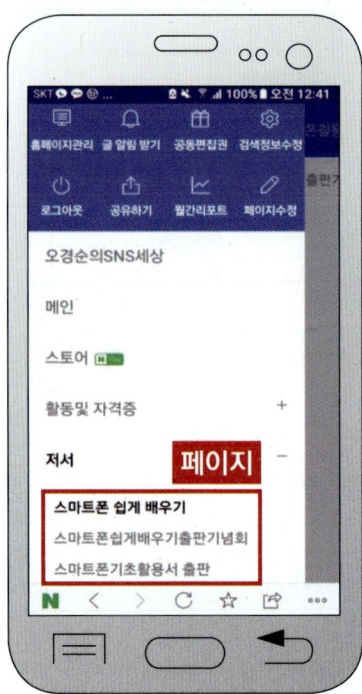

8 PC에서 메뉴 생성

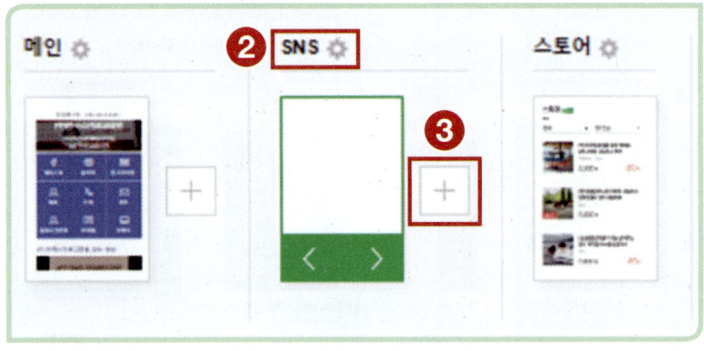

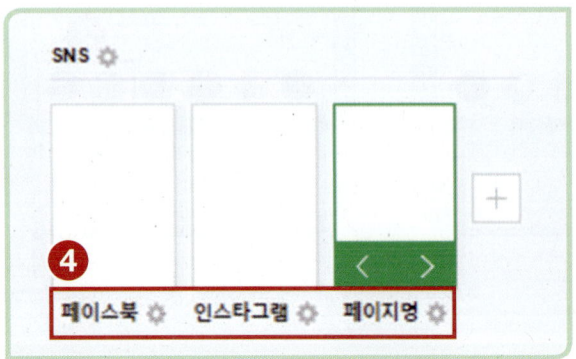

◆ 스마트폰을 활용한 SNS마케팅 쉽게 배우기

❾ 스마트폰 홈화면에 아이콘 생성하기

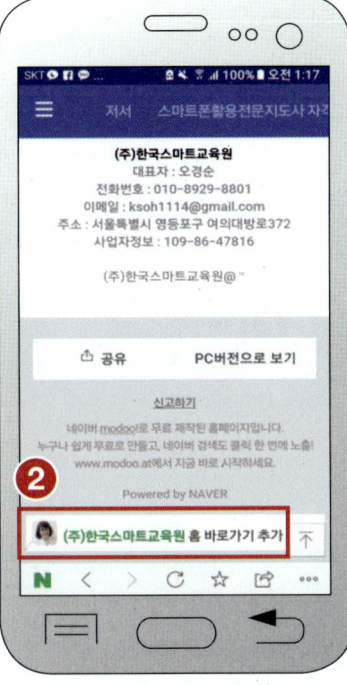

❿ 모두 홈페이지 검색하기

키워드에 @를 붙여 검색하면 모두 홈페이지가 검색된다.

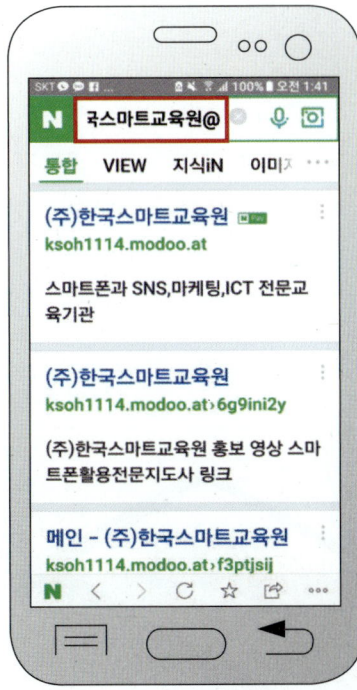

⑪ 업종에 맞는 페이지 삽입하기

추천 템플릿외에 빈페이지나 또는 삽입하고 싶은 페이지를 추가할 수 있다.

 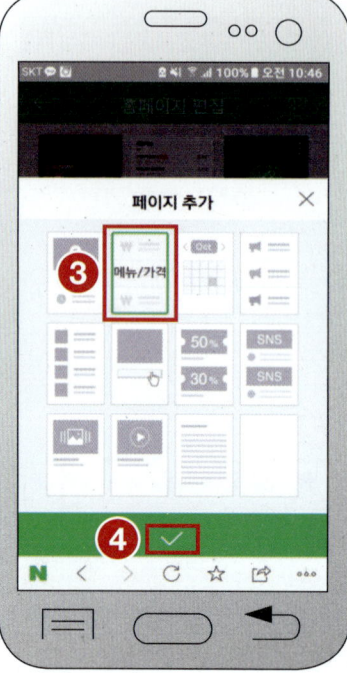 

⑫ PC에서 더 다양한 페이지 삽입하기

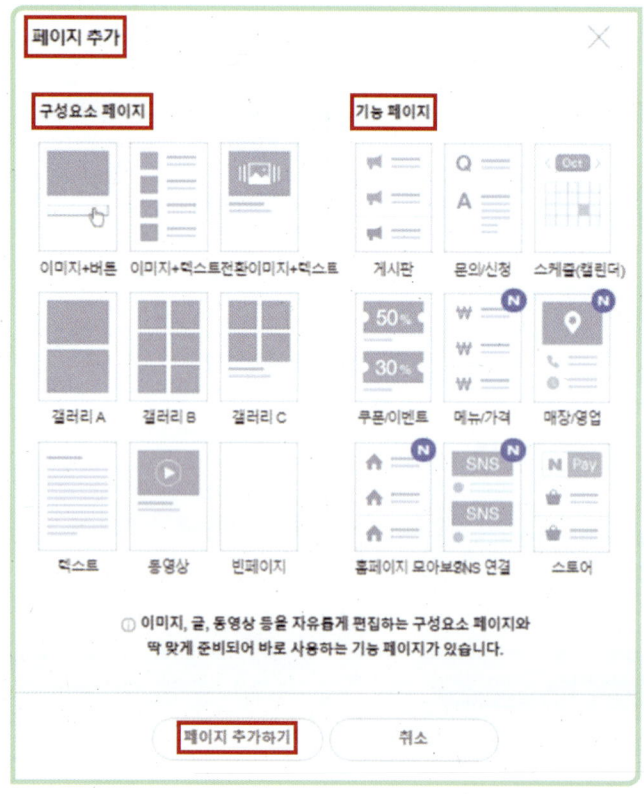

스마트폰을 활용한 SNS마케팅 쉽게 배우기

2 구성 요소 편집하기(추천 템플릿)

1 이미지 + 텍스트 추천 템플릿 편집하기

2 매장/시설정보(오시는 길) 추천 페이지 편집 하기(네이버 지도에 미등록 시)

네이버 지도에 업체 등록이 되어 있으면 PC 네이버지도에서 내 업체를 검색 후 상세보기를 눌러 새창이 열리면 그 URL(주소)를 복사해 링크 입력란에 붙여 넣는다.

스마트폰을 활용한 SNS마케팅 쉽게 배우기

3 모두 홈페이지 SNS 연동하기

SNS연결하기/끊기는 공동 편집인도 가능하며 공동 편집인의 SNS도 연결할 수 있다. PC홈의 고급 편집 기능에서 최대 9까지 연결을 선택할 수 있다.

 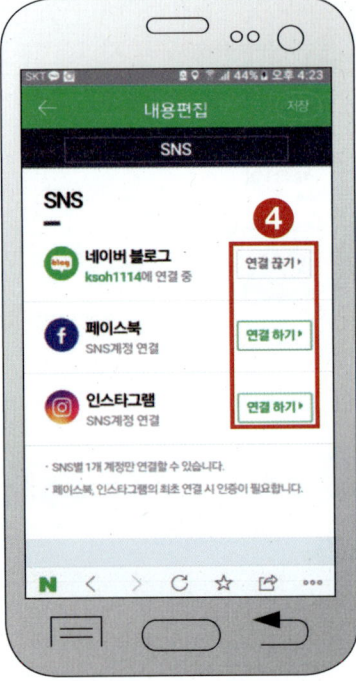 

4 메뉴 / 가격 추천 페이지 편집하기

메뉴 / 가격 추가창에서 메뉴 가격 페이지내 최대 100개 까지 가능하다.

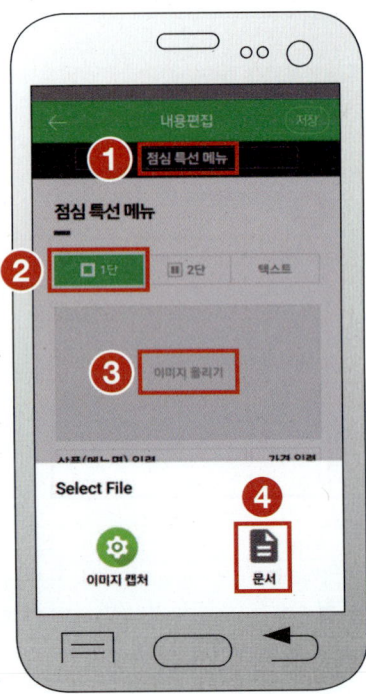  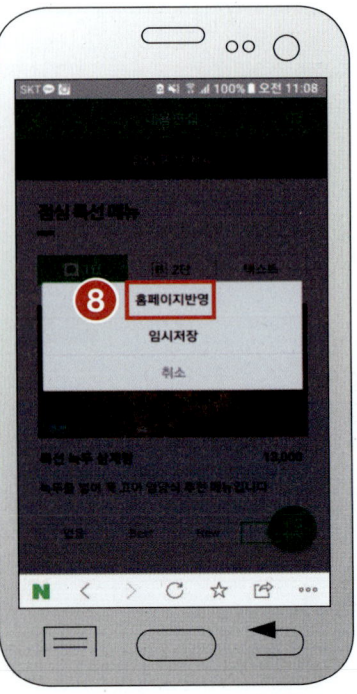

◆ 스마트폰을 활용한 SNS마케팅 쉽게 배우기

⑤ 게시판(방문 후기) 추천 템플릿 편집하기

 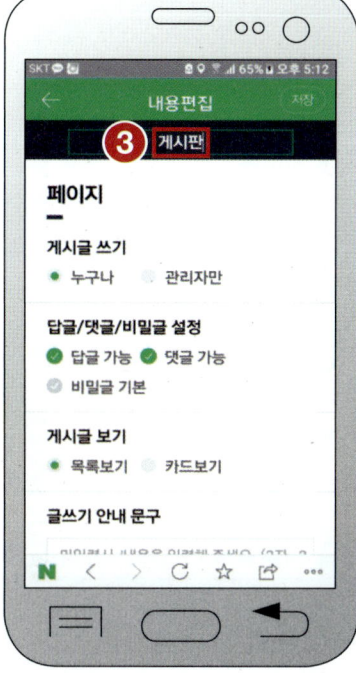 

⑥ 이미지 + 버튼 추천 템플릿 편집하기

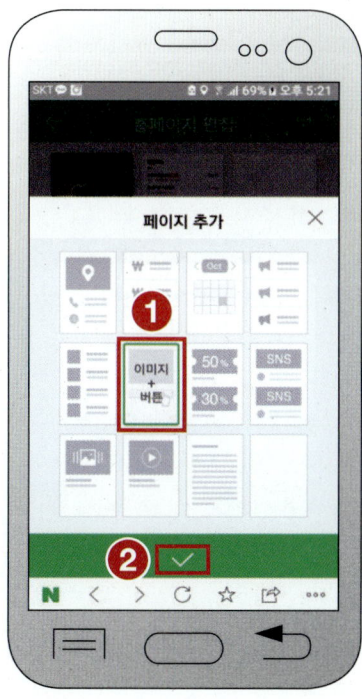  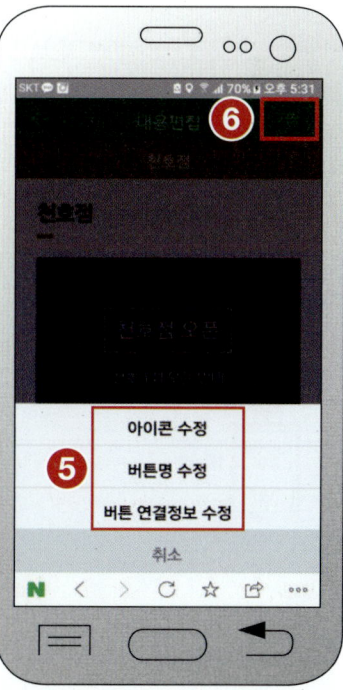

스마트폰을 활용한 SNS마케팅 쉽게 배우기

7 쿠폰 / 이벤트 추천 템플릿 편집하기

8 전환 이미지 + 텍스트 추천 템플릿 편집하기

❾ **문의 / 예약하기 페이지는 PC에서만 편집할 수 있다.**

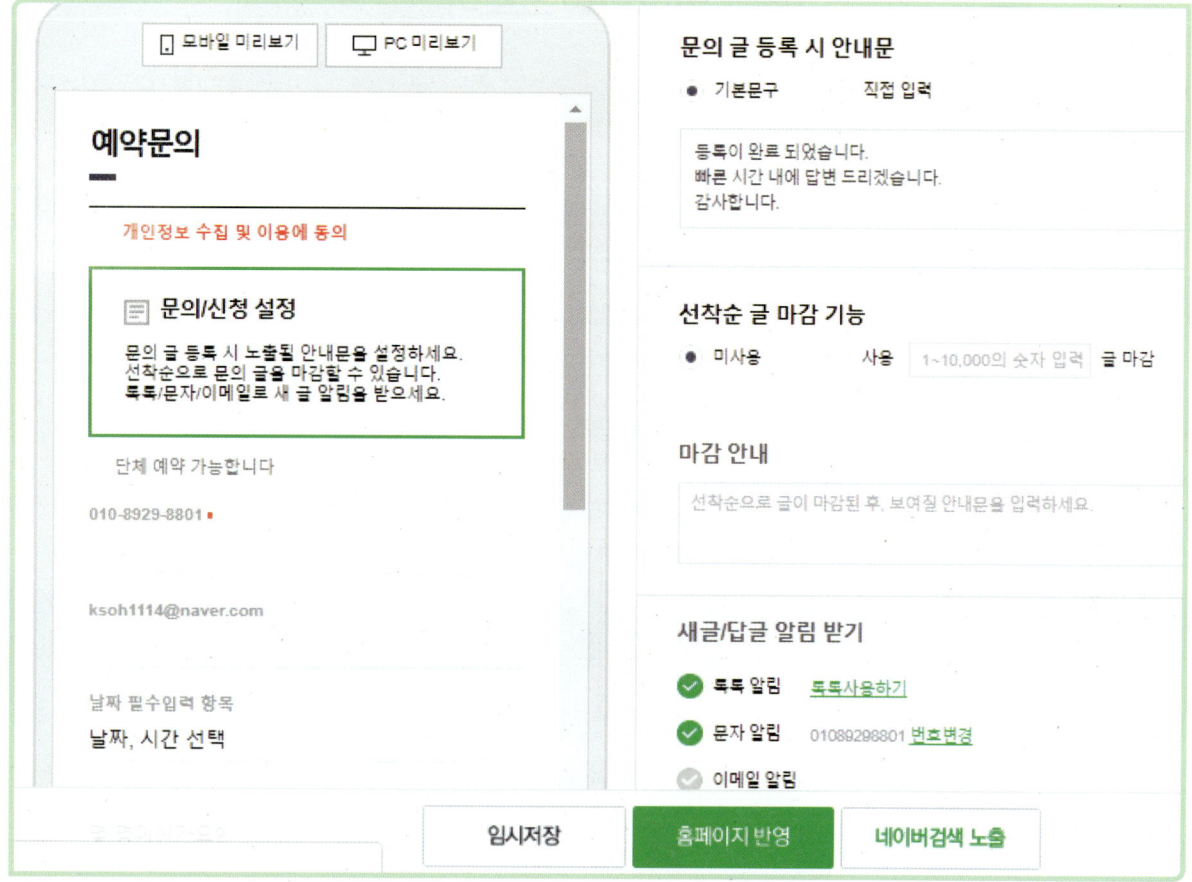

❿ **스토어 페이지 연결하기**

　　네이버 스마트 스토어에 올린 상품을 modoo 에서도 판매 할 수 있는데 modoo 의 스토어 페이지를 PC에서 삽입후 스마트스토어와 연결해야 한다. 스마트스토어 판매자센터에 판매자 아이디로 가입후 승인을 얻으면 가능하다. 상품을 등록하면 modoo 스토어에 자동으로 노출된다. 상품 판매 고객관리는 스마트스토어 판매자센터에서 한다.

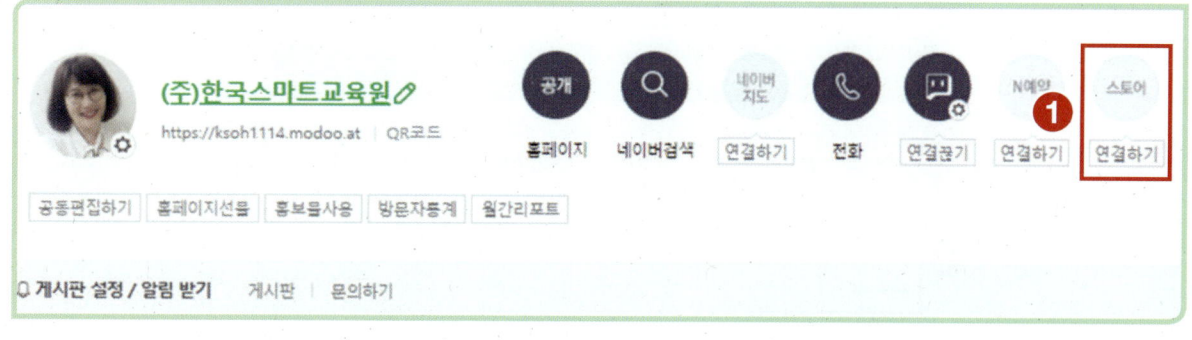

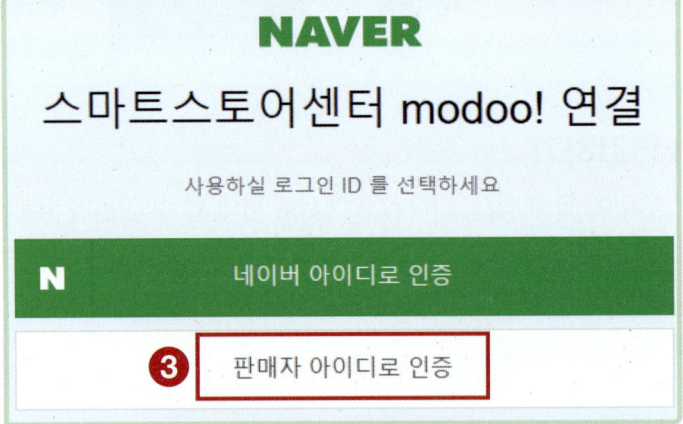

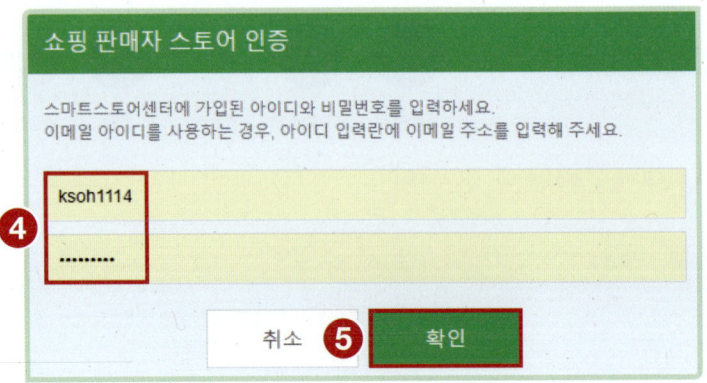

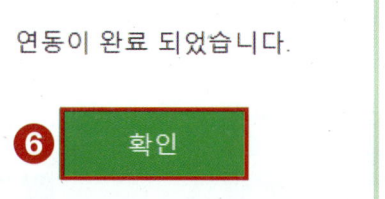

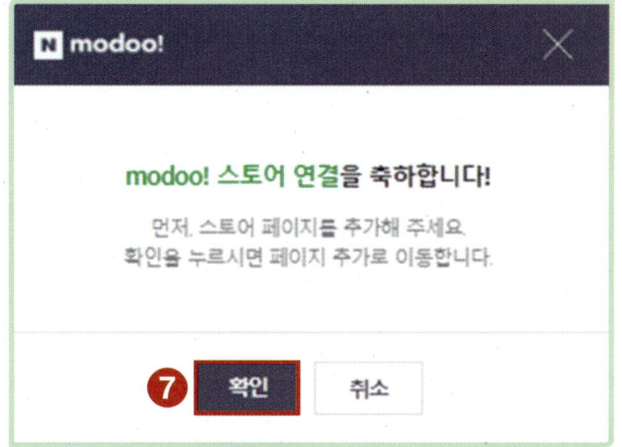

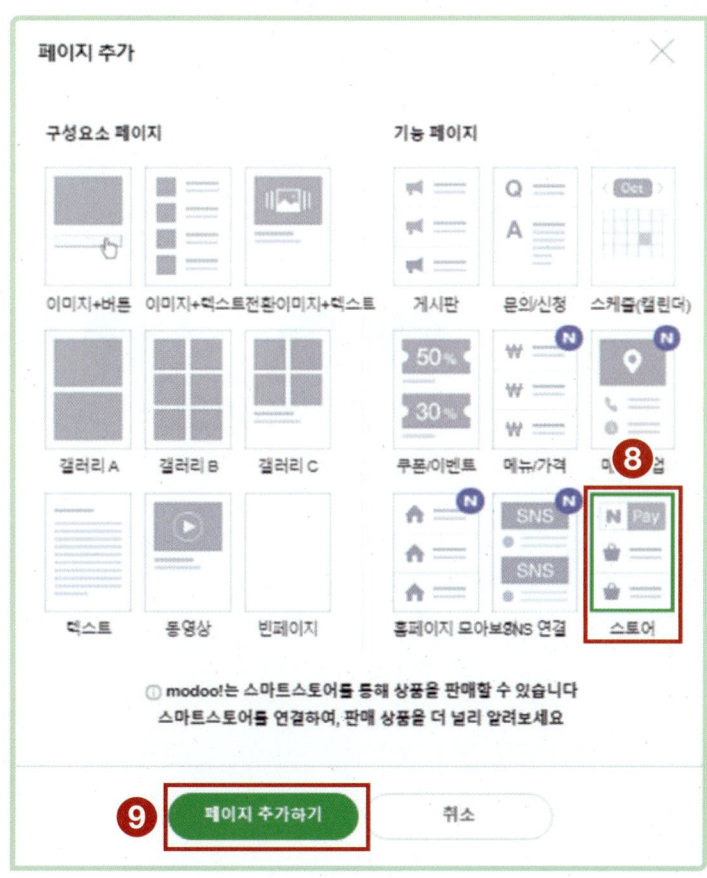

스마트폰을 활용한 SNS마케팅 쉽게 배우기

⑪ 네이버 지도 모두에 연결 하기

홈페이지 필수 정보 / 검색 정보
전화 / 톡톡
· 서비스 운영/모니터링 기준에 따라, 개별 통보 없이 네이버 검색에서 노출 제외될 수 있습니다.
· 최근 '네이버' 혹은 '네이버 대행사/제휴사'를 사칭한 일부 업체들이 modoo!를 이용하시는 회원님들에게
부당한 대행계약을 권유하여 금전적 피해를 발생시키는 사례가 확인되고 있습니다.
검색노출을 하시는 회원님께서는 각별히 주의해주시기 바랍니다.
이미지 검색설정
노출
비노출
검색 노출시 홈페이지 내 등록된 이미지가 네이버 이미지 검색에 노출됩니다. (대표이미지와 게시글 이미지 제외)
부적합한 이미지로 신고가 될 경우, 서비스 운영/모니터링 기준에 따라 개별 통보 없이 홈페이지 제재를 받을 수 있습니다.
태그입력
#sns #한국스마트교육원 #오경순SNS강사 #스마트폰 #오경순
네이버 지도 연결
업체 정보에 modoo! 홈페이지를 추가하고, 사이트 검색에 위치보기 표시
전화번호
010 - 8929 - 8801
주소
서울특별시 영등포구 여의대방로
372 4층 영등포50플러스센터
지도확인
지도 연결
2
지도의 업체 정보에 연결하기
아직 지도 연결이 되지 않은 상태입니다. 위 버튼을 눌러주세요.
4
저장
닫기
궁금할 땐 modoo 스마트봇 Beta

modoo!
지도에 업체 정보가 아직 등록되어 있지 않습니다.
네이버 지도에 업체 등록을 위해
네이버 스마트플레이스로 이동하시겠어요?
3
확인
취소

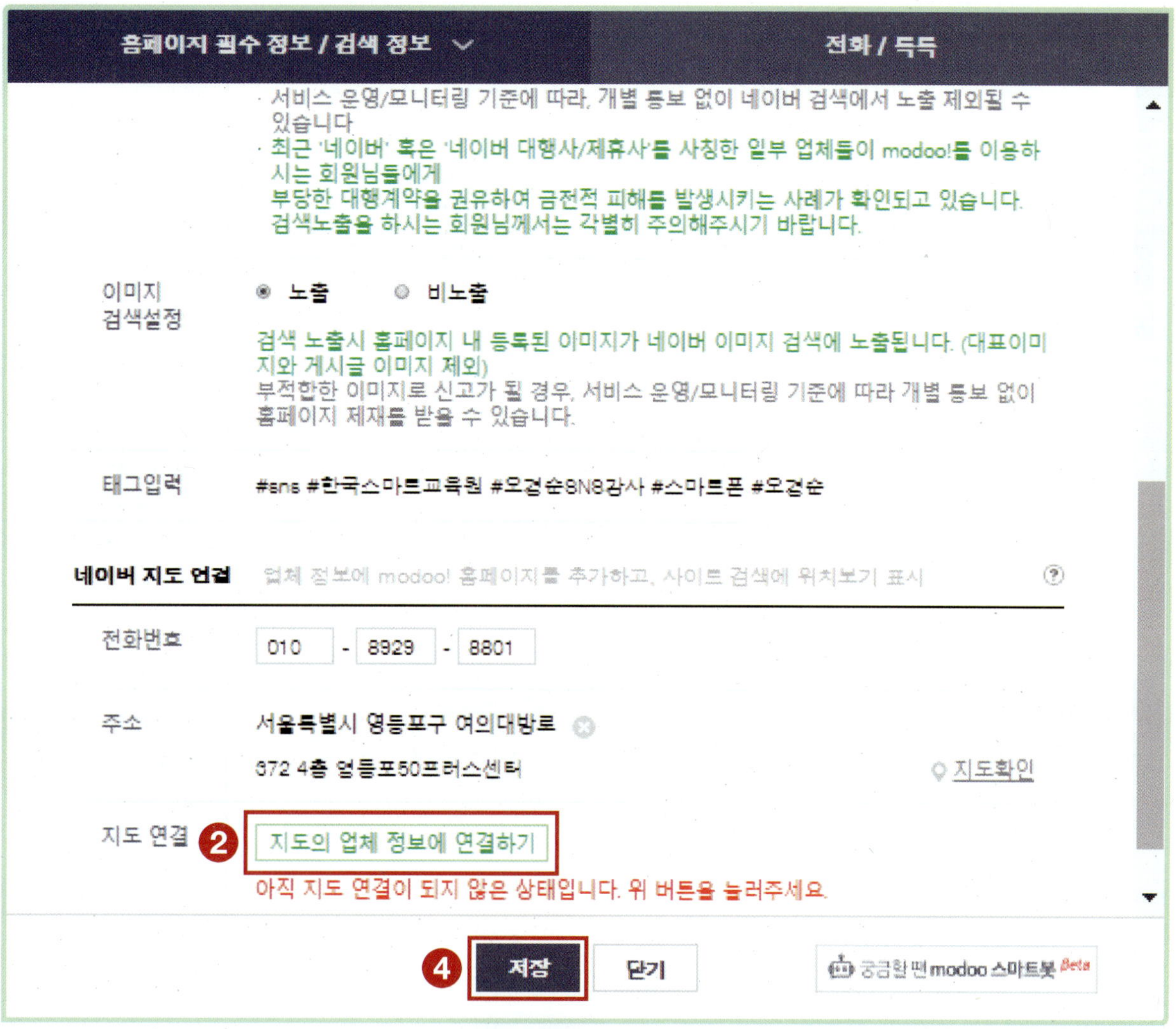

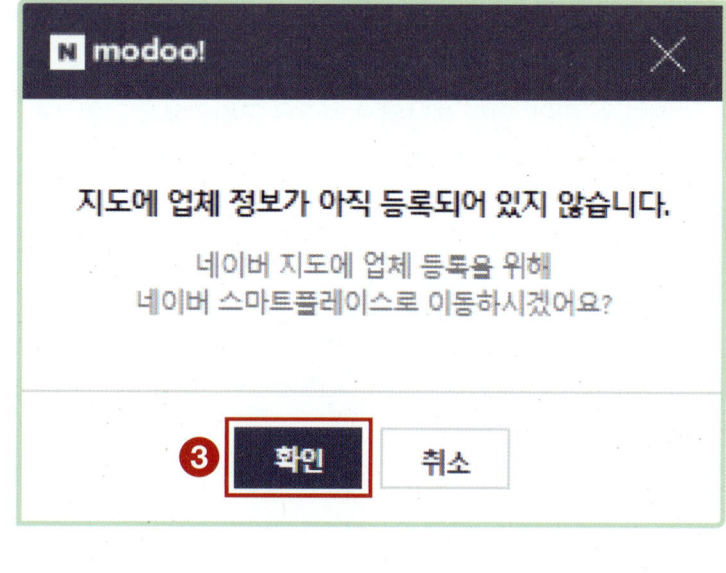

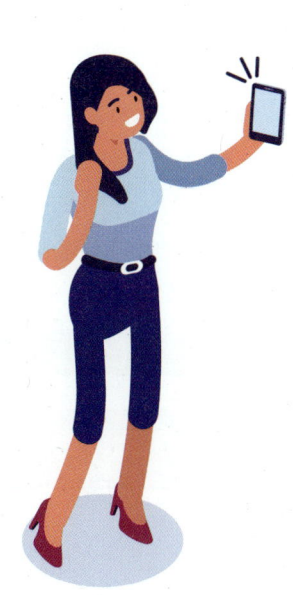

⑫ 동영상 삽입하기

동영상 삽입은 유튜브에 업로드된 영상만 가능하며 유튜브 주소를 링크 복사하여 붙인다.

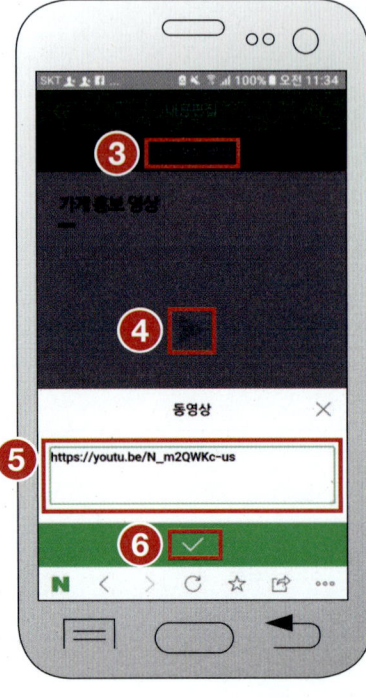

⑬ 스케줄 등록하기

스케줄 페이지는 관리자가 날짜와 시간별로 일정을 등록하면 방문자가 보고 확인할 수 있다. 일정/공지 등록은 PC나 모바일에서 스케줄 페이지 추가 후 모두 홈페이지 편집 화면이 아닌, 제작한 모두 홈페이지로 접속해 등록해 주셔야 하며, PC에서 추가/편집할 수 있다. 일단 생성된 스케줄은 모바일에서도 입력과 수정이 가능하다. 일정, 예약, 수업, 쉬는 날을 스케줄로 알릴수 있다.

> 예) 매월 둘째, 넷째 일요일은 쉽니다.
> 예) OPEN 9:00 ~ CLOSE 22:00
> 예) 설, 추석 연휴 정상영업합니다.
> 예) 5월 1일, 가게 2호점이 문을 엽니다.

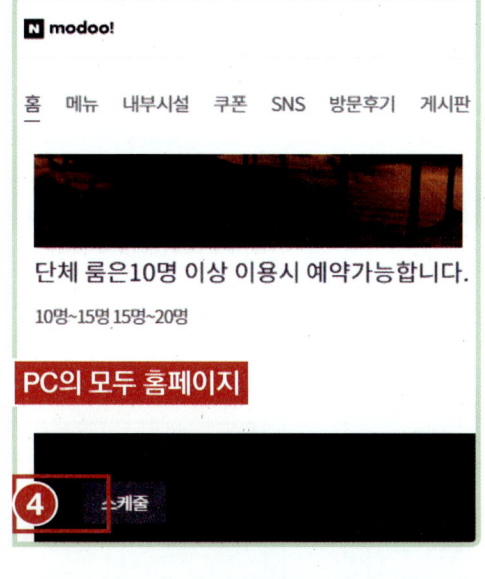

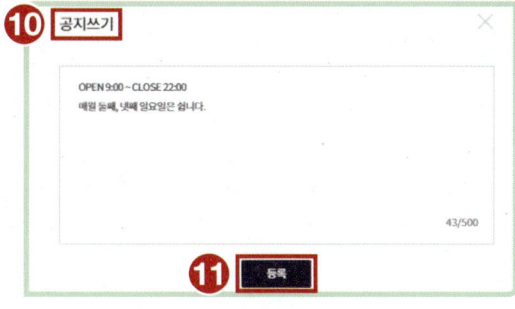

⑭ 모바일에서 일정(예약) 등록하기

  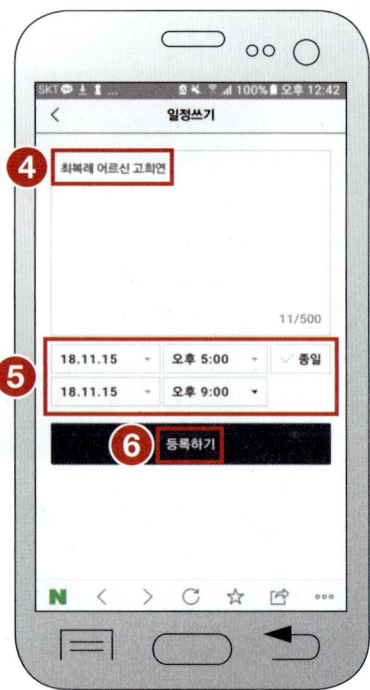

⑮ 네이버 예약 파트너 센터

네이버가 제공하는 무료 예약 및 예매 관리시스템, 실시간 예약서비스에 가입하여 모두에 연결 할 수도 있다. https://easybooking.naver.com/

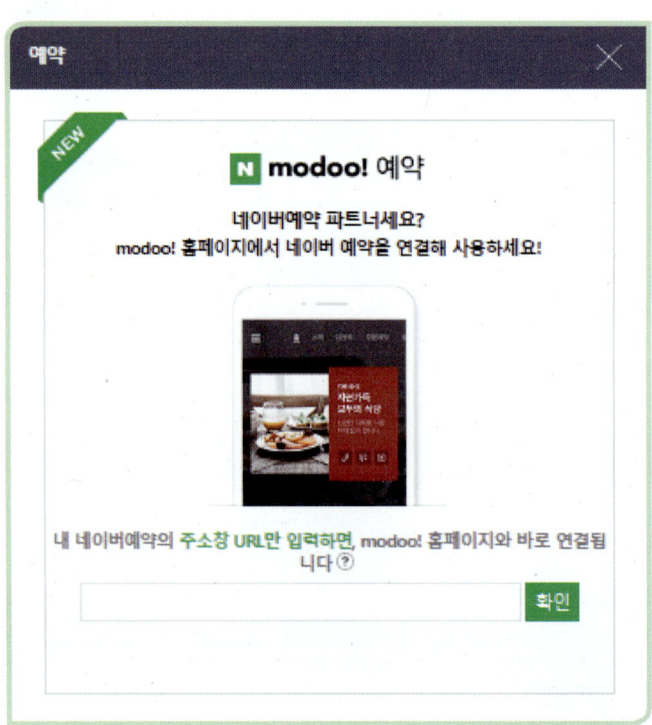

16 페이지 모아보기

여러 개의 modoo홈페이지를 한 페이지에 모아 볼 수 있다. 한번에 관리할 여러 지점들이 있다거나 즐겨가는 맛집들을 모아 놓거나 쿠폰등을 모아보기로 만들수 있다. PC에서만 가능하다.

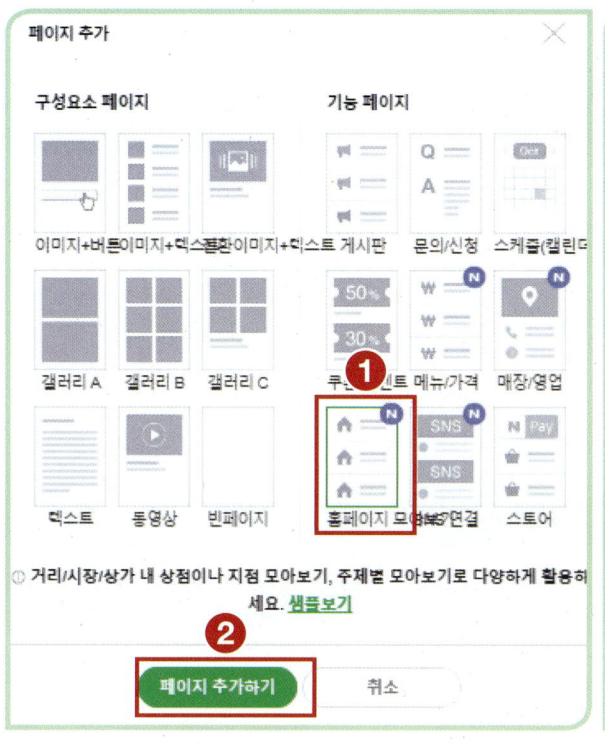
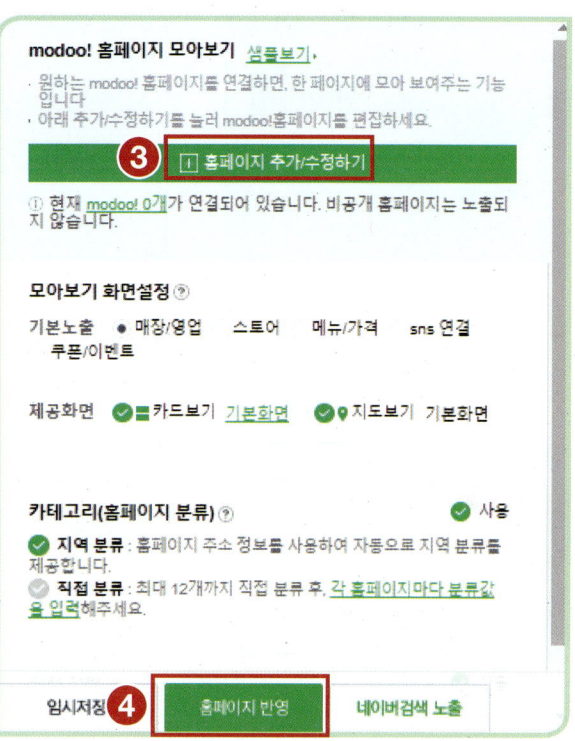

스마트폰을 활용한 SNS마케팅 쉽게 배우기

3 구성 요소 편집하기(자유롭게)

1 구성 요소 추가하기

 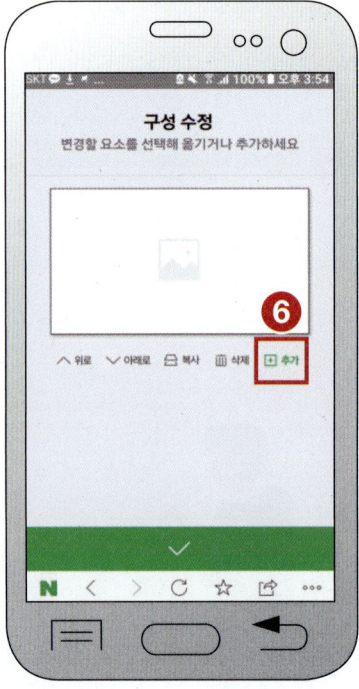 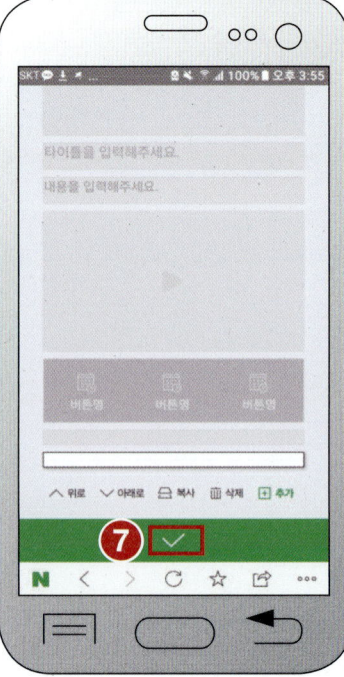

❷ 이미지 추가하기

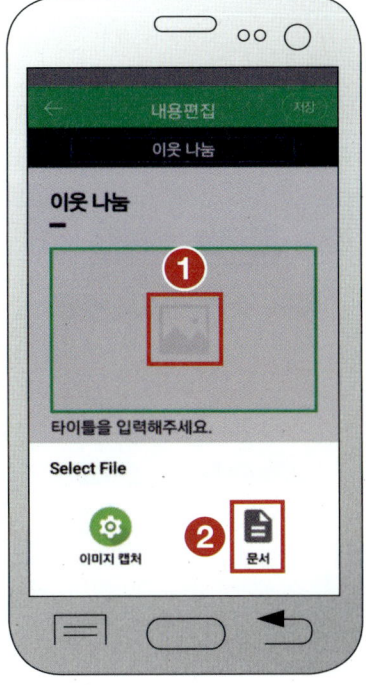  

❸ 텍스트 넣기

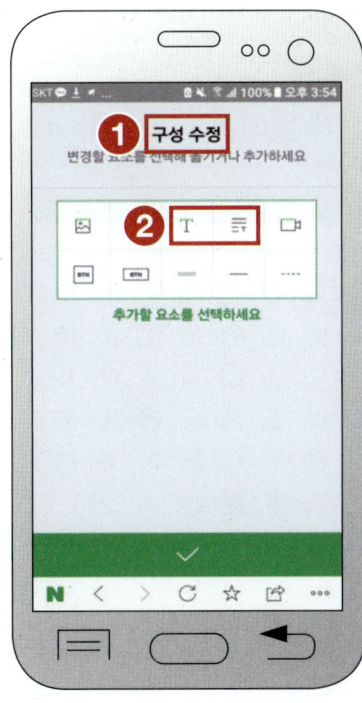  

스마트폰을 활용한 SNS마케팅 쉽게 배우기

4 동영상 삽입하기

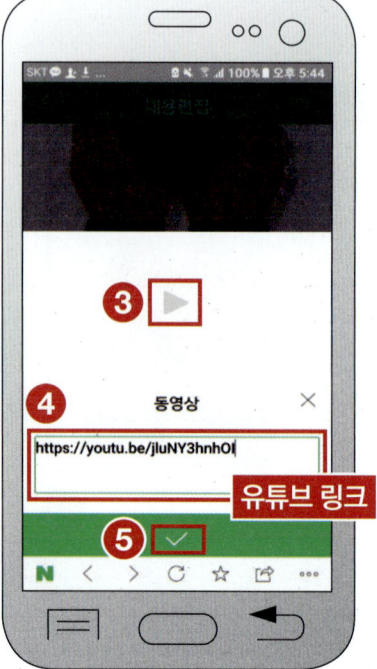
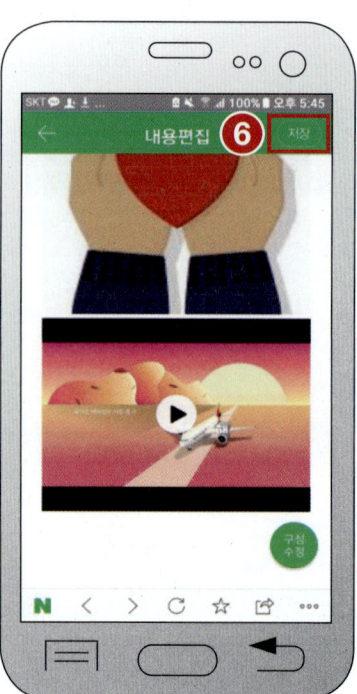

5 전화 버튼 연결하기

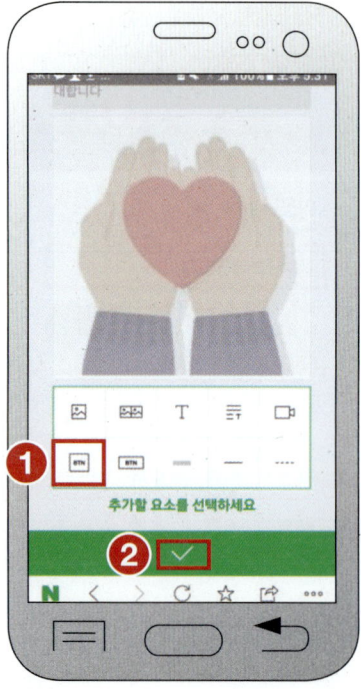
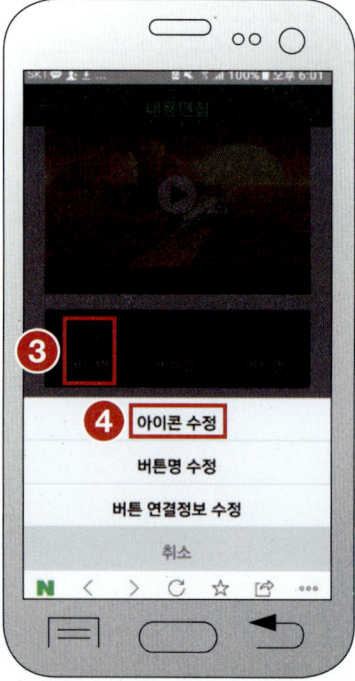

⑥ 블로그 및 SNS 연결 버튼 링크 걸기

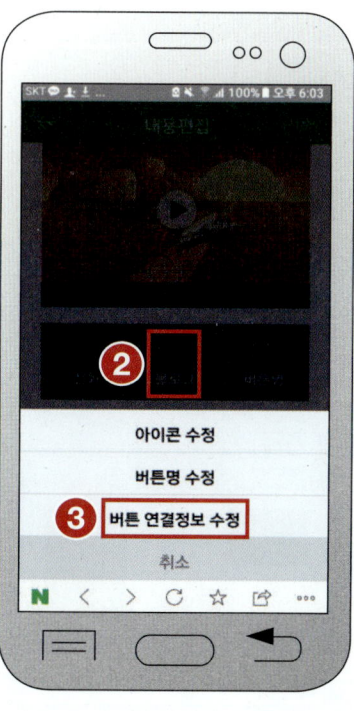

7 페이지 내 이동 링크 걸기

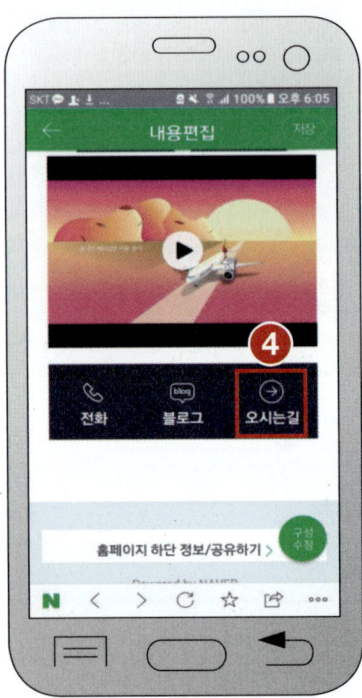

8 페이지 삭제하기

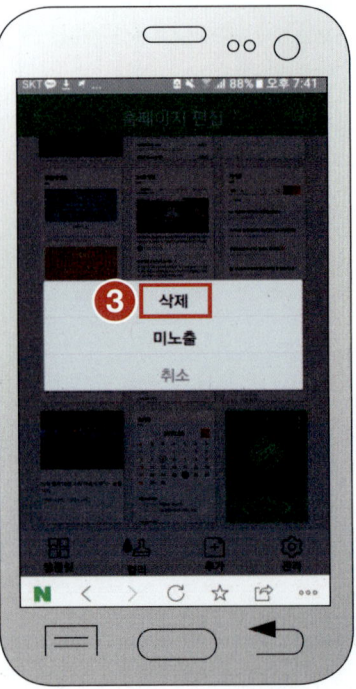

4 홈페이지 관리및 홍보하기

1 홈페이지 삭제와 검색 노출하기

2 홈페이지 공동 편집하기

 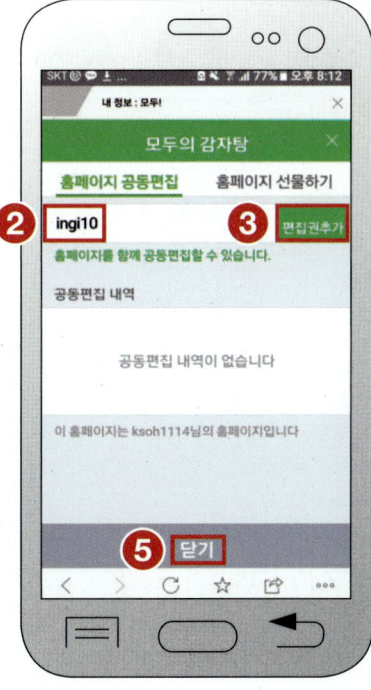 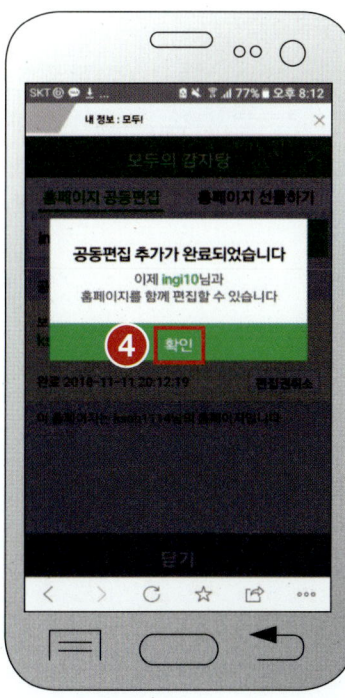

❸ 홈페이지 선물하기

 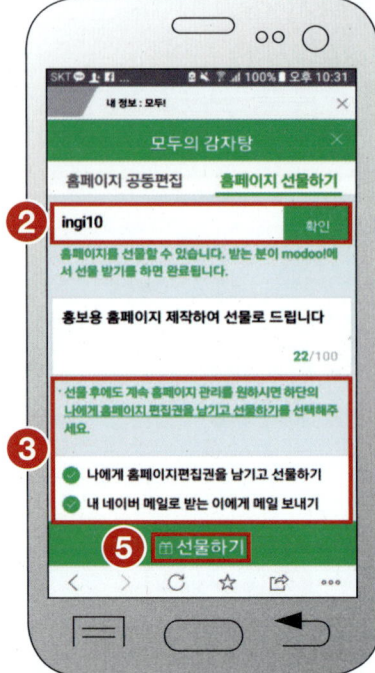 

❹ 홈페이지 QR코드로 홍보하기

PC의 홈페이지 관리에는 QR코드가 있다. Modoo 홈페이지를 홍보할 때 유용하다.

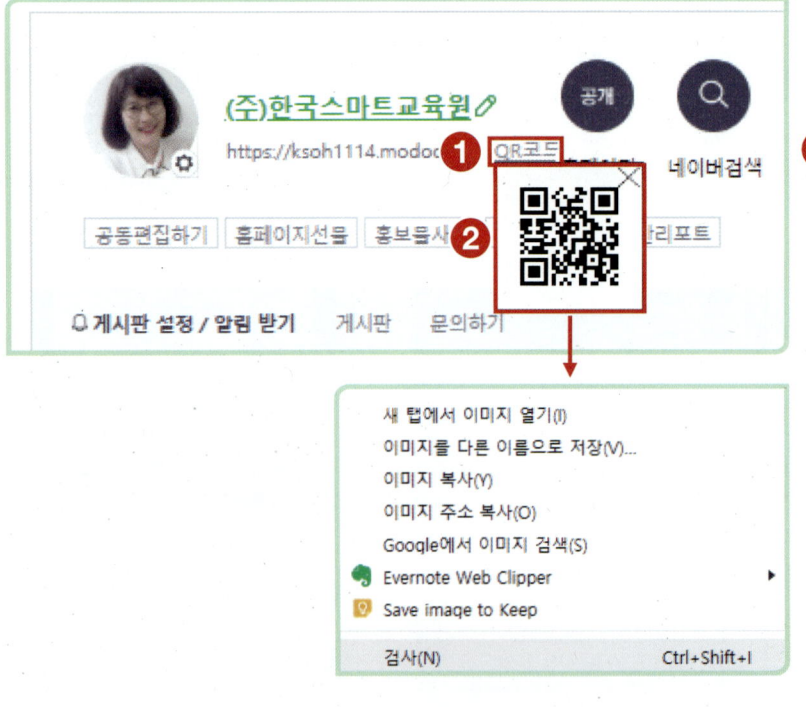 

5 홍보물로 홍보 하기

6 블로그에 modoo 위젯 넣기

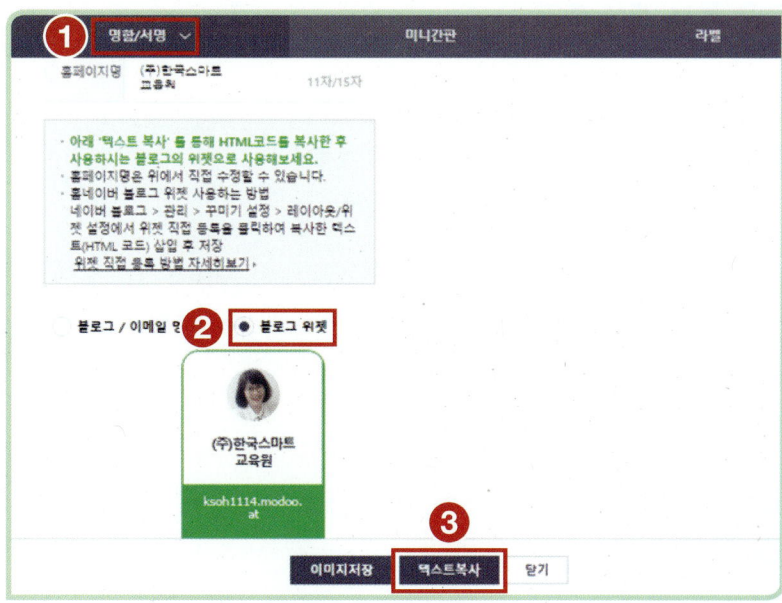

7 modoo에 톡톡 연결 하기

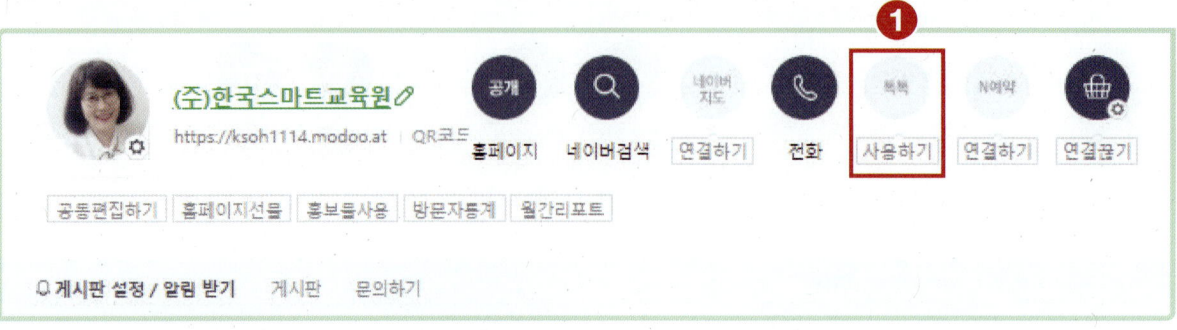

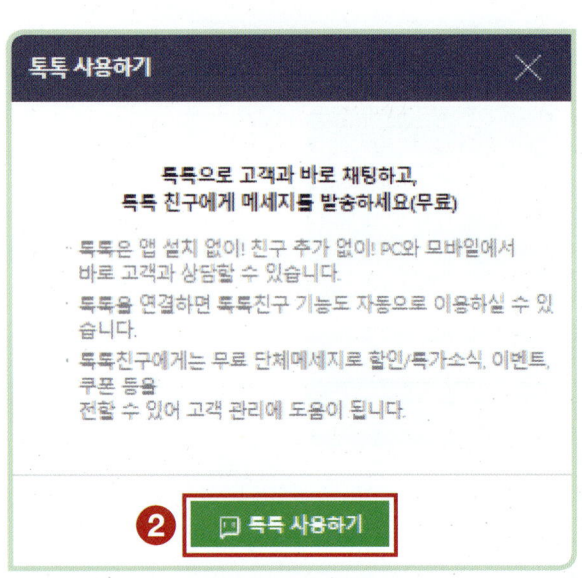

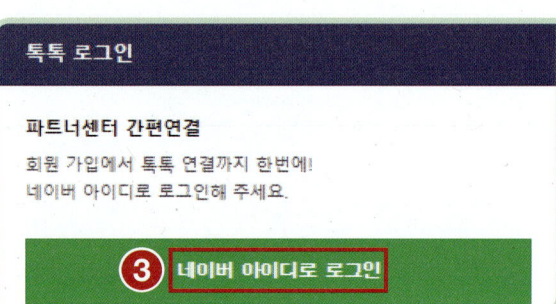

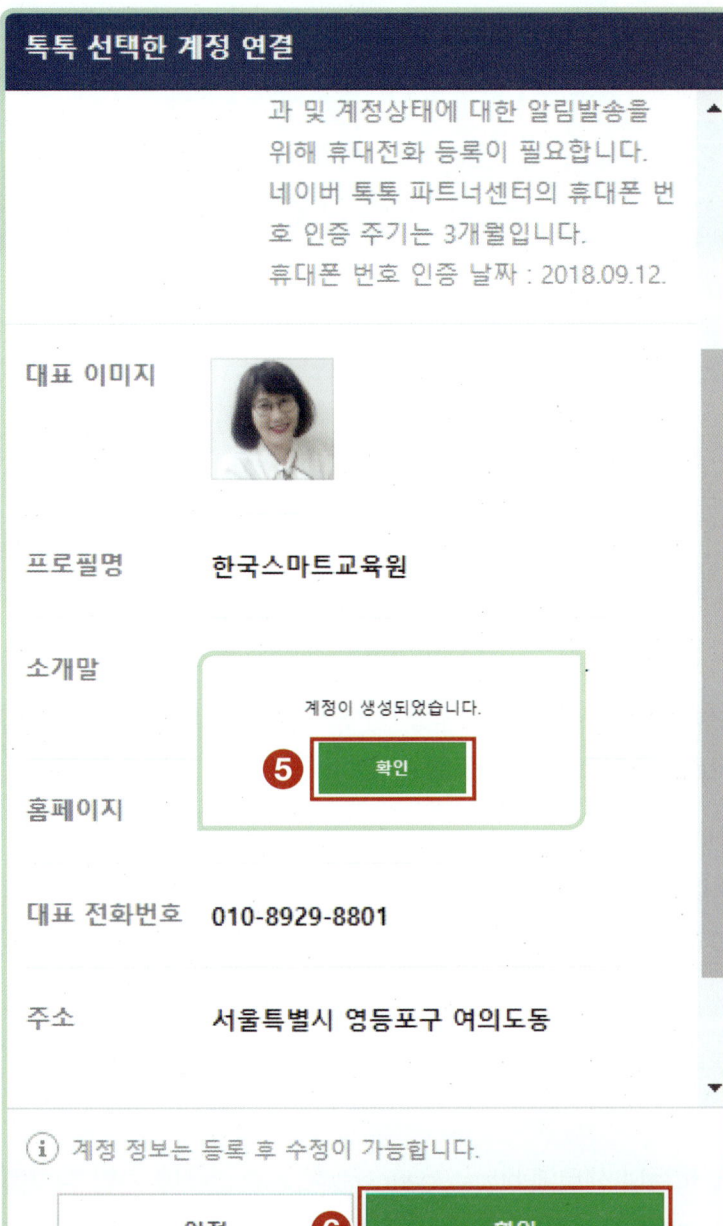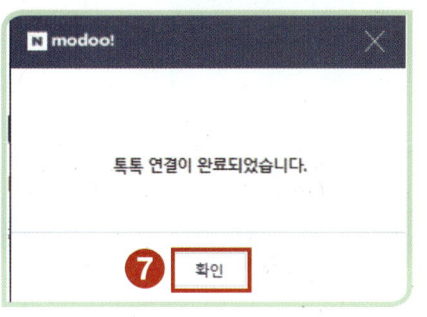

스마트폰을 활용한 SNS마케팅 쉽게 배우기

Step 2 네이버 톡톡

1 네이버 톡톡이란?

네이버 톡톡은 프로그램 설치 없이 고객과 상담 할 수 있는 무료 웹 채팅 서비스이다.
친구 추가나 앱설치 등과 같은 번거로움이 없이 사업주가 네이버에 신청하여 승인 받아 설치 하기만 하면 고객은 PC/모바일 환경에서 톡톡이 설치 되어 있는 곳은 어디서나 '톡톡하기' 버튼 을 누르면 바로 대화창이 열리고 사업주 판매자(파트너)와 대화나 상담을 할 수 있다.

고객은 전화나 문자 없이 궁금한 내용을 수시로 물어 볼 수 있고 사업주는 고객의 문의를 실시간 놓치지 않고 응대할 수 있어 편리하다. 톡톡은 물품정보에 대한 대화 뿐만 아니라 상품 추천,지도 정보 공유, 사진 전송 등 다양한 기능을 이용할 수 있다. 쇼핑몰,홈페이지,블로그등 고객과 만나는 공간 어디든지 톡톡 배너를 붙여 고객과 소통하며 고객관리를 해 보자.

이 서비스를 이용하려면 네이버 톡톡 파트너 센터에 https://partner.talk.naver.com에 가입 절차를 밟아야 한다. 톡톡은 반드시 네이버 아이디를 통해 가입해야 하고 로그인 후 이용약관에 동의하면 서비스 가입을 진행할 수 있다. 14세 이상 실명인증 회원만 가능하고 단체 아이디로 개설도 가능하며 관리자 초대도 가능하다. 상담가능 시간과 부재중 설정, 자동 응답을 설정해 놓을 수도 있다. 내가 모은 톡톡 친구에게는 무료로 단체 메시지도 보낼 수 있고 성별/연령별 타겟팅까지도 할 수 있다. 사업주는 pc와 모바일 어디서든 사용할 수 있는데 모바일에서는 톡톡 파트너앱을 다운 받아 계정관리를 할수 있다. 단 회원 가입, 채널 관리 등 일부 기능은 pc로만 접속하여 이용할 수 있다. 톡톡 파트너 센터에서 톡톡 계정을 생성하면 다음과 같은 여러 종류의 채널을 연동하여 관리할 수 있다.

① 스마트스토어
② 스마트스토어 전문관
   (백화점/아울렛/스타일윈도/리빙윈도)
③ 검색 광고
④ 그라폴리오
⑤ 부동산
⑥ 네이버 쇼핑
⑦ 네이버 페이
⑧ 모두(modoo)
⑨ 네이버 예약
⑩ 스페이스클라우드

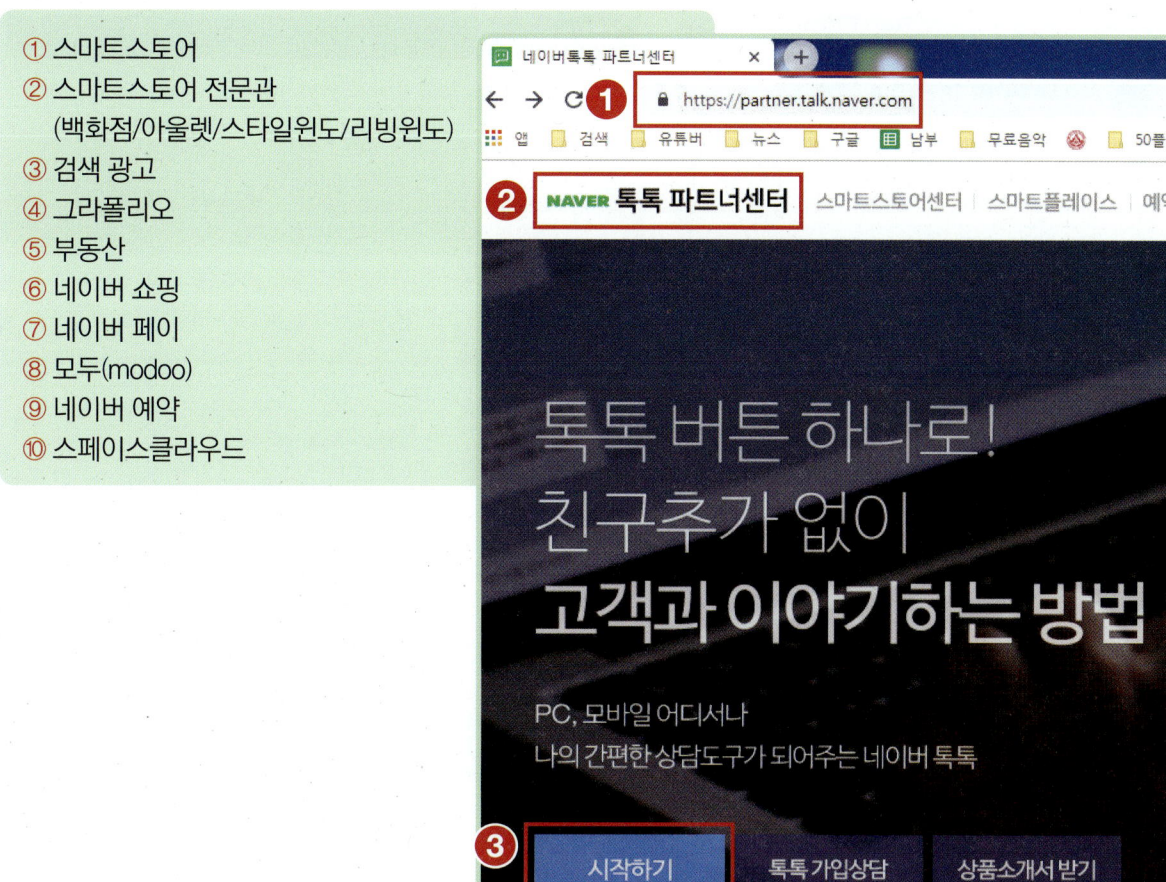

1 톡톡 계정 만들기

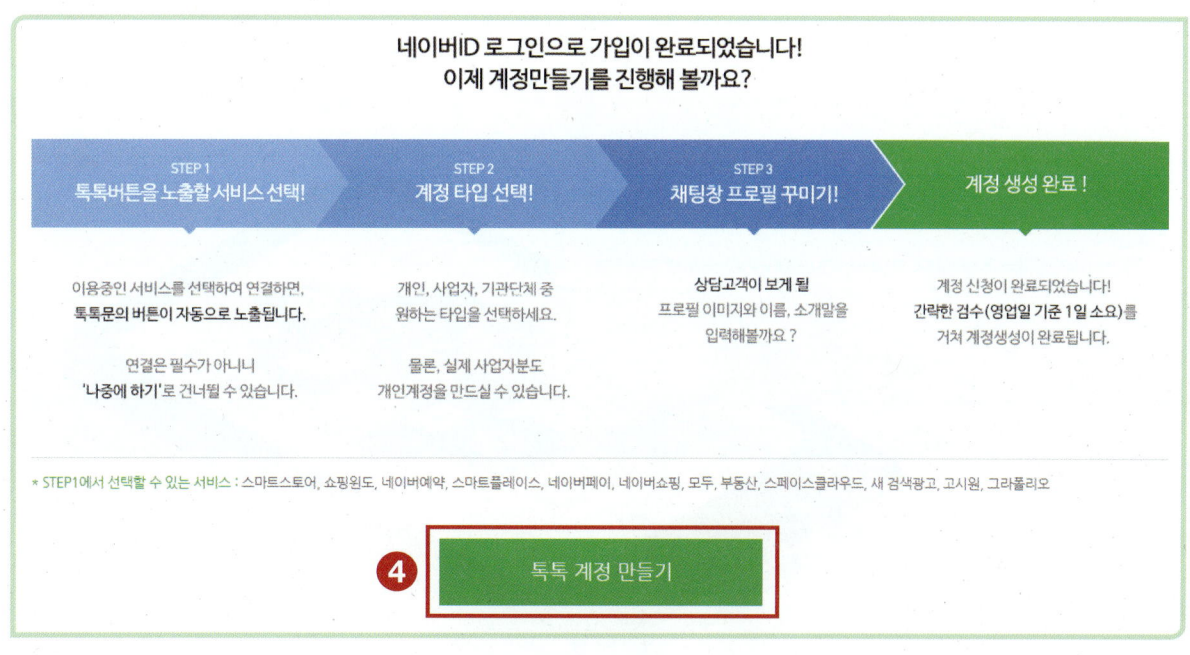

네이버 톡톡 - Chrome
https://talk.naver.com/ct/wcawkd
네이버톡톡마케팅지원센터
보통 10분 내 응답, 응답률 95%
반갑습니다.
"네이버톡톡파트너센터"입니다.
톡톡서비스에 대한 문의 사항 말씀해주시면 답변 드리겠습니다.
(상담 가능시간 : 영업일 9시 ~ 18시)
-톡톡네이버 ID에 한해 확인이 필요할 경우 상담원이 ID문의 시, 톡톡 상담을 위한 ID 확인에 동의하실 경우 ID를 말씀해주세요.
-비하/비방/음란/욕설 사용시 상담이 종료될 수 있습니다.
-문의하기전 FAQ도 확인해주세요.
오후 2:29
안녕하세요?
톡톡 잘 쓰고 있습니다.
오후 2:31
안녕하세요
감사합니다.
오후 2:32
메시지를 입력하세요
FAQ

톡톡 계정 만들기
1 서비스 연결
2 계정대표 정보 입력
3 계정 프로필 정보 입력
서비스 연결하기
추가
연결하실 서비스를 선택해주세요.
이용중인 네이버 서비스에 간편하게 톡톡를 연결할 수 있습니다.
계정 생성 이후에도 서비스 연결이 가능합니다.
5
서비스 연결 나중에 하기

톡톡 계정 만들기
서비스 연결
6
2 계정대표 정보 입력
3 계정 프로필 정보 입력
국내사업자
해외사업자
기관/단체
기관/단체고유번호 000 00 00000
기관/단체명 한국스마트교육원
대표자명 ***
고유번호증 고유번호증을 첨부해주세요. 첨부하기
본인은 상기 계정대표로 계정을 생성할 수 있는 권한이 있거나 권한을 위임 받았으며 등록한 정보에 거짓이 없음을 보장합니다.
이전
7
다음

SNS MARKETING

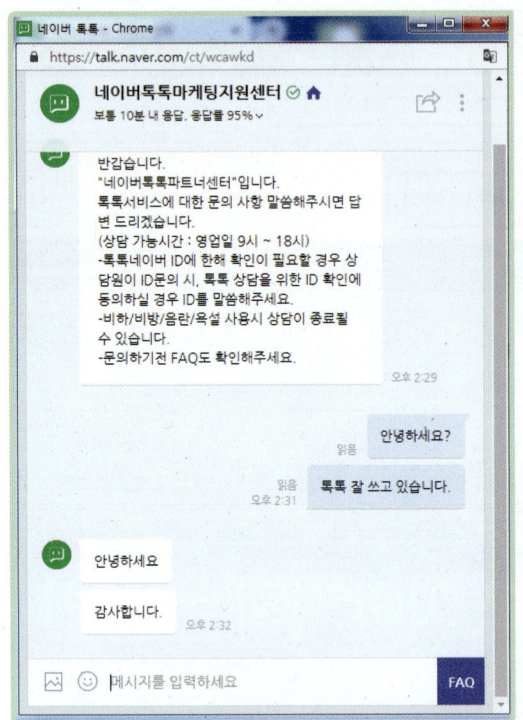

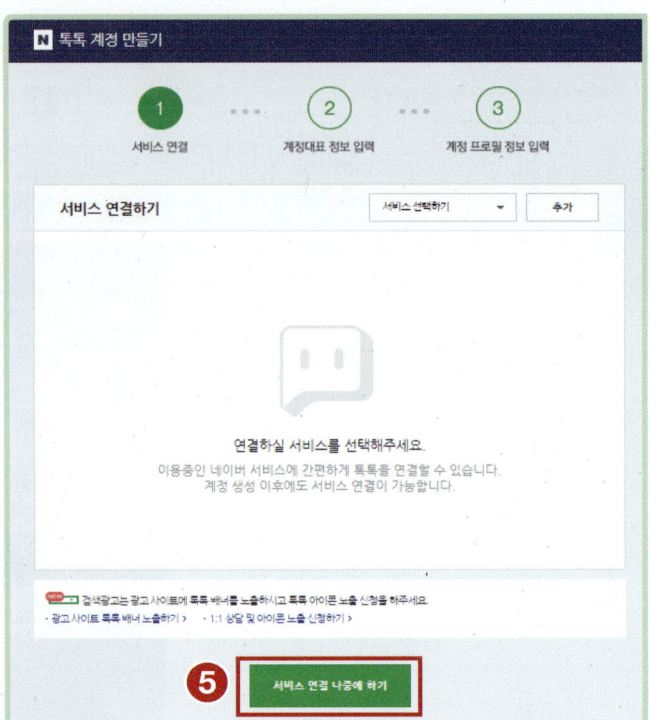

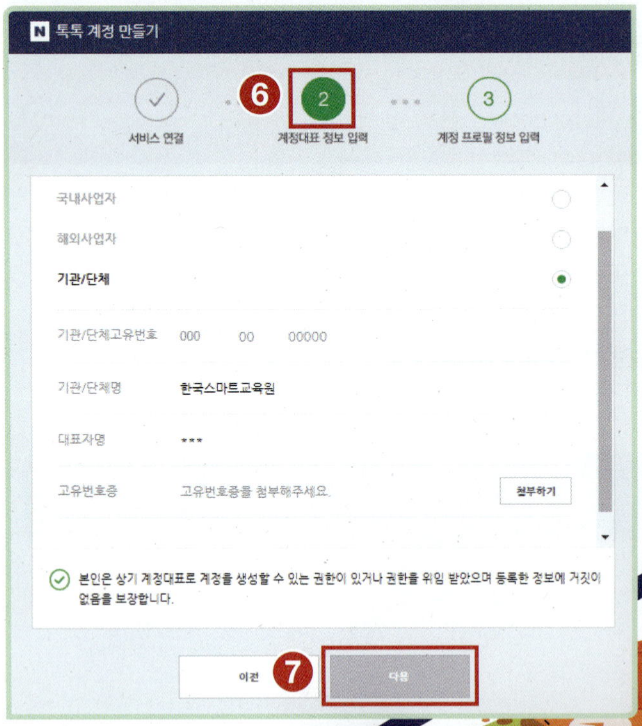

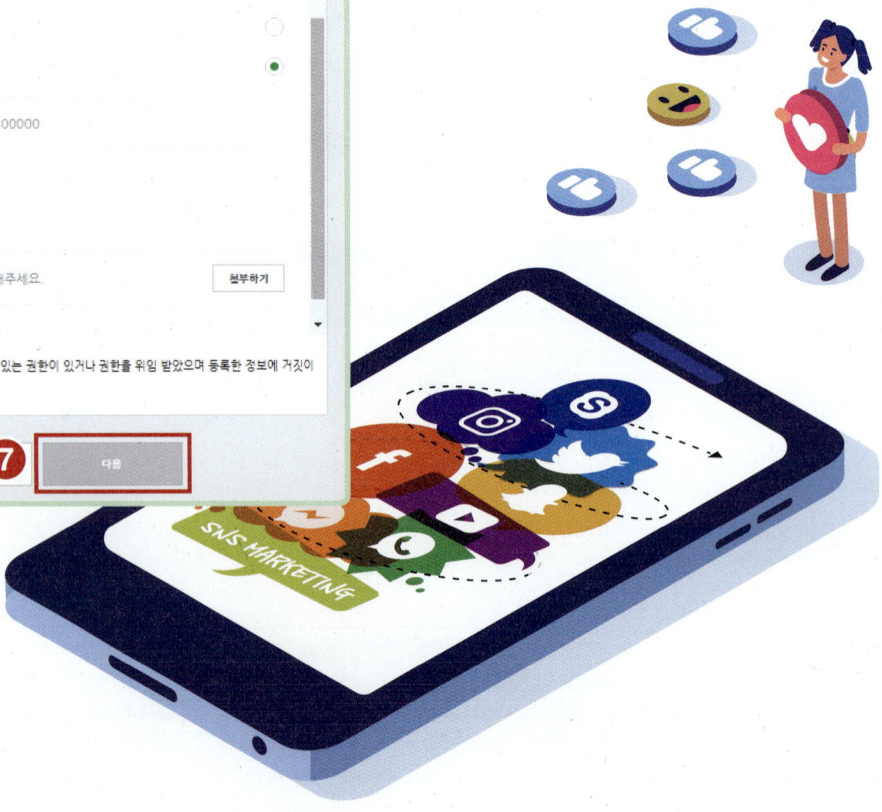

계정 프로필 정보 까지 모두 입력하고. 검수를 요청 하면 하루 안에 계정이 생성된다.

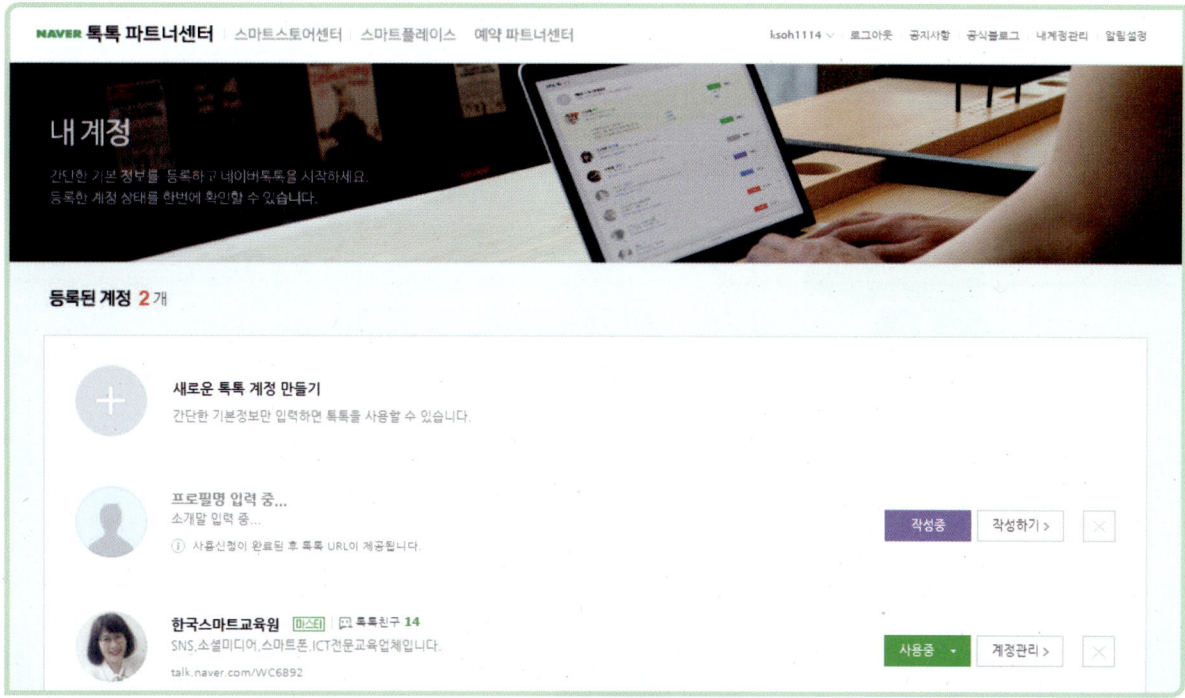

② 모두 홈페이지에 적용된 톡톡 모습과 자동 응답

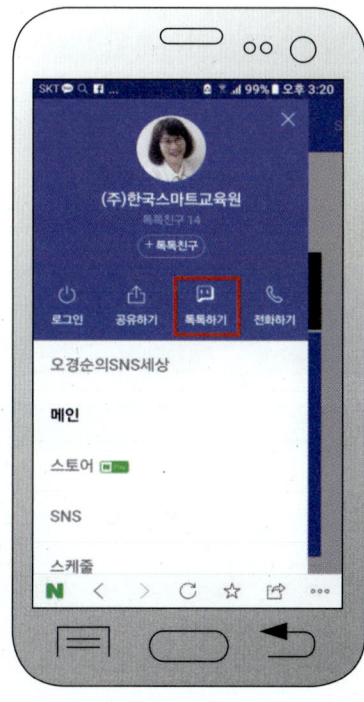
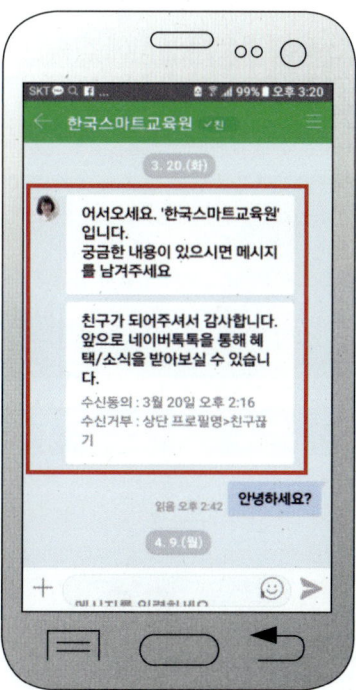

❸ PC 블로그에 적용된 톡톡 위젯 모습

❹ 블로그에 톡톡 위젯 넣기

검수 요청 후 승인 문자를 받고 톡톡 파트너 센터에 접속한 후 시작하기 ⇨ 계정 관리에 들어온다.

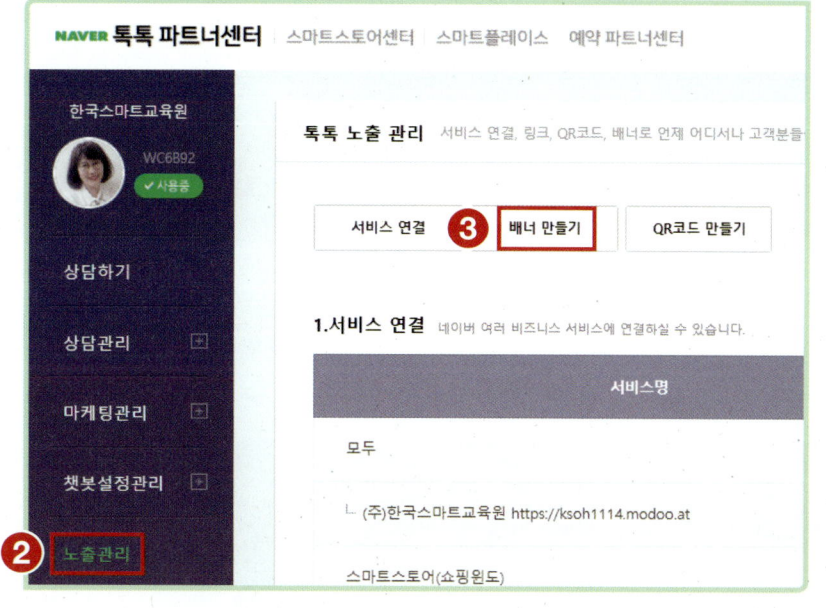
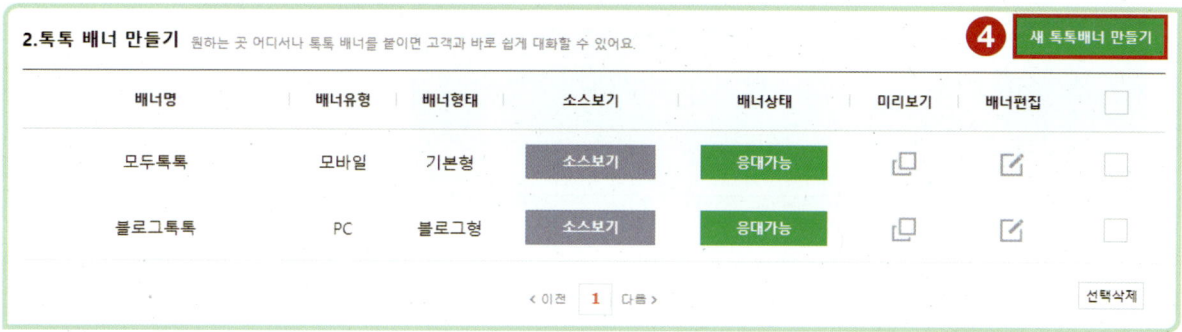

스마트폰을 활용한 SNS마케팅 쉽게 배우기

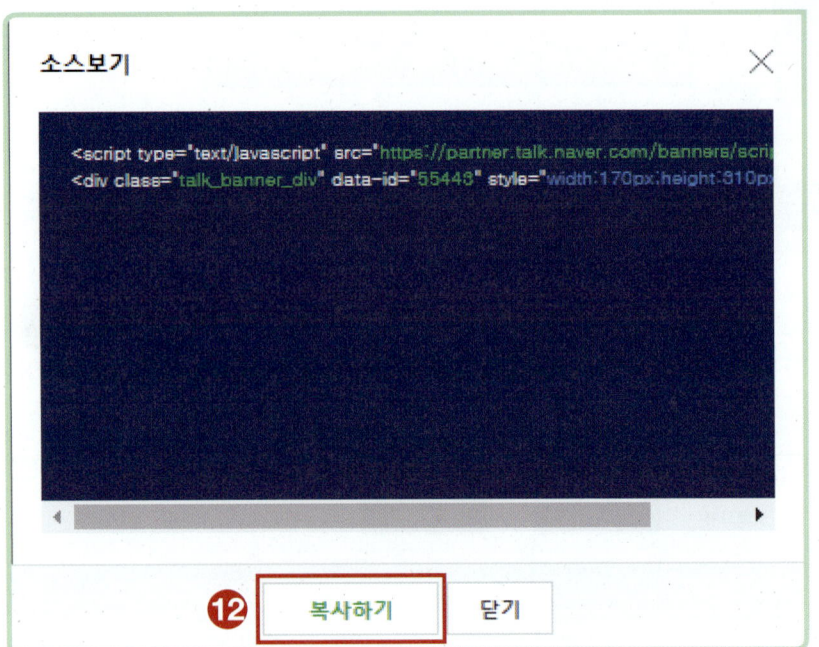

블로그로 와서 관리 ⇨ 꾸미기 설정

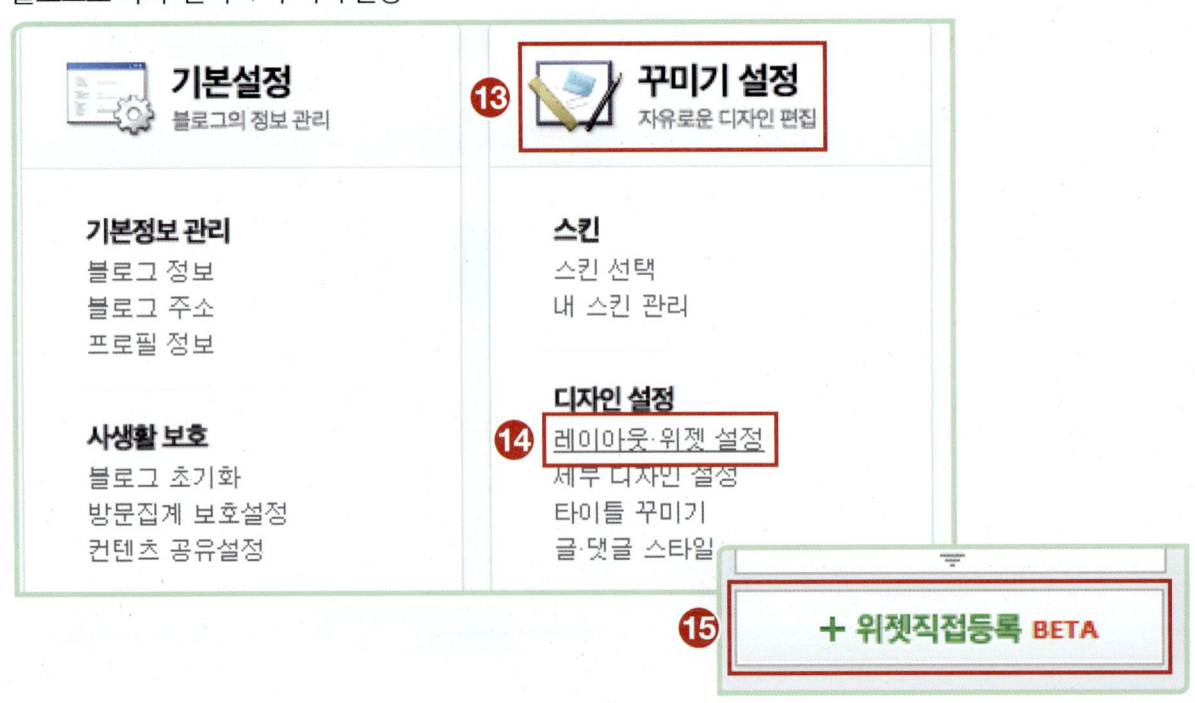

스마트폰을 활용한 SNS마케팅 쉽게 배우기

5 스마트폰에서 톡톡 알림 받기

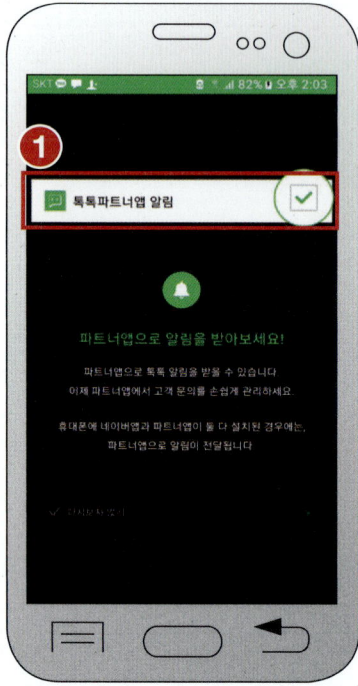  

6 톡톡 대화 목록 보기

7 톡톡 친구 맺기

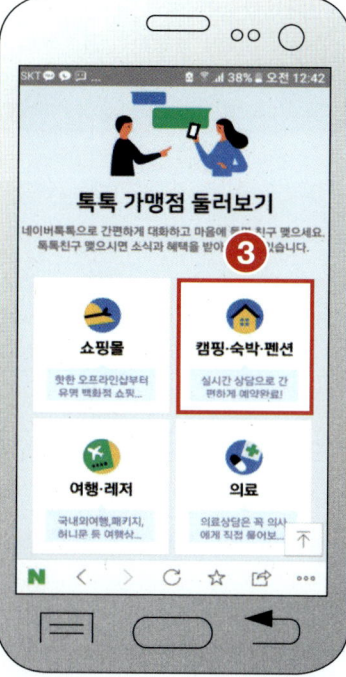
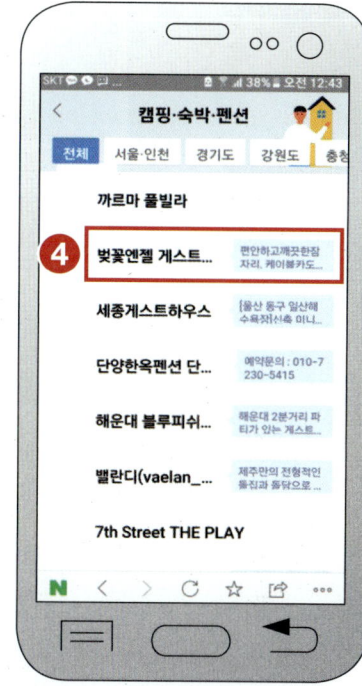

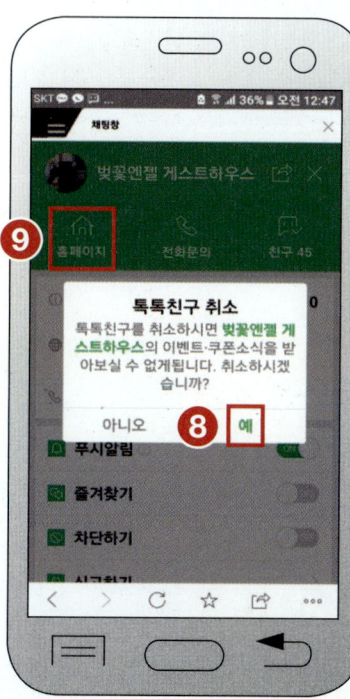

스마트폰을 활용한 SNS마케팅 쉽게 배우기

Step 3 네이버 쇼핑 윈도

 네이버 쇼핑 윈도 시리즈란?

온라인 쇼핑에서도 오프라인 쇼핑의 전문성을 느낄 수 있도록 백화점윈도, 아울렛윈도, 스타일윈도, 뷰티윈도, 리빙윈도, 푸드윈도, 키즈윈도, 플레이윈도, 글로벌윈도, 아트윈도 등의 전문관으로 구성한 네이버 O2O 쇼핑 서비스이다.

국내 모든 백화점의 퍼레이드!
지금, 백화점 디스플레이 상품 그대로 만나는 백화점윈도
바로가기

아울렛 가려고 휴가내지 마세요
브랜드 상품을 가장 싸게 살 수 있는 방법 아울렛윈도
바로가기

무보정 착샷이 가득!
전국 구석구석 숨어 있는 핫한 옷가게를 한눈에 스타일윈도
바로가기

발색샷부터 리뷰까지 확인!
화장품 매장에서 직접 보는 듯 실감 나는 뷰티 쇼핑 뷰티윈도
바로가기

내 취향을 알아보는 재미
골목골목 숨겨진 독특한 리빙 아이템이 한자리에 리빙윈도
바로가기

수많은 생생한 후기가 보증!
산지에서 재배한 식재료와 팔도의 지역명물을 한 곳에서 푸드윈도
바로가기

늘 행복해야 하는 아이들을 위해!
엄마들에게 입소문 난, 깐깐한 육아상품들이 모여있는 곳 키즈윈도
바로가기

조금 특별한 당신의 취미를 위한!
스포츠 용품부터 레어템까지 핫한 상품을 한 눈에 플레이윈도
바로가기

쉽고 아름다운 대중화를 위한!
모바일에서 즐기는 쉽고 편한 갤러리 아트윈도
바로가기
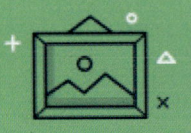

한국 주재 외국인이 먼저 찾는 곳
해외 유명상품을 가장 쉽고 빠르게 쇼핑하는 방법 글로벌윈도
바로가기

이외에도 패션 디자이너의 작품을 볼 수 있는 디자이너윈도 사랑스러운 애완동물의 필수 아이템을 만나 볼 수 있는 펫윈도우 등 다양한 카테고리가 있다.

즉 패션, 리빙, 뷰티, 푸드 등 전국 각지의 다양한 분야의 오프라인 매장을 고객들이 온라인으로 생생하게 만나 볼 수 있게 만든 O2O(Online to Offline) 플랫폼이다. 오프라인 소상공인들에게 좋은 상품을 알리고 판매할 수 있는 기회를 제공한다. 고객들은 쉽게 가 보지 못했던 곳의 오프라인 매장 상품까지 구매할 수 있고 판매자들은 해당 지역에서만 국한되던 고객층을 전국적으로 확대시켜 매출향상을 도모할 수 있다.

윈도우 시리즈는 네이버 소호몰인 스마트 스토어와는 다르게 오프라인 매장을 직접 운영하고 있어야된다는 점, 상품 사진 또한 윈도우 시리즈의 가이드에 맞춰 촬영해야 된다는 점 등 여러 가지 제한적인 부분이 있는 게 가장 큰 차이점이다.

판매자는 자신의 매장이 해당하는 윈도 시리즈에 가입 신청을 한 뒤 네이버의 심사를 거친 후 승인 완료가 되면 스토어를 개설할 수 있다. 윈도 시리즈를 운영하게 되면 스마트 스토어는 자동으로 연동이 되어 두 개의 온라인 스토어를 운영할 수 있게 된다. 네이버 윈도 시리즈에 입점한 판매자 대상으로 운영하는 블로그를 참조하면 좋다. https://blog.naver.com/n_shopwindow

1 네이버 쇼핑 입점 신청하기

https://join.shopping.naver.com/ 사이트에 접속한다.

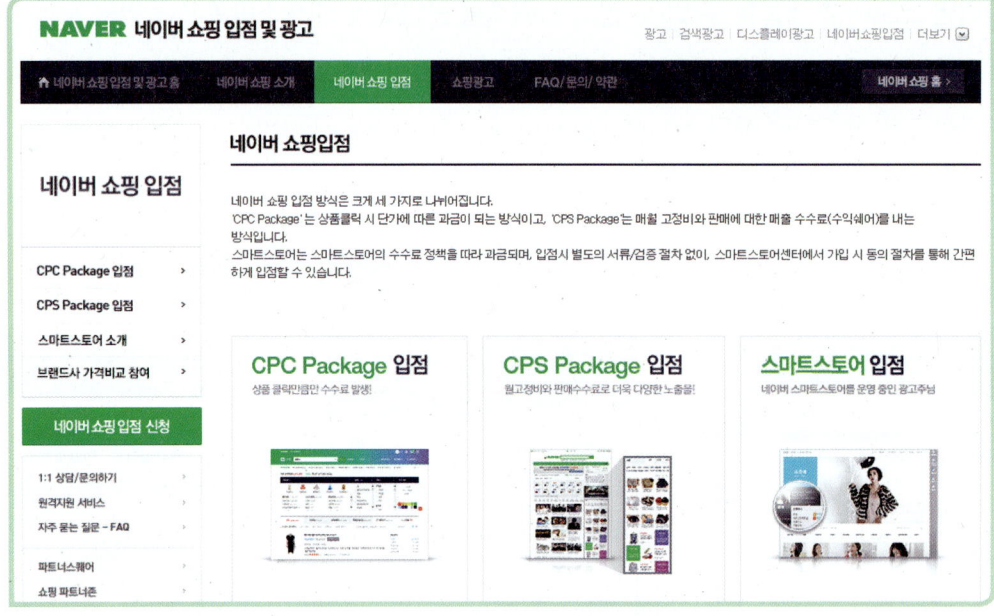

❷ 네이버 쇼핑 입점 조건

　네이버 쇼핑에 내 상품이 노출되기 위해서는 네이버 쇼핑 입점해야 되는데 입점 방식은 크게 CPC 패키지와 CPS 패키지가 있다.

　CPC는 Cost Per Click의 약자로 상품 클릭시 단가에 따른 수수료를 부과하는 방식으로 한 번의 입점비만으로 상품 구매 의사를 가진 소비자에게 광고하려면 CPC 패키지로 입점한다.

CPS는 Cost Per Sale의 약자로 매월 고정비와 판매에 대한 상품 판매 수수료를 지급하는 방식으로 모든 카테고리의 상품을 취급하는 종합 쇼핑몰 등이 주로 CPS 패키지로 입점한다.

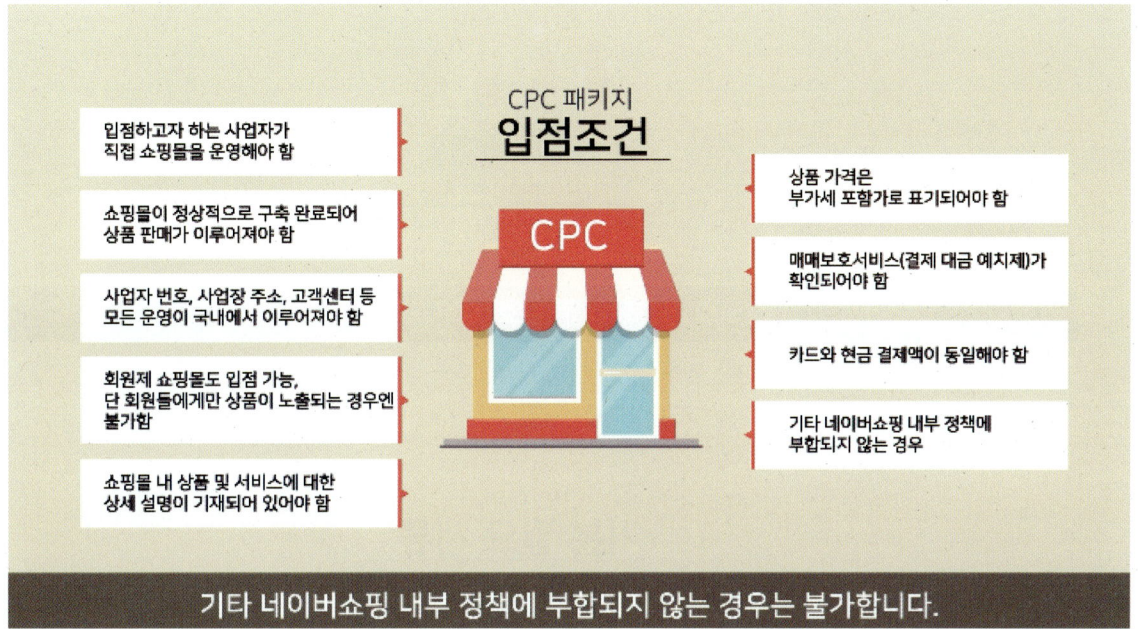

3 CPC 패키지 입점 프로세스

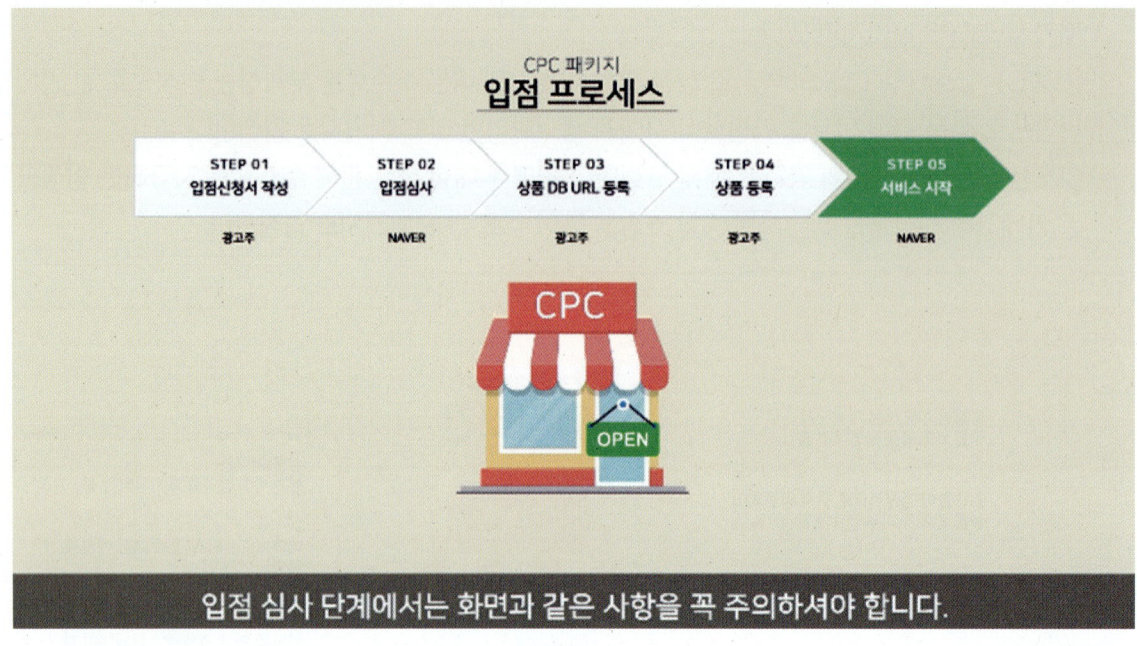

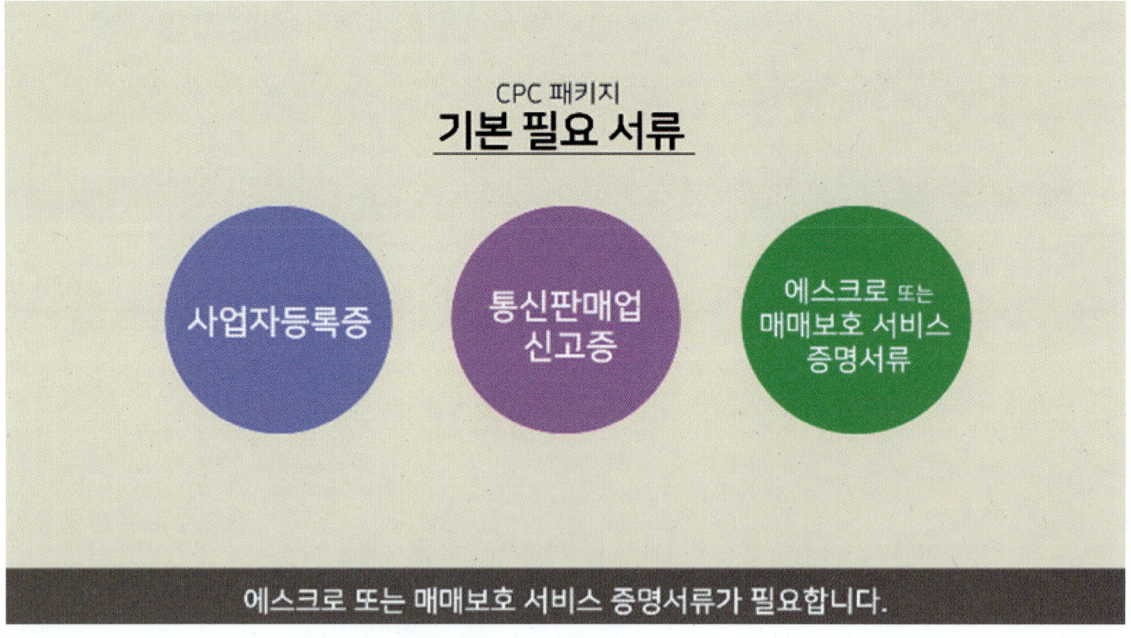

Step 4 오픈 마켓

1 오픈마켓이란?

1 오픈마켓

　　오픈마켓은 통신 판매 중개업자가 판매자와 구매자 사이를 중개하고 각각의 판매자가 오픈마켓에서 모두 물건을 팔 수 있는 열린 장터이다. 11번가 G마켓, 옥션 등이 대표적이다. 각 판매자들은 오픈마켓에 판매자로 가입한 다음 자신이 생산하거나 유통하는 상품을 오픈마켓에 등록한다. 오픈마켓은 온라인 판매 공간을 제공해 주고 입점 상품 판매에 대한 수수료를 받는다. 누구나 판매자가 될 수 있다. 오픈마켓은 상품 종류가 많고 동일한 상품끼리 가격 경쟁을 하기 때문에 판매 가격이 낮아진다. 구매자가 상품을 받고 구매 결정을 한 시점에서 8~10일이 지나면 판매자에게 정산이 된다. 오픈마켓에 판매 수수료는 8~12% 정도이며 상품 카테고리에 따라 수수료가 다르다. 마켓 내 키워드 검색 상위 노출, 전시 입찰 광고, 리스팅 광고 등 별도의 광고비 부담이 있다.

2 소셜 커머스

　소셜커머스는 특정 상품을 최저가로 판매하는 모델에서 출발했다. 티몬, 위메프, 쿠팡 등이 대표적이다. 초기 소셜커머스는 SNS를 통해 특정 상품을 구매하려는 사람을 모으고 목표 수량에 도달하면 할인된 가격에 상품을 판매하는 공동구매 형식이었다. 이후에는 상품을 MD가 선정하고 일정기간 동안 싸게 판매하는 소셜 딜이 주력이 되었고 최근에는 자체 유통 상품의 비중이 점점 높아지고 있다. 소셜커머스는 고객에게 판매한 대금을 판매 시점으로부터 7일 후에 송금받는다. 납품 업체는 판매대금을 30~60일 후에 정산을 받는데 꽤 긴 시간이라고 할 수 있다. 판매대금은 딜 진행 시점에 따라 몇차례로 나누어 정산이 되는데 1차 70%, 2차 20%, 3차 10% 지급과 같은 방식이다. 수수료는 딜을 등록할 때는 등록비(서버 운영 수수료)와 판매 금액에 대한 판매 수수료가 있다. 판매 수수료는 상품 카테고리별로 다르며 10~15% 정도이다.

　소셜커머스는 가격 비교 없는 최저가 상품 제안과 단순한 판매 방식으로 모바일 시장과 함께 급성장 하였으나 최근 수익성 악화로 사업 모델이 바뀌고 있다.

　쿠팡은 현재 패션 카테고리를 제외한 분야에서 소셜 딜을 없애고 오픈마켓처럼 각 사업자가 상품을 판매한다. 여기에 중복되는 상품 중에서 최저가(상품 가격 + 배송비)인 것을 대표 상품으로 노출하는 아이템 마켓을 더 했다. 쿠팡이 직접 상품을 납품업체에서 매입하는 직매입도 증가하고 있다. 이 경우 제품 가격이 전부 매출로 계산되기 때문에 매출액이 증가되고 이는 투자 유치와 직결된다.

　티몬은 앞으로 관리형 오픈마켓으로 사업 방향을 전향하겠다고 밝혔다. 소셜커머스에서 오픈마켓으로 사업 모델을 바꾼 티몬과 위메프는 결국 오픈마켓으로 전환할 것으로 전망된다. 오픈마켓 또한 타임세일, 소셜 딜 등 소셜 커머스의 장점을 도입하면서 점차 업계의 구분이 모호해지고 있으며, 각 마켓의 수수료 및 광고비 정책은 수시로 바뀌므로 입점 시에는 물론이고 운영 중에도 수시로 확인해야 한다.

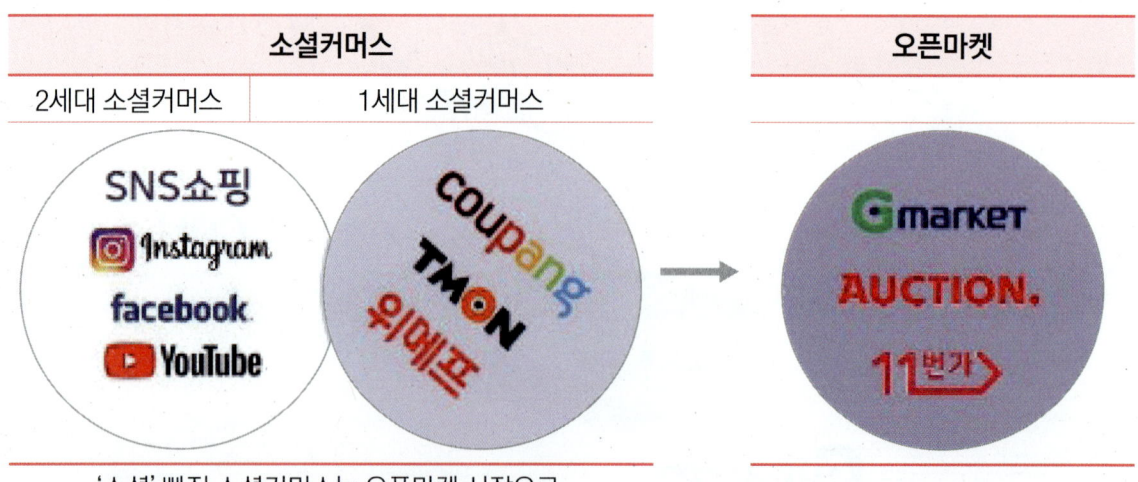

'소셜' 빠진 소셜커머스는 오픈마켓 시장으로...

3 스마트 스토어

스마트 스토어는 네이버에서 제공하는 임대 쇼핑몰로써 임대 쇼핑몰에 오픈마켓의 형식을 더한 방식이다. 샵N이 스토어팜으로 다시 스마트 스토어로 이름을 바꾸며 현재까지 왔다. 오픈마켓과 유사하지만 상점을 열거나 물건을 팔 때 따른 수수료가 없으며 네이버 블로그와 카페의 성격을 포함하고 있다. 상품 정보를 등록하고 검색할 수 있는 서비스 플랫폼으로 개편 운영되고 있다. 결제 수수료는 1~3.85%이고 기본적으로 네이버 페이를 지원한다. 독립적인 쇼핑몰 운영이 가능하면서 네이버 지식쇼핑과 자동 연동이 가능하다는 장점이 있다. 또한, 네이버 지식쇼핑을 통해 판매될 때는 수수료 2%가 추가로 부과된다. 스마트 스토어 수수료는 다음과 같다.

네이버 페이 결제 수수료(VAT 포함)

결제 수단	수수료
신용카드	3.74%
계좌이체	1.65%
무통장입금 (가상계좌)	1%(최대 275 원)
휴대폰 결제	3.85%
네이버 페이 포인트	3.74%

스마트 스토어를 통해 상품을 판매하고자 한다면 자신에게 맞는 회원 유형을 선택하고 신청하면 된다. 신청 후 7일 안에 서류를 제출하면 심사를 거쳐 2~3일 안에 등록이 완료된다. 네이버는 판매수수료를 포기하는 대신 상품 정보 데이터베이스를 확충해 검색 품질을 높일 수 있으며 판매자는 비교적 저렴한 수수료를 지불하고 영업을 할 수 있다. 특히 모바일 상품 검색에 강점이 있다.

Step 5 네이버 스마트 스토어

1 스마트 스토어란?

스마트 스토어는 네이버에서 제공하는 무료 쇼핑몰이다. 중소상공인을 위한 쇼핑몰인 '스토어팜'의 기능을 개선해 2018.2월 스마트 스토어로 재단장하였다. 스마트 스토어는 네이버 아이디로 회원 가입만 하면 누구나 간편하고 빠르게 온라인 쇼핑몰을 열 수 있다. 판매자 아이디로 가입한 후 상품을 등록하면 네이버와 자동 연동되어 네이버 쇼핑에 바로 노출시킬 수 있다. 또한, 블로그형 구조로 사이트 구축이 쉬워 꾸미고 상품 등록 등의 관리하기가 쉽다. 주문 관리, 결재 관리 등 자동 연동 시스템을 연동하여 쓰기만 하면 된다. 별도의 판매 수수료가 없어 저렴하게 이용할 수 있다. 온라인 결재 수수료와 네이버 쇼핑에 연동되어 유입된 고객이 상품을 구매했을 때만 발생하는 네이버 연동 수수료가 있다. 스마트 스토어에 입점하면 블로그나 modoo, 사이트 등록 등 네이버 서비스와 쉽게 연동되어 노출 가능성이 높은 장점이 있다.

스마트 스토어는 소비자들의 데이터를 분석한 다양한 기술이 접목된 새로운 개념의 클라우드형 쇼핑몰이며, 재구매시 할인 쿠폰 제공 등의 고객별 맞춤 혜택을 제공하거나 쇼핑 챗봇, 유입 정보, 상품별 판매성과, 고객 정보 등 통계 자료를 제공하는 비즈 어드바이저 기능이 보강되어 있다.

1 쇼핑몰 비교

	오픈마켓	개인 쇼핑몰	스마트 스토어
장점	- 초기 구축 비용 없음 - 단일 상품으로 판매 가능 - 지명도가 높을수록 판매 용이 - 시스템 유지를 위한 전문 인력이 필요 없음 - 미니샵 운영이 가 - 쇼핑 희망 고객이 방문	- 독특한 아이디어, 컨셉의 쇼핑몰 자체 제작 가능 - 독자적인 마케팅 관리 가능 - 환경 변화, 고객 취향 변화에 즉각적인 대응 - 적극적인 마케팅 활동 및 회원 DB 고객 관리 가능	- 초기 구축 비용 없음 - 원스톱 쇼핑몰 구축 - 네이버 페이 결제 기능 탑재 - 별도의 PG 서비스 계약 불필요 - 독자적 쇼핑몰 이름과 주소 - SNS 및 모바일 연동에 최적
단점	- 높은 판매 수수료 (8~15%) - 치열한 내부 경쟁 - 노출 및 가격 경쟁 - 쇼핑몰 운영 노하우 축적과 고객 관리 어려움 - 독자적인 쇼핑몰 기능 미약 - 브랜드 구축이 어려움	- 쇼핑몰 홍보 어려움 - 초기 구축 비용이 큼 - 구축 기간이 필요 - 관리, 자재, 유지 보수 등 전문 인력 필요 - 지불 대행사, 카드회사, 택배 회사 등 자체 계약	- 차별화된 별도의 커스터 마이징 어려움 - 자체 프로 모션 필요

2 스마트 스토어 프로세스

스마트 스토어 판매자는 별도의 서류나 검증 절차 없이 스마트 스토어 센터 가입시 동의 절차를 통해 네이버 쇼핑에 상품 노출이 가능하다.

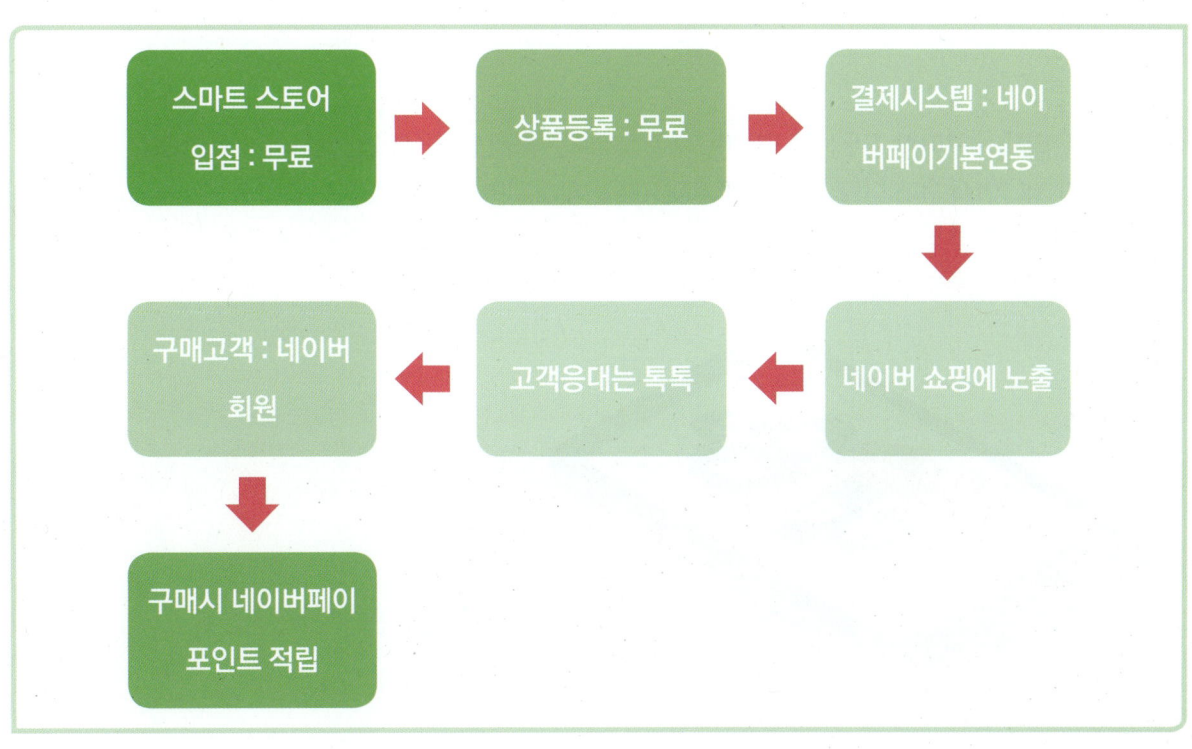

3 스마트 스토어 수수료 구조

온라인 쇼핑몰에는 다양한 판매 채널이 있다. 쇼핑몰을 광고하려면 광고비가 드는데 대부분 클릭당 과금하는 방식이다. 스마트 스토어는 고객 유입이 네이버 쇼핑 채널로 들어와서 클릭만 하고 구매하지 않으면 과금이 없고 구매를 했을 때만 네이버 쇼핑 연동 수수료 2%가 붙는다. 또한, 네이버 페이로 결재하기 때문에 페이 수수료가 더해진다. 이 경우 최대 수수료는 5.85%이고 네이버 페이 수수료는 결재 수단에 따라 다르다.

고객의 유입이 네이버 쇼핑 연동이 아닌 개인 홍보 활동이나 즐겨찾기로 유입, 또는 SNS의 다양한 채널로 유입되서 구매할 경우는 쇼핑 연동 수수료 2%는 붙지 않고 네이버 페이 수수료만 붙어 정산된다. 시간이 지나면서 판매 단골 고객 판매나 재구매가 많아지면 네이버 쇼핑 이외의 채널로 유입되는 경우가 증가하므로 수수료는 점점 줄어든다.

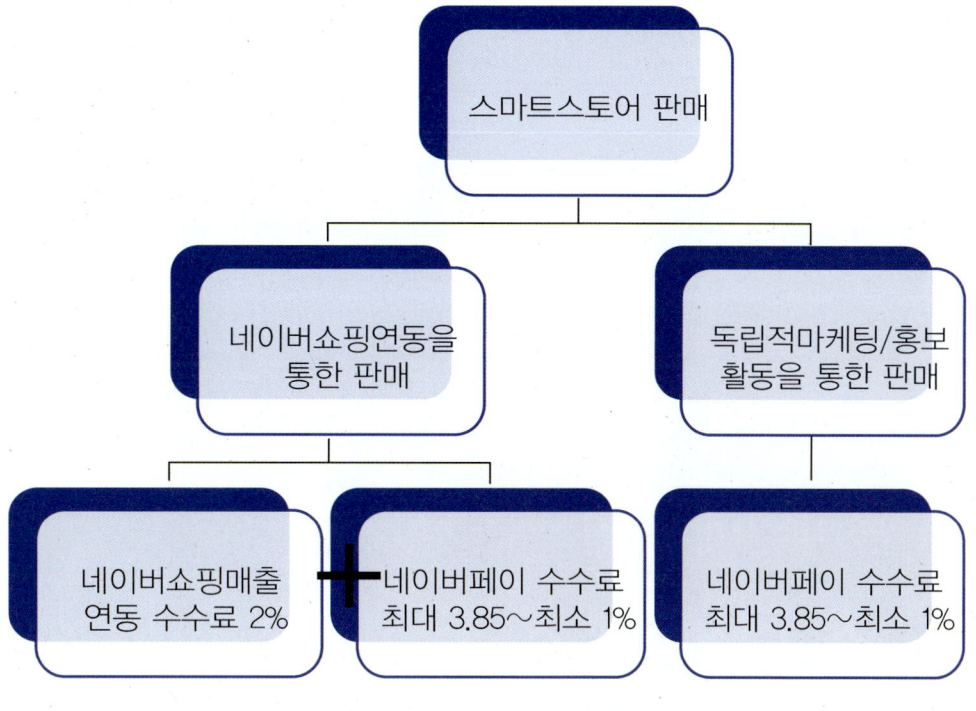

④ 스마트 스토어 입점 절차

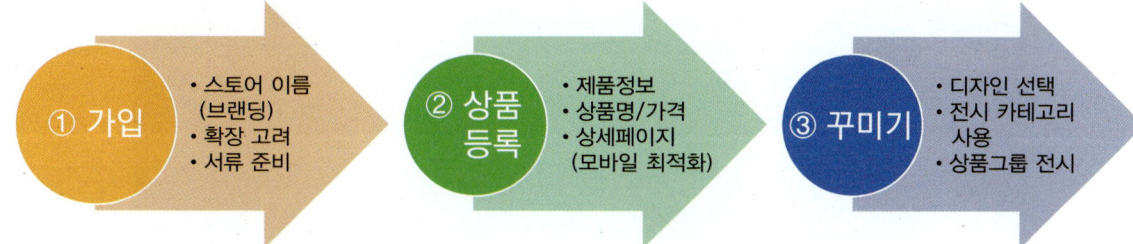

스마트폰을 활용한 SNS마케팅 쉽게 배우기

2 스마트 스토어 가입하기

https://sell.storefarm.naver.com/

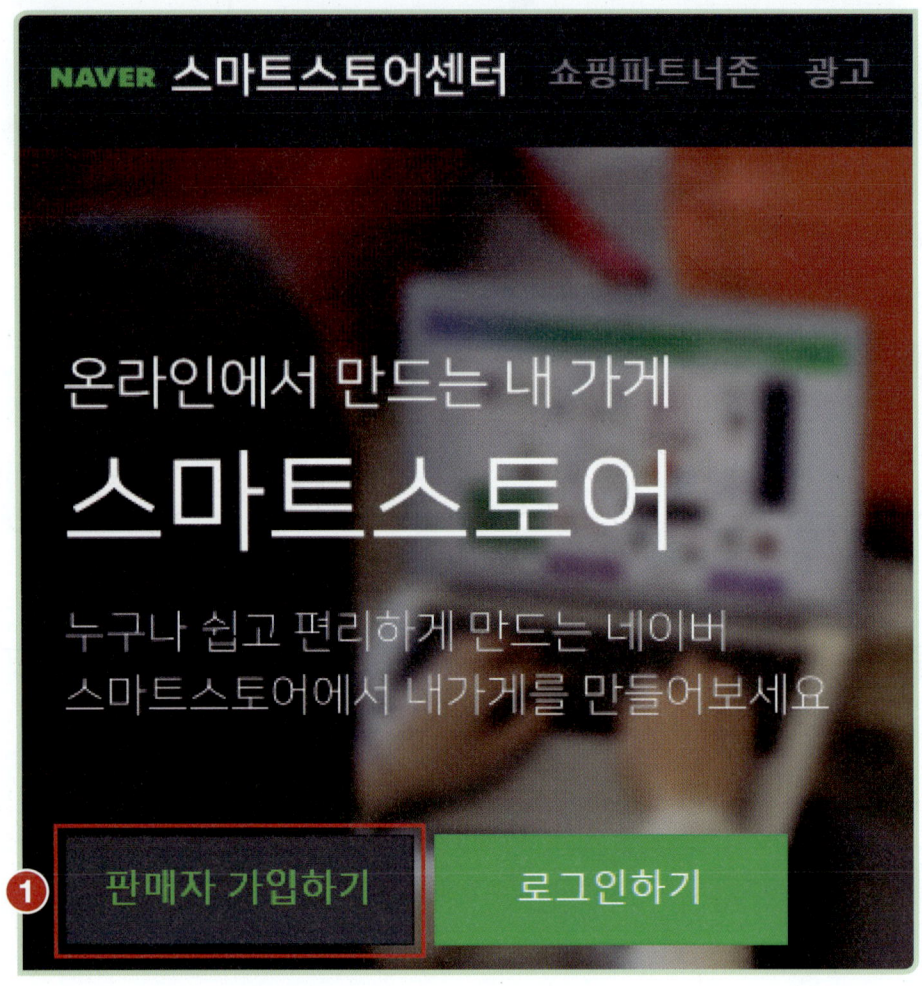

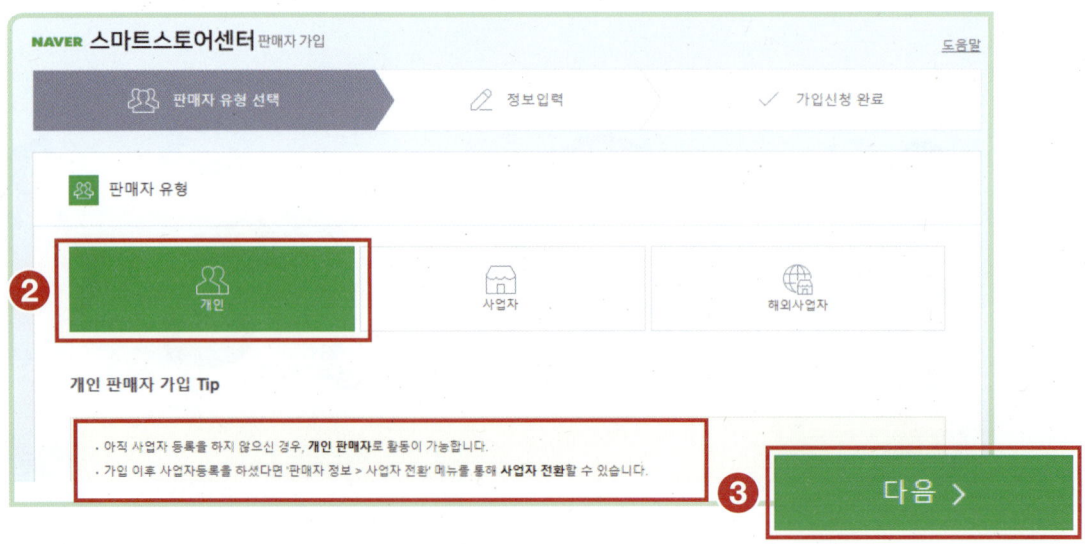

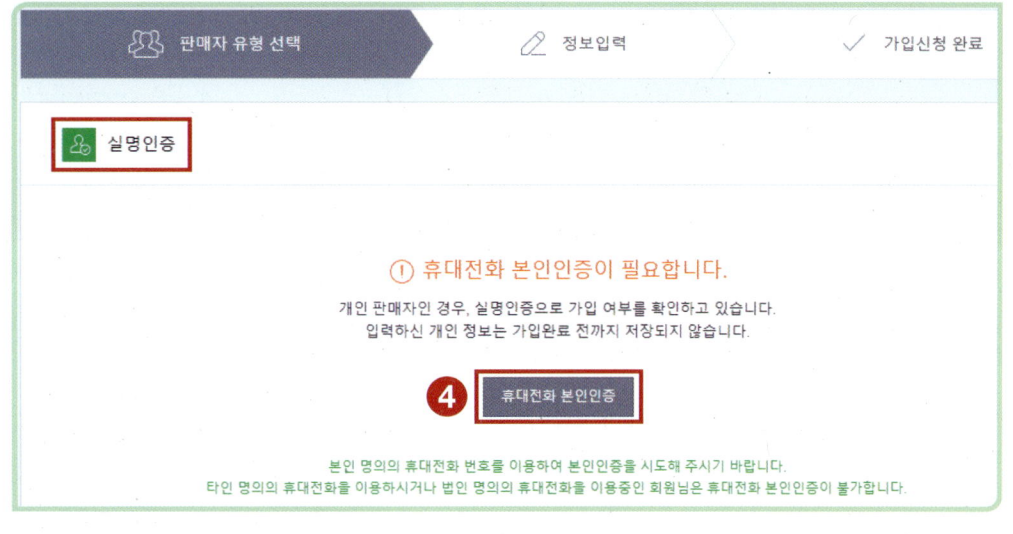

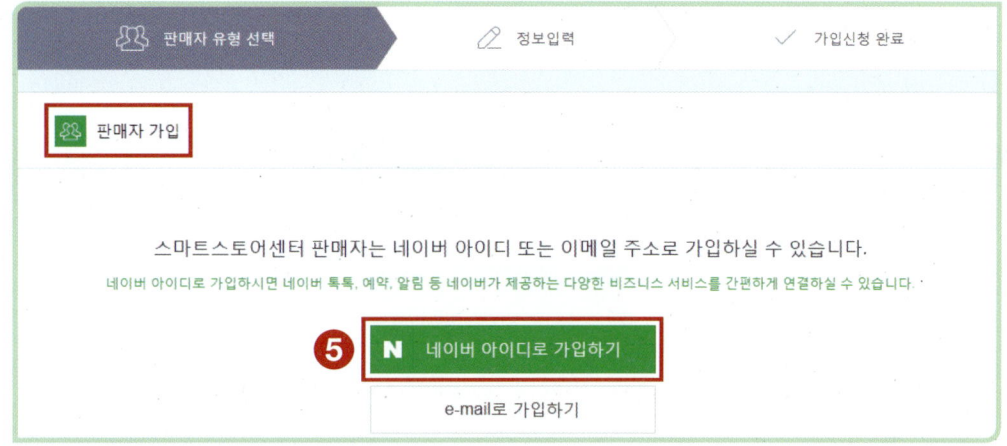

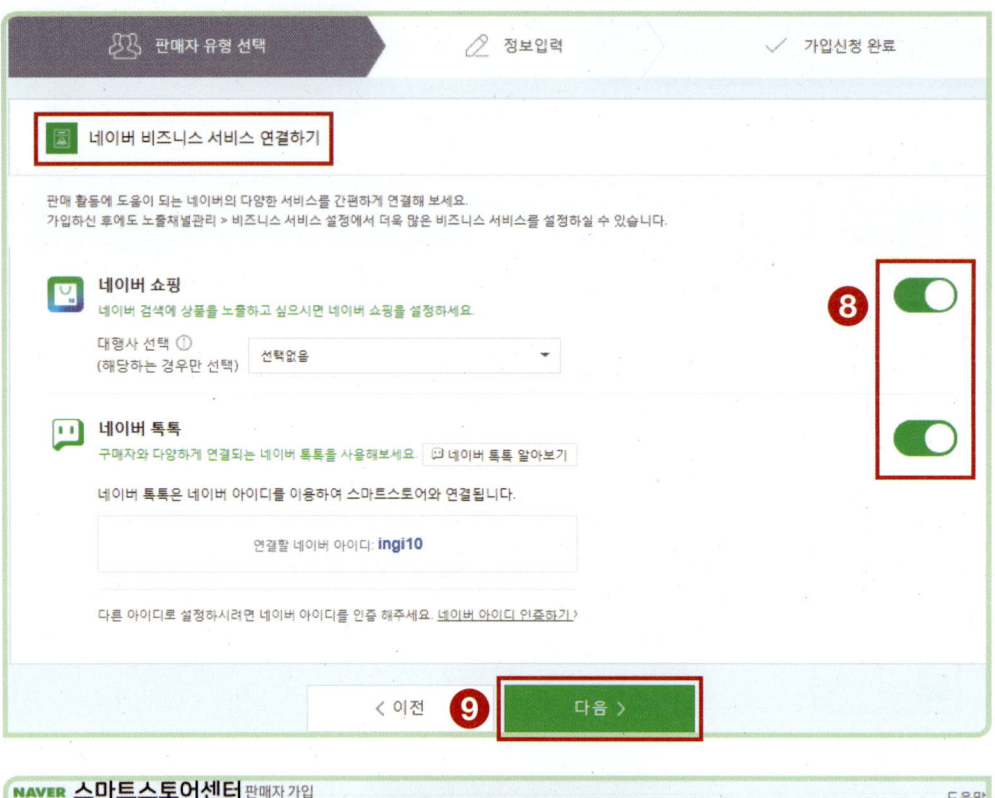

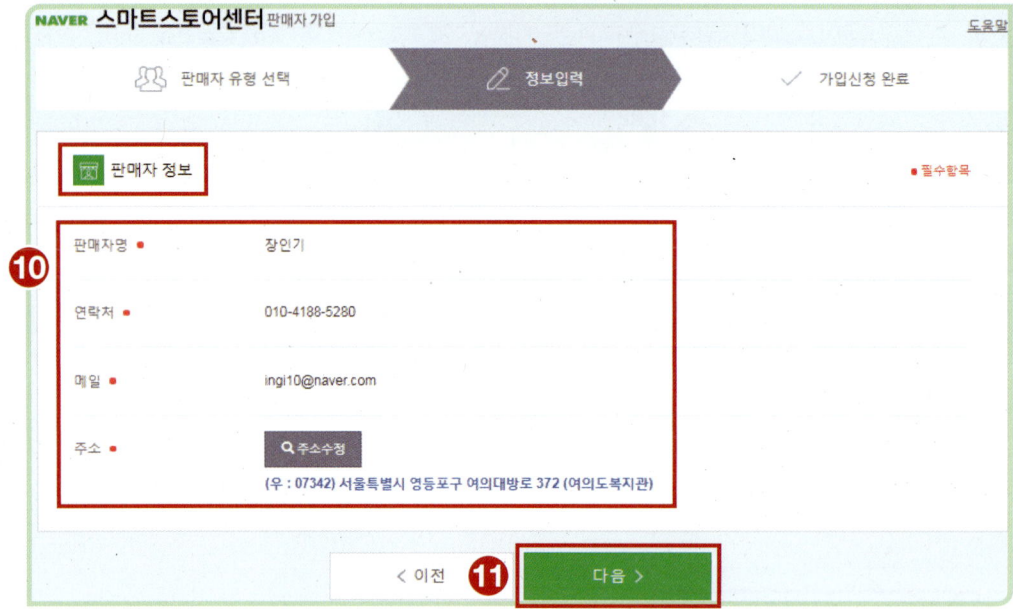

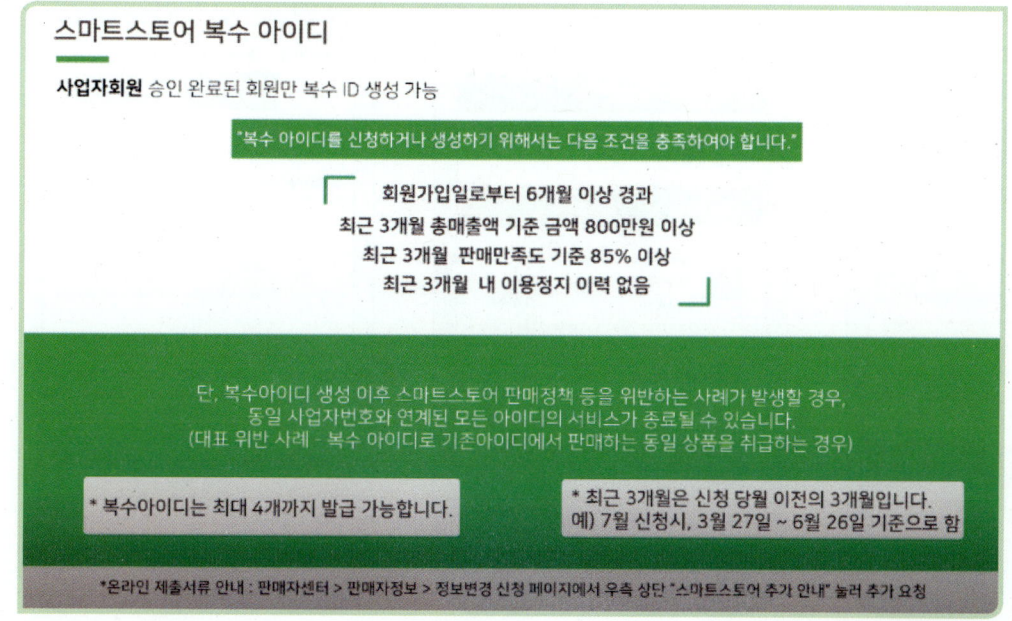

Tip

스마트 스토어 개인 판매자는 네이버 아이디가 여러 개가 있어도 스마트 스토어는 한 개만 관리 할 수 있다. 그런데 아래의 조건을 충족시킨 사업자 회원은 최대 4개까지 업종이 다른 스마트 스토어를 개설할 수 있다. 스마트 스토어 이름과 주소는 단 한 번만 변경이 가능하다. 스마트 스토어를 자진 탈퇴하면 영업일 기준 30일이 지나야 재오픈을 할 수 있으므로 신중해야 한다.

3 스마트 스토어 관리하기

1 상품 등록하기

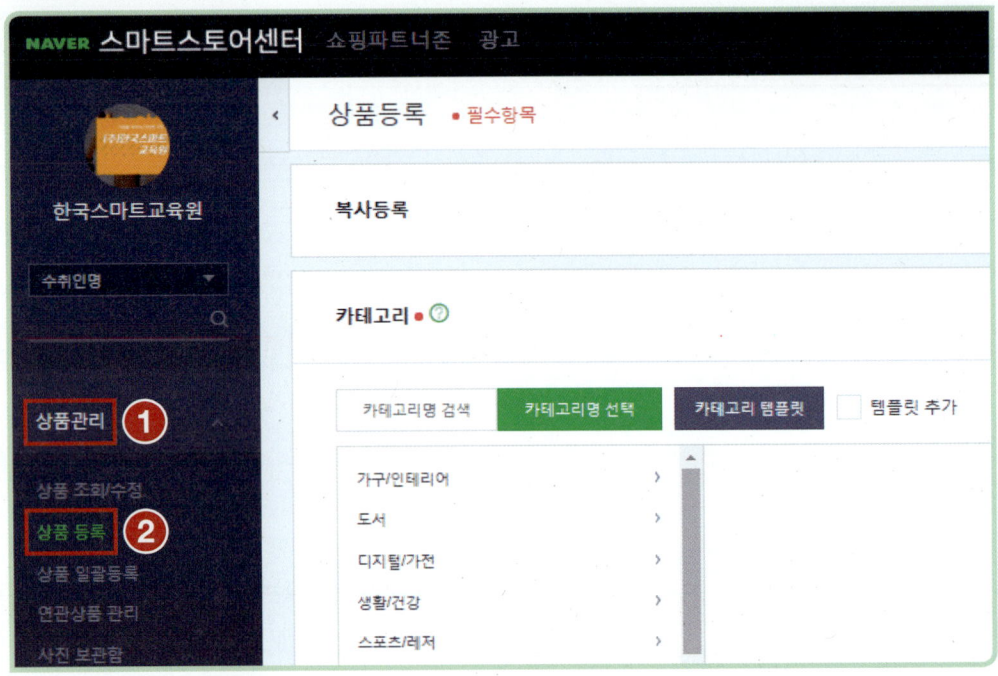

2 스마트폰에서 상품 등록하기

플레이 스토어에서 스마트 스토어센터 어플을 설치한다.

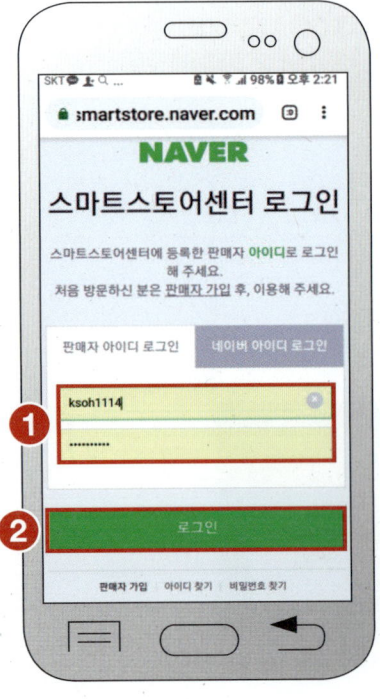 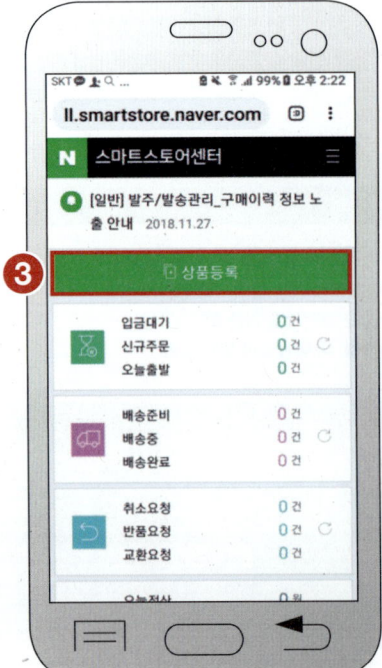 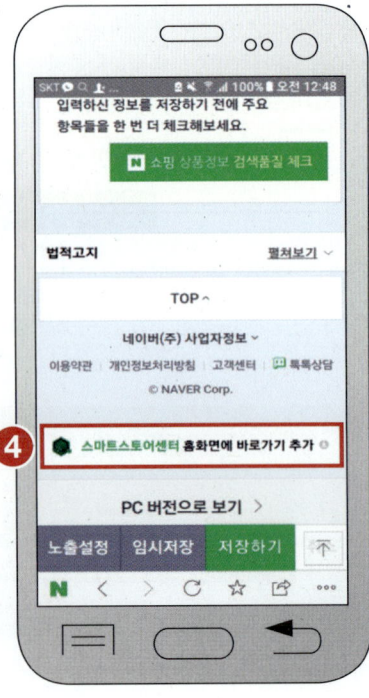

3 쇼핑몰 꾸미기

스마트 스토어관리 → PC 전시 관리 → 테마 관리 → 기본 템플릿 사용 → 적용하기 → 트렌디형, 스토리형 선택시 모바일에서도 상품이 동일한 모양으로 보여진다.

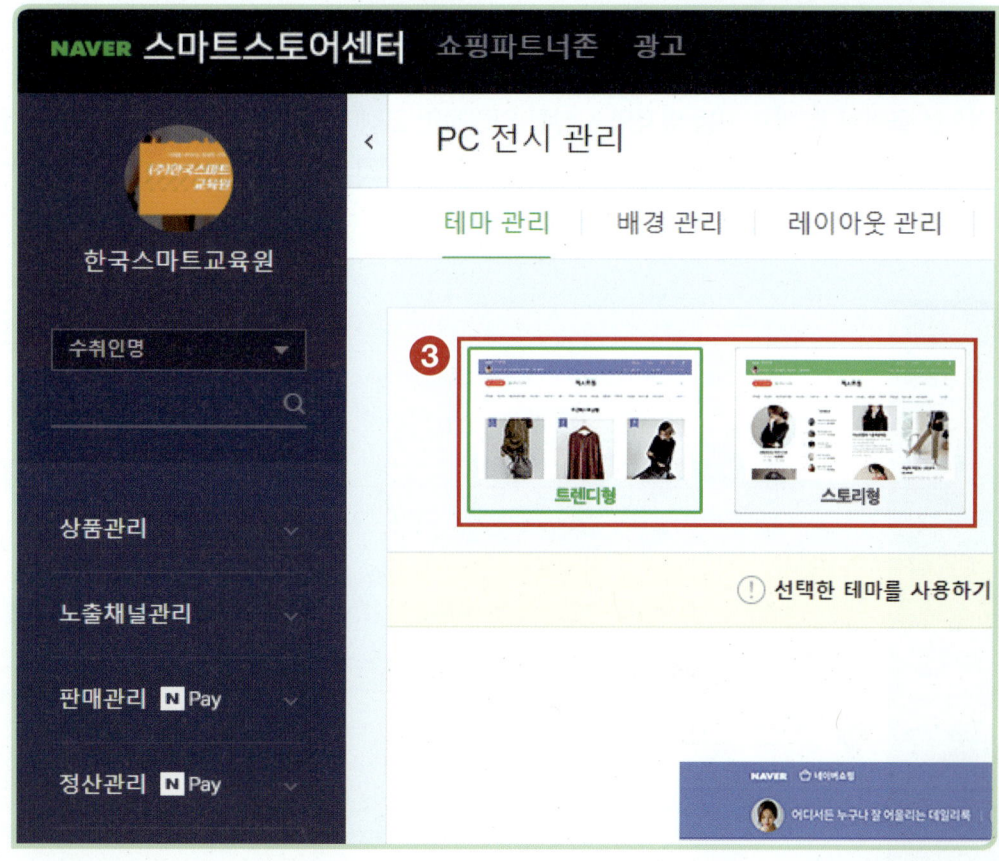

④ 신규 주문 실시간 알림 설정하기

판매자 정보 → 판매자 정보 → 실시간 알림 설정

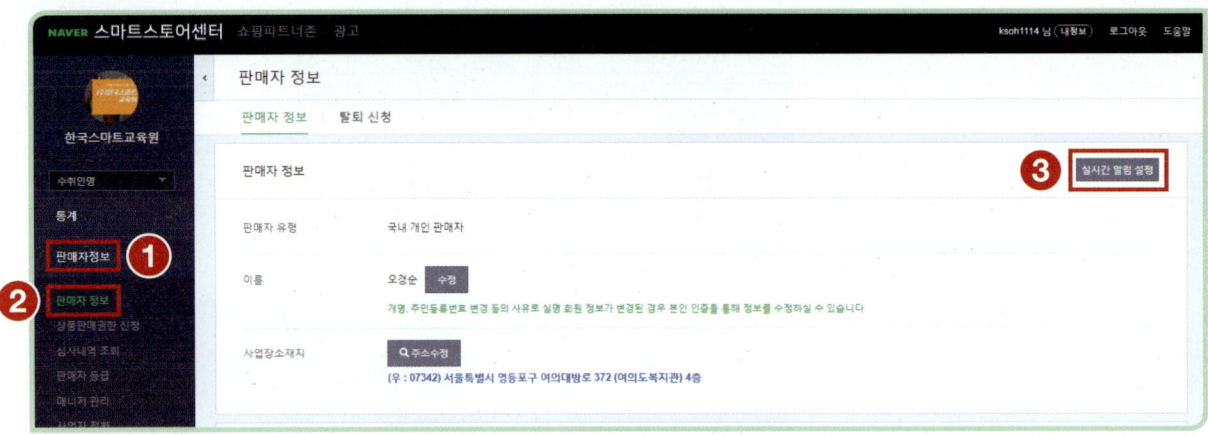

⑤ 발주 / 발송 관리

실시간 알림 설정으로 신규 주문을 확인하면 '판매 관리 → 발주 / 발송 관리'를 선택한다. 의무 발송 기간(결제 완료일로부터 3일 이내) 내에 발송 가능한 경우에는 '발주 확인'을, 발송 지연시에는 '발송 지연 안내'를 클릭한 후 발송 가능 일자와 사유를 입력하면 고객에게 자동 전달된다. 발송 가능 일자는 넉넉히 입력해야 한다. 만약 안내 없이 지연하면 패널티를 받으니 명심해야 한다. 발송할 상품의 배송 방법, 택배사, 송장 번호를 입력 후 '발송 처리'를 클릭한다.

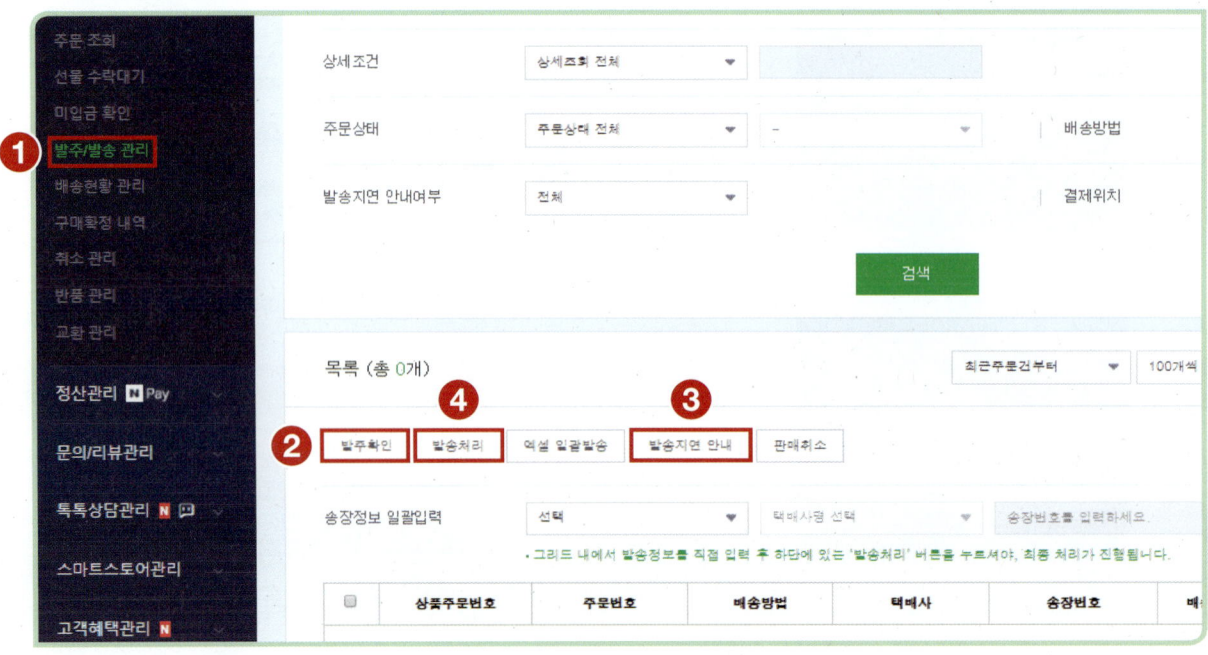

6 노출 채널 관리

Step 6 카카오톡 스토어

카카오톡 스토어란?

카카오톡에서 상점을 열고 물건을 팔려면 카카오 비즈니스 서비스를 이용해야 한다. 카카오의 메뉴 중에 선물하기, 쇼핑하기, 주문하기, 스타일, 메이커스 등이 카카오 커머스 상품들이다. 카카오 스토어는 카카오 쇼핑에 입점하려는 판매자가 가입해야 하는 서비스이다. '쇼핑하기'는 카카오톡 스토어에 입점한 판매자들을 소비자의 반응으로 추천해 주는 전시 채널이다. 카톡 친구들 사이에서 소문나고 있는 상품과 소비자의 구매 후기로 빅브랜드부터 핸드메이드까지 국내에서 판매하는 다양한 상품들을 추천해 준다.

카카오톡 스토어 입점하기

https://business.kakao.com 카카오 계정으로 로그인한다.

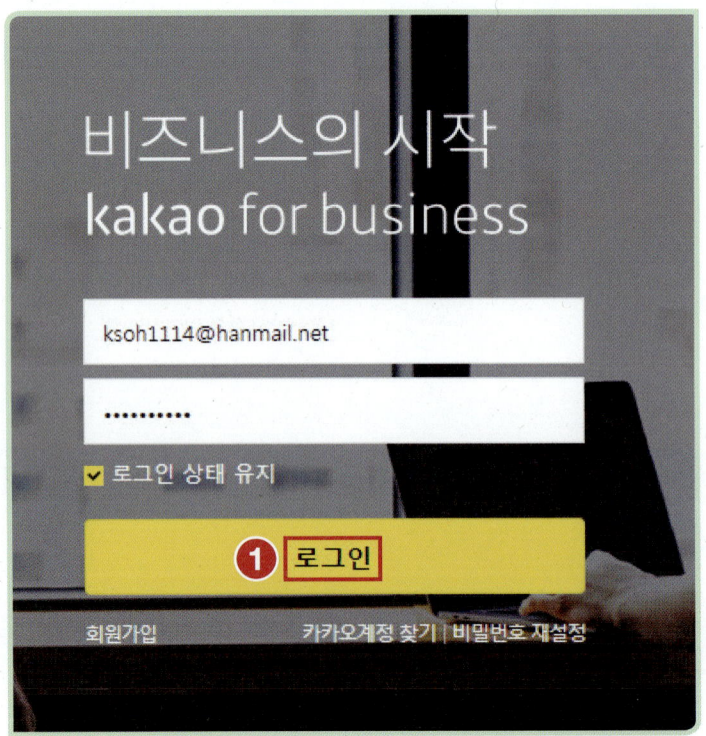

카카오톡 스토어
for Business

카카오톡을 통한 생활의 진화, 이제 카카오톡으로 연결되는 간편하고 쉬운 쇼핑이 시작됩니다.
카카오톡 스토어는 톡 내에서 판매자가 직접 상품을 등록해 판매하고
유저는 카카오톡 아이디로 구매할 수 있도록 하는 쇼핑 중개 플랫폼 입니다.

+ 카카오톡 스토어 시작하기

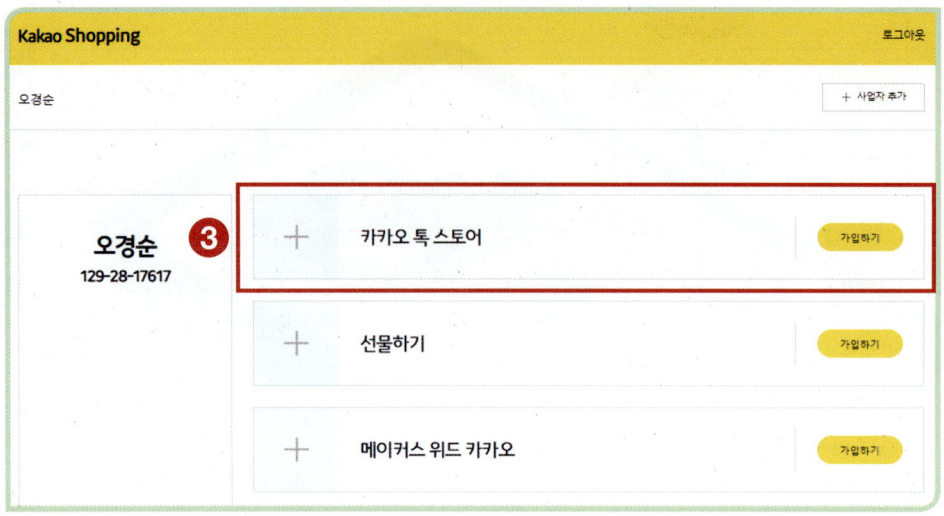

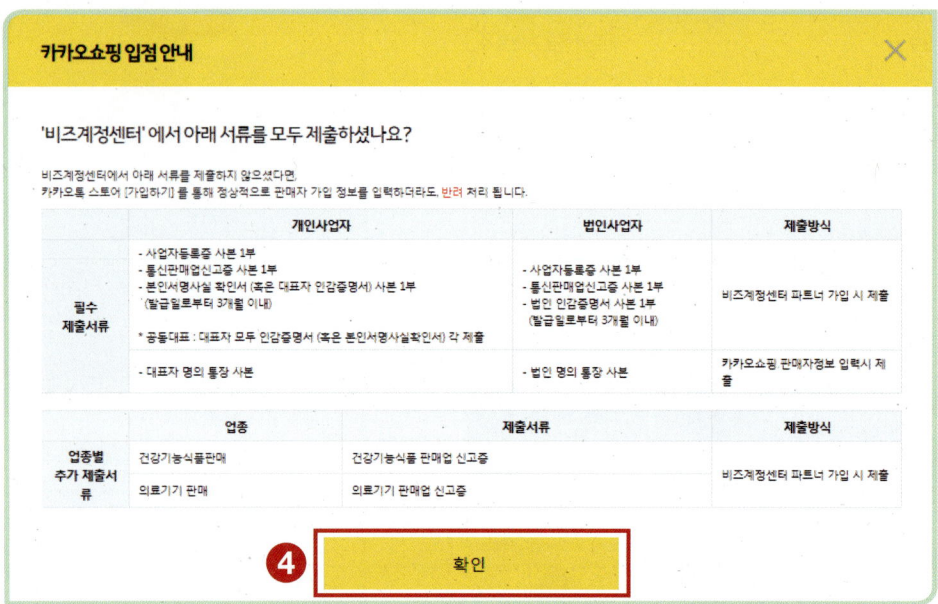

2 톡스토어 판매자 센터를 통한 가입

https://store-sell.kakao.com/

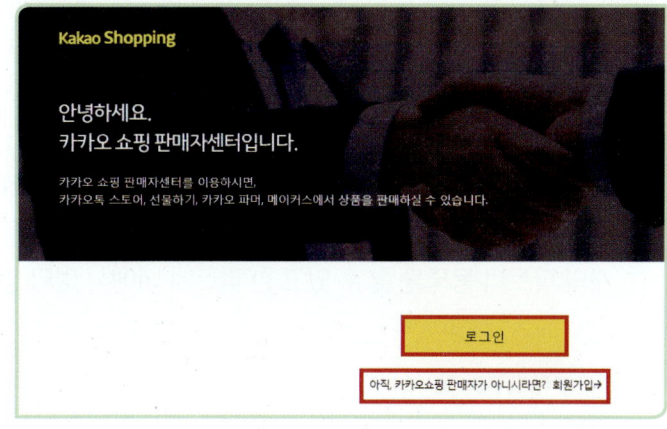

③ 카카오 비즈니스 계정 등록 절차

카카오 쇼핑 입점은 먼저 카카오 비즈니스 계정에 입점 (https://biz.kakao.com/biz/index)이 되어야 한다. 비즈니스 계정은 카카오 비즈니스 서비스에 최초 가입하고자 할 때 등록한다. 비즈니스 계정으로 등록하면, 추후 카카오의 다른 비즈니스 서비스를 이용할 때 하나의 계정으로 서비스에 가입할 수 있다.

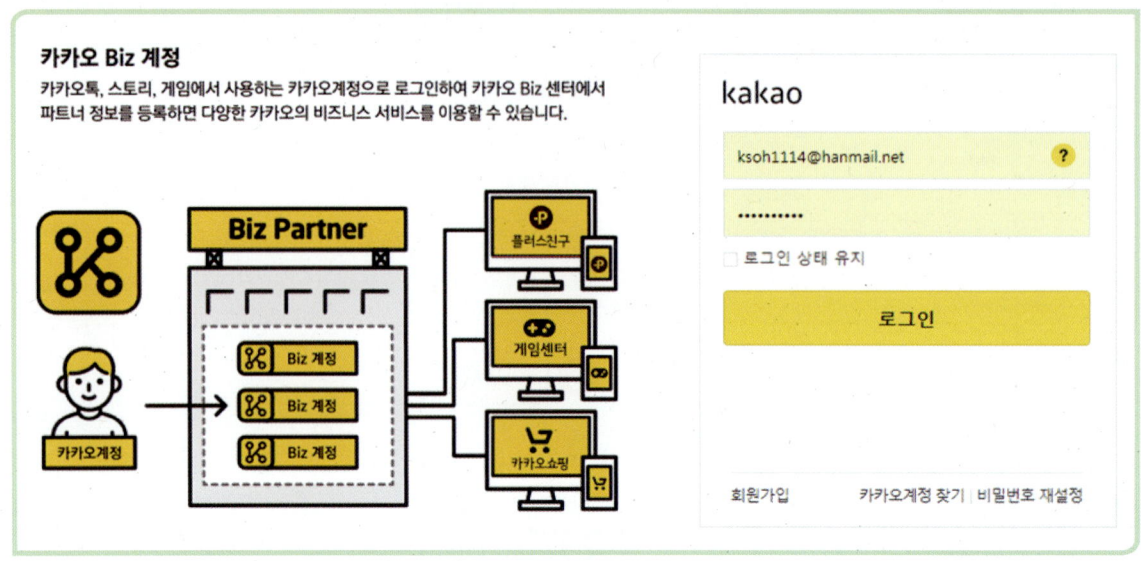

비즈니스 계정으로 등록하기 위해서는 우선 이메일 인증이 완료된 카카오 계정이 필요하다. 카카오톡, 스토리 등에서 사용 중인 카카오 계정이 특정 절차를 거쳐 비즈니스 용도로 전환된다고 생각하면 된다. 인증 완료된 카카오 계정이 준비되었다면 가입을 원하는 비즈니스 서비스 사이트로 이동하여 신규 가입 신청을 한다. 카카오 계정으로 로그인했을 때 만약 비즈니스 계정 등록이 필요하다면 자동으로 비즈니스 계정 신청 페이지로 이동하게 된다.

비즈니스 계정 신청 페이지에서는 이용약관에 동의한 후, 파트너 정보 및 담당자 정보를 올바르게 입력하고 신청 완료 버튼을 누르면, 카카오의 담당자가 내용을 확인한 후 승인 여부를 결정하여 등록한 이메일로 결과를 전송해 준다.

개인 자격의 가입을 허용하는 일부 서비스에 한해 사업자등록증이 없는 개인도 비즈니스 계정에 가입할 수 있다. 하나의 계정에 하나의 개인 자격의 파트너만 생성할 수 있다. 하나의 카카오 계정에 여러 개의 파트너 등록을 할 수 있고 한 파트너 내에서 여러 명의 관리자를 둘 수도 있다.

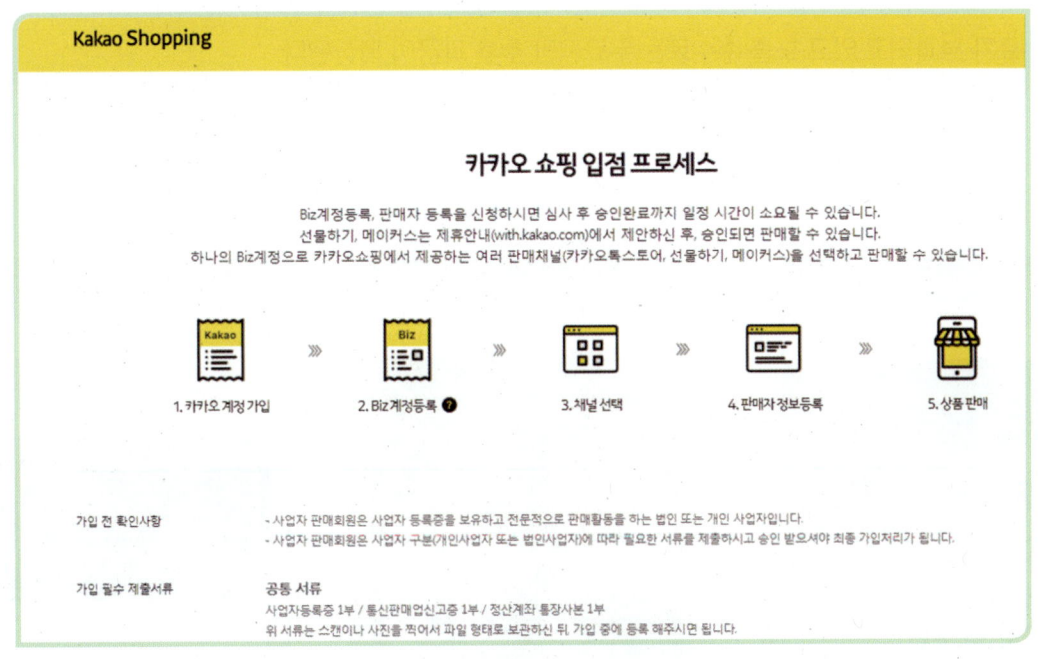

④ 카카오 쇼핑 입점 프로세스

https://comm-auth-web.kakao.com/seller/index

⑤ 카카오 커머스

카카오 메이커스

재고를 없애고 자원 낭비를 줄이기 위해 공동 주문 시스템으로 주문 수량을 넘은 제품만 제작해서 소비자에게 선보이는 Cycling-up 서비스이다. 입점 제안은 PC에서만 가능하고 사이트 주소는 kko.to/makers-partner이다.

카카오 스타일

여러 인기 쇼핑몰들이 입점한 모바일 패션 쇼핑 서비스이다. 쇼핑몰마다 로그인할 필요 없고 HOT, SOHO, SALE상품을 모아 놓아 편리함을 더해 준다. 카카오 선물하기와 마찬가지로 카카오 스타일도 카카오 제휴서비스 (https://with.kakao.com/commerce/style)에서 입점 제안을 한다.

 ### 카카오톡 쇼핑하기

카카오톡 스토어에 입점한 판매자 중 **쇼핑하기** 운영정책에 따라 아래 조건이 모두 충족될 경우에만 **쇼핑하기**에 노출될 수 있다. ① 플러스 친구 연동 on ② **쇼핑하기** 전시 on ③ 판매 중 & **쇼핑하기** 전시 중인 상품 1개 이상, 위 조건을 모두 만족했으나 상품의 대표 이미지 가이드를 준수하지 않은 경우 노출되지 않을 수도 있다. 즉, 소비자들의 반응으로 추천하고 노출해 주는 전시 채널인 것이다. 만약 쇼핑하기 노출을 원하지 않을 경우 카톡 스토어 판매자 센터 → 상점관리 → 스토어 기본정보 → 쇼핑하기 전시 항목을 OFF로 변경한다. 쇼핑하기에 전시된 상품이 판매된 경우에는 결제 수수료가 부과되고 있고 노출 수수료는 무료지만 추후 과금이 예상된다.

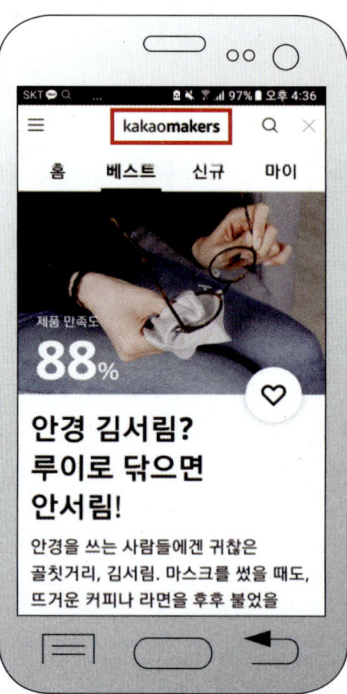

MEMO

Step 7 카카오 플러스 친구

 카카오 플러스 친구란?

플러스 친구는 좋아하는 브랜드나 스타, 미디어를 카카오톡 친구로 추가하여 다양한 콘텐츠와 혜택 및 정보를 받을 수 있는 카카오의 비즈니스 서비스이다.

카카오 마케팅을 해야 하는 이유는 카톡이 전 국민 채팅앱이다 보니 내 콘텐츠를 전달하기가 쉽고 카톡이 활성화된 플랫폼이어서 반응률이 상대적으로 높기 때문이다. 게다가 월 1000건의 메시지를 무료로 보낼 수 있어 유용하다.

플러스 친구는 누구나 무료로 만들 수 있는 메신저기반 비즈니스 홈이며 사진, 동영상 등 다양한 형태로 포스트를 발행할 수 있다. 플러스 친구는 친구를 추가하는 인원이 무제한이고 친구 추가하는 방법도 QR과 링크, 한글 아이디 모두 지원하므로 기업이 고객을 친구 추가하기가 간편하다. 또한, 관리자를 따로 둘 수도 있고 통계도 지원하므로 비즈니스를 하기에 적합하다.

브랜드나 기업은 많은 고객들과 플러스 친구를 맺으면 카톡의 1:1 채팅 서비스를 통해 브랜드의 정보와 혜택을 확실하게 전달할 수 있다. 고객과 채팅 서비스는 선택사항이므로 넣을 수도 뺄 수도 있다. 플러스 친구의 스마트 채팅 기능은 댓글 창 아래에 넣는 버튼으로 주로 공지사항, 이벤트, 중요 내용 등을 안내하는데 최대 10개까지 넣을 수 있다.

카카오 계정 로그인으로 이름 입력, 전화번호 인증, 약관 동의만 거치면 매우 쉽고 빠르게 가입할 수 있다. 플러스 친구 이름은 20자 이내로 한글, 영문, 숫자, 특수 문자(#!&?-_,.())만 사용 가능하고 플러스 친구 홈, 친구 리스트, 대화창에 대표로 노출되는 이름이므로 되도록 브랜드명과 일치하는 이름으로 만드는 것이 좋다.

검색용 아이디는 카카오톡에서 내 플러스 친구를 찾기 위한 검색어로 사용되는 아이디로 15자 이내로 한글, 영문 소문자, 숫자 특수 문자 - (대시) _ (언더바)만 입력 가능하며 공백없이 작성해야 한다.

플러스 친구 이름은 친구 수가 100명 이하인 경우 1회 까지만 직접 수정할 수 있고 검색용 아이디는 개설 후 변경이 불가하다. 계정별로 최대 10개까지의 플러스 친구 개설이 가능하며 40개의 프로필에는 매니저로 관리 가능하다. 프로필 사진과 배경 이미지는 제공할 서비스를 표현할 수 있는 이미지로 업로드하는 것이 좋고 프로필 사진 권장 사이즈는 640 X 640 PX 최대 10MB이며, 배경 이미지는 800 X 346px 최대 10MB jpg를 지원한다.

1 카카오톡 플러스 친구 개설하기

PC는 플러스 친구 관리자 센터(https://center-pf.kakao.com/m/login)를 검색한 후 플러스 친구 만들기를 클릭한다. 모바일에서는 카톡 채널탭 에서 플러스 친구를 검색한 후 플러스 친구 관리자 센터로 들어간다.

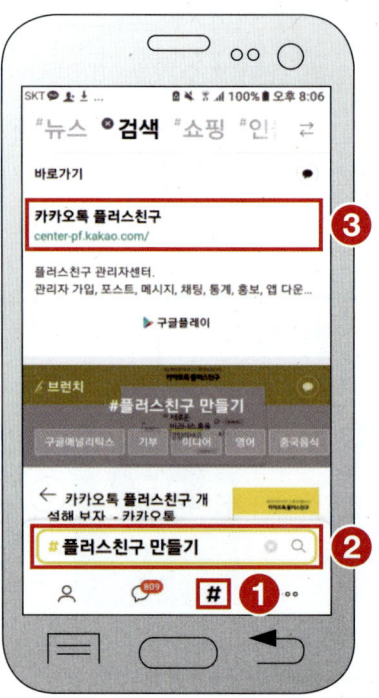  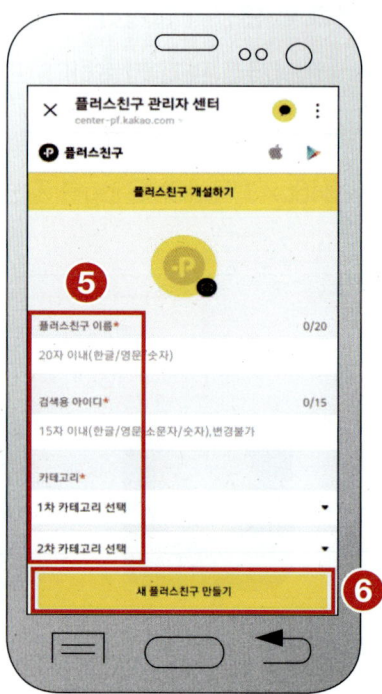

2 PC 플러스 친구 관리자 센터

스마트폰을 활용한 SNS마케팅 쉽게 배우기

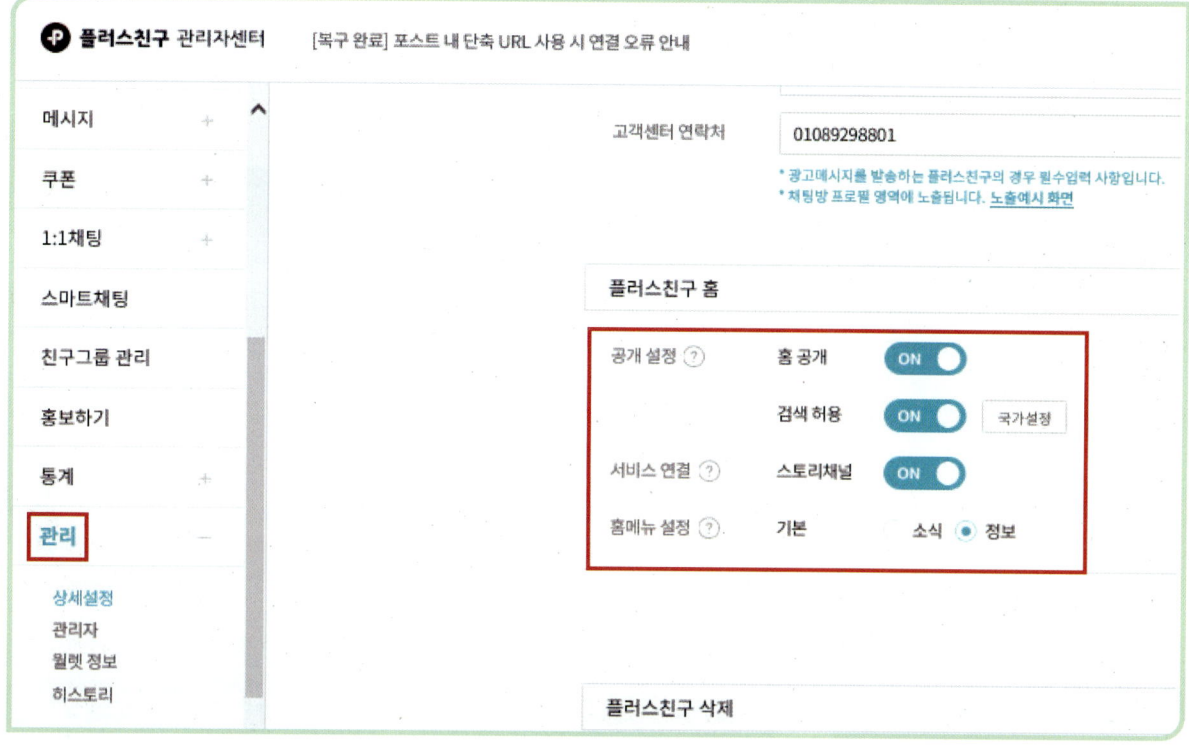

3 관리자 초대하기

관리자는 카카오 계정 메일로 초대하며 초대받은 관리자는 매니저로서 자신의 카카오 계정에서 관리할 수 있다.

④ 모바일에서 관리자 초대하기

  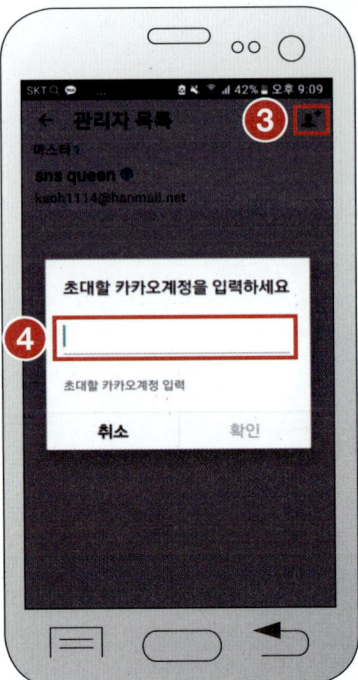

⑤ 홍보하기

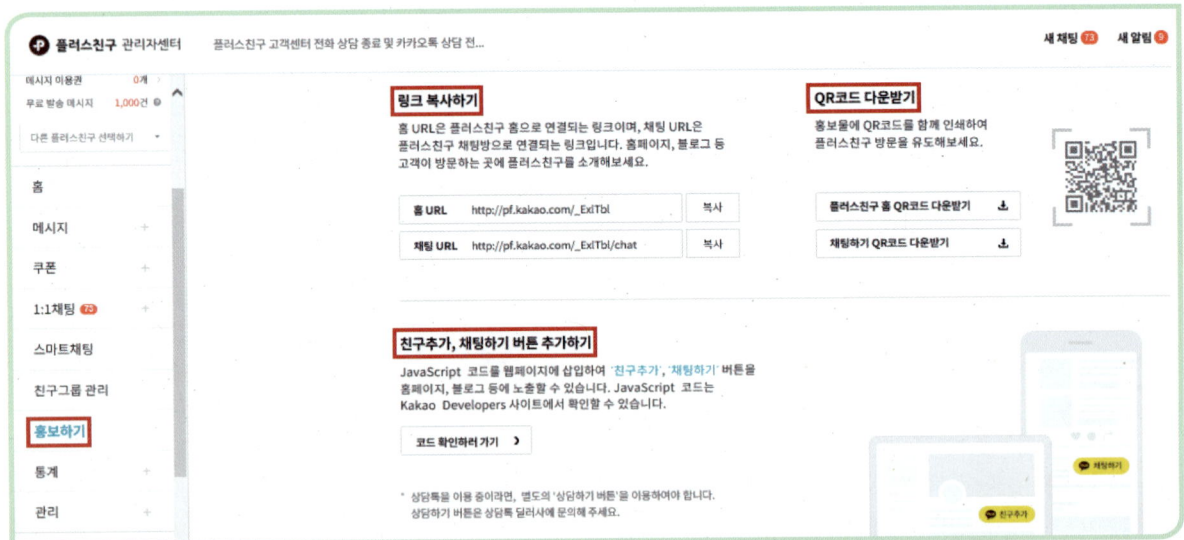

6 플러스 친구 활용 사례

카카오톡에서 플러스 친구 검색은 플러스 친구 이름과 검색용 아이디로 하는데 검색 방법은 카카오톡 친구/채팅탭 → 상단 돋보기 클릭 후 검색한다. 만약 검색되지 않으면 '플러스 친구 관리자센터 → 관리 → 상세 설정 → 공개 설정 → 검색 허용' 설정을 ON으로 변경한다. 기업 입장에서는 플러스 친구가 많을수록 브랜드나 제품을 많은 고객에게 알릴 수 있으므로 친구를 맺기 위해 적극적으로 홍보나 이벤트, 쿠폰 등을 제공한다. 고객 입장에서 새로운 플러스 친구를 추가 방법은 친구 또는 채팅 탭의 상단 검색을 통하거나 채널 탭 내에서 플러스 친구에서 발행된 컨텐츠를 보다가 취향에 맞는 플러스 친구를 발견하면, 플러스 친구 이름 우측에 있는 친구 추가하기 버튼을 눌러 친구로 추가할 수 있다. 이미 친구로 추가된 플러스 친구로부터 더이상 메시지를 받지 않으려면 먼저 플러스 친구 홈으로 이동해야 한다. 플러스 친구 홈에서 [친구 차단] 버튼을 클릭하면 친구 관계가 끊기고 더이상 메시지를 받지 않게 된다.

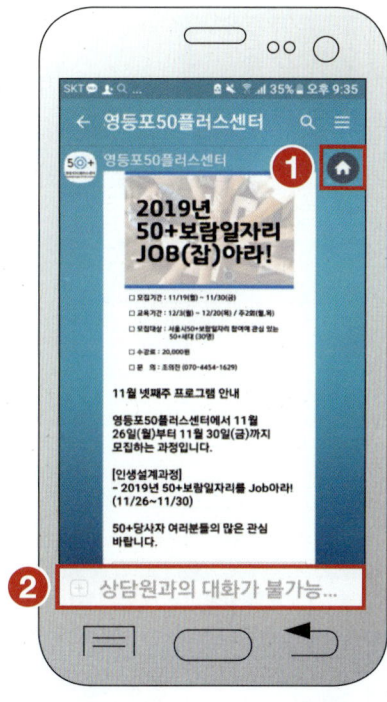
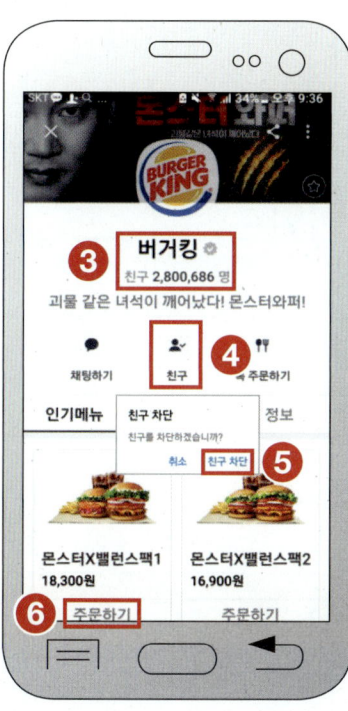

7 글쓰기(소식 올리기)

모바일에서도 포스팅을 작성할 수 있는데 우선 플레이 스토어에서 '플러스 친구 관리자센터' 어플을 설치한 후 홈에서 연필 아이콘을 눌러 작성한다.

  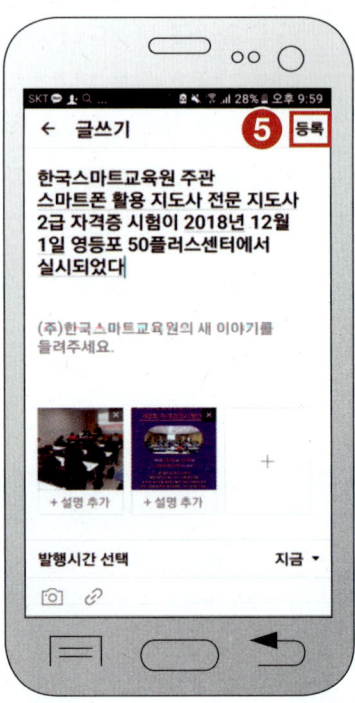

8 1:1 채팅 서비스 설정하기

스마트폰을 활용한 SNS마케팅 쉽게 배우기

9 메시지 발송하기

스마트폰을 활용한
SNS 마케팅 쉽게 배우기

제 4장

삶이 즐거운 앱 활용하기

Step 1   문서 관리앱
Step 2   해시 태그 관리앱
Step 3   쇼핑 / 여행 앱
Step 4   마케팅을 도와 주는 앱
Step 5   분실 및 보안
Step 6   TV, 영화
Step 7   민원 신청 / 일자리

Step1 문서 관리앱

1 폴라리스 오피스

카톡이나 문자, 소셜 웹 등에서 다운받은 파일이 열리지 않을 때 플레이스토어에서 '폴라리스 오피스'를 다운받아 설치하면 거의 모든 파일이 열린다. 또한, 한글 문서 작업, MS Office(워드, 엑셀, 파워포인트) PDF, TXT, 압축파일 등을 자유롭게 열고 편집할 수 있다.

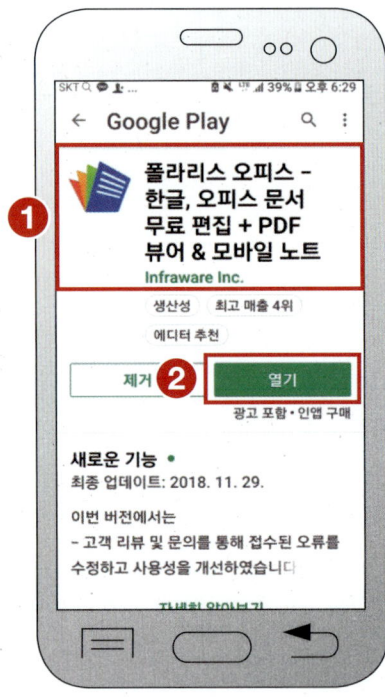

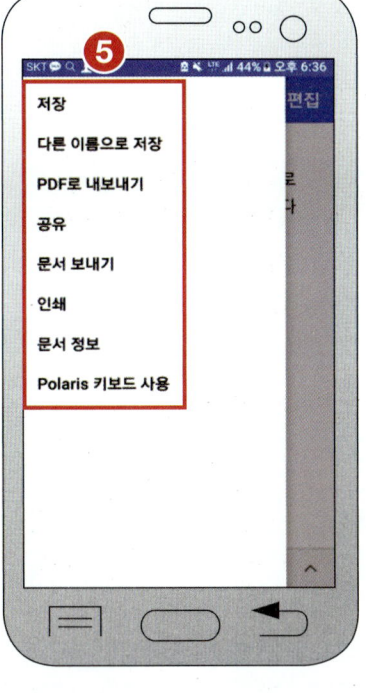

② MX 플레이어

간혹 카톡으로 받은 영상이 지원하지 않은 포맷이라며, 열리지 않을 때는 MX 플레이어를 설치한 후 재생할 미디어를 MX 플레이어로 선택하면 거의 모든 영상이 열린다. 또한, 비디오 화면 크기를 두 손가락으로 줌인아웃 하여 확대 축소할 수 있다. 그리고 좌측 모서리 부분을 손으로 스크롤하면 밝기 조절을, 우측을 스크롤 하면 음량조절을, 영상의 가운데 부분을 길게 눌러 좌우로 스크롤하면 재생 위치를 선택할 수 있다.

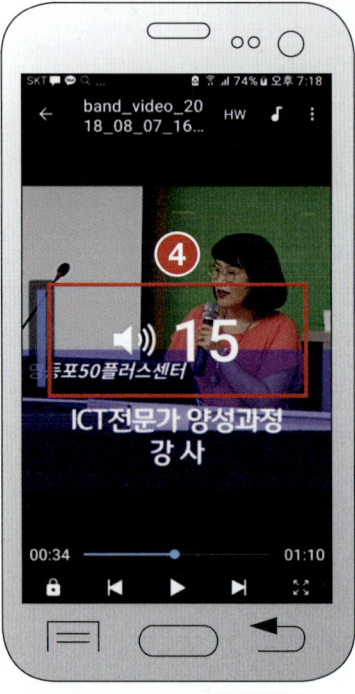

3 Speechnotes

라디오나 방송등에서 나오는 연속적인 음성을 텍스트로 빠르게 받아 적어 주는 어플이다. 메모나 일기도 구술로 하기에 적합한 앱이다.

❹ 서류 인식앱 – 문서를 사진으로 찍으면 텍스트로 바꿔 주는 앱

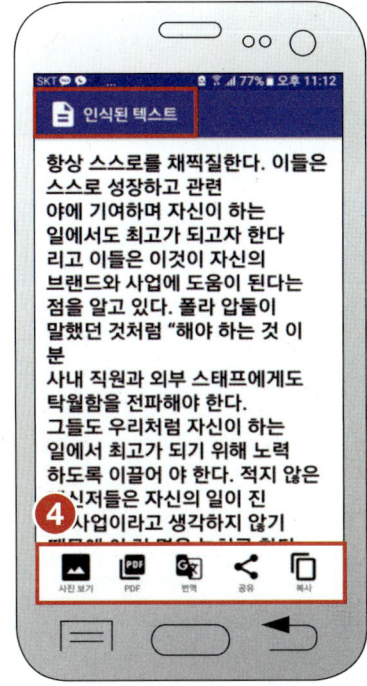

스마트폰을 활용한 SNS마케팅 쉽게 배우기

Step 2 해시태그 관리앱

1 태그야 놀자 - 인스타 태그 쉽게

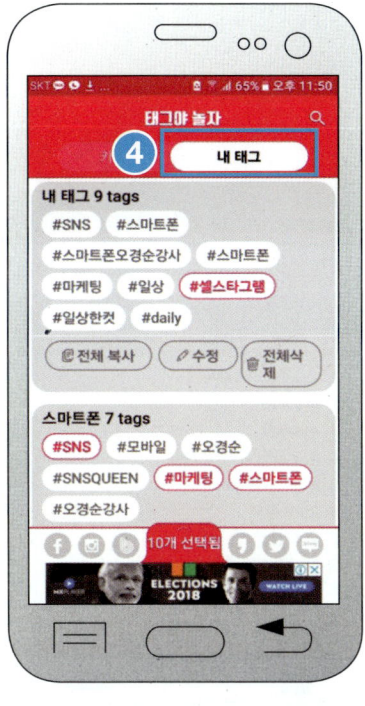  

❷ 태그야 놀자 – 인스타 인기 태그

인스타그램, 페이스북, 블로그 등의 SNS를 할 때 태그를 달기 쉽도록 부스터로 뜬다.

  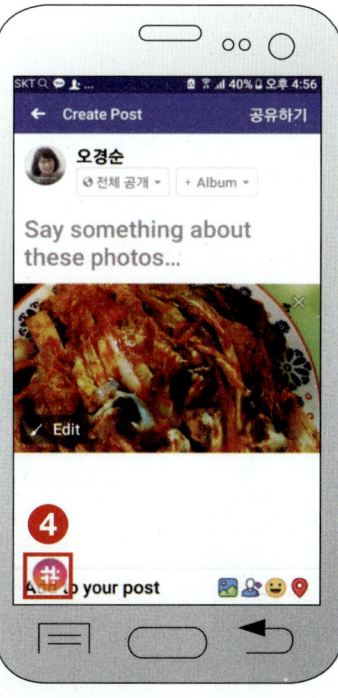

스마트폰을 활용한 SNS마케팅 쉽게 배우기

3 몽#

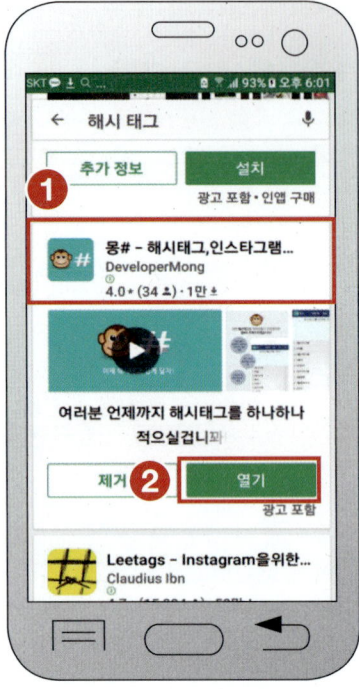  

스마트폰을 활용한 SNS마케팅 쉽게 배우기

MEMO

Step 3 쇼핑 / 여행 앱

1 홈쇼핑 모아보기

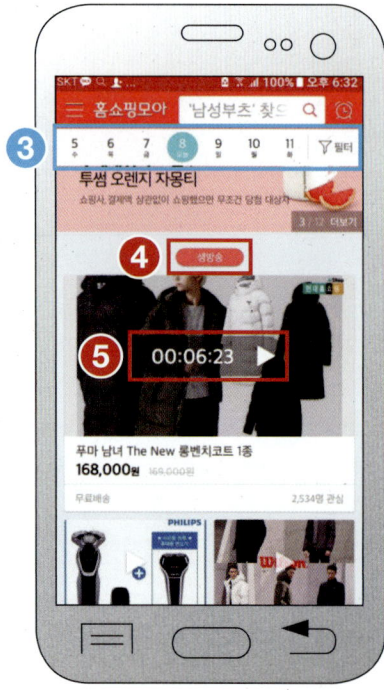

② 쿠차 - 최저가 검색

③ booking.com

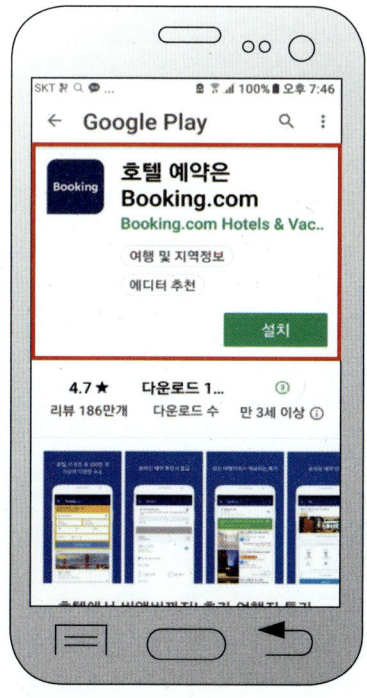 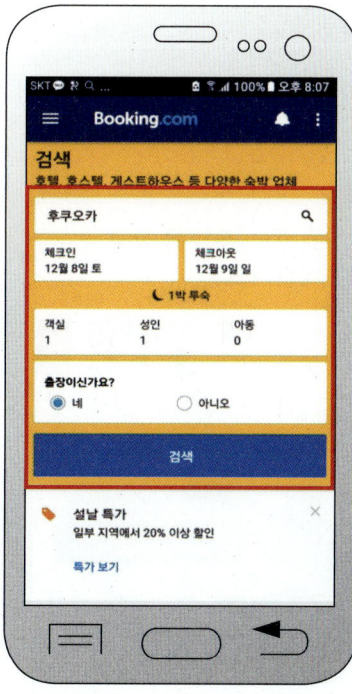 

❹ 호텔스 컴바인

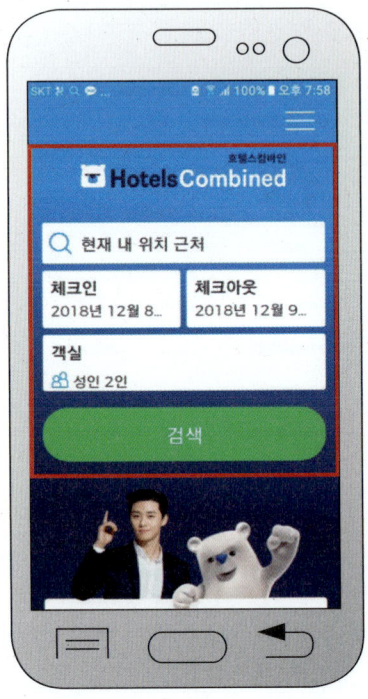

❺ 에어 비엔비

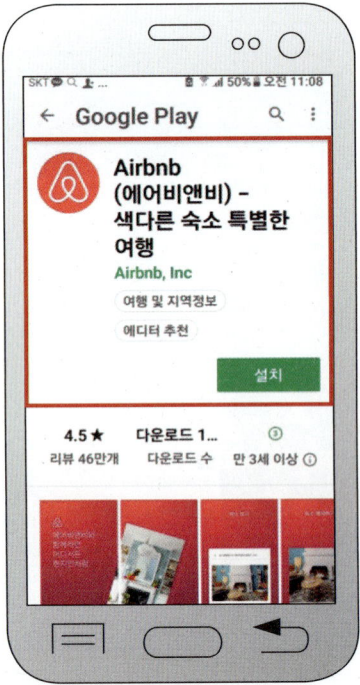

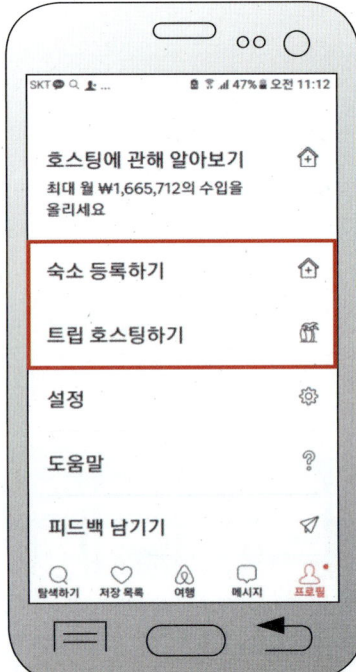

❻ 플레이 윙즈

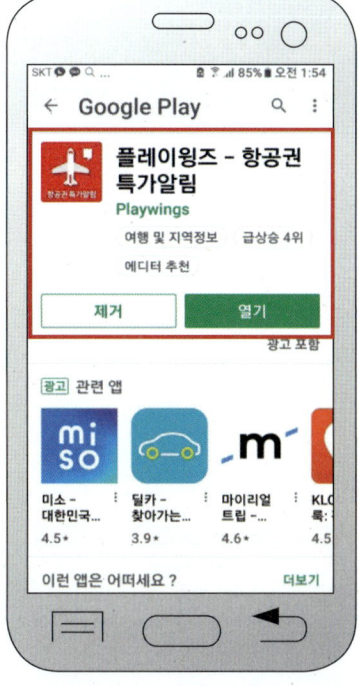  

Step 4 마케팅을 도와 주는 앱

1 티타임즈

2 아이디어 고릴라

http://www.ideagorilla.com

3 트랜드 헌터

④ TED

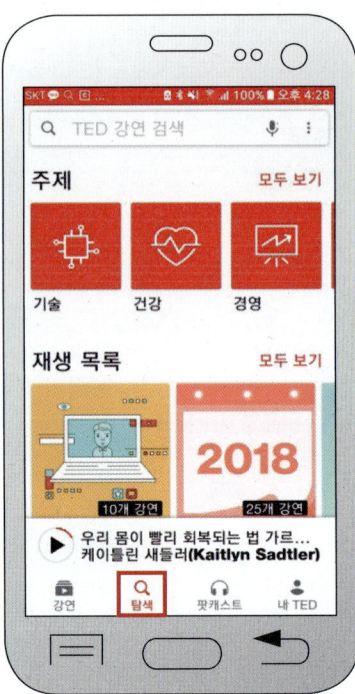

Step 5 분실 및 보안

❶ I & Phone Finder - 분실폰 찾기

❷ 분실폰 전원 못 끄게 하는 앱

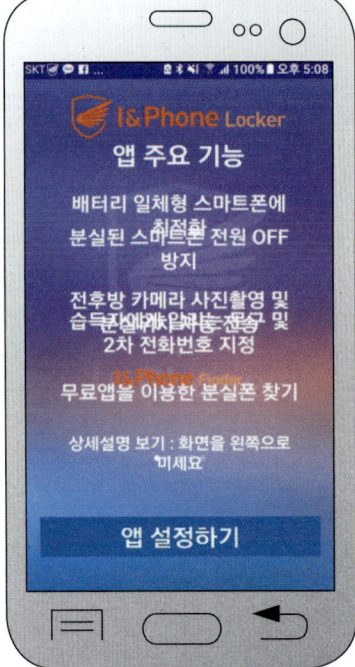

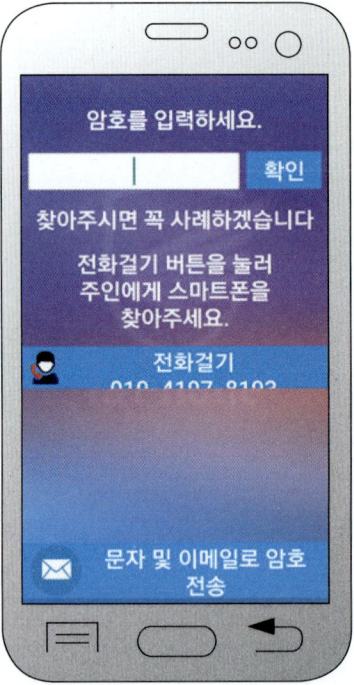

③ PC 구글 계정에서 스마트폰 찾기

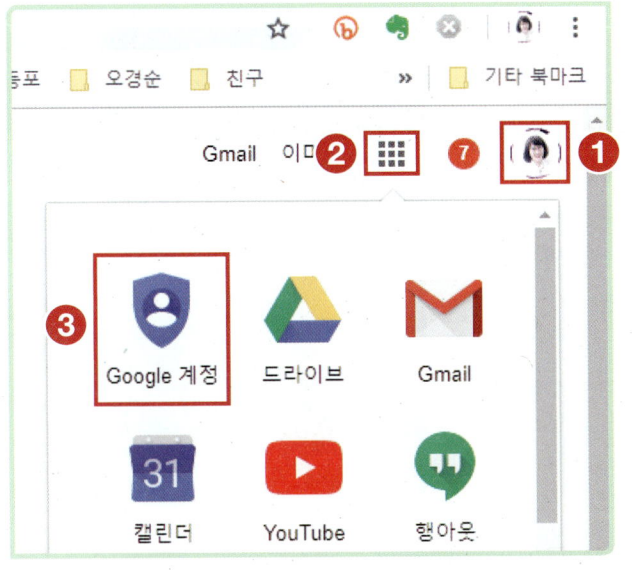
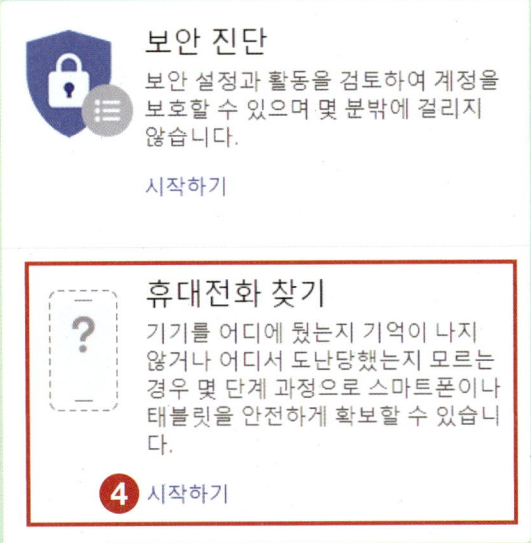
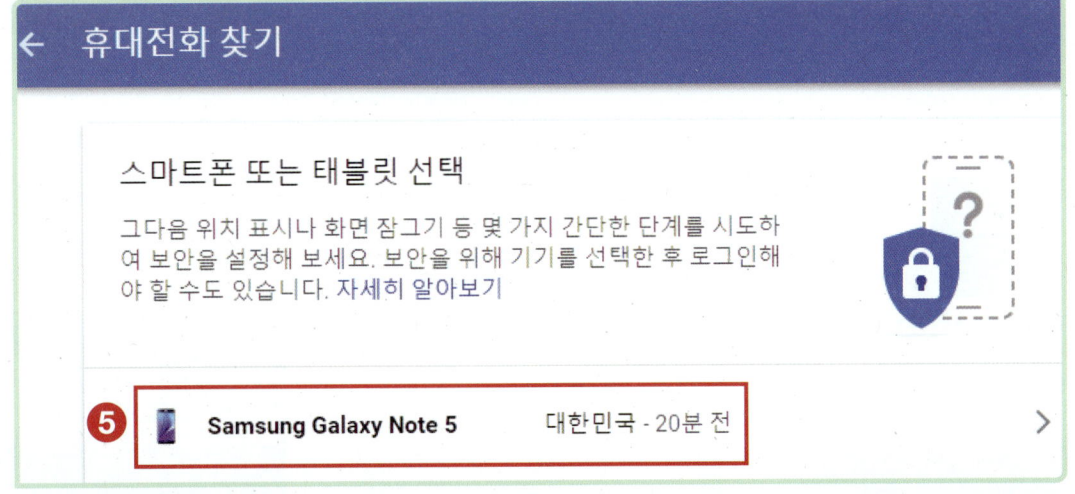
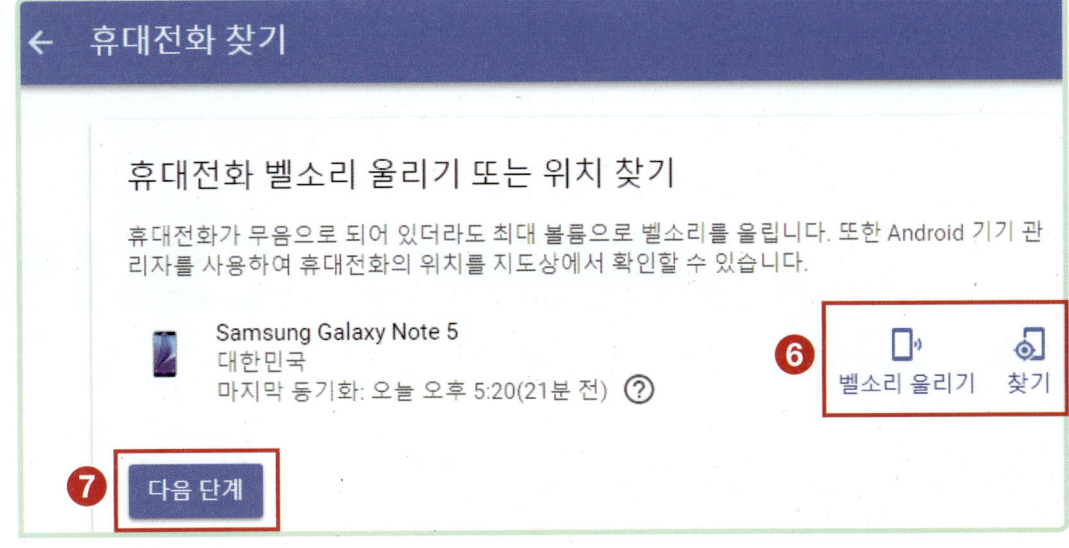

4 보안

  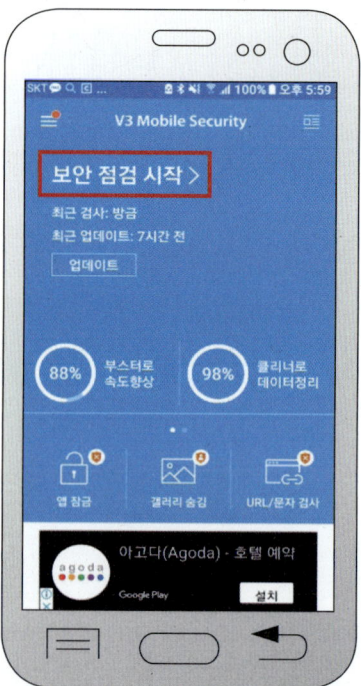

스마트폰을 활용한 SNS마케팅 쉽게 배우기

MEMO

STEP 6 TV, 영화

1 옥수수

❷ 와우 라디오

❸ 넷플릭스

최저 월 9500원으로 수천 편의 영화와 전세계 TV 프로그램을 시청할 수 있다. 한 사람이 가입하면 4명이 같은 아이디로 볼 수 있고 원하는 기기 어디서나 무제한으로 볼 수 있으며 취향에 맞는 영상들만 골라 추천까지 해 준다.

스마트폰을 활용한 SNS마케팅 쉽게 배우기

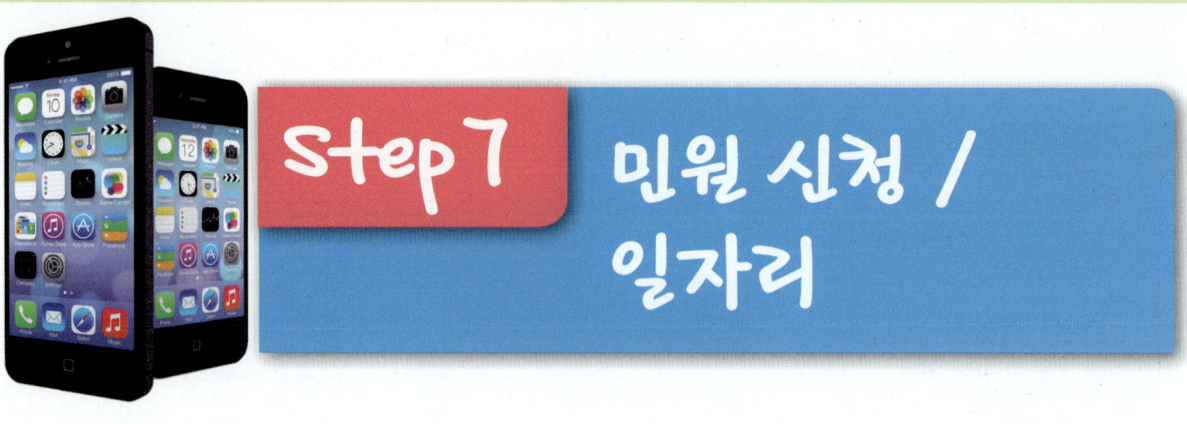

Step 7 민원 신청 / 일자리

1 정부 24

https://www.gov.kr/

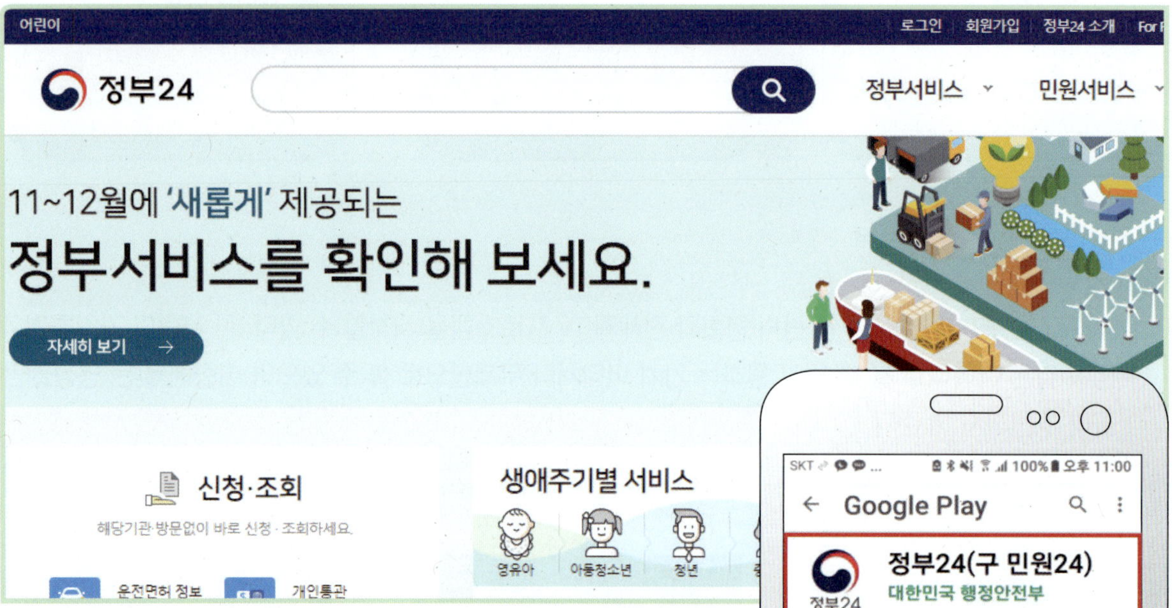

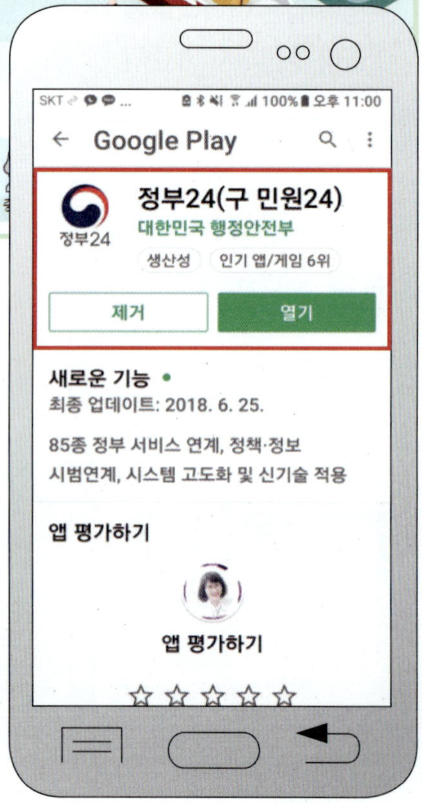

❷ 워크넷

 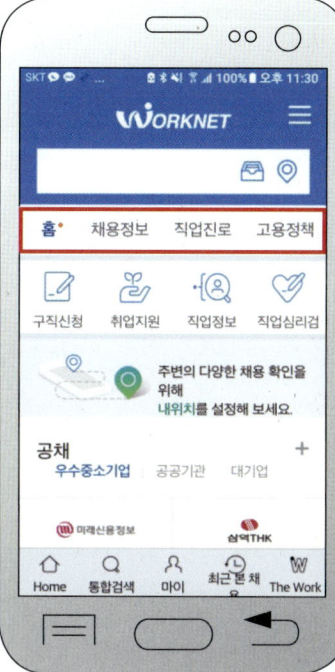 

MEMO

스마트폰을 활용한 SNS 마케팅 쉽게 배우기

부록
SNS 마케팅 지도사
자격 시험문제 수록

에듀크라운
www.educrown.co.kr

크라운출판사
http://www.crownbook.com

실기 문제 (주관식 50문항)

1 다음에서 설명하고 있는 것이 무엇인지 쓰시오.

> 스마트워크를 위해 아주 유용하다. 무료 버전으로도 내 자료를 언제까지나 업로드 할 수 있고 저장된 수많은 자료를 검색해서 바로 찾을 수 있다. 저장할 파일은 어떤 것이든 상관이 없다. 즉, 텍스트는 기본으로 음성 입력이 가능하고 편집까지 할 수 있다. 음성녹음 파일, 이미지, 영상, pdf, hwp, 워드문서, ppt 등 무엇이든 가능하다. 놀라운 것은 사진 속에 있는 글씨도 검색이 되고 pdf 안에 있는 글씨도 검색되는 OCR 기능이 있어 자료를 찾을 때 아주 유용하다. 메뉴 구성이 단순 명료하다. 즉, 스택-노트북-노트 3단 구성으로 내용을 노트에 저장하기만 하면 된다.

핵심 내용 정리하기

2 다음 <보기>는 크롬에 북마크를 표시한 후, 인터넷 익스플로러의 즐겨찾기를 북마크에 가져오는 방법이다. 알맞은 순서대로 <보기>에서 찾아 기호를 쓰시오.

| 보기 |
㉮ 북마크의 북마크 표시 클릭
㉯ chrome 맞춤 설정 및 제어 클릭
㉰ 북마크의 북마크 및 설정 가져오기 클릭
㉱ Microsoft Internet Explorer 선택 가져오기 클릭
㉲ 크롬의 북마크에 'IE에서 가져온 북마크' 폴더가 생성

핵심 내용 정리하기

3 다음 빈칸에 들어갈 알맞은 단어를 쓰시오.

( ) 수요 조사나 만족도 조사, 고객의 DB를 모으기 위한 이벤트 등을 할 때 유용하다. ( )는 작성 후 주소를 단축 주소로 변환하여 활용하고 고객들이 응한 설문 내용은 바로 구글 스프래드시트로 저장되어 수시로 모바일에서 확인이 가능하다.

핵심 내용 정리하기

4 다음 빈칸에 들어갈 알맞은 단어를 쓰시오.

긴 URL주소를 짧은 주소로 단축시켜 주는 프로그램은 많이 있다. 그 중 Bitly.com은 크롬 브라우저의 확장 프로그램으로 설치해 놓고 쓰면 매우 편리하다. 만들어진 주소는 'Bit.ly/2018스마트폰교실' 이라는 한글 주소도 만들어진다. 또 다른 외우기 쉬운 주소는 Bit.ly 대신 ( )으로 바꾸어 쓸 수 있다.

핵심 내용 정리하기

5 다음 <보기>는 구글 설문지 만들기이다. 알맞은 순서대로 기호를 쓰시오.

| 보기 |
㉮ 새로 만들기 클릭
㉯ 구글 드라이브 클릭
㉰ (더 보기) 구글 설문지 클릭
㉱ 크롬에서 로그인 후 구글 앱을 클릭

핵심 내용 정리하기

6 다음에서 설명하고 있는 것이 무엇인지 쓰시오.

> 머리속에 떠오르는 생각을 클라우드 기반의 마인드맵에 기록하면 언제든지 편집과 수정이 자유로워 편리하다. 설치할 필요없이 웹상에서 바로 기록, 편집, 공유, 협업할 수 있다. 현재 40명까지 동시 작업이 가능하며, 텍스트는 물론 이미지, 동영상, 링크를 첨부할 수 있고 6가지 기능의 프레젠테이션도 가능하다.

핵심 내용 정리하기

7 다음에서 설명하고 있는 것이 무엇인지 쓰시오.

> 특성 자체가 인간과 인간의 문제에 집중하고 있다. 수동적 특성이 강한 전통 미디어 이용 방식을 참여형 방식으로 바뀌면서 사람들은 집단 감수성 교감, 유희적 의미 만들기, 또 다른 정보의 생산과 유통에 참여한다. 과거 인터넷 커뮤니티들이 익명성에 기초를 두었다면 웹 2.0시대를 지나면서 대부분 실명에 바탕을 둔 상호작용 공간으로 변하였다.
> 페이스북의 경우 실명과 학교 등 구체적인 프로필을 드러내지 않고서는 친구를 얻기 힘든 방식으로 구조화되어 있다. 과거 카페나 커뮤니티들이 집단 공동체 지향적이었다면 블로그를 중심으로 개인을 기반으로 한 관계 형성이 이루어지고, 자신의 정체성을 드러내며 관계 확장을 통한 사회적 확장을 가속화되고 있다.

핵심 내용 정리하기

8 다음 <보기>는 카카오 쇼핑 입점 프로세스이다. 알맞은 순서대로 기호를 쓰시오.

| 보기 |
㉮ 상품 판매 ㉯ 채널 선택 ㉰ Biz 계정 등록
㉱ 카카오 계정 가입 ㉲ 판매자 정보 등록

9 다음 <보기>의 온라인마케팅과 비교한 SNS 마케팅의 특징이다. 옳은 내용을 모두 찾아 기호를 쓰시오.

| 보기 |
㉮ 광고/제휴 ㉯ 관계 마케팅 ㉰ 타겟 마케팅
㉱ 소셜 브랜드 ㉲ 신뢰마케팅 ㉳ 파워블로거
㉴ 검색/바이럴

10 다음에서 설명하고 있는 것이 무엇인지 쓰시오.

모바일 환경은 너무나 익숙하고 언제 어디서나 사진과 동영상을 찍고 업로드 한다. 단순함의 극치 비주얼 콘텐츠들은 최적의 도구를 타고 순식간에 확산되고 있다. 해시태그는 카카오스토리나 페이스북처럼 지인 기반이 아닌 관심사나 특정 주제로 소통하기 때문에 그 파급력이 어마어마하다. #맘스타그램 #멍스타그램 #냥스타그램 #헬육아 #먹방 #셀스타그램 #일상 #맞팔 #얼스타그램#패션 #여행 등 유저들은 해시태그 검색을 통해 가장 빠르게 관심 분야나 콘텐츠를 찾는다.

11 다음 빈칸에 들어갈 알맞은 단어를 쓰시오.

( )는 고객이 알고 싶은 상품의 장점이나 서비스들을 비교적 상세히 적을 수 있고 감동적인 스토리텔링, 사진이나 동영상 등을 모두 동원하여 홍보할 수 있는 최적의 도구인 것이다. 이에 거의 모든 기업이나 단체, 개인들이 ( )를 운영하는데 ( )의 글이 검색에도 잘 나타나 홍보에 매우 효과적으로 활용되고 있다. ( )는 가장 적은 비용으로 최대의 마케팅 효과를 낼 수 있는 최고의 소셜미디어라 할 수 있다. ( )는 pc 버전과 모바일 버전이 있으며, 대부분의 검색은 모바일에서 이루어지고 있다.

핵심 내용 정리하기

12 다음에서 설명하고 있는 것이 무엇인지 쓰시오.

공상 과학 영화 속에서 물체나 공간을 화면에 비추었을 때 대상의 특징, 건강 상태, 비행 방향 등 온갖 정보가 가상의 형태로 떠오르는 것을 본 적이 있다. 이와 같은 영화 속 상황이 바로 예를 나타낸 것이라 할 수 있다. 가상현실과도 비슷한 면이 있기에 사람들은 자주 두 용어를 섞어서 이야기하곤 한다. 가상현실은 배경이나 이미지가 모두 진짜가 아닌 가상의 이미지를 사용하는 데 반해, 이것은 현실 공간과 가상 공간을 함께 보여준다는 점에서 차이가 있다.

핵심 내용 정리하기

13 다음 글에 대한 설명으로 옳은 조건을 <보기>에서 모두 찾아 기호를 쓰시오.

핵심 내용 정리하기

> 스마트스토어에서 개인 회원은 아이디 한 개당 하나의 스마트스토어만 개설할 수 있는데 다음의 조건을 충족시키면 사업자 회원으로 전환할 수 있으며, 최대 4개까지(복수 아이디 신청) 업종이 다른 스마트스토어를 개설할 수 있다. (2018년말 현재)

| 보기 |
㉮ 사업자 회원 승인 대기 중인 회원
㉯ 최근 3개월 판매만족도 85% 이상
㉰ 최근 3개월 내 이용 정지 이력이 없음
㉱ 회원 가입일로부터 6개월 이상 경과
㉲ 최근 3개월 총매출 기준 금액 800만원 이상
㉳ 스마트스토어 자진 탈퇴하여 재오픈을 기다리는 자
㉴ 스마트스토어 이름과 주소를 여러 번 변경하고 기다리는 자

14 다음은 페이스북 게시글에 대한 설명이다. 빈칸에 들어갈 알맞은 단어를 쓰시오.

핵심 내용 정리하기

> 페이스북의 어떤 글이 마음에 들거나 가치가 있는 글은 (　　)하기 버튼을 눌러 널리 전파 시킬 수 있다. 페이지나 특정 게시글에 좋아요 나 댓글, (　　)하기 그리고 이벤트에 참석 버튼을 누르면 친구에게 알림이 전송되어 전파력이 무척 강하다. 물론 (　　)대상 범위는 그때그때 변경할 수 있다. 그래서 블로그나 인스타그램 등에 게시한 글들도 페이스북에 (　　)를 하는 것이다. 또한, 가입한 그룹에 올린 글이나 이벤트 개설 등 페이스북에서 활동한 기록을 반드시 내 타임라인에 (　　) 해 두어야 나의 이력 관리를 쉽게 할 수 있다.

15 다음은 인스타그램 마케팅 기능에 대한 설명이다. 빈칸에 들어갈 알맞은 단어를 쓰시오.

> (　　　)는 페이스북의 페이지와 인스타그램의 브랜드 계정이 연결되어 있어야 한다. 페이스북 페이지의 템플릿을 '샵'으로 변경 후 상품을 등록해야 하고 인스타그램에서 수일 이상 지나야 제품 태그하기 버튼이 생성된다. 현재는 모든 업종에서 생성되지 않지만 점차 모든 업종으로 확대될 것으로 예상한다.

핵심 내용 정리하기

16 다음 <보기>는 구글 드라이브 안의 문서를 공유하여 협업 및 동시 작업하기 위한 방법이다. 알맞은 순서대로 기호를 쓰시오.

| 보기 |
㉮ 다른 사용자와 공유에서 완료 클릭
㉯ 오른쪽의 연필 아이콘 클릭 수정 가능 체크
㉰ 공유하고자 하는 문서에서 공유 클릭(또는 우측 클릭 공유)
㉱ 다른 사용자와 공유에서 사용자 빈칸에 이름 또는 이메일 주소 입력

핵심 내용 정리하기

17 PC에서 유튜브 영상을 다운받고 싶어 savefrom.net 에 접속하려고 한다면, www.youtube.com의 y자 앞에 무엇을 삽입해야 될지 쓰시오.

핵심 내용 정리하기

18 다음에서 설명하고 있는 것이 무엇인지 쓰시오.

> 인터넷 무료 동영상 공유 사이트인 유튜브에서 활동하는 개인 업로더들을 말하며 유튜브 크리에이터는 자신이 만든 영상을 업로드하는 사람을 말한다. 그러나 흔히 같은 말로 쓰이기도 한다.
> 대표적으로는 국내는 대도서관, 1million 댄스 스튜디오, 벤쯔, 김이브, 대정령, 씬님, S&M, 영국 남자, 양띵, waveya, jwcfree(정성하), 해외에서는 퓨디파이, 10Cats 등이 유명하다.

핵심 내용 정리하기

19 다음은 소셜미디어 트렌드리포트 조사(2018)에 대한 설명이다. 빈칸에 들어갈 알맞은 단어를 쓰시오.

> 2017년과 비교해 볼 때 가장 긍정적인 변화를 가져온 소셜미디어는 (   )이다. (   )를 주로 이용한다는 응답자에게 그 이유를 물었다. 흥미 위주의 콘텐츠를 얻기 위해<25.4%>, 뉴스 등 유용한 콘텐츠를 얻기 위해<20.3%>, 사진이나 동영상 등을 공유하기 위해<20.3%> 이용한다는 응답이 가장 많았다.
> TOP3 응답 모두 콘텐츠 소비와 관련한 내용이라는 공통점을 발견할 수 있다. 50대 남성의 밴드 이용 빈도나 20대 여성의 인스타그램 이용 빈도보다도 높다는 점은 특히 고무적이다. (   )라는 소셜미디어의 성장이 특정 세대나 성별 쏠림 현상으로 인해 미디어 성격이 변화하고 있는 것이 아니라 전 연령대에 걸쳐서 이용자 규모 자체가 확대되고 있다는 뜻이기 때문이다.

핵심 내용 정리하기

20 다음 <보기>는 크롬에 확장 프로그램인 비틀리를 추가하는 방법이다. 알맞은 순서대로 기호를 쓰시오.

| 보기 |
㉮ 웹스토어 클릭
㉯ 비틀리가 화면에 뜨면 chrome에 추가 클릭
㉰ 구글의 google 앱 또는 북마크바의 구글앱 클릭
㉱ 검색에 비틀리로 검색 후 아래 확장 프로그램 선택
㉲ 크롬브라우저 오른쪽 상단에 비틀리 아이콘 추가된 것이 보인다.

21 다음 빈칸에 들어갈 알맞은 단어를 쓰시오.

( )가 최대 화두로 떠오르고 있는데 인스타그램에서 꽃을 피우고 있다. ( )는 특정 단어 또는 문구 앞에 해시(#)를 붙여 연관된 정보를 한데 묶을 때 사용한다. 요즘은 연관된 정보를 묶는 기능에서 더 나아가, 검색 및 특정 주제에 대한 관심과 지지를 드러내는 방식이나 수단으로 사용되기도 한다.
트위터, 인스타그램, 페이스북, 구글플러스, 유튜브, 텀블러, 폴라 등 대부분의 SNS에서 ( ) 검색이 지원되고 있다. 이러한 ( )가 널리 활용됨에 따라 이를 마케팅에 활용하는 경우가 점차 늘어나고 있다. 기업과 브랜드에 대한 긍정적인 ( )를 늘리려는 것이며, 기업이 정해준 ( )를 달고 사진을 올리면 상품을 주는 등의 형식이다.

22 다음은 블로그마케팅에 관한 설명이다. 빈칸에 들어갈 알맞은 단어를 쓰시오.

> 블로그의 생명은 좋은 ( )다. 사람들에게 이익과 정보를 제공해야 고객들은 꾸준히 방문하고 나의 고객이 된다. 좋은 ( )란 사람들이 공유할만한 글이 좋다. 그 정도는 아니더라도 감동이나 스토리가 있으면 더욱 좋고 나의 이야기를 진솔하게 적어도 좋은 ( )가 될 수 있다.

핵심 내용 정리하기

23 다음 <보기>는 크롬 브라우저에서 로그아웃하는 방법이다. 알맞은 순서대로 기호를 쓰시오.

> 크롬 브라우저는 로그아웃하지 않으면 다른 사람이 내 계정에서 작업할 수도 있으므로 사용 후에는 반드시 로그아웃을 해야 한다.

| 보기 |
㉮ 설정 클릭
㉯ 사용 중지 클릭
㉰ 크롬브라우저 오른쪽 상단 chrome 맞춤 및 설정제어 점 세 개 클릭
㉱ 기기에서 북마크, 방문 기록, 비밀번호 등을 삭제, 앞의 체크박스 체크 후 사용 중지 클릭

핵심 내용 정리하기

24 다음에서 설명하고 있는 것이 무엇인지 쓰시오.

페이스북의 개인 공간이다. 사용자가 게시하는 사진, 글 등을 실시간, 시간순으로 보여준다. 뉴스피드에 있는 대부분의 소식은 사용자의 친구들이 각자의 이곳에 올린 것들이다. 원래 명칭은 'Wall(담벼락)'이었다. 2011년 페이스북 키노트에서 마크 주커버그는 개인의 삶을 역사적으로 표현할 수 있는 이것의 개념을 발표하였다. 각 유저의 프로필 사진이나 이름을 클릭하여 들어가며 프로필과 정보, 친구 목록, 게시글과 공유글이 있다.

핵심 내용 정리하기

25 다음 빈칸에 들어갈 알맞은 단어를 쓰시오.

내가 직접 만들어서 운영하는 쇼핑몰과 오픈마켓의 가장 큰 차이점은 무엇일까? 결정적으로 오픈마켓, 소셜커머스, 스마트스토어는 자기 (   )을 가질 수 없다. 즉, 내 물건을 아무리 많이 구매한 단골이라도 내 (   )이 아니기 때문에 (   )정보를 보유하고 이를 이용하여 마케팅을 할 수가 없다. 예를 들어 G마켓에서 물건을 구매하는 사람은 G마켓 (   )이며 메일과 문자를 보내서 홍보하는 주체도 G마켓이다.

핵심 내용 정리하기

26 다음은 인스타그램을 주목해야 하는 이유이다. 빈칸에 들어갈 알맞은 단어를 쓰시오.

예전의 마케팅 트렌드는 귀에 익숙한 멜로디, 한 줄의 카피라이터로 사람들의 주목을 끌었다면 최근 마케팅의 키워드는 바로 (   )이다. (   ) 마케팅이 중요해질수록 (   ) 기반 플랫폼인 인스타그램의 주목도 또한 커질 것이다. 주목도가 높아지고 더 많은 유저들이 유입되면 될수록 우수하고, 독창적인 콘텐츠 생산 또한 많아질 것이다.

핵심 내용 정리하기

27 다음에서 설명하고 있는 것이 무엇인지 쓰시오.

핵심 내용 정리하기

네이버의 홈페이지 제작 서비스는 누구나 쉽게 무료로 홈페이지를 제작할 수 있도록 다양한 템플릿을 제공하는 모바일 최적화 홈페이지이다. PC는 물론 스마트폰에서도 쉽게 만들고 사용할 수 있으며, 별도의 가입없이 네이버 아이디 하나로 개인은 3개, 법인은 10개까지 홈페이지를 만들 수 있다.
스마트폰에 있는 사진 등을 업로드하거나 사진편집 등을 바로 해서 업로드할 수 있고, 무엇보다 스마트폰 편집이 쉬워 이동 중에도 시간과 장소에 구애받지 않고 작업할 수 있어 편리하다.

28 다음은 네이버 쇼핑몰에 관한 설명이다. 빈칸에 들어갈 알맞은 단어를 쓰시오.

핵심 내용 정리하기

(   )는 네이버에서 제공하는 임대 쇼핑몰로써 임대 쇼핑몰에 오픈마켓의 형식을 더한 방식이다. 샵N이 스토어팜으로 다시 (   )로 이름을 바꾸며 현재까지 왔다. 오픈마켓과 유사하지만 상점을 열거나 물건을 팔 때 따른 수수료가 없으며, 네이버 블로그와 카페의 성격을 포함하고 있다. 상품 정보를 등록하고 검색할 수 있는 서비스 플랫폼으로 개편 운영되고 있다. 독립적인 쇼핑몰 운영이 가능하며 네이버 지식 쇼핑과 자동 연동이 가능하다는 장점이 있다.

29 다음에서 설명하고 있는 것이 무엇인지 쓰시오.

> 오프라인과 마찬가지로 온라인에서도 고객을 잡기 위한 다양한 판매 방식이 존재한다. 개인이 온라인/오프라인에 직접 가게를 오픈하는 경우와 타인이 만들어 놓은 온라인 쇼핑몰에서 물건을 판매하는 방식이 있는데 후자를 이것 또는 소셜커머스, e-커머스라고 한다. 통신 판매 중개업자가 판매자와 구매자 사이에서 중개하고 각각의 판매자가 이곳에서 모두 물건을 팔 수 있는 열린 장터이다.

핵심 내용 정리하기

30 다음 빈칸에 들어갈 알맞은 단어를 쓰시오.

> 네이버 (   )은 프로그램 설치 없이 고객과 상담 할 수 있는 무료 웹 채팅 서비스이다. 친구 추가나 앱 설치 등과 같은 번거로움이 없이 사업주가 네이버에 신청하여 승인받아 설치하기만 하면 고객은 PC/모바일 환경에서 (   )이 설치 되어 있는 곳은 어디서나 '(   )하기' 버튼을 누르면 바로 대화창이 열리고 사업주 판매자와 대화나 상담을 할 수 있다. 고객은 전화나 문자 없이 궁금한 내용을 수시로 물어볼 수 있고 사업주는 고객의 문의를 실시간 놓치지 않고 응대할 수 있어 편리하다. (   )은 물품 정보에 대한 대화 뿐만 아니라 상품 추천, 지도 공유, 사진 전송 등 다양한 기능을 이용할 수 있다.

핵심 내용 정리하기

31 다음 쇼핑몰과 비교한 오픈마켓의 장점으로 옳은 것을 <보기>에서 모두 찾아 기호를 쓰시오.

| 보기 |
㉮ 미니샵 운영이 가능
㉯ 초기 구축비용이 없음
㉰ 단일상품으로 판매 가능
㉱ 지명도가 높을수록 판매 용이
㉲ 환경 변화, 고객 취향 변화에 즉각적인 대응
㉳ 적극적인 마케팅 활동 및 회원 DB 고객관리 가능
㉴ 독특한 아이디어와 컨셉의 쇼핑몰 자체 제작 가능

핵심 내용 정리하기

32 다음은 빈칸에 들어갈 알맞은 단어를 쓰시오.

( )은 2007년 5월에 F8 플랫폼이라는 API를 개발하여 공개함으로써 전 세계 개발자 누구라도 ( )과 연동이 가능한 오픈 플랫폼 정책을 도입하게 된다. 이후 전 세계 100만 명이 넘는 개발자들이 각종 응용 프로그램을 자발적으로 ( )에 제공 하게 되면서 ( )은 폭발적인 성장을 거듭하게 된다. 기존 싸이월드에서 봤던 친구 사진, 음악, 동영상, 수많은 콘텐츠와 서비스, 전 세계로의 인맥 확장 등에 사람들은 열광했고 개방과 공유를 지향하는 ( )의 정책과 맞물리면서 ( )은 세계 최대의 소셜 네트워크로 성장하고 있다.

핵심 내용 정리하기

33 다음 <보기>는 네이버 스마트스토어 센터 가입과 상품 노출 방법이다. 알맞은 순서대로 기호를 쓰시오.

| 보기 |
㉮ 상품등록 : 무료
㉯ 네이버 쇼핑에 노출
㉰ 스마트 스토어 입점: 무료
㉱ 결제 시스템: 네이버페이 기본 연동

34 다음은 에버노트와 동기화시켜서 활용할 수 있는 확장 프로그램에 대한 설명이다. 빈칸에 들어갈 알맞은 단어를 쓰시오.

에버노트를 크롬의 PC에 설치하면 (   )를 활용할 수 있는데 이는 크롬 부라우저의 확장 프로그램을 추가하면 된다. (   )는 웹상의 모든 정보를 광고없이 클리핑할 수 있다. 그리고 필요한 부분만 캡쳐하거나 주석을 넣어 편집할 수 있는 도구이다.

35 다음 빈칸에 들어갈 알맞은 단어를 쓰시오.

페이스북은 (   )계정이 무척 중요하다. (   )계정 없이 페이지나 그룹을 만들 수 없으며, (   )계정의 친구를 바탕으로 그룹과 페이지를 홍보할 수 있다. (   )프로필을 진실하게 올리고 신뢰를 바탕으로 친구를 맺으며 특정 주제를 가지고 교류하는 그룹 활동도 할 수 있으며, 특정 기업이나 브랜드 페이지에 '좋아요'를 눌러 소식을 받아 볼 수도 있다.

36 다음 빈칸에 들어갈 알맞은 단어를 쓰시오.

> (　)시대 사람들은 백화점에 가서 상품을 고르고 온라인에서 구매한다. 반대로 모바일에서 택시를 예약하고 오프라인에서 이용하는 (　)로 온오프라인의 경계가 없는 시대가 도래한 지 오래이다. 배달의 민족, 카카오 택시, 여기 어때, 직방, 에어 B&B 등 그 예는 수없이 많다. 온라인 기업과 오프라인이 서로 M&A되어 온라인고객의 DB를 동력으로 삼아 오프라인 기업의 매출을 증대시키는 비즈니스 플랫폼을 (　)라고 한다. 온라인에서 성공해서 오프라인으로 영역을 확장하는 Amazon Go는 대표적인 사례이다.

핵심 내용 정리하기

37 다음 빈칸에 들어갈 알맞은 단어를 쓰시오.

> (　)는 특정 상품을 최저가로 판매하는 모델에서 출발했다. 티몬, 위메프, 쿠팡 등이 대표적이다. 초기 (　)는 SNS를 통해 특정 상품을 구매하려는 사람을 모으고, 목표 수량에 도달하면 할인된 가격에 상품을 판매하는 공동구매 형식이었다. 이후에는 상품을 MD가 선정하고 일정 기간 싸게 판매하는 소셜 딜이 주력이 되었고 최근에는 자체 유통 상품의 비중이 점점 높아지고 있다. (　)는 가격 비교 없는 최저가 상품 제안과 단순한 판매 방식으로 모바일 시장과 함께 급성장하였으나 최근 수익성 악화로 사업 모델이 바뀌고 있다.

핵심 내용 정리하기

38 다음에서 설명하고 있는 것이 무엇인지 쓰시오.

> 온라인 쇼핑에서도 오프라인 쇼핑과 같은 전문성을 느낄 수 있도록 백화점 윈도, 아울렛 윈도, 스타일 윈도, 뷰티 윈도, 리빙 윈도, 푸드 윈도, 키즈 윈도, 플레이 윈도, 글로벌 윈도, 아트 윈도 등의 전문관으로 구성한 네이버 O2O 쇼핑 서비스이다.

핵심 내용 정리하기

39 다음은 온라인 홍보 마케팅 전략 분석을 나타낸 것이다. <보기>에서 모두 찾아 기호를 쓰시오.

| 보기 |
㉮ 누구에게 : 타겟 – 대상
㉯ 어떤 매체 : 범위 – 도달
㉰ 어느 정도 : 목표 – 달성
㉱ 무엇을 : 차별화된 – 콘텐츠
㉲ 어떤 목적 : 목표 – 가치 공유
㉳ 알릴 것인가 : 채널 – 미디어
㉴ 어떤 메시지 : 분명한 – 메시지

핵심 내용 정리하기

40 다음 <보기>는 톡톡 계정을 만드는 방법이다. 알맞은 순서대로 기호를 쓰시오.

| 보기 |
㉮ 계정 타입 선택
㉯ 계정 생성 완료!
㉰ 채팅방 프로필 꾸미기
㉱ 톡톡 버튼을 노출할 서비스 선택

핵심 내용 정리하기

41 다음은 네이버의 쇼핑 윈도에 대한 설명이다. 빈칸에 들어갈 알맞은 단어를 쓰시오.

> (　　)는 네이버 소호 몰인 스마트 스토어와는 다르게 오프라인 매장을 직접 운영하고 있어야 된다는 점, 상품 사진 또한 (　　)의 가이드에 맞춰 촬영해야 된다는 점 등 여러 가지 제한적인 부분이 있는 게 가장 큰 특징이다.
> 판매자는 자신의 매장이 해당하는 (　　)에 가입 신청을 한 뒤 네이버의 심사를 거친 후 승인 완료가 되면 스토어를 개설할 수 있다. (　　)를 운영하게 되면 스마트 스토어는 자동으로 연동이 되어 두 개의 온라인 스토어를 운영할 수 있게 된다.

핵심 내용 정리하기

42 다음 빈칸 (①), (②)에 알맞은 단어를 쓰시오.

> 네이버 쇼핑에 내 상품이 노출되기 위해서는 네이버 쇼핑 입점해야 되며, 입점 방식은 크게 (①)패키지와 (②)패키지가 있다.
> (①)는 상품 클릭시 단가에 따른 수수료를 부과하는 방식으로 한 번의 입점비만으로 상품 구매 의사를 가진 소비자에게 광고하려면 (①) 패키지로 입점한다.
> (②)는 매월 고정비와 판매에 대한 상품 판매 수수료를 지급하는 방식으로 모든 카테고리의 상품을 취급하는 종합 쇼핑몰 등이 주로 (②) 패키지로 입점한다.

① _____ , ② _____

핵심 내용 정리하기

43 O2O는 무엇의 약자인지 영어로 쓰시오.

핵심 내용 정리하기

44 다음에서 설명하고 있는 것이 무엇인지 쓰시오.

> 카카오톡에서 상점을 열고 물건을 팔려면 카카오 비즈니스 서비스를 이용해야 한다. 카카오의 메뉴 중에 선물하기, 쇼핑하기, 주문하기, 스타일, 메이커스 등이 카카오 커머스 상품들이다. 카카오 쇼핑에 입점하려는 판매자가 가입해야 하는 서비스이다. '쇼핑하기'는 입점한 판매자들을 소비자의 반응으로 추천해 주는 전시 채널이다. 카톡 친구들 사이에서 소문나고 있는 상품과 소비자의 구매 후기로 빅 브랜드부터 핸드 메이드까지 국내에서 판매하는 상품들을 추천해 준다.

핵심 내용 정리하기

45 다음에서 설명하고 있는 것이 무엇인지 쓰시오.

> 안드로이드 유일의 전문가 수준의 편집 기능을 모두 갖춘 동영상 편집 앱이며, 비디오 및 이미지, 텍스트 등의 멀티 레이어는 물론이고 정밀한 자르기 및 트리밍, 오디오 멀티 트랙, 상세 볼륨 조정, 컬러 LUT 조정, 3D 장면 전환 외 다수의 효과 및 기능을 지원한다. 프로와 아마추어 모두에게 뛰어난 모바일 편집 환경 제어 능력을 제공하며, 예술가 및 교육자들에게 유용한 손글씨 레이어는 비디오 위에 바로 글씨를 쓰는 것은 물론 스토리보드 제작까지도 가능할 수 있도록 한다.

핵심 내용 정리하기

46 다음 빈칸 (①), (②), (③)에 알맞은 단어를 쓰시오.

> 인스타그램은 팔로잉, 팔로워, 팔로우라는 용어를 사용하여 서로 소통하며, 인스타그램의 활용으로 많은 신조어가 새로이 만들어지고 있다.
> * (①) 팔로우를 먼저 하는 것
> * (②) 서로 같이 팔로잉을 해 주는 것
> * (③) 팔로잉을 끊는 것

① _____
② _____
③ _____

핵심 내용 정리하기

---

47 다음 빈칸 (①), (②), (③)에 알맞은 단어를 쓰시오.

> 에버노트에서 일반적으로 메모를 하거나 여러 가지 방법으로 파일을 만드는 것을 (①)라고 한다. 필요한 업무에 맞게 폴더처럼 여러 가지로 분류해서 (②)을 만들고 그 안에 (①)를 모아 놓으면 관리가 쉽다. 같은 종류의 (②)을 여러 개 만들었으면 하나로 묶을 수 있는데 이를 (③)이라 한다. (②)을 길게 눌러 새 (③)으로 이동을 누른다.
> 이미 만들어진 (③)에 추가하려면 스택으로 이동을 누른다. (③)은 접었다 폈다 할 수 있어 깔끔하게 정리할 수 있다.

① _____
② _____
③ _____

핵심 내용 정리하기

48 다음에서 설명하고 있는 것이 무엇인지 쓰시오.

핵심 내용 정리하기

자주 사용하는 인스타그램 태그를 저장하여, 태그를 쉽게 달 수 있다. 최근 사용한 태그를 서비스받아 자동 태그 달기가 가능하며, 잘못된 태그를 사용으로 언팔 되지 않도록 지원하고 있다. 추천 인기 태그를 서비스 로 맞팔, 팔로워의 좋아요가 증가하고 태그를 쉽게 달 기 위한 인기 태그 추천 서비스이다.

49 다음 <보기>는 네이버 쇼핑 입점(CPC 패키지) 방법이 다. 알맞은 순서대로 기호를 쓰시오.

핵심 내용 정리하기

| 보기 |
㉮ 상품 등록 : 광고주
㉯ 입점 심사 : NAVER
㉰ 서비스 시작 : NAVER
㉱ 입점 신청서 작성 : 광고주
㉲ 상품 DB URL 등록 : 광고주

50 다음에서 설명하고 있는 앱이 무엇인지 쓰시오.

핵심 내용 정리하기

전 세계 8천만 유저들이 선택한 Android 오피스 앱이 다. 하나의 앱으로 한글 문서 (HWP), MS오피스 (워 드, 엑셀, 파워포인트) 문서는 물론 Adobe PDF까지 한 번에 실행할 수 있다. Google Play 스토어에서 '에디터 추천', '2015 최고의 앱'과 '인기 개발자'로 선정되었다. 지원 가능한 파일 형식 : DOC, DOCX, XLS, XLSX, PPT, PPTX, PPS, PPSX, TXT, HWP, ODT, PDF

정답

1 에버노트　　2 ㈏, ㈎, ㈐, ㈑, ㈒　　3 구글 설문지　　4 j.mp　　5 ㈑, ㈏, ㈎, ㈐
6 오케이마인드맵　　7 소셜미디어　　8 ㈑, ㈐, ㈏, ㈒, ㈎　　9 ㈏, ㈐, ㈑, ㈒　　10 인스타그램
11 블로그　　12 증강현실 또는 AR　　13 ㈏, ㈐, ㈑, ㈒　　14 공유　　15 쇼핑태그
16 ㈐, ㈑, ㈏, ㈎ 또는 ㈐, ㈏, ㈑, ㈎　　17 ss　　18 유튜버　　19 유튜브　　20 ㈐, ㈒, ㈑, ㈏, ㈒
21 해시태그　　22 콘텐츠　　23 ㈐, ㈎, ㈏, ㈑　　24 타임라인　　25 회원
26 해시태그　　27 모두 또는 modoo　　28 스마트스토어　　29 오픈마켓　　30 톡톡
31 ㈎, ㈏, ㈐, ㈑　　32 페이스북　　33 ㈐, ㈎, ㈑, ㈏　　34 웹클리퍼　　35 개인
36 O2O　　37 소셜커머스　　38 네이버 쇼핑윈도 or 네이버 쇼핑윈도시리즈　　39 ㈎, ㈑, ㈒, ㈘　　40 ㈑, ㈎, ㈐, ㈏
41 윈도시리즈　　42 CPC CPS　　43 Online to Offline　　44 카카오톡 스토어　　45 KineMaster 또는 키네마스터
46 선팔 맞팔 언팔　　47 노트 노트북 스택　　48 태그야놀자　　49 ㈑, ㈏, ㈒, ㈎, ㈐　　50 폴라리스오피스

필기 시험 1회

점수

50문항
문항당 2점으로
계산해 주세요.

1. SNS 마케팅의 SNS는 무엇의 약자인가?
① Sympathetic Nervous System
② Social Network System
③ Social Network Service
④ Society of Neurological Surgeons

2. 다음 중 스마트폰 운영 체제가 아닌 것은?
① 안드로이드
② iOS
③ 윈도폰 81
④ 리눅스

3. SNS 마케팅을 위한 TOOL 중 스마트폰에서만 사용 가능한 것은?
① Quik-GoPro 비디오 편집기
② 페이스북
③ 네이버 블로그
④ modoo 홈페이지

4. PC의 하드웨어 목록을 파악하기 위해 필요한 제어판의 기능은?
① 디스플레이
② 장치관리자
③ 프로그램 및 기능
④ 전원옵션

5. 에버노트에 대한 설명으로(2019년 현재) 옳지 않은 것은?
① Evernote 계정에서는 이메일도 보낼 수 있다.
② 무료 버전은 월 60MB의 업로드 용량을 제공한다.
③ 무료 버전으로도 내 자료를 언제까지나 저장할 수 있다.
④ 폴더 개념의 노트북은 무료 버전은 20개까지만 만들 수 있다.

6 구글 드라이브에 대한 설명으로 옳지 <u>않은</u> 것은?

① 구글 드라이브는 구글 계정을 가진 이들에게 주는 클라우드 서비스이다.
② 2019년 현재 계정을 가진 모든 이에게 15GB의 공간을 무료로 제공한다.
③ 구글 드라이브는 PC 상의 크롬 전용이므로 스마트폰에서는 사용 불가능하다.
④ 스마트폰에 구글 드라이브를 설치하고 동기화해 놓으면 파일 올리기가 가능하다.

7 아주 긴 URL 주소를 j.mp/마케팅 같은 단축주소로 만들어 주는 크롬 브라우저의 확장 프로그램은?

① 웹클리퍼   ② 스크린캡쳐   ③ 비틀리   ④ 내 IP주소

8 SNS 마케팅지도사에 대한 설명으로 옳지 <u>않은</u> 것은?

① 고객의 요구를 조직적으로 마케팅에 반영하는 사람
② 도·소매, 유통의 지식을 가지고 매출을 올리는 사람
③ SNS를 제작 관리하여 고객의 생각과 의견을 참여시키는 사람
④ 기업, 브랜드의 판매 촉진과 성장을 위해 SNS 활동을 하는 사람

9 다음 글에서 설명하고 있는 것은?

> 머리 속에 떠오르는 생각을 클라우드 기반의 이곳에 기록하면 언제든지 편집과 수정이 자유롭고 아이디어 목록을 구조화시켜 브레인스토밍하기 편리하다. 웹상에서 바로 기록, 편집, 공유, 협업할 수 있다.

① 오케이마인드맵   ② 플로우차트   ③ 카드뉴스   ④ 구글 킵

10 산업혁명과 그 특징이 바르게 연결되지 <u>않은</u> 것은?

① 2차 산업혁명 – 전기 에너지 기반 대량 생산 혁명
② 3차 산업혁명 – 컴퓨터와 인터넷 기반 지식정보혁명
③ 1차 산업혁명 – 농기구, 손수레, 모터, 정보통신, 기계혁명
④ 4차 산업혁명 – 지능 정보 혁명 인공지능과 IOT, 빅데이터, 클라우드 기술 융합

11 마케팅 용어에 대한 설명으로 옳지 않은 것은?

① 마케팅은 크게 온라인 마케팅과 오프라인 마케팅으로 나뉜다.
② 마케팅은 온오프 라인을 통해 고객을 유인하는 일련의 과정이다.
③ 블로그 마케팅, 인스타 마케팅, 페이스북 마케팅, 키워드 마케팅도 마케팅이다.
④ 온라인 마케팅은 전단지, 현수막, 배너, 쿠폰 등을 활용한 마케팅이다.

12 인스타그램의 이해에 대한 설명으로 옳지 않은 것은?

① 페이스북과 인스타그램은 전혀 관계없다.
② 인스턴트 카메라 instant camera와 텔레그램 telegram의 합성어이다.
③ 텍스트 중심의 소통이 이미지와 동영상으로 변화하고 그것에 최적화된 SNS이다.
④ 사용자들이 자신의 일상을 사진과 동영상을 통해 공유할 수 있는 소셜 네트워크이다.

13 온라인, 홈페이지 기반 쇼핑몰, 오픈마켓의 마케팅 전략이 아닌 것은?

① 지역 기반 광고 운영, 단골 고객 확보
② 맞춤 타겟 / 타겟팅 광고 운영
③ 사업 관련 SNS 해시태그 운영 관리
④ 공식 블로그 운영, 잠재 고객 상담 관리

14 다음 중 인스타그램 계정 생성 방법이 아닌 것은?

① 카톡과 연동하는 방법
② 이메일로 가입하는 방법
③ 휴대전화로 가입하는 방법
④ 페이스북과 연동하는 방법

15 온라인 마케팅과 SNS 마케팅의 특징으로 옳지 않은 것은?

① 온라인 마케팅은 비노출 마케팅이다.
② SNS마케팅은 신뢰와 관계 마케팅이다.
③ SNS마케팅은 타겟 마케팅과 가치 마케팅이다.
④ 온라인 마케팅은 파워 블로거나 대표 카페를 이용한다.

16 인스타그램에서 사용하는 용어로 옳지 않은 것은?

① 언팔 : 팔로잉을 끊는 것
② 맞팔 : 서로 팔로잉을 해 주는 것
③ 선팔 : 팔로우를 먼저 하는 것
④ 샵팔 : 뒤에 특정 단어를 넣어 팔로잉하는 것

17 소셜미디어 등장 배경에 대한 설명으로 옳지 않은 것은?

① 소셜미디어는 텍스트, 이미지, 오디오, 비디오 등의 다양한 형태를 가지고 있다.
② 직접 제작한 UCC가 등장하면서 직접 소통으로 관계 형성하면서 소셜화 되었다.
③ 1980년부터 1990년 사이에 블로그가 등장하면서 1인 미디어 시대가 시작되었다.
④ 2010년도 전후로 스마트폰의 보편화와 LTE 보급으로 한국에 열풍을 불러일으켰다.

18 마케팅의 주체인 4C(고객의 입장 주도)에 해당하지 않은 것은?

① Customerbenefits 고객 가치 이익 추구
② Charge 상품 서비스에 대한 요금
③ Convenience 편리성
④ Cost of customer 고객비용, 가성비

19 인스타그램을 주목해야 하는 이유가 아닌 것은?

① 비주얼 마케팅이 대세이기 때문
② 브랜딩을 하기에 최적화되어 있기 때문
③ 사람들은 가로형인 TV 스크린을 선호하기 때문
④ 소비자의 활동을 마케팅으로 활용 가능하기 때문

20 SNS 마케팅의 효과가 아닌 것은?

① 매출 증대의 효과가 있다.
② 브랜드 이미지가 향상된다.
③ 기업 이미지 향상에 부합된다.
④ 커뮤니티 모임이 활성화된다.

21 인스타그램 프로필에 대한 설명으로 옳지 않은 것은?

① 팔로워(follower)는 내 계정을 친구 추가한 사람이다.
② 비즈니스 계정으로 전환하면 프로필이 나타나고 개인 계정이면 홍보가 나타난다.
③ 프로필 사진은 내 계정의 정체성을 나타내는 사진이나 로고를 넣는 것이 좋다.
④ 팔로잉(following)은 내가 친구를 추가한 사람이며 실시간 활동 소식을 받아 볼 수 있다.

22 유튜브에 대한 설명으로 옳지 않은 것은?

① 누구나 쉽게 콘텐츠를 올리고 소비자의 반응대로 기류를 형성한다.
② 매일 1억 개의 비디오 조회 수를 기록하는 세계 최대의 동영상 사이트이다.
③ 2018년은 세계에서 가장 방문자가 많은 사이트이자 애플리케이션 중 하나이다.
④ 단점은 자사와 계약을 체결한 사업자에게만 콘텐츠를 제공하는 한계가 있다.

23 원스토어에서 제공하는 앱으로 유튜브 영상다운과 음원을 추출할 수 있는 앱은?

① 무비메이커　　　　　　② 키네마스터
③ 음악다운　　　　　　　④ 스텔라브라우저

24 다음 글에서 설명하고 있는 구글 확장 프로그램은?

> PC에서 웹페이지 자료를 스크랩하여 에버노트에 동기화하여 유용하게 쓸 수 있다.

① 웹클리퍼　　　　　　　② 비틀리
③ 데이터세이버　　　　　④ 스크린 캡쳐

25 다음 PC의 CPU 코어 사양 중 가장 고사양은?

① 싱글코어　　　　　　　② 쿼드코어
③ 옥타코어　　　　　　　④ 듀얼코어

26 유투버에 대한 설명으로 옳지 않은 것은?

① 유튜브에서 활동하는 개인 업로더를 말한다.
② 자신이 만든 영상을 업로드하는 사람을 말하기도 한다.
③ 유튜브에서 업로드하고 모든 정보를 공유하는 사람을 말한다.
④ 유튜버는 영업을 목적으로 하지 않지만 유튜브 크리에이터는 영업만을 목적으로 한다.

27 다음 중 블로그를 일반적인 주체로 구분해 놓은 것이 아닌 것은?

① 리뷰형 블로그
② 판매형 블로그
③ 리서치형 블로그
④ 스토리형 블로그

28 대중 매체와 SNS 특성에 해당하지 않은 것은?

① 접근성
② 유용성
③ 신속성
④ 편리성

29 구글과 크롬에 대한 설명으로 옳지 않은 것은?

① 구글은 검색 엔진 포털 사이트이다.
② 구글 사이트는 크롬으로만 들어가야 열린다.
③ 크롬은 익스플로어처럼 인터넷 서비스를 하는 브라우저의 한 종류이다.
④ 크롬에서 구글로 로그인을 하면 동기화되어 여러 가지 서비스를 받을 수 있다.

30 블로그의 방문자 관리 시 중요도가 가장 낮은 것은?

① 방문 트랜드
② 방문자 분포도
③ 동시에 접속 인원 수
④ 시간대별 분포도

31 다음 중 4차 산업 혁명의 용어가 아닌 것은?

① AR, VR, MR
② IQ, EQ, SQ
③ IOT, AI
④ 3D 프린터, 드론

32 오케이마인드맵 사용법에 대한 설명으로 옳지 않은 것은?

① 2019년 현재 40명까지 동시 작업이 가능하다.
② 마디 추가 시 자식 마디는 탭키를, 형제 마디는 엔터키를 치면 만들어진다.
③ 이미지, 동영상, 링크를 첨부할 수 있고 6가지 기능의 프레젠테이션도 가능하다.
④ 오케이마인드맵의 최대 단점은 확대 축소는 가능하나 마디 이동이 안 된다는 것이다.

33 디지털마케팅의 O2O 시대에 대한 설명으로 옳지 않은 것은?

① 온라인과 오프라인을 연결한 마케팅, 서비스를 의미한다.
② 사람들은 백화점에 가서 상품을 고르고 온라인에서 구매한다.
③ QR 코드를 통해 모바일 사이트로 유도하는 것이 좋은 예이다.
④ 유통 구조도 옴니채널에서 싱글 채널로 현재는 멀티채널로 바뀌고 있다.

34 크롬의 북마크에 대한 설명으로 옳지 않은 것은?

① 북마크는 인터넷 익스플로러의 즐겨찾기와 비슷한 기능이다.
② 크롬은 주소 표시줄의 검색 엔진을 바꿀 수 있지만 기본은 구글 검색이다.
③ 크롬과 인터넷 익스플로러와 호환이 안 되기 때문에 즐겨찾기를 불러올 수 없다.
④ 크롬의 북마크는 구글로 로그인을 하면 어디서든 동기화된 같은 북마크를 사용할 수 있다.

35 우리나라의 대표적인 SNS 매체로 볼 수 없는 것은?

① 카카오 스토리   ② 페이스북
③ 왓츠앱   ④ 인스타그램

36 유튜브의 채널 개설에 대한 설명으로 옳지 않은 것은?

① 유튜브를 하려면 chrome을 사용하는 것이 좋다.
② 유튜브의 채널을 개설하려면 구글 계정이 있어야 한다.
③ 구글 계정 하나로 유튜브 채널은 50개까지 만들 수 있다.
④ 브랜드 계정은 하나의 브랜드 계정을 다른 사람과 공동 관리할 수 없다.

37 유튜브 검색에 대한 설명으로 옳지 <u>않은</u> 것은?

① 유튜브 검색의 특징은 필터이다.
② 유튜브는 바야흐로 검색 포털로 자리매김하고 있다.
③ 내가 보고 싶은 영상을 정확하게 필터링할 수도 있다.
④ 재생 목록이란 하나의 폴더 개념이나 동영상을 업로드할 때 주제별로 분류할 수 없다.

38 에버노트 구조를 하위부터 상위까지를 바르게 나열한 것은?

① 노트 → 노트북 → 스택
② 노트북 → 노트 → 스택
③ 노트 → 노트북 → 폴더
④ 파일 → 폴더 → 드라이브

39 다음 글에서 설명하고 있는 것은?

> 텍스트나 음성, 사진, 동영상 이외에도 모든 파일을 저장할 수 있다. 사진을 찍거나 이미지를 첨부하면 그 이미지 인식 작업을 진행하여 텍스트화한다. 무료 사용자에게 한 달에 최대 60MB의 용량을 제공한다. 유료 버전의 경우 PDF 화일이나 PPT 화일에 있는 텍스트도 인식한다.

① 구글킵　　② 에버노트　　③ 네이버 메모장　　④ 드롭박스

40 블로그 용어 중 블로깅에 대하여 바르게 설명한 것은?

① 블로그 들을 한데 모아놓은 집합체
② 자신의 블로그에 글을 쓰는 포스팅 행위
③ 네이버 블로그를 운영하는 사람들을 총칭
④ 블로그를 개설해서 타인의 블로그와 소통하는 행위

41 인스타그램 마케팅에 대한 설명으로 옳지 <u>않은</u> 것은?

① 검색과 콘텐츠 발견에 중점을 두고 있다.
② 해시태그를 통한 검색 유입이 잘 형성되어 신규 브랜드 런칭에 적합하다.
③ 브랜드를 감성적으로 홍보할 수 있는 핵심 타켓 대중과 소통할 수 있는 채널이다.
④ 해시태그는 특정 단어나 구 뒤에 해시(#)를 붙여 분리된 정보를 한데 묶을 때 사용한다.

42 유튜브에 포함된 음악에 대한 설명으로 옳은 것은?

① 스텔라 브라우저에서 음원만 추출해서 사용하는 것이 바람직하다.
② 유튜브의 저작권은 팝송에만 국한되므로 국내 가요는 삽입해도 상관없다.
③ 유튜브의 오디오 라이브러리의 무료 음악 음향 효과를 쓰는 것이 바람직하다.
④ 유튜브는 저작권에 관대하므로 유튜브에 삽입되는 음악은 아무거나 상관없다.

43 다음 중 블로그의 특징이 아닌 것은?

① 커뮤니티 형성이다.
② 1인 미디어이다.
③ 정보의 기록물이다.
④ 소셜미디어이다.

44 에버노트에서 사용되는 용어에 대한 설명으로 옳지 않은 것은?

① 워크챗 - 공유받은 노트북은 워크챗에 알림이 오고 확인 후 에버노트에 저장
② 노트북 - 폴더 개념으로 생각하면 되고 노트들을 용도별 분류해서 사용할 때 만든다.
③ 노트 - 메모처럼 직접 기록하기도 하고 카메라, 오디오, 여러 형태의 파일도 첨부 가능하다.
④ 스택 - 노트북 안에 또 다른 노트 형태로 폴더처럼 존재하며 25개까지 만들어 사용한다.

45 유튜브 서비스에 대한 설명으로 옳지 않은 것은?

① 유튜브 자막 서비스는 PC 버전에서만 지원이 된다.
② 스마트폰에서도 유튜브 해상도 조절하기가 가능하다.
③ 유튜브의 자막은 한국어로 자동 번역 서비스가 제공된다.
④ 영상을 업로드 하면 자동으로 영상을 해상도별로 나누어 업로드 한다.

46 유튜브의 브랜드 계정을 통한 수익 창출 셋팅하기에 대한 설명으로 옳지 않은 것은?

① 광고를 붙일 수 있는 영상의 최소 길이는 제한이 없다.
② 반드시 구글 애드센스와 연동을 하고 수익 창출 신청을 해야 한다.
③ 시청 시간이란 조회 수가 많다 하더라도 몇 초만 봤다면 시간은 계속 늘어난다.
④ 유튜브에서 수익을 창출하려면 구독자 1,000명 이상 시청 시간 4,000시간이 되어야 한다.

47 블로그로 운영되는 SNS 미디어가 아닌 것은?

① WordPress   ② Blogger   ③ Instagram   ④ Tumblr

48 SNS 마케팅을 하기 위한 PC의 사양에 대한 내용으로 옳지 않은 것은?

① PC 사양이 SNS 마케팅에 영향을 미칠 수도 있다.
② PC 사양 CPU는 옥타코어이면서 메모리는 8GB 이상이어야만 가능하다.
③ 운영체제와 상관없이 인터넷 서비스가 되는 PC 사양이면 일단은 가능하다.
④ 2019년 현재 윈도우 7, 10이 설치되어 있고 크롬브라우저가 설치되어 있으면 좋다.

49 SNS 서비스 유형 중 협업 모델과 관계 없는 것은?

① 가상 세계   ② 위키스   ③ 커뮤니티 Q&A   ④ 소셜 뉴스

50 소셜미디어의 특징에 대한 설명 중 옳지 않은 것은?

① 콘텐츠 접근과 사용에 대한 장벽이 거의 없다.
② 소셜미디어의 단점은 커뮤니티 형성이 어렵다는 것이다.
③ 콘텐츠 제작자와 이용자가 서로 쌍방향으로 대화할 수 있다.
④ 모든 사람들이 기여와 피드백으로 다양한 형태의 프로슈머가 된다.

정답

1	③	2	④	3	①	4	②	5	④	6	③	7	③	8	②	9	①	10	③
11	④	12	①	13	①	14	①	15	①	16	④	17	③	18	②	17	③	20	④
21	②	22	④	23	④	24	①	25	③	26	④	27	②	28	④	29	②	30	③
31	②	32	④	33	④	34	③	35	③	36	④	37	④	38	①	39	②	40	④
41	④	42	③	43	①	44	④	45	①	46	③	47	③	48	②	49	①	50	②

필기 시험 2회

점수

50문항
문항당 2점으로
계산해 주세요.

1 PC 단축키에 대한 설명으로 옳지 않은 것은?

① Ctrl + C 는 복사　　　　　　② Ctrl + A 찾기
③ Ctrl + Z 실행 취소　　　　　④ Ctrl + V 붙여넣기

2 LTE 3G, 4G, 5G의 G는 무엇의 약자인가?

① Generation　　② Get　　③ Great　　④ General

3 블로그 공개 설정 범위가 아닌 것은?

① 전체 공개　　② 서로이웃　　③ 특정인　　④ 비공개

4 페이스북 페이지에 대한 설명으로 옳지 않은 것은?

① 페이지 계정은 개인 계정 없이도 가능하다.
② 친구 관계는 존재하지 않는 대신에 팔로우나 좋아요를 통해 받아볼 수 있다.
③ 기업체의 홍보나 공인이 팬 관리 등을 하기 위해 페이지를 만들어야 한다.
④ 홍보성 글을 페이지가 아닌 개인 계정에 올릴 경우 계정이 비활성화될 수도 있다.

5 네이버 스마트스토어와 modoo의 연결에 대한 설명으로 옳지 않은 것은?

① 네이버 스마트스토어에 올린 상품을 modoo에서 판매할 수 있다.
② modoo의 스토어 페이지를 PC에서 삽입 후 스마트스토어와 연결해야 한다.
③ 스마트스토어 판매자센터에 판매자 아이디로 가입 후 승인을 얻으면 가능하다.
④ 상품을 등록하면 modoo 스토어에 자동으로 노출이 안 되기 때문에 수동으로 올려야 한다.

6 네이버에서 누구나 쉽게 무료로 홈페이지를 만들 수 있도록 제공하고 있는 툴은?

① 홈피　　　② modoo　　　③ kadaza　　　④ Crayon

7 modoo 홈페이지의 페이지 추가 시 구성 요소 메뉴가 아닌 것은?

① 이모티콘　　　② 버튼　　　③ 표　　　④ 동영상

8 modoo 홈페이지 관리 및 홍보하기에 대한 설명으로 옳지 않은 것은?

① 홈페이지 삭제가 가능　　　② 홈페이지 홍보물 사용 가능
③ 홈페이지 QR 코드로 홍보 가능　　　④ 홈페이지 공동 편집하기 불가능

9 페이스북에서 친구 맺기에 대한 설명으로 옳지 않은 것은?

① 믿을만한 친구의 친구를 친구 요청한다.
② 관심 분야의 그룹에 가입한 후 활동적인 사람에게 친구 요청한다.
③ 외국 군인이거나 예쁜 프로필 사진의 소유자를 찾아 친구 요청을 한다.
④ 내 글이나 함께 공감한 글에 좋아요나 댓글을 단 사람 중에서 친구 요청한다.

10 다음 중 블로그 마케팅에서 내용 구성 중 중요한 요소가 아닌 것은?

① 키워드 찾기　　　② 좋은 콘텐츠 구성하기
③ 호기심을 자극하는 제목 찾기　　　④ 네이버 파워링크의 상위에 올리기

11 크롬 브라우저 로그아웃 방법으로 옳지 않은 것은?

① 맞춤 설정 및 제어를 눌러 설정에서 사용 중지를 누른다.
② 오른쪽 상단의 이름이나 사진을 클릭 사용자 관리에서 사용자 삭제를 해도 된다.
③ 사용 중지를 클릭 기기에서 북마크, 방문 기록, 비밀 번호 등을 삭제합니다.를 체크한다.
④ 크롬은 인터넷 익스플로러 브라우저처럼 창을 X 표를 눌러서 닫으면 자동 로그아웃이 된다.

12 개인이 네이버 ID 하나로 만들 수 있는 modoo 홈페이지(2019년 현재)의 수는?
① 1개　　　　② 5개　　　　③ 3개　　　　④ 10개

13 다음 중 구글 드라이브의 새로 만들기 메뉴에 있는 항목이 <u>아닌</u> 것은?
① 파일 업로드　　② google 문서　　③ 구글 포토　　④ google 내지도

14 google 설문지에 대한 설명으로 옳은 것은?
① 구글 드라이브와는 별개이다.
② 구글 설문지는 인쇄 배포용이다.
③ 단축 주소로 만드는 것은 불가능하다.
④ 구글 스프레드시트로 저장해서 볼 수 있다.

15 google 설문지 질문에 없는 항목은?
① 단답형　　　② 장문형　　　③ 주관식 질문　　　④ 객관식 질문

16 QR 코드의 QR은 무엇의 약자인가?
① Quick Release　　　　② Quick Response
③ Qatar Riyal　　　　　④ Queen's rook

17 페이스북에서 나의 타임라인에 글을 남길 수 있는 사람은 어떻게 설정해야 좋은가?
① 나만보기　　　　　② 친구만
③ 전체 공개　　　　　④ 친구의 친구까지

18 페이스북에서는 친구를 몇 명까지 추가할 수 있는가? (2019년 현재)
① 1,000명　　② 5,000명　　③ 10,000명　　④ 무제한

19 블로그 글쓰기에 대한 설명으로 옳지 않은 것은?

① 지치지 않고 꾸준히 쓰려면 좋아하는 취미나 관심사를 써야 한다.
② 시간이 흐를수록 나의 글이 검색에서 노출되기가 아주 많이 어렵다.
③ 소소한 일상을 쓰는 사람 사는 이야기와 브랜딩을 홍보하는 마케팅 글쓰기로 나뉜다.
④ 글 제목이 매우 중요한 검색 키워드이므로 문장으로 자연스럽게 키워드를 넣는 게 좋다.

20 modoo 홈페이지에 대한 설명으로 옳지 않은 것은?

① 네이버 검색 등록은 매월 일정 금액을 지불해야 한다.
② 네이버 아이디 하나로 개인은 3개 법인은 10개까지 홈페이지를 만들 수 있다.
③ 홈페이지 제작 서비스는 누구나 쉽게 무료로 홈페이지를 제작할 수 있게 구성되어 있다.
④ 스마트폰 편집도 쉬워 이동 중에도 시간과 장소에 구애받지 않고 작업할 수 있어 편리하다.

21 네이버 톡톡을 연결할 수 있는 채널이 아닌 것은?

① 검색 광고   ② 부동산   ③ 스마트스토어   ④ 카카오 쇼핑

22 네이버 톡톡에 대한 설명으로 옳지 않은 것은?

① 톡톡은 네이버 아이디를 없이도 가입할 수 있다.
② 고객은 전화나 문자 없이 궁금한 내용을 수시로 물어볼 수 있다.
③ 프로그램 설치 없이 고객과 상담 할 수 있는 무료 웹 채팅 서비스이다.
④ 사업주는 고객의 문의를 실시간 놓치지 않고 응대할 수 있어 참 편리하다.

23 블로그에 사진을 첨부하는 방법으로 옳지 않은 것은?

① 사진을 올릴 때는 반드시 사진편집 앱을 사용한다.
② 블로그에서 필터를 적용해서 사진 편집이 가능하다.
③ 블로그 자체에서 즉석 사진을 찍어서 올릴 수도 있다.
④ 블로그에서 사진의 가릴 부분은 모자이크 처리가 가능하다.

24 modoo 홈페이지 검색 시 키워드에 무엇을 붙여야 검색이 쉽게 되는가?

① # ② @ ③ & ④ *

25 페이스북 화면의 스토리에 대한 설명으로 옳은 것은?

① 스토리는 24시간 동안만 유지되는 휘발성 콘텐츠이다.
② 스토리 서비스는 페이스북 화면 가장 아래쪽에 노출됩니다.
③ 내 스토리를 만들려면 반드시 방송하기가 선행되어야만 한다.
④ 동영상으로 스토리를 만들어 공유 없이 나만 볼 수 있는 것이다.

26 페이스북 그룹에 대하여 바르게 설명한 것은?

① 그룹은 페이스북 내의 독립체이다.
② 그룹에 사진과 파일을 무한정 올릴 수 있다.
③ 그룹은 여러 개의 타임라인을 가지고 있어야 한다.
④ 그룹에 속해 있는 사람의 초대와 초대에 대한 승인을 통해서만 그룹에 가입이 가능하다.

27 블로그에 대한 설명으로 옳지 <u>않은</u> 것은?

① 블로그에는 무궁무진한 정보들이 모여 있다.
② 블로그에는 다른 SNS 위젯들을 편리하게 설치할 수 있다.
③ 비용을 많이 들여야만 마케팅 효과를 낼 수 있는 것이 단점이다.
④ 기업이나 단체, 개인들이 블로그를 운영하는데 홍보에 효과적으로 활용되고 있다.

28 네이버 아이디는 1인당 몇 개까지 만들 수 있는가? (2019년 현재)

① 5개 ② 1개 ③ 3개 ④ 제한 없음

29 modoo 홈페이지의 문의/예약하기에 대한 설명으로 옳은 것은? (2019년 현재)

① 문의 및 예약기능은 사용할 수 없다.
② 문의 및 예약하기는 PC에서만 편집할 수 있다.
③ 문의 및 예약하기는 스마트폰에서만 편집할 수 있다.
④ 문의 및 예약하기는 스마트폰과 PC에서 모두 편집할 수 있다.

30 소셜 네트워크 서비스인 페이스북에 대한 설명으로 옳은 것은?

① SNS 서비스를 통해 고비용 고효율 홍보와 비즈니스를 할 수 있다.
② 페이스북은 싸이월드보다 한국에 먼저 들어와 큰 인기를 누렸다.
③ 나와 내 친구의 네트워크 이상의 친구와 친구로 연결되는 완전 개방형이다.
④ 페이스북은 1995년 '세계를 더욱 개방되게 연결하자.'라는 이념으로 시작되었다.

31 네이버 톡톡 대화 목록은 스마트폰의 어디에서 확인할 수 있는가?

① 인터넷에서 네이버에 접속해서 톡톡이라고 검색하면 된다.
② 네이버 앱의 왼쪽 상단의 전체 메뉴를 열면 톡톡 아이콘에서 확인한다.
③ 톡톡 알림 기능으로 언제든 알림이 오니 대화 목록에는 신경 쓸 필요 없다.
④ 톡톡 알림 메시지를 수시로 확인하고 고객에게는 문자 메시지로 응답하면 된다.

32 블로그 이웃 관리에 대한 설명으로 옳지 않은 것은?

① 가까운 사이끼리 서로 이웃을 맺는다.
② 이웃은 관심 블로그를 '즐겨찾기'로 설정해 놓는 것이다.
③ 이웃 관리로 더 많은 비슷한 관심 블로거들을 만날 수 있다.
④ 서로 이웃은 지인끼리 신청과 동의를 거치지 않아도 되는 관계이다.

33 modoo 홈페이지에 연결할 수 없는 것은?

① 네이버 I
② 네이버 스토어 페이지
③ 네이버 지도
④ 네이버 예약 파트너

34 페이스북 계정에 대한 설명으로 옳지 않은 것은? (2019년 현재)

① 개인 계정없이 페이지나 그룹을 만들 수 없다.
② 페이지 계정은 기업/마케팅용이고 페이지 수와 팬 수는 무제한이다.
③ 개인 계정은 친구를 맺고 팔로우하는 개인적 관계이고 5,000명 이상은 맺을 수 없다.
④ 그룹 계정은 회원들로 구성된 취미, 동호회 형태로 그룹 200개 회원 수 5,000명 까지만 가능하다.

35 네이버 쇼핑 윈도 시리즈에 대한 설명으로 옳지 않은 것은?

① 쇼핑 전문관으로서 네이버의 O2O 쇼핑 서비스이다.
② 네이버 쇼핑 윈도는 온라인만을 위한 네이버 쇼핑 서비스이다.
③ 온라인 쇼핑에서도 오프라인 쇼핑의 전문성을 느낄 수 있도록 구성하였다.
④ 백화점 윈도, 아울렛 윈도, 스타일 윈도, 뷰티 윈도, 리빙 윈도, 키즈 윈도 등이 있다.

36 페이스북의 타임라인에 대한 설명으로 옳지 않은 것은?

① 원래 명칭은 'Wall(담벼락)'이었다.
② 친구들을 위해 만들어 놓아 친구들만 내 타임라인에 글을 쓴다.
③ 사용자가 게시하는 사진, 글 등을 실시간, 시간순으로 보여준다.
④ 대부분의 소식은 사용자의 친구들이 각자의 타임라인에 올린 것들이다.

37 오프라인 매장을 고객들이 온라인으로 생생하게 만나 볼 수 있게 만든 플랫폼은?

① P2P(Peer to Peer)
② ICT(Information and Communications Technologies)
③ O2O(Online to Offline)
④ F2T(Farm to Table)

38 페이스북에 글을 올릴 때 공개 대상에 해당하지 않은 것은?

① 특정 그룹   ② 친구만
③ 전체 공개   ④ 특정 친구

39 모바일 블로그 프로필에 기재할 사항이 아닌 것은?

① 간단한 자기 소개글

② 실명과 실물, 소속과 직함

③ 브랜드명, 하는 일과 관련된 이름

④ 닉네임이 정감이 있으므로 유명한 닉네임을 사용한다.

40 페이스북에 게시글을 친구에게만 공개했을 때 게시글 아래 없는 버튼은?

① 좋아요　　　　　　　② 좋아요, 댓글 달기

③ 공유하기　　　　　　④ 댓글 달기

41 페이스북 페이지에 대한 설명으로 옳지 않은 것은?

① 페이지를 만든 사람은 자동으로 페이지 관리자가 된다.

② 페이지의 성격에 맞는 적절한 버튼과 탭을 기본 제공하는 것이 템플릿이다.

③ Facebook 페이지와 Instagram 계정은 연결할 수 없고 연결하면 오류가 뜬다.

④ 페이지를 관리하는 역할에는 운영자(관리자), 편집자, 댓글 관리자, 광고주, 분석자가 있다.

42 페이스북 게시글 아래에 있는 버튼이 아닌 것은?

① 좋아요　　　　　　　② 댓글 달기

③ 수정하기　　　　　　④ 공유하기

43 modoo 홈페이지의 기본구조를 구성하는 방법으로 옳지 않은 것은?

① 전화, 톡톡 연결 불가능

② 업종에 알맞는 레이아웃 고르기

③ 업종에 맞는 템플릿 적용

④ 홈페이지 하단 정보와 SNS 공유 문구

44 네이버 쇼핑 입점 조건에 대한 설명으로 옳지 않은 것은?

① 입점 방식은 크게 CPC 패키지와 CPS 패키지가 있다.
② CPC는 상품 클릭 시 단가에 따른 수수료를 부과하는 방식이다.
③ CPS는 매월 고정비와 상품 판매 수수료를 지급하는 방식이다.
④ 한 번의 입점비만 내고 소비자에게 광고하려면 CPS 패키지로 입점한다.

45 페이스북 활동 요령을 설명한 내용으로 옳지 않은 것은?

① 공개 대상을 확인한다.
② '좋아요.' 댓글을 공유한다.
③ 이웃들과 소통을 한다.
④ 종교, 정치 위주의 글을 많이 쓴다.

46 네이버 쇼핑 CPC 패키지 기본 서류가 아닌 것은?

① 사업자등록증
② 통신판매업 신고증
③ 매매보호 서비스 증명서류
④ 지방세납부 증명원

47 페이스북 페이지에서 올린 글인지 알 수 있는 방법은?

① 프로필 사진 옆에 이름과 날짜 시간이 표시
② 프로필 사진 옆에 한국스마트교육원 sponsored 표시
③ 프로필 사진 옆에 오경순 ▶ 영등포 50 플러스소셜그룹 표시
④ 프로필 사진 옆에 오경순님이 영등포 50 플러스센터에 있습니다. 표시

48 블로그에 올릴 수 없는 것은?

① 즉석 촬영 사진
② 스트리밍
③ 위치 추가
④ 움짤 만들어 올리기

49 페이스북의 뉴스피드에 대한 설명으로 옳지 않은 것은?

① 모든 페이스북의 소식은 이 뉴스피드를 통해 이루어진다.
② 게시한 날짜 시간순으로 뉴스피드 상의 배치 순서가 결정된다.
③ 사용자의 친구 소식, '좋아요' 한 페이지의 소식 등을 시간순으로 보여주는 공간이다.
④ 가입된 그룹의 게시물, 이벤트 소식, 광고 등 친구들의 게시물과 사업 이야기들이 올라온다.

50 페이스북 '좋아요' 버튼을 길게 눌렀을 때 나타나는 리엑션 버튼이 아닌 것은?

① 아파요   ② 슬퍼요   ③ 화나요   ④ 웃겨요

정답

1	②	2	①	3	③	4	①	5	④	6	②	7	①	8	④	9	③	10	④
11	④	12	③	13	③	14	④	15	③	16	②	17	①	18	②	19	②	20	①
21	④	22	①	23	①	24	②	25	①	26	④	27	③	28	③	29	②	30	③
31	②	32	④	33	①	34	④	35	②	36	②	37	③	38	①	39	④	40	③
41	③	42	③	43	①	44	④	45	④	46	④	47	②	48	②	49	②	50	①

필기 시험 3회

50문항
문항당 2점으로 계산해 주세요.

1. 네이버 쇼핑 CPC 패키지 입점 심사 단계에 해당하지 않은 것은?
① 입점신청서 작성
② 상품 DB URL 등록
③ 상품 등록
④ 오프라인 매장 위치등록

2. 타인이 만들어 놓은 온라인 쇼핑몰에서 물건을 판매하는 방식을 무엇이라 하는가?
① 오픈셀러
② O2O
③ 오픈마켓
④ 스마트스토어

3. 우리나라의 대표적인 오픈마켓이 아닌 것은?
① 위메프
② 컴퓨존
③ 옥션
④ 인터파크

4. 소셜 커머스에 대한 설명으로 옳지 않은 것은?
① 초기 소셜 커머스는 개인 구매 형식이었다
② 최근 수익성 악화로 사업 모델이 바뀌고 있다.
③ 특정 상품을 최저가로 판매하는 모델에서 출발했다.
④ 티몬, 위메프, 쿠팡 등이 대표적인 소셜 커머스이다.

5. 네이버 스마트스토어에 대하여 바르게 설명한 것은?
① 네이버 지식 쇼핑을 통해서 판매가 불가능하다.
② 다음 블로그와 다음 카페의 성격을 포함하고 있다.
③ 오픈마켓과 유사하지만 상점을 열거나 물건을 팔 때 따른 수수료가 있다.
④ 스토어는 네이버에서 제공하는 임대 쇼핑몰에 오픈마켓의 형식을 더한 방식이다.

6 독자적 쇼핑몰 이름과 주소 SNS 및 모바일 연동에 최적의 장점을 가지고 있는 쇼핑몰은?

① 스마트스토어　　② 오픈마켓　　③ 개인 쇼핑몰　　④ 소셜커머스

7 오픈마켓에 대한 설명으로 옳지 않은 것은?

① 단일 상품으로 판매 가능
② 소셜 커머스, e-커머스라고도 한다.
③ 자기 회원을 무한정 가질 수 있는 장점이 있다.
④ 회원 관리에 필요한 마케팅 비용과 CS 부담은 덜하다.

8 네이버 스마트스토어 결제수단으로 옳지 않은 것은?

① 신용카드　　② 카카오페이　　③ 계좌이체　　④ 네이버페이

9 개인 쇼핑몰의 단점으로 옳은 것은?

① 독특한 아이디어　　② 자체 제작　　③ 큰 초기 구축 비용　　④ 고객 관리

10 네이버 스마트스토어의 특징으로 옳지 않은 것은?

① 네이버에서 제공하는 무료 쇼핑몰이다.
② 자동 연동 시스템을 연동하여 쓰면 된다.
③ 별도의 판매 수수료가 있어 저렴하게 이용할 수는 없다.
④ 중소상공인을 위한 쇼핑몰인 '스토어팜' 기능을 개선해 스마트스토어로 재단장하였다.

11 카카오톡 스토어에 대한 설명으로 옳지 않은 것은?

① 카카오 스토어 입점은 카카오 계정과는 전혀 무관하다.
② 카카오 스토어는 카카오 쇼핑에 입점하려는 판매자가 가입해야 하는 서비스이다.
③ 카카오톡에서 상점을 열고 물건을 팔려면 카카오 비즈니스 서비스를 이용해야 한다.
④ 메뉴 중에 선물하기, 쇼핑하기, 주문하기, 스타일, 메이커스 등 카카오 커머스 상품들이다.

12 페이스북 계정별 공개 범위가 바르게 연결되지 않은 것은?

① 페이지 : 전체 공개만
② 그룹 : 전체 공개, 비공개, 비밀 중 선택 가능
③ 페이지 : 전체 공개, 비공개 중에서 선택 가능
④ 개인 프로필: 나만 보기, 친구만, 친구 그룹별, 전체 공개 중 선택 가능

13 페이스북 계정별 관리자에 대한 설명으로 옳은 것은?

① 페이지 : 개설자만이 관리자가 된다.
② 페이지 : 타인에게 관리자 역할을 부여할 수 없다.
③ 그룹 : 개설자가 관리자이며 타인에게 관리자 역할 부여는 불가능하다.
④ 개인 프로필 : 가입자가 본인만 운영하며 타인에게 관리자 역할 부여할 수 없다.

14 다음 중 스마트스토어 관리에서 가능한 기능이 아닌 것은?

① 고객 관리
② 모바일 전시 관리
③ PC 전시 관리
④ 카테고리 관리

15 카카오톡 스토어 입점 시 필수 제출 서류가 아닌 것은?

① 사업자등록증
② 보건증
③ 통신판매업신고증
④ 인감증명서(개인, 법인은 법인)

16 페이스북과 인스타그램의 개인 계정에 대한 설명으로 옳은 것은?

① 페이스북 : 개인의 가명 기반이고 광고가 가능하다.
② 인스타그램 : 게시물 인사이트 확인이 불가능하다.
③ 페이스북 : 게시물 인사이트 확인이 가능하고 퍼스널 브랜딩 목적이다.
④ 인스타그램 : 개인 계정과 사업자 계정을 구분해야 하고, 광고 역시 가능하다.

17 카카오톡 스토어 쇼핑하기에 노출시 충족 조건이 아닌 것은?

① 플러스 친구 연동 on
② 쇼핑하기 전시 on
③ 카카오 스토리 연동 on
④ 판매 중 & 쇼핑하기 전시 중인 상품 1개 이상

18 카카오 쇼핑 입점에 꼭 필요한 절차가 아닌 것은?

① 카카오 계정 가입
② Biz 계정 등록
③ 판매자 정보 등록
④ 카카오 스토리 연동

19 스마트스토어 노출 채널 관리에 있는 메뉴가 아닌 것은?

① OS 설정
② 기획전 관리
③ 가격 비교 설정
④ 비즈니스 서비스 설정

20 SNS 활동 시 법적으로 고려해야 할 중요사항이 아닌 것은?

① 개인 프라이버시
② 과장 광고
③ 사이버 스토킹
④ 명예훼손에 관계된 일

21 다음에서 설명하고 있는 애플리케이션은?

> 카톡이나 문자, 소셜 웹 등에서 다운받은 파일, 한글 문서, MS Office(워드, 엑셀, 파워포인트), PDF, TXT, 압축 파일 등을 자유롭게 열고 편집할 수 있다.

① google 문서
② 폴라리스오피스
③ 한컴오피스
④ 넷피스 24

22 다음 문제를 해결하기 위한 애플리케이션은?

카톡으로 받은 영상이 지원하지 않은 포맷이라며 열리지 않는다.

① 키네마스터 　② Quik 　③ MX플레이어 　④ video.me

23 다음 활동에 적합한 애플리케이션은?

라디오나 방송 등에서 나오는 연속적인 음성을 텍스트로 빠르게 받아 적어 주고, 메모나 일기도 구술할 수 있다.

① Speechnotes 　② 에버노트 　③ 네이버노트 　④ PenCake

24 문서를 사진으로 촬영할 경우 텍스트로 바꿔 주는 애플리케이션은?

① 캠카드 　② 서류 인식 　③ 캠스캐너 　④ 텍뷰

25 페이스북과 인스타그램의 계정 설명 중 옳지 않은 것은?

① 페이스북은 개인 계정과 페이지를 별개로 운영한다.
② 페이스북은 실명 기반이나 인스타그램은 원하는 아이디로 생성한다.
③ 인스타그램은 일반 계정을 비즈니스 계정으로 변경하는 방식으로 운영한다.
④ 페이스북은 페이지를 운영하나 인스타그램은 페이스북 페이지를 연동할 수 없다.

26 스마트스토어 가입 시 프로세스 내용이 바르게 연결되지 않은 것은?

① 입점 : 유료 　　　　　　② 상품 등록 : 무료
③ 고객대응 : 톡톡 　　　　④ 구매 고객 : 네이버 회원

27 다음에서 설명하고 있는 애플리케이션은?

> 인스타그램, 페이스북, 블로그 등에 태그를 달기 쉽도록 도와 준다.

① 태그 편집기　　② Tag You　　③ 태그야 놀자　　④ 히든 태그

28 홈쇼핑 편성표, 생방송 시청, 온라인 쇼핑몰 앱으로 최저가 가격 비교 앱은?

① 홈쇼핑모아　　② 위메프　　③ Wish　　④ 홈 앤 쇼핑

29 스마트스토어 판매자 가입 시 인증과 가입절차가 아닌 것은?

① 유형 선택
② 휴대전화 본인인증
③ 네이버 아이디로 가입
④ 구매자 정보

30 핫딜 모음, 최저가 검색, 인기 쇼핑몰, 해외 직구, 여행, 쿠폰 등의 정보를 제공해 주는 애플리케이션은?

① 캔고루　　② 쿠차　　③ 땡처리　　④ 포잉

31 디지털 세상에서 소비자 심리 현상에 대처하는 4가지 전략이 아닌 것은?

① 넛지 전략
② 진정성 전략
③ UCO 전략
④ 공동 창조 전략

32 다음에서 설명하고 있는 애플리케이션은?

> 통신사 상관없이 누구나 무료 콘텐츠, 프로야구, AI 데이터 방송 무료 영화를 즐길 수 있다.

① B tv　　② 옥수수　　③ ZUMO　　④ 꾸매영

33 시대 흐름에 따른 마케팅 변화 과정에 대한 설명으로 옳지 않은 것은?

① 1.0마켓 제품중심
② 2.0마켓 소비자 지향
③ 3.0마켓 가치주도
④ 4.0마켓 인공지능 주도

34 다음 중 기업주도의 마케팅 4P에 해당하지 않은 것은?

① Promotion 판촉
② Pay 임금
③ Products 제품
④ Price 가격

35 다음 중 민원 신청 및 일자리 관련 애플리케이션이 아닌 것은?

① 배달의 민족
② 정부24
③ 워크넷
④ 잡코리아

36 SNS 홍보물 촬영을 위한 스마트폰 카메라에 대한 설명으로 옳은 것은?

① 스마트폰 카메라로는 절대 홍보물을 촬영하지 않는다
② 스마트폰 카메라가 DSLR 카메라보다 좋으므로 상품 촬영은 스마트폰으로 한다.
③ 음식 촬영 시 푸디(Foodie) 같은 앱과 조명을 사용하면 좋은 사진을 촬영할 수 있다.
④ 스마트폰 카메라는 후면카메라보다 전면 카메라가 성능이 좋으므로 셀카 모드로 촬영한다.

37 다음 중 프로모션 특가, 얼리버드, 땡처리 비행기표등 항공권 특가정보 애플리케이션은?

① 제주항공
② 익스피디아
③ 플레이윙스
④ 인터파크항공

38 다음 중 스마트폰 바이러스 백신이 아닌 것은?

① V3 Mobile
② 알약 M
③ Security Master
④ Salmo 119

39 SNS 채널별 특징에 대한 내용이 바르게 연결되지 않은 것은?

① 유튜브 : 사진과 동영상 50대 이후
② 블로그 : 꾸준함 상위 노출 유입 마케팅
③ 페이스북 : 확산성과 파급력
④ 인스타그램 : 해시태그 유행 20대, 30대

40 네이버 검색 데이터 조회 시 중요 조회 대상이 아닌 것은?

① 기간별　　② 연령별　　③ 성별　　④ 국적별

41 다음 중 마케팅을 도와주는 애플리케이션이 아닌 것은?

① 트리플　　② 티타임즈　　③ 트렌드헌터　　④ TED

42 SNS를 위한 스마트폰 최적화 방법으로 옳지 않은 것은?

① 삼성폰은 디바이스 관리에 최적화 기능이 있다.
② 최적화는 주로 여유 공간, 밧데리, 메모리를 최적화하는 것이다.
③ 스마트폰도 가끔은 PC를 끄는 것처럼 전원 끄기를 했다가 켜는 것이 좋다.
④ 거의 모든 스마트폰은 AI 기능이 있어 자동으로 최적화가 되니 신경 쓸 필요가 없다.

43 유튜브에 올릴 영상이나 홍보영상을 만들 수 있는 애플리케이션은?

① Q카드뉴스　　② 포토원더　　③ 키네마스터　　④ PicSay

44 인스타그램 마케팅의 쇼핑태그에 대한 설명으로 옳은 것은?

① 모든 업종에서 버튼이 생성되었다.
② 인스타그램에서 등록 후 바로 제품 태그하기 버튼이 생성된다.
③ 페이스북 페이지의 템플릿을 변경할 필요없이 상품을 등록만 하면 된다.
④ 쇼핑태그는 페이스북의 페이지와 인스타그램의 브랜드 계정이 연결되어 있어야 한다.

45 다음 중 스마트폰 분실과 관련이 없는 것은?

① I & Phone Locker
② 안심이
③ 구글계정으로 휴대전화 찾기
④ I & Phone Finder

46 페이스북 페이지와 그룹에 대한 설명으로 옳은 것은?

① 개인 계정 없이 페이지나 그룹을 만들 수 있다.
② 개인 계정의 친구를 바탕으로는 그룹과 페이지를 홍보할 수 없다.
③ 그룹이나 페이지 등에 게시한 글은 내 타임라인에 공유할 수 없다.
④ 페이지는 다소 홍보를 위한 공식적인 소식을 전한다면 그룹은 쌍방향으로 여럿이 소통할 수 있는 카페 형식과 비슷하다.

47 헤시태그에 대한 설명으로 옳지 않은 것은?

① 단어나 문구를 쓰고 앞에 해시 기호(#)를 반드시 띄어쓰기 후 붙여넣는다.
② 해시태그(hashtag)는 소셜 네트워크 서비스(SNS) 등에서 사용되는 기호이다.
③ 한자 우물 정(井)과 비슷하여 대한민국에서는 샵이나 우물 정으로도 불린다.
④ 해시태그를 클릭하면 해당 해시태그가 포함된 내용물이 검색되어 모두 표시된다.

48 다음 중 소셜미디어의 단점이 아닌 것은?

① 중독 가능성이 높다.
② 소셜미디어 활용시 광고비가 증가
③ 제도적인 통제수단이 적다.
④ 보안상의 문제로 인한 사회적 비용이 발생

49 다음에서 설명하고 있는 것은?

> 한 사람이 가입하면 4명이 같은 아이디로 볼 수 있으며, 최저 월 9,500원으로(2019년 현재) 수천 편의 영화와 전세계 TV 프로그램을 시청할 수 있다.

① 비플릭스
② 메가박스
③ 넷플릭스
④ 캐치온

50 페이스북의 프로필 설정 항목에 대한 설명으로 옳지 않은 것은? (2019년 현재)

① 프로필 커버를 편집 업로드 가능하다.

② 프로필을 사진이나 동영상 선택이 가능하다.

③ 프로필 수정에서 소개를 너무 자주 수정하면 계정이 잠긴다.

④ 프로필 수정에서 대표 사진을 교체할 수 있고 정보 수정도 가능하다.

정답

1	④	2	③	3	②	4	①	5	④	6	①	7	③	8	②	9	③	10	③
11	①	12	③	13	④	14	①	15	②	16	②	17	③	18	④	19	①	20	②
21	②	22	③	23	①	24	②	25	④	26	①	27	③	28	①	29	④	30	②
31	③	32	②	33	④	34	②	35	①	36	③	37	①	38	④	39	①	40	④
41	①	42	④	43	③	44	④	45	②	46	④	47	①	48	②	49	③	50	③

MEMO

스마트폰을 활용한
SNS 마케팅
쉽게 배우기

발 행 일	2019년 3월 1일 초판 1쇄 인쇄
	2019년 3월 15일 초판 1쇄 발행
저　　자	오경순
발 행 처	 
	http://www.crownbook.co
발 행 인	이상원
신고번호	제 300-2007-143호
주　　소	서울시 종로구 율곡로13길 21
대표전화	02) 745-0311~3
팩　　스	02) 766-3000
홈페이지	www.crownbook.com
I S B N	978-89-406-3624-4 / 13000

특별판매정가　23,000원

이 도서의 판권은 크라운출판사에 있으며, 수록된 내용은 무단으로 복제, 변형하여 사용할 수 없습니다.
　　　Copyright CROWN, ⓒ 2019 Printed in Korea

이 도서의 문의를 편집부(02-744-4959)로 연락주시면 친절하게 응답해 드립니다.